経済学のための数学入門

神谷和也・浦井憲──[著]

東京大学出版会

Mathematics for Economics
Kazuya KAMIYA and Ken URAI
University of Tokyo Press, 1996
ISBN978-4-13-042101-0

はしがき

経済学部は文系だから数学が必要なんて思わなかった．
高校で数学が嫌いだったから経済学部に入ったのに，経済学でこんなに数学を使うなんて詐欺だ．

こんな感想をお持ちの読者も多いことでしょう．本書は，そんな読者に手っ取り早く経済学のための数学を学ぶ方法をお教えします．経済学のための数学を使えるようになるのは，そんなに難しいことではありません．

しかし一方で，

経済学の授業で使う数学ってなんていいかげんなんだろう．もっと厳密にしてほしい．
経済学で使う数学の定理や公式を丸暗記して使っていたけれども，もう一度厳密に学びなおしたい．

と思っている読者もいるのではないでしょうか．本書はそんな読者の希望にも応えます．つまり，本書では経済学に使う数学を基礎の基礎から厳密に解説しています．

そもそも，経済学における数学の使い方は二通りあります．

(1) 定理や公式を丸暗記して使う方法．
(2) 定理の証明や公式の導出方法を厳密に理解してから使う方法．

はっきり言ってしまえば，学部学生であれば (1) で十分です．さらに言えば，学部レベルの経済学で使う定理や公式はごくわずかですから短時間で学べます．一方，経済学の専門家になるためにはある程度厳密に数学を理解する必要があります．定理の証明を厳密に理解するためには，かなり時間をかけてじっくりと学ぶ必要がありますが，より高く飛躍したい読者には (2) をお勧めします．本書は，どちらの学び方も可能なように作ってあります．

本書を用途に応じて以下のように使い分けてください．

- 手っ取り早く経済数学を学ぶ方法
  この本の以下の部分の定義，定理の解説を読み練習問題を解く．(定理の証明は読まない.)
  1章　不必要．ただし，気が向いたら流し読む．
  2章　不必要．ただし，気が向いたらイントロだけ流し読む．
  3章　ベクトルの足し算，内積（複素内積は不必要）．
  4章　不必要．
  5章　行列の足し算，かけ算，逆行列（定義のみで良い），Cramer の公式．
  6章　偏微分だけは押さえる．時間があれば，比較静学．
  7章　制約式のない場合の最適化，等式制約下での最適化．
  8章　不必要．
- 厳密に学ぶ方法
  厳密に学ぶための近道はありません．最初からきちんと証明をチェックしながら読んでください．(ただし，1章については最初は流し読みでかまいません.)

本書は，数学の予備知識がほとんどなくても読めます．多くの読者は，高校で文系の数学を学んでいるでしょうから，十分すぎるくらいの予備知識を持っていることでしょう．また，本書を執筆する際に想定した読者は，学部初年度から大学院初年度の学生です．上記の「手っとり早く経済数学を学ぶ方法」で，学部の経済原論，ミクロ経済学，マクロ経済学などには十分です．また本書は，大学院初年度のミクロ経済学，マクロ経済学で使う数学のかなりの部分をカバーしています．

本書を執筆するにあたって，多くの方々からご助言をいただきました．特に，大阪大学社会経済研究所の皆さんには，本書の構想段階から多くの意見をいただきました．お礼を申し上げるとともに，すべての意見を取り入れることができなかったことをお許しいただきたいと思います．また，大阪大学大学院の桃田朗君，金子昭彦君，柳原光芳君と同大学の吉田信生助手，喜井三希代助手には本書の一部を読んでコメントしていただきました．本書の一部は，著者達の大阪大学，京都大学，京都産業大学での講義がもとになっています．ひとりひとりの名前をあげることはできませんが，講義に参加して多くのコメントをしてくださった学生の皆さんに感謝したいと思います．なお担当は，1 章から 5 章までが浦井，6 章から 8 章までが神谷です．

最後に，本書の原稿の一部を TEX ファイルにしてくださった大阪大学社会経済研究所の石田淑恵助手と，本書が出来上がるまでに多大の労を費やされた東京大学出版会の黒田拓也氏に心から謝意を表します．

1995 年 12 月

著　者

目　次

はしがき

第 1 章　基礎的概念 …… 1

1.1　経済学と数学 …… 4

1.1.1　厳密な議論のための道具としての数学：数学と論理　4

1.1.2　経済学を構成する骨格としての数学：公理論的立場　8

1.2　数学と論理 …… 13

1.2.1　数学的叙述　14

1.2.2　命題結合子　16

1.2.3　限量子　19

1.2.4　証明・矛盾・背理法　22

1.3　集　合 …… 25

1.3.1　集合とは何か　26

1.3.2　集合と関数　34

1.3.3　集合の濃度　39

1.3.4　集合算におけるいくつかの公式　48

第 2 章　実数 …… 53

2.1　実数とは何か …… 56

2.1.1 五つの公理 56

2.1.2 代数的および順序的構造 (**R.1**)〜(**R.4**) 62

2.1.3 連続性の公理 (**R.5**) 64

2.2 実数列とその収束 …… 66

2.3 有理数体ならびに複素数体 …… 76

2.4 級 数 …… 84

2.5 関数の極限および連続性 …… 93

第3章 ベクトル空間 …… 101

3.1 ベクトル空間とは何か …… 102

3.1.1 ベクトル空間の定義 103

3.1.2 部分空間ならびに直和 106

3.1.3 ベクトル空間の次元 107

3.1.4 ベクトル空間の基底 112

3.2 ベクトル空間上の様々な構造 …… 115

3.2.1 順序構造 115

3.2.2 凸 性 118

3.2.3 ノルムと距離 120

3.2.4 内 積 123

第4章 位相と連続関数 …… 127

4.1 経済学と位相 …… 127

4.2 距離空間 …… 131

4.3 R^n における点列の収束 …… 135

4.3.1 R^n における距離と近傍 135

4.3.2 R^n における点列とその収束 136

4.4 開集合と閉集合 …… 141

4.5　連続関数 …… 148
4.6　コンパクト集合 …… 153

第5章　行列 …… 161
5.1　経済学と行列代数 …… 161
5.2　線型写像と行列 …… 162
5.2.1　線型写像の行列表現　163
5.2.2　行列の演算　166
5.2.3　行列式　170
5.2.4　行列式の計算　172
5.2.5　逆行列　181
5.2.6　行列の階数　186
5.3　固有値問題とその周辺 …… 189
5.3.1　固有値と特性方程式　192
5.3.2　固有値問題と行列の対角化　194

第6章　微分 …… 201
6.1　経済学と微分 …… 201
6.2　微分（1次元の場合） …… 205
6.2.1　微分の定義　205
6.2.2　微分の性質　207
6.2.3　微分の性質の応用　211
6.2.4　平均値の定理　214
6.2.5　高階の微分とテイラーの定理　216
6.2.6　無限小の概念とテイラーの定理　220
6.3　微分（n 次元の場合） …… 223
6.3.1　偏微分　223

6.3.2 （全）微分 225
6.3.3 偏微分の性質 228
6.3.4 n 次元のテイラーの定理 232
6.4 逆関数定理・陰関数定理・比較静学 …… 235
6.4.1 逆関数定理 235
6.4.2 陰関数定理 239
6.4.3 比較静学の方法 244
6.5 補論：逆関数定理と陰関数定理の証明 …… 247
第 7 章 最適化理論 …… 253
7.1 経済学と最適化理論 …… 253
7.2 制約式のない場合の最適化（1 次元の場合） …… 262
7.2.1 最適化問題とは（1 次元の場合） 262
7.2.2 最適の 1 階条件（1 次元の場合） 265
7.2.3 最適の 2 階条件（1 次元の場合） 267
7.3 制約式のない場合の最適化（n 次元の場合） …… 269
7.3.1 最適化問題とは（n 次元の場合） 270
7.3.2 最適の 1 階条件（n 次元の場合） 271
7.3.3 最大・最小のための条件 278
7.4 等式制約下での最適化 …… 285
7.4.1 最適化問題とは（等式制約のある場合） 285
7.4.2 最適の 1 階条件（等式制約のある場合） 288
7.4.3 最適の 2 階条件（等式制約のある場合） 296
7.4.4 ラグランジュ乗数の意味（等式制約のある場合） 297
7.5 不等式制約下での最適化 …… 299
7.5.1 クーン・タッカーの定理 299
7.5.2 ラグランジュ乗数の意味（不等式制約のある場合） 305

7.5.3　最適の 2 階条件（n 次元の場合）　308
7.6　包絡線定理 …… 308
7.7　補論：最大値の微分可能性 …… 314
7.7.1　微分不可能な例　314
7.7.2　微分可能性　317

第 8 章　積分と微分方程式 …… 323
8.1　経済学と積分・微分方程式 …… 323
8.2　積　分 …… 328
8.2.1　積分の定義　328
8.2.2　積分の性質　335
8.3　微分方程式 …… 337
8.3.1　非線型微分方程式　337
8.3.2　線型微分方程式　338
8.3.3　微分方程式の安定性と解の形状　348
8.4　積分の存在証明 …… 357

練習問題の解答あるいはヒント …… 361

参考文献 …… 369

索　引 …… 371

第1章 基礎的概念

まず"基礎的概念"と題された本章の目的について，誤解のなきよう申し上げておかねばならないことがあります．本書が"経済学に必要な数学"を解説したものである，ということは，皆さんとそして著者との共通の認識でしょう．ここでこの"経済学に必要な数学"というのが，少なくとも現在大学で行われている学部向けの**標準的な経済学の授業を理解するために必要な数学**，という意味であれば，その内容はそれほど多くはありません．もちろん高等学校までの数学では足りませんが，微分積分に対する初歩的な理解があり，ベクトルや行列の基礎をすでに学んでこられた方にとって，本書の内容の一部をなす実数に対する深い理解や，開集合・閉集合の概念，あるいはもっと懐疑的な言い方をすれば ϵ-δ 論法に基づく高等学校よりも厳密な極限概念といったものまでが，そもそも本当に必要なのかと言われると，必ずしもそうではないように思われます．そしてそういった内容を無視して，経済学の授業がとりあえず分かる，あるいはテストの問題が解ける，程度のことを目標とするならば，そのための"基礎的概念"などほとんどないように思われます．本書はそういった単純な目的の読者を対象外にしているわけではありませんが，本章は明らかにそのような目的のために書かれたものではありません．

一方で，もしも経済学に必要な数学という言葉が，**経済学を研究するために必要な数学**，という意味であれば，話は全然違います．たとえ研究を職業とする専門家とはならないまでも，少なくともあなたが自ら経済学を研究したと言えるようになるためには，少なくともその研究道具に対して自分なりの理解を持つ必要があるからです．例えば，経済学が社会における**物質的側面**を取り扱う学問である以上，理工学系の応用分野における分析方法がそのまま適用されても決しておかしくない範囲というものが，れっきとして存在しています．そういった研究を行う場合には，微分方程式をはじめとする解析的手法を身につけると同時に，その背後にある ϵ-δ 型の厳密な議論に慣れ親しむ必要があります．また，経済学では GNP や投資といった社会全体について集計化された数量に対してモデルをつくることがしばしばあります．この場合，たとえモデル自体が単純なものであっても，集計化にまつわる統計学的な知識，あるいはその背後にある確率論，積分論等への理解なくして，十分な議論は望めません．数学は経済学にとって「**厳密な議論を行うために，いまやなくてはならない道具**」なのです．

そればかりではありません．実はあなたが「経済学を研究する」上で，数学はもっと重要かつ深刻な意味を持っています．次のように言えば理解が早いでしょうか．**現代の経済学における中心的な概念（物質的であろうとなかろうと）のほとんどは，数学的な概念にほかならない**，あるいは**現代経済学のほとんどの部分は，数学でもって記述されている**，と．例えば標準的な経済理論において，「消費者」であるとか，消費者の「好き嫌い」であるとか，「企業」であるとか，生産における「技術」であるとか，あるいは社会的な「効率性」や「厚生」とかいった概念は，（それらをそのような方法で扱うことの是非は別にして，ともかく）全て数学的に厳密に定義された純然たる数学的対象物なのです．ここを間違えると大変なことになります．例えば，ミクロ経済学の講義において，先生が「消費者」という言葉を用いるとき，皆さんは頭の中でいわゆる「買い物をしているお母さん」のようなものを想定するでしょう．しかしながらそのような想定は，実のところ害にはなってもほとんど役には立ちません．というのは，先生の言う「消費者」とは，価格というインプットを与えられて需要というアウトプットを表明する仕組み（その背後では，例えば効用最大化問題のようなものが解かれている)，言い換えれば個人需要「関数」という純然たる数学的対象物そのものにほかならないからです[1]．つまり経済学においては，いたるところで「**抽象的な概念を，厳密に（論理的に）取り扱うための，言語としての数学**」が用いられているのです．現代の経済学は，数学を言語として用いることに最も成功した学問の一つであると言っても良いでしょう．従ってあなたは，経済学というものを“語る”ために，そもそも数学を必要としているのです．

このような「経済学を構築する言語としての数学」を自分のものにするために重要なことは，まず第一に様々な数学的概念，簡単なものから言えば「集合」とか「関数（写像)」，あるいは「収束」,「連続性」,「微分係数」といったものを，具体的な事物にたいする計算としてではなく，概念としてきちんと把握できているかどうか，ということです[2]．そしてもう一つは，現代数学を特徴づけるところの公理的な理論の構成方法（これについては後の 1.1.2 項であらためて説明しましょう）に慣れることです．

少なくとも皆さんが，大学で経済学を「研究しよう」と思っているのであれば，絶対に数学をおろそかにすることはできません．それは経済学にとって「厳密な議論や計算を行うための中心的道具」であるばかりか,「経済学的概念を記述し構成する骨格」でもあるからです．“基礎的概念”と題された本章の目的は，このように“経済学の土台として位置する数学”というものを

---

1) 「関数」とは，あるインプットに対してそれに対応するアウトプットを生み出す仕組み，を記述する概念ですから，例えば消費者や企業が「価格を与えられて，そのもとでの需要量あるいは生産量を決定する仕組み」を記述するものとして用いることができます．このとき「関数の連続性」とは，価格がほんの少しだけ動いたときにはそれらの需要量や供給量も少ししか動かない，ということを記述する概念になります.「微分」は「追加的 1 単位に対する変化分」という抽象的概念をそのまま表現するための手段となりえます．もっと難しい例をあげれば,「距離」という概念を一般化した「位相」という概念などは，財（商品）を表現するための舞台となる空間や人間の選好といったものに対して，より一般的な意味での“近いとか離れている”というわば“抽象的な遠近感”を表現する，現代の数理経済学における中心的道具です．

2) 例えば理論経済学者が「需要関数」という言葉を用いる場合，その関数が具体的にどのような式で表されるかということに全く注意をはらわないことが往々にしてあります．そういった場合，大切なのはそれが「価格」という実数に対して「需要量」という実数を決める（抽象的な意味での）関数であるということと，あとはせいぜいそのグラフが右下がりであるとか，ひとつながり（連続）であるとかいった程度のことです．

明確にすることにあります.

1.1 節は，数学の背後にあるシンプルな「論理体系」および「公理論的」と呼ばれる立場について説明します．1.2 節は「数学と論理」についてのより深い議論に，そして 1.3 節は「公理系」に基づく「集合論」の解説に当てられます．ありとあらゆる数学的対象物は「集合」として特徴づけることができるほどに,「集合」は数学における根本的概念であり，同時に公理論的立場というものが必要である「理由」も「メリット」も全てこの「集合」概念の中に隠されているからです.

1.1　経済学と数学

1.1.1　厳密な議論のための道具としての数学：数学と論理

どのような学問分野においても,「厳密な」議論を行う，ということはとても大切なことです．厳密な議論を行うということは，なにも難しいことをせよというのではありません．むしろ全くの逆であって,「どんな人にでも分かる議論をせよ」ということです．もう少し丁寧にいうと,「百人の聞き手がいたとして，その百人が最後まで議論につきあったとすると，その百人が百人とも何の曖昧さも残さずにナルホドと納得せざるをえないような議論をしましょう」ということです.「厳密である」ということが大切である本当の（そしておそらくただ一つの）理由は，まさしくこの点にあります．従って「厳密な議論を行う」ことは，実際「いささか面倒な」ことではあっても決して「難しいこと」ではありません[3].

さて，それは「難しいこと」ではないのですが，かといって誰もが注意さえすれば容易に厳密な議論が行えるかというと，またそうでもないようです.

---

3)　ここまで読んで,「面倒くさいことが大嫌いだ」という人はご安心を.「面倒くさい」ことは私も**大嫌い**です．おそらく誰だって大嫌いでしょう．ところがその面倒くさいことを避けて通っていくと，百人が百人ともコロリと騙されてしまうような事態が生じうるのです．集合論におけるパラドックスなどはその最も深刻な例です．でも心配には及びません．要は「当たり前」のことを「アタリマエ」と感じることができるようになるまでの“慣れ”の問題です．面倒くさいと感じられる議論を乗り越えたその先に「抽象性と美の夢のようなめくるめく楽園」が待っていることを保証しましょう.

どうも我々人間の頭の中や日常的に用いている言葉というのはかなりいい加減にできているようで，例えば,「芸術は爆発だ，ヘビメタは爆発だ，だからヘビメタは芸術なんだ！」というと，かなり多くの人が何やら説得されたような気になるようです[4]．我々が厳密な議論を行うためには，やはりそれに適した“道具”が必要になるのです．

経済学において「数学」を用いる第一の意味は,「道具としての数学」が持つ「厳密さ」にあります.「数学」は，

> 「疑いようもなく明らかないくつかの概念」から出発して,「万人の納得する推論形式」を忠実に守りながら，そこから得られる帰結のみを「定理」として扱う．

という，厳密さのお手本と言うべき形式を持った学問です．幸いなことに，経済学においては,(人間社会の物質的側面が取り扱われるという関係上）議論の中心となる多くの概念を「数」によって表現することができます．そして，誰の目から見ても疑いえない形で多くの定理を示すことができ，またそれらを全ての研究者間の共有財産として持つことができるのです．これは文系の学問としては非常に珍しいことで，文系の学問で標準的と呼べる「教科書」「参考書」ひいては「問題集」と呼べるものまでが存在するのは，恐らく経済学だけでしょう．我々はこの事態を「好運」と受けとめるべきです．まちがっても学生は愚痴をこぼしたりするべきではありません．

さてそれでは，そもそもこの「数学」が，なぜ厳密な学問でありうるのか，ということについて，すこしだけ掘り下げて考えてみましょう．数学がこのように厳密な学問たりうる理由，それは

「数学という学問の背後にある論理体系が極めてシンプルだからだ」

ということにつきます．実際，我々の用いる数学は，そのほとんどの部分を，$\neg A$（A でない)，$A \wedge B$（A かつ B)，$A \vee B$（A または B)，$A \Longrightarrow B$（A

4)　もちろん,「爆発は芸術だ」という命題が存在しない限り上のような推論は成立しない．

ならば B)，$\forall x \cdots$（全ての x について $\cdots$ が成り立つ)，$\exists x \cdots$（$\cdots$ を成り立たせるような x が存在する)，のみを（論理）記号として用いた**一階の述語論理という単純な体系（に基づく言語）でもって記述する**ことができます.（ここで A, B は何らかの数学的叙述を，x は何らかの数学的対象物を指す変数をそれぞれ表します.）平たく言うと，数学で用いる名詞と述語さえ適当に用意してやれば，あとの言葉は上の記号のみで足りる，ということです．述語論理については，後の 1.2 節で簡単に取り扱いますが，ここでは「**数学をある言語で記述する**」ということの意味をもう少し追ってみましょう．

通常我々は数学を記述する言語として日常用語（日本語とか英語とか）を用います.（あなたの高等学校時代の数学の教科書は，数学の専門用語を除けば，ほぼ日常用語で書かれていたはずです．またあなたが今日まで受けてきた「授業」も，そのほとんどが日常用語で行われていたはずです．そういう意味では，あなたは日常用語以外で数学が記述されるのを見たことがないかも知れません.）日常の言語は何よりも“分かりやすい”という長所を持っていますが，一方では膨大すぎて“曖昧な表現を含む”という短所も持っています．そこで，厳密な議論を行うという目的のために，膨大な日常用語の中からできる限り意味のはっきりした言葉や記号を選んできて，“それらの用法を明確に規定する”ことによって“数学を記述するための言語のミニチュア版”をつくる，という方法が考えられます．そこにいくつかの“推論規則”(A ならばB，B ならばC，のときA ならばC，というのは正しい推論である，といったような根本的規則を並べたもの）をつけ加えたのが，数学を記述するための論理体系です[5)]．

簡単にとらえれば，これは「単に数学を記述するための言葉を限定するだけのことだろう」と思われがちですが，実は違います．実はもっと深い意味を持っています．

---

5)　ここで，本書の中でもしばしば用いられる二つの重要な概念を挙げておきます．一般に数学を記述するための言葉（記号）は，大きく2種類に分けられます．一つは「**数学的対象物**」すなわち具体的な事物をさす記号であり，もう一つはそういった数学的対象物たちの「特徴や性質」を述べるための記号です．前者は専門的には「項」と呼ばれ，後者は「述語記号」とか「関係記号」とか呼ばれます．述語記号を用いて項に対して何かを述べたものが,「**数学的叙述**」であり，専門的には「論理式」あるいは「関係」と呼ばれます．

「選ばれてきた言葉」について明確にその「用法を規定」し，また「推論規則」をも明確に表示する．

ということは，言うなれば「数学的叙述」という言葉の列を「純粋な **“記号の列”**」としてながめて「**あたかも機械がそれを扱うかのごとく見なすことが可能になる**」ということです．そして，そうすることによって我々は一つの「数学理論」自体を「明確な一つの対象物」として把握することが可能になります．これを**理論の形式化**と言います．

このような立場からすると，一つの**数学理論**というものは，「その理論で用いる**数学的対象物**（一つの“整数”，“直線”とかいったもの）と基本的述語（“小さい”，とか“平行である”とかいった言葉）から作られる**数学的叙述**（整数 k は s より**小さい**，とか直線 ℓ と m が**平行である**とかいった叙述）を次々に並べた純粋な記号の列」にほかなりません．このとき「そもそもいちばん最初に存在している記号の列（その理論での自明なことがらに相当する，いわゆる普通の公理）に対して，単純な推論規則（いくつかの数学的叙述から，全く別の数学的叙述を生み出す，特別な形をした公理）を繰り返し適用することによって，純粋な記号の列が次から次へと機械的に生み出されていく」ことになります.「生み出された新しい記号の列」は，その理論の**定理**と呼ばれ，その定理に至るプロセスがその理論における**証明**と呼ばれます．すなわち,「一つの数学理論」というものは,「データとなる記号の列（公理）をもとにして，単純な**推論規則**が繰り返し適用されることによって，次から次へと新しい定理（そしてそこに至る証明）が排出されてくるような機械的プロセス」としてながめることができるのです.（ただし，本当に機械に任せた場合は，必要な定理が何十時間，何万時間，何億年，の後に証明されるかは保証の限りではないし，ひょっとすると永遠にその定理には順番がまわってこない（証明されない）かもしれません.）

我々の用いる数学を，それを記述する言語及び推論規則まで含めた完全に厳密な形で展開すること（すなわち完全に形式化すること）は，もちろん本書の目的ではありません.（実際，本格的な数学書においても，それを厳密に成し遂げることは通常「議論のさまたげ」以外の何物でもないでしょう．ほとんど唯一の例外として Bourbaki [1] のシリーズがあげられます.）もちろん理論の形式化ということにまつわる多くの興味深い問題が存在します．例えば形式化された一つの理論に対する無矛盾性（A という叙述とその否定とが同時に証明されることがないかどうか）あるいは完全性（任意の命題について，必ずその証明あるいはその否定についての機械的証明が存在するかどうか）といった問題[6]は，単に「数学」という分野に限定されず，厳密な論理というものを用いる全ての学問分野の研究者，学生にとって重要かつ興味深い問題といえるでしょう．(こういう問題を取り扱うのは「数理論理学」,「数学基礎論」といった分野です．文献 [2]，[14] 等参照のこと．) しかしながら，これ以上深入りすることはやめましょう．当面の我々にとって大切なのは，もっとその先，すなわち数学を用いて経済学をつくることにあります．経済学をつくりあげる骨格としての数学の話に移りましょう．

1.1.2　経済学を構成する骨格としての数学：公理論的立場

われわれ社会科学者が数学を用いることの第二の意味は，数学を用いることによって与えられる普遍的・統一的な視点，とでも言うべきものにあります．例えば経済学者が用いる「商品」,「価格」,「需要」,「供給」といった概念を考えてみましょう．これらのうちどの一つをとってみても，その定義は研究者ごとに千差万別です．もしも経済学の入門的なテキストが，これらの概念に対して厳密な定義を与えることから書き始めねばならないとすれば，大学の新入生が現代の経済学の豊富な成果を学びうるのはおそらく五年も六年も先のこととなるでしょう．しかしながら，もしも我々がこれらの概念に対する直接的な“**定義**”を与えることをあきらめ，それらの概念の数量的あるいは図形的“**性質**”や“**関係**”にのみ着目したとすればどうでしょうか．すなわち，

「我々は価格とか需要とかいったものが本質的にどのようなものであるのかそれは知らない．けれどももし需要および供給というものが，価格と数量の関係を表す需要曲線，供給曲線という数学的対象物（この場合

---

6)　実は「自然数論」のような最も基本的な数学理論においてさえ，証明不可能な命題（つまり，それが真であるか偽であるかどちらかであることは明らかなのだが，そのどちらも絶対に証明できないような叙述）の存在することが知られています．(ゲーデルの不完全性定理)

は曲線という単なる図形に他ならない）によって表現されているとすればどのような結論が得られるであろうか.」

というふうに話を始めるとします．我々は直ちに「その需要，供給を表す二曲線の交点において均衡と呼ぶべき価格と数量の組み合わせが得られるであろう」ことから,「需要および供給曲線のシフトが，それぞれ均衡価格にどのような影響を及ぼすか」といったことまで，何ら曖昧さを含むことなく論ずることができます．あるいは，

「我々はそもそも“商品”というものが本当はどのようなものであるのか，それは知らない．知らないけれど，ともかく $\{1, 2, \cdots, \ell\}$ という ℓ 個の要素からなる集合があったとしよう．そして，その要素がそれぞれ ℓ 種類の商品の名前を表すものとしよう.」

というふうに話をはじめれば，我々は直ちに「各商品に対する需要量や供給量を ℓ 次元のベクトル（ℓ 個の数字の組み合わせ）で表現しよう」という合意に達するでしょう．そして，ℓ 次元のベクトル空間における演算を通じて，総供給量や経済全体の超過需要といった概念を取り扱えるようになるでしょう．

このように様々な対象をその直接的“定義”によってではなくそれら対象の満たすべき“性質”や“関係”にのみ基づいてとらえるという立場を“**公理論的立場**”といいます．そして最初にそれら対象について仮定される“性質”や“関係”のことを**公理**（それらの公理をまとめて公理系）といいます．分かりやすく言えば，様々な概念の“定義”というものにまつわるわずらわしい不一致を全て切り捨て，**多くの人が合意しうるところの性質を述べた“公理”に基づき，とりあえずそこから導かれる普遍的な結論だけを先にいただこう**，というのが公理論的立場といえます．

この公理論的立場というのは，現代数学を形づくる最も重要な特徴であると同時に，現代数学を用いる全ての学問分野を多かれ少なかれ必然的に支配する概念です．我々は以下で,「集合」,「実数」,「距離」,「線型空間」,「行列式」,

「位相」といったさまざまな数学概念が直接的な“定義”によらずに，“公理系”によって与えられるものであることを見るでしょう．そして，そのように公理論的に与えられた数学的対象物こそが，経済学の理論をつくりあげる上での中心的役割を果たすのです．

経済学者は数学を用いてさまざまな「経済モデル」をつくります．このとき，彼らが明示的に置く様々な「仮定」をはじめとして，彼らがそれを意識しようとすまいとその経済モデルに固有の（場合によっては隠れた）**経済モデルの公理系**が存在しています．(もちろんこの場合の公理系とは，その経済モデルが前提としている様々な仮定の全体を指します.）そして，一つの経済モデルの普遍性や現実性は，まさにその経済モデルの公理系の持つ普遍性，現実性にほかなりません．よりすぐれた経済モデルを構築するために，我々は様々な経済モデルの公理系（背後に隠れたものも含めて）を常に吟味する必要があります．

例えば現在，経済を記述する最も標準的な公理系として，Debreu の**一般均衡モデル**（文献 [3]）というものがあります．このモデルにおける「経済」は，ℓ 種類の財に関して m 人の消費者と n 個の企業が「交換」と「生産」を行う，という非常に一般的な形で記述されています．ほとんど全ての経済学者が，このモデルは現代における最も一般的で優れた経済モデルの一つであるということを認めています．経済学を学びはじめたばかりの学部生のみなさんは，きっといろいろな先生から，一般均衡モデルというのはとても難解で，これを理解できるようになったら一人前だよ，などと聞かされることでしょう．ところが，実はこのモデルは「投資も貯蓄もモデルの中で考慮されていない」ものであって，当節もはや日常用語となった「バブル的現象」をはじめとする経済の「貨幣的（金融的）側面」等が100パーセント抜け落ちたモデルなのだ[7)]，と言われると少々驚かれるのではないでしょうか．

全経済学者の（ほとんど唯一の）共有財産とまで言われる「一般均衡モデ

7) それは，単にモデルの中で扱われていないというだけでなく，実際，モデルの性格上分析の対象となりえないものなのである．

ル」にしてその程度のものです．他はおして知るべしです．みなさんがこれから学んでいこうとする経済学は，まだまだ根本（背後にある公理系）から再構築されるべき多くの課題を残しているのです．もちろんそれは，言うなればそもそも**経済とは一体何なのか**，あるいは**我々は経済というものをどのようにとらえるのが正しいのか**，という経済学の永遠のテーマなのかもしれません[8]．

コラム（メタ言語・有限の立場）：先の 1.1.1 項で，私は“数学とは「疑いようもなく明らかな概念」から出発して「万人の納得する推論形式」を忠実に守りながら，そこから得られる帰結のみを「定理」として扱う”厳密さのお手本とでもいうべき学問である，と述べましたが，さてこの「疑いようもなく明らかな概念」とは，そもそも一体何でしょうか．数学基礎論とか数理論理学とかの本を開くと，

> 「有限個の図形」という概念，すなわち 1, 2, 3, $\cdots$ と数えて，ある数 n で数え終わるような記号の列については，「疑いようもなく明らか」に認識できるものとして扱う，

という類の断りがなされているものです．これはいわゆる**有限の立場**と呼ばれるものです．

ここで 1, 2, 3, $\cdots$ などと書きましたが，とりあえずこの時点ではこれらが皆さん良く御存知の“自然数”である必要はありません．単に“ある順序に従って並べられた純粋な意味での記号たちの列”であればよく，その記号列が上に述べた有限個という概念を説明するにあたっての手がかりになっていればそれでいいのです．例えば

$$\heartsuit,\ \#,\ \Re,\ \nabla,\ \odot,\ \Upsilon,\ \propto,\ \simeq$$

（ただし上で“,”（コンマ記号）は単に区切りを表すための補助的記号とする）は記号の列として，左から見て第四番目の位置にあるのが ∇ ということまで含めて，万人によって理解されるものと考える，ということです．何のためにそんなアタリマエのことを言うのか，普通は分からないでしょ

8) 往々にして，理論経済学は「机上の空論である」とか「面白くない」とか言われます．あなたが経済学を面白くして下さい．経済学というのはそれができる学問分野です．

う．そんなツマラナイことまでいちいち断らねばならないのなら，他にも断るべきことは山ほどあるだろうに，と言いたくなります．そこをぐっとこらえてもう少し勉強すると，おぼろげながらその意味が見えてきます．

一つの数学理論の形式化とは，(先にも述べましたが）要するに

> その数学理論を，“もとになる記号の有限列”から“新しい記号の有限列”を導く機械的操作，としてとらえてしまおうという試み，

に他なりません．こうして得られる“記号の有限列”が，そしてそれのみが，その理論における**定理**（証明可能な論理式）と呼ばれるものです．すなわち数学的**理論**というものは，

- 先ず基本パターンとなる“有限個の記号の列（公理)”を明示する，
- もとになる記号の列から“新しい記号の列（定理)”を導くルール（推論規則）を明示する，
- 上の操作によって得られた“記号の有限列”のみを定理とする，

というまさにそれだけのものだというわけです．

こう考えると，我々が理論の形式化を行う場合，最低限なにを必要としているのか，ということが明らかになってきます．それは2種類に分けることができます．

まず第一に，上の機械的プロセスは“すでに得られているいくつかの記号列”を用いて“新たな記号列”を得るプロセスです．ここで“すでに得られている記号列”から“新しく得られた記号列”に至る全体こそが，他ならぬ“有限個の図形”ではありませんか．すなわち“有限の立場”によって「疑いようもなく明らか」なものとして保証されるのは，(個々の記号列ももちろんそうなのですが，それよりも）もとの記号列から新たな記号列に至る“記号列の列”，言い換えれば“証明図”の認識そのものなのです．“有限の立場”は論理式（個々の記号列）や証明プロセス（記号列の列）が万人にとって明確に（図形的に）認識しうるものであることを宣言しているわけです．数理論理学や数学基礎論において，他の全てに先だって「こんなアタリマエのことをいちいち断る」理由は，やはり十分にあるのです．

第二に，形式化によって数学の理論は確かに日常的な意味から切り放されて，上に述べたような機械的プロセスと見なしうるのだけれども，そのときその機械的プロセスがどんなに単純なものであろうとも，“その機械的プロセスの仕組みをそもそも説明するための日常的言語”が必要です．すなわち，理論の形式化によって一つの数学理論が“ある与えられたいくつかの記号の列から単純なルールに従って次々に新しい記号の列を生み出す単なるゲーム”として生まれ変わったわけですが，そのゲームのルールがどんなに単純なものであれ，それを説明するためのいわば「取扱い説明書」や「解説書」が必要です．こういった，「形式化された理論」をその外からながめた説明書をつくるための言葉を「**メタ言語**」といいます．説明書の中で用いられている推論その他は「メタ論理」，またそういった説明書の中で（例えば既存の数学の「集合論」のような）何らかの理論が用いられているとすれば，それは「メタ理論」などと呼ばれます[9]．

1.2 数学と論理

前節にも述べたように，数学は非常に厳密な構造を持った学問です．なぜ厳密かといえば，それは我々が通常用いる数学理論の背後にある論理体系が極めてシンプルなものだからだと言ってよいでしょう．実際，我々が通常用いる数学は，主語（数学的対象物）と述語（数学的関係や性質）に相当する言葉を用意してやりさえすれば，あとは $\neg$ $(\cdots$ でない$)$，$\vee$ $(\cdots$ または $\cdots)$，$\wedge$ $(\cdots$ かつ $\cdots)$，$\Longrightarrow$ $(\cdots$ ならば $\cdots)$，$\forall$ (全ての $\cdots$ について)，$\exists$ $(\cdots$ が存在する$)$，のみでもって記述することができます．もう少しカッコよく言えば，$\neg$，$\vee$，$\wedge$，$\Longrightarrow$，$\forall$，$\exists$ のみを論理記号として用いた**一階の述語**

9) 何も難しく考えないで下さい．私は後の節でいわゆる“普通の日本語”によって“数学を記述するための言語（一階の述語論理）”の解説をするわけですが，このとき私が用いる“普通の日本語”がすなわちメタ言語であるというただそれだけのことです．また，解説をしながら「3行目を見てください．そこから5行先を見てください．ええっと，$3+5$ですからつまり8行目ですね．…」というような具合に“足し算”という“数学理論（といえば大げさか）”を用いたとすれば，それがメタ理論ということになります．わざわざそう呼ぶのは，そのメタ理論としての数学（足し算）を，今記述されようとしている形式的数学理論から完全に区別するという，ただそれだけのためです．

論理という単純な論理体系でもって記述することができるのです[10)]．本書は論理学の教科書ではありませんから，論理について深く述べることはしません．ただし，$\forall$ や $\exists$ といった記号は，大学以降の数学においてごく普通に（本書の証明の中や，あるいは授業中などにも）用いられますので，慣れ親しんでいただく必要があります．

さて，$\forall$ にしても $\exists$ にしても，高等学校で既に「全ての」と「ある」という言葉として概念的には登場していたものですから，何もまったく新しい意味を持った記号というわけではありません．ただし，数学においてこれらの言葉は全て我々が日常的に用いる意味から切り離され，厳密にその使用法を限定して用いられますから，慣れるまでは十分な注意が必要です．例えば，$\Longrightarrow$（ならば）の使用法を例にとってみましょう．

「$1+1=3 \Longrightarrow$（ならば）$3\times 0=5$（である）」

これを日常的に解釈すれば“まったくもって意味不明”の文章でしょう．ところが数学において標準的に解釈すれば，これは“真である（正しい）”命題なのです.（なぜこれが“真”なのか .... 理由は 1.2.2 項の“$\Longrightarrow$（ならば）”に対する解説をご覧下さい.）

1.2.1　数学的叙述

数学の理論は，その理論の対象となるさまざまな**数学的対象物**（つまり主語）に対して，それら対象物の持つ**性質**やそれら対象物相互間の**関係**を表す言葉（つまり述語）を用いた叙述を幾つも幾つも組み合わせ，つなぎあわせることによってつくられていきます．以下では，そういった一つ一つの叙述を特に**数学的叙述**と呼ぶことにします.（“数学的対象物”，“性質や関係”，“数学的叙述”とここで呼んだものは，論理学的にはそれぞれ“項”，“述語”，“論理式”と呼ばれます.）

(1)　a は自然数である．

10)　もちろん，このような記述の方法にもいくつかの流儀があります．例えば，$\wedge$，$\Longrightarrow$ は $\neg$ と $\vee$ を適当に組み合わせて表現してしまうことも可能です．また，数学を記述するのに一階の述語論理を用いるべきではなく，より複雑な高階の述語論理を用いるべきであるという考え方もあります．

(2) x は 3 より大きい実数である．

(3) $\{1,2\}$ という集合は $\{1,2,3\}$ という集合に含まれる．

などが数学的叙述です．数学的叙述は a，x，3，$\{1,2\}$，$\{1,2,3\}$ などの数学的対象物に対して，それらが“自然数である”，“より大きい”，“実数である”，“集合である”，“含まれる”，といった性質や関係を叙述しているわけです．ただし，数学的叙述の中には対象物を一つも持たないものもあります．例えば証明において背理法を用いたときの“矛盾が生じる”などがそうです．

上における a や x は，ある定まった数学的対象物を表しているのではなく，そこにいろいろな数学的対象物を入れることのできる箱のようなもので，**変数**（**individual variable**）と呼ばれます．これに対して 3 や $\{1,2\}$，$\{1,2,3\}$ のようなきちんと定まった対象物は**定数**（**individual constant**）と呼ばれます．

命題とは，数学的叙述であって，それが「真」か「偽」かいずれか一方であるようなもののことであるとします．先ほどの例で言いますと，(3) は命題です．(1) と (2) は変数にどのような値を入れるかによって真偽がきちんと定まらないので命題とは言えません[11]．

（補足）　ここでは，そもそも「真」とか「偽」とはどういうことか，ということについてはきちんと述べていません．真とか偽とかいうことをもっと厳密に扱うためには，上で言うところの「数学的叙述」について，それに用いることのできる記号とか，文字の種類とかをもっと明確にリストアップする必要があります．そうしておいてさらに，それぞれの記号や文字を**どのように解釈するか**ということまで，明確に定義する必要があります．

もちろん，この“解釈”の方法は一通りではありません．そして“解釈”が異なれば真偽も変わる可能性があります．例えば，“$x^2+1=0$ は解を持つ”は中学生ならば偽であると答えるでしょうし，高校生ならば真であると答えるでしょう．い

11)　数学的叙述が命題と呼べるためには，それが「真」か「偽」か**いずれであるか**が分かっている必要はありません．**いずれか一方である**ことが分かっておればよろしい．例えば，“円周率 π を 10 進小数で表したときの 57 億 6 千万桁目の数字は 7 である”，が真であるか偽であるか私は知りませんが（おそらく誰も知らないでしょうが），それは明らかに命題と呼んでいいものです．

ずれが正しいということは言えません．上の問題においては，解をどの範囲で探すのか，すなわち話の舞台はどこなのかという“解釈”が明らかにされていないからです．真とか偽とかいうことは，一般的にはそういった“解釈”を一つ固定することによってはじめて定義されます．ただし議論のたびごとに「目下これらの記号の“解釈”は ...」とやっていたのでは，時としてくどすぎますので，本書では特に混乱の生じない限り，ありとあらゆる数学的叙述が常識の範囲内で最も適当に“解釈”されるものと考えます[12)]．

1.2.2 命題結合子

まず $\neg$，$\vee$，$\wedge$，$\Longrightarrow$ の四つから見ていきましょう．これらはいくつかの数学的叙述を与えられたとき，それらを否定したり，つなげたりしながら，新しい別の数学的叙述を作り上げる働きをします．特に**いくつかの命題を与えられたときには，それらから新しい別の命題を作り上げる働きをする**ので，**命題結合子**と呼ばれます．

以下 1.2 節の終りまで，数学的叙述を A，B，C などの文字で表すことにします．

$\neg$（でない）

A を数学的叙述とするとき，$\neg A$（A でない）は A の**否定**とよばれる数学的叙述です．例えば，A を“x は実数である”という数学的叙述であるとすれば，$\neg A$ は“x は実数であるということはない”という叙述，すなわち“x は実数でない”という叙述をさします．**特に A が命題であるとき $\neg A$ も命題であり，A が真ならば $\neg A$ は偽，逆に A が偽ならば$\neg A$ は真**となります．次

12) “解釈”とは厳密に述べると次のような内容です．まず議論の範囲（universe と呼ばれる集合）を明らかにします．要するに実数の世界で考えるのか複素数の世界で考えるのか，はたまた単純に自然数全体の集合の中でのみ考えるのかといったようなことです．通常はそれらの直積や直積の部分集合等をも要素に含んだもっともっと広い universe を考えます．そして次に数学的叙述に用いられる記号や文字を universe の要素として定義します．ここが少し難しい話なのですが，このとき $+$ や $\times$ 等の様々なオペレーターや大小記号 $\leq$ 等の関係を表す記号（もし用いられるのならば）も universe という集合の要素として定義される（解釈される）ことになります．このとき数学的叙述の真偽（解釈）とは，universe という集合における集合論的関係の成立不成立として厳密に定義されることになります．（より詳しく知りたければ，標準的な数理論理学の入門書，例えば文献 [14] 等を見よ．）

の表は命題 A の真偽に応じて $\neg A$ の真偽がどうなるかをまとめたものです．このような表を**真理値表**といいます．

$\neg A$ の真理値表	
A が真のとき	偽
A が偽のとき	真

$\vee$（**または**）

A と B を数学的叙述であるとします．このとき $A \vee B$（A または B）も数学的叙述となります．**特に A と B が命題であれば，$A \vee B$ も命題です．**このとき $A \vee B$ は，A か B かいずれか一方が真のとき真になり，A も B も両方とも偽のときに限って偽になります．

例えば，A が "1 足す 1 は 0 である" という命題（偽）であり，B が "4 足す 4 は 8 である" という命題（真）であるとしたとき，$A \vee B$ すなわち "1 足す 1 は 0 であるか，または 4 足す 4 は 8 である" は真の命題ということになります．A および B を命題としたとき，$A \vee B$ の真理値表は次のようになります．

$A \vee B$ の真理値表		
	B が真	B が偽
A が真	真	真
A が偽	真	偽

$\wedge$（**かつ**）

A および B を数学的叙述であるとすると，$A \wedge B$（A かつ B）もまた数学的叙述です．**特に A と B が命題ならば $A \wedge B$ もまた命題であり，その真偽は A と B がともに真ならば真，それ以外のときは偽となります．**

例えば，"1 足す 1 は 0 であり，かつ 4 足す 4 は 8 である" は，偽の命題です．$A \wedge B$ の真理値表は次のようなものです．

$A \wedge B$ の真理値表		
	B が真	B が偽
A が真	真	偽
A が偽	偽	偽

$\Longrightarrow$ (ならば)

A および B が数学的叙述であるとき，$A \Longrightarrow B$ (A ならば B) も数学的叙述です．**特に A および B が命題であるとき，$A \Longrightarrow B$ も命題になります．**

この $\Longrightarrow$ (ならば) は，日常用語と多少ニュアンスが異なるので注意が必要です．日常的には A と B という二つの叙述の間にほぼ何の関係もないと思われる場合，A ならば B，とか A は B を導く，とかは言いませんし，言えばおかしい感じがします．数学で用いる "ならば" はそういったことに一切おかまいなく，**A が真の命題で B が真の命題のとき $A \Longrightarrow B$ は真の命題**であり，**A が真の命題で B が偽の命題のとき$A \Longrightarrow B$ は偽の命題**であるものとします．例えば,「$3 > 1 \Longrightarrow 1 + 1 = 2$」は真の命題,「$3 > 1 \Longrightarrow 1 + 1 = 1$」は偽の命題です．さらに日常的な用法からかけ離れているのは，A が偽の場合です．**A が偽の命題であるとき命題 $A \Longrightarrow B$ は，命題 B の真偽にかかわらず，真の命題**であるものとされます．つまり極端な例をあげると,「$1 + 1 = 1$ ならば $2 \times 2 = 0$ である」は真の命題である，ということになります．

これは，なぜなのかというよりは，単にそのように決めた方がいろいろと都合がよいからそう決めたのであって，そういうものだと覚えるのが一番です．どんなときに都合がよいかということだけ，例をあげて説明しておきましょう．次の数学的叙述を見て下さい．

「$x > 2$ ならば $x > 1$ である.」

この叙述には，変数 x が入っていますが，おそらくあなたは，これは真の命題である，と考えたはずです．あなたはなぜそのように考えましたか? 変数 x にいろいろな値を入れてみると,「$x > 2$」を真にするような x の具体的な値は，必ず「$x > 1$」をも真とするから，というのが基本的な説明の仕方かと思います.「$x > 2$」や「$x > 1$」は変数を含んだ叙述であって，そのままでは真偽が決定しませんが，もし x に具体的数字を代入したならば，たとえば

5 という数字を x に入れると,「$5>2$」は真,「$5>1$」も真，という具合に真偽を決定できます．論理学的には，変数を含んだ「$x>2$ ならば $x>1$ である」のような数学的叙述が真である理由を，

変数 x にどのような値を代入しても真だからだ

というふうに説明したいのです．そしてそのためには，例えば x に 0 を代入したような場合，すなわち「$0>2$ ならば $0>1$ である」（偽 $\Longrightarrow$ 偽）や，x に 1.5 を代入したような場合，すなわち「$1.5>2$ ならば $1.5>1$ である」（偽 $\Longrightarrow$ 真）を，真と決めておいた方が都合がいいわけです．以上をまとめて，$A \Longrightarrow B$ の真理表は次のようになります．

$A \Longrightarrow B$ の真理値表		
	B が真	B が偽
A が真	真	偽
A が偽	真	真

注：命題 “$A \Longrightarrow B$ かつ $B \Longrightarrow A$” のことを，しばしば “$A \Longleftrightarrow B$” と記します．

練習問題 1.2.1　A と B を命題とするとき，“A ならば B” という命題と “A でないか，または B” という命題が同値（一方が真であるとき，またそのときに限ってもう一方も真）であることを，真理値表を用いて確かめよ．

1.2.3　限量子

先に述べた 4 種類の命題結合子に加えて，**限量子**と呼ばれる 2 種類の記号 $\forall$ と $\exists$ は，もう一歩命題の内容に立ち入って，その後にくる変数の命題内における働きを限定します．従ってこれらの記号は，常にその後ろに数学的叙述を従えた形で用いられます．

以下，変数 x を含んだ数学的叙述を，$A(x)$，$B(x)$，$C(x)$ 等で表します．（x 以外の変数を含まないとは言っていません．とりあえず x にのみ注目している，というくらいの気持ちです.）変数を含んだ数学的叙述とは具体的に言うと，

「x は 1 より大きい」

「y に x を加えると 5 になる」

などを指します．$\forall$ と $\exists$ は，典型的には $\forall x, A(x)$ あるいは $\exists x, B(x)$ といった形で用いられます．“$\forall x, A(x)$” を日常的に解釈すれば “任意の x について $A(x)$ が成立する” といったところです．また “$\exists x, B(x)$” を解釈すれば “ある x が存在して $B(x)$ が成立する” といったところです．

$\forall$（全ての ⋯ について）

$A(x)$ が変数 x を含んだ数学的叙述であるとき，$\forall x$, $A(x)$（全ての x について $A(x)$ である）もまた数学的叙述になります．例えば，$A(x)$ が「x は 0 以上である」という数学的叙述であったとすると，$\forall x$, $A(x)$ は「全ての x について，x は 0 以上である」という数学的叙述となります．“全ての” という言葉はしばしば “任意の” という言葉で代えられます．言うまでもなく，$\forall x, A(x)$ の解釈（真偽）は，**“$A(x)$ における変数 x に，ありとあらゆる数学的対象物を代入してみたとき，常に $A(x)$ が真であるとき，そのときに限って真”** ということになります．もちろんその “ありとあらゆる数学的対象物” という場合の明確な範囲が示されなければなりませんが，日常的な使用法としては，そのような議論の範囲についての解釈を，前後の文脈や記号の自然な解釈の中に含めて述べてしまうことがほとんどです．

$\forall x, A(x)$ の否定については，少し注意が必要です．「$\neg(\forall x, A(x))$」すなわち「“全ての x について $A(x)$” ということはない」ということは，要するに “常に $A(x)$ というわけではない” ということですから，すなわち「ある x について “$A(x)$ でない”」ということになります．次に述べる $\exists$ を用いて記号で表すと，

(1.1) $$「\neg(\forall x, A(x))」\iff「\exists x, (\neg A(x))」$$

言葉で言うと（**“全ての x について $A(x)$” ということはない**）$\iff$（**ある x について “$A(x)$ でない”**）となります．この言いかえは特に証明の中などにおいて頻繁に行われるので，十分に慣れておく必要があります．

通常の議論の中で $\forall$ が用いられる場合，よく見受けられるのは「任意の $x > 0$ について $B(x)$ である」とか，「任意の $x \in \{1, 2, 3, \cdots\}$ について $C(x)$

である」といった省略形の表現です．これらは正確には，「任意の x について，$x > 0$ ならば $B(x)$ である」とか，あるいは「$x \in \{1, 2, 3, \cdots\}$ を満たすような任意の x について $C(x)$ である」といった形で述べられるべきものですが，上のような略式表現の方がむしろ当たり前になっていますから，やはり十分に慣れる必要があるでしょう．

練習問題 1.2.2　「全ての実数は 2 乗すると 0 以上である」は，上の議論でいうと ∀ に関する省略形の表現である．(1) これを省略形でない表現にせよ．(2) その否定をつくってみよ．

∃（ある ⋯ が存在する）

$A(x)$ が変数 x を含んだ数学的叙述であるとき，$\exists x,\ A(x)$（ある x が存在して $A(x)$ である）もまた数学的叙述になります．もちろんその解釈（真偽）は，“**$A(x)$ の変数 x の場所に，何らかの数学的対象物を代入して $A(x)$ が真となるとき，そのときに限って真**”となります．先の ∀ の場合と同様 ∃ も，ある対象物が“存在する”というその“対象物を探す範囲”が明確にされていなければなりません．例えば，「$\exists x, x + 1 = 0$」（ある x が存在して，$x + 1 = 0$ である）は，議論の範囲が自然数であれば偽ですし，整数であれば真となります．しかしながらやはりこの範囲も，日常的な使用法としては前後の文脈や記号の自然な定義の中に含めて述べられていることがほとんどです．

∀ と ∃ が同時に用いられる場合，どちらが先に用いられているかというその順序は非常に重要です．$A(x, y)$ で変数 x と y を含むような数学的叙述を表すとき，

$$\text{(1.2)} \qquad 「\forall x, \exists y,\ A(x, y)」$$

$$\text{(1.3)} \qquad 「\exists y, \forall x,\ A(x, y)」$$

は全く別の叙述になってしまいます．例えば $A(x, y)$ が $x < y$ という変数 x と y を含んだ数学的叙述であるものとし，議論の範囲は整数全体の集合であるものとしましょう．このとき，「$\forall x, \exists y,\ x < y$」（任意の整数 x に対して，ある整数 y が存在して，$x < y$ となる）は真ですが，「$\exists y, \forall x,\ x < y$」（ある整数 y が存在して，任意の整数 x に対して $x < y$ となる）は偽です．

注：$\forall x,\ A(x)$ や $\exists x, A(x)$ において，$A(x)$ に登場する変数 x は，$\forall$ あるいは $\exists$ によって**束縛**される，という言い方をします．このように束縛を受けた変数のことを特に**束縛変数**と呼びます．束縛されていない変数のことは**自由変数**と言います．

練習問題 1.2.3 議論の範囲を実数の全体とするとき，$\forall x,\ \exists y,\ x \times y = 0$ の真偽を述べよ．またその $\forall$ と $\exists$ の順序を入れ換えるとどうなるか．

1.2.4 証明・矛盾・背理法

「一つの**数学理論**」というものは，「データとなる記号の列（その理論における**明示的な公理**あるいは一時的な仮定）をもとにして，単純な推論規則（往々にして**暗黙的な公理**）が繰り返し適用されることによって，新しい記号の列（**定理**およびそこに至る**証明**）が機械的に排出されるようなプロセス」と見なされます．本節の「**証明可能**」という言葉は純粋にその意味，すなわち「**公理と推論規則から機械的に導ける**」という意味で用いられます．従って，命題が「証明可能である」ということと，それが「真である」ということは形式的には全く別の問題ですから注意して下さい[13]．さて，同一の公理および仮定に基づいて A という叙述と $\neg A$ という叙述が同時に証明可能であるとき，（それらの公理と仮定に基づいた世界において）**矛盾**が生じたと言います．「矛盾が生じた」というのは，それだけで一つの数学的叙述で，記号ではしばしば $\perp$ と表されます．**背理法**を認める立場とは，

> **“ある数学理論において，$\neg A$ という数学的叙述を仮定して（すなわち，その数学理論の公理に $\neg A$ という公理を付け加えた世界を想定して）矛盾が生じた（すなわちB という叙述と $\neg B$ という叙述が同時に証明された）ということが，($\neg A$ を仮定しないもとの世界における）数学的叙述 A の証明になっている”**

13) 後者は，あくまで解釈を与えられたときの意味論上の問題です．前節で述べたように，数学的叙述の真偽は，例えば $\forall x,\ A(x)$ はすべての x について $A(x)$ が真のとき真といったように，証明可能性とは全く無関係に，超越的な立場から決まるものです．

という立場を言います．

証明とは「推論規則」を適用するプロセスにほかなりませんから，背理法を認める立場の背後にある論理をきちんと追うためには，ここまで不問にしてきた「推論規則」すなわち，数学理論において「何が正当な推論か」という問題を避けて通るわけにはいきません．以下に，背理法が正当な推論であるという根拠を，できる限り基礎的な「推論規則」に基づいて述べ直してみます．(1) から (6) という各段階における「推論規則」の正当性については，すぐ後でふれます．

“ある数学理論において，$\neg A$ という数学的叙述を仮定して（新たに公理として付け加えたとして）矛盾が生じた（B と $\neg B$ が共に証明された）とき：

(1) 矛盾（B と $\neg B$ とが共に証明されたこと）からは，ありとあらゆる数学的叙述が証明可能である；

(2) すなわち，$\neg A$ を仮定した世界では A が証明可能である；

(3) よって，$\neg A$ を仮定しないもとの世界で “$(\neg A) \implies A$” が証明されたことになる；

(4) よって “$(A \vee \neg A) \implies (A \vee A)$” が証明されたことになる；

(5) ところで “ $A \vee \neg A$” は（何を仮定しなくとも常に）証明可能である；

(6) よって $A \vee A$ すなわち A が証明可能である；

と考えることができる．”

上の各段階において適用されている「推論規則」について説明します．(1) は最も非日常的な推論ですが，先に $\implies$ の用法を解説した際に $A \implies B$ は A が偽の命題であるとき常に真であるとした立場を，そのまま素直に推論規則に適用したものと言えます．(2) は単なる言葉の言い換えです．(3) は一般に “ C を仮定して，あとは公理のみを用いて D が証明可能であるとき，$C \implies D$ が証明可能である” とする立場です．これは，厳密に言うと，もっと単純な推論規則のいくつかを積み重ねた複合形として理解されるのが普通（**演繹についてのメタ定理**（**criterion of deduction**）と呼ばれる．c.f. Bourbaki [文献 [1], I, Ch.1, § 3.3, C14]）なのですが，直観的には明らかなので，ひとまとめの推論と解してしまいましょう．(4) は“ $C \Longrightarrow D$ が証明可能であるとき，任意の数学的叙述 E について $(C \vee E) \Longrightarrow (D \vee E)$ が証明可能である”という推論を $\neg A \Longrightarrow A$ と A に当てはめたものです．これは問題ないでしょう．(5) は**排中律**（**law of excluded middle**）と呼ばれる推論で，“**任意の数学的叙述 A に関して $A \vee \neg A$ はいつでも正当な推論である**”という立場を表します．この場合 A あるいは $\neg A$ の証明可能性に一切関わらず“$A \vee \neg A$”が証明可能とされている点に注意して下さい[14)]．(6) は，一般に“ C が証明可能であり $C \Rightarrow D$ が証明可能であるとき，D が証明可能である”とする立場（いわゆる**三段論法**（**syllogism**））です．この推論に異議を唱える人はまあいないでしょう．

コラム（等号理論）：等号 $=$ については，ここまで無意識に用いてきましたが，これは二つの数学的対象物についての関係を表す，最も基本的な数学記号（述語記号）です．集合論を含めて，ありとあらゆる数学理論の中で，等号 $=$ を用いないものなどないといっても過言ではないでしょう．そこでしばしばこの等号 $=$ は個々の数学理論の中ではじめて論じられる他の述語記号とは区別して，数学理論の背後にある（本節で述べた）**理論体系**の方に含めて論じられます．

通常の論理体系に**等号**と呼ばれる述語記号（数学的関係）$=$ を加えたものを基にしてつくられる数学理論を総称して**等号理論**（**Equalitarian Theory**）と呼びます．言うまでもなく，以下本書において扱われるのは，全て等号理論です．等号理論においては，通常の推論規則（公理）に加えて，等号に関する次の二つのことが公理としてあらかじめ与えられます．

(公理：等号 1) $x = x$.

(公理：等号 2) $a = b \Longrightarrow (A[\frac{x}{a}] \Longleftrightarrow A[\frac{x}{b}])$.（ただし A は変数 x に関する任意の数学的叙述を表し，$A[\frac{x}{a}]$, $A[\frac{x}{b}]$ はそれぞれ x を a または b という数学的対象物で置き換えた叙述を表す.）

---

14) 排中律に関しては，これを推論規則として認めない流儀もあり，**構成的論理**あるいは**直感主義論理**と呼ばれます．排中律を認める通常の論理は，**古典論理**と呼ばれます．

最初の公理は当然のことでしょう．2番目の公理は，“**二つの数学的対象物が等しい**”ということの，まさに本質を述べています．それはすなわち“**ありとあらゆる数学的叙述について，一方がそれを成り立たせるとき，そしてそのときに限ってもう一方もそれを成り立たせる**”ということです．一つの数学理論とは，その理論の中で次々に証明されていく数学的叙述の積み重ねにほかなりませんから，その意味で2番目の公理を見ると，それは“**等号 = で結ばれた二つの対象物は，それ以降の理論の発展の中で，全く同一のものとして扱われる**”ということの宣言だ，と言ってよいでしょう．

1.3 集 合

“集合”は数学において，最も基本的な概念の一つです．本書を手にする方々は，少なくとも高等学校までに，素朴な集合論を何らかの形で学んでこられたことでしょう．大学の数学で用いる集合概念も，ほとんどはその素朴な集合論の中で用意されたもので事足ります．しかしながら，**あえてここで**はもう一歩進んだ厳密な集合論を展開しましょう．その理由は，「**なぜ高等学校で習った数学よりも厳密な数学が大学で必要となるのか**」，ということの秘密が，まさにこの“厳密な集合論”に隠されているからです．従って，**本書レベルの数学を理解することだけが目的だという人は，次の 1.3.1 項のほとんどの部分を読む必要はありません**．そういう人は，1.3.1 項の“**定義**”と“**重要ポイント**”のみを読んで下されば十分です．

さて，大学の数学は高等学校までの数学よりも「ずっと厳密だ」，というウワサはみなさん聞いたことがあるでしょう．とは言っても，大学の数学に厳密でないところが全然ないか，というとそんなことはありません．それどころか，大学の授業や教科書などは高等学校よりもずっと不親切ですし，証明が後先になったり飛ばしてあったり，ある意味ではよっぽどアバウトです．大学初年次に，公理的な集合論から教えることはまずありませんし，かといって選択公理やツォルンの補題[15]といった公理的集合論の下ではじめて厳密に取り扱われる命題（公理）の使用をひかえているかというとそんなことはありません．まあともかく，大学の数学にしても後で厳密に扱うからという理由でとりあえず概念だけ先取りしている部分や，曖昧なままで議論を進めていく部分がたくさんあるわけです．それでは，大学での数学が「何を」厳密に議論しているというのでしょうか．そもそも大学の数学と高校までの数学は「どこが」違うのでしょうか．それは，まとめてしまえば**たった一つのこと**にすぎないのです．たった一つのこと，それは

「無限ということの取り扱い」

です．**無限**というのは読んで字の通り，「限り無い」ということです．特に大学初年次においては，「**限り無く**近づく」という概念，すなわち「収束」とか「極限」といった概念，これに尽きると言って過言ではないでしょう．

「無限」という概念を取り扱う世界は，おそらく最も直感が裏切られる（役に立たない）世界であり，いい加減に議論を行っているととんでもないしっぺがえしを食らうことになります．集合論はそのことを我々に教えてくれるきっかけでもあり，また「無限」と関わるさまざまな概念を厳密に取り扱う上で欠くことのできない道具でもあるのです．

1.3.1 集合とは何か

最初に高等学校までに習った素朴な集合概念を思い出すところから始めましょう．非常に素朴な形で与えられる集合とは，

15) 選択公理は，集合論で通常用いられる公理の一つで，具体的には，I を任意の集合とし，各 $i \in I$ に対して集合 $A_i \neq \emptyset$ が対応づけられているとき，各 $i \in I$ に対して集合 A_i の適当な要素 x_i を対応づけることが可能であること（選択関数の存在）を保証するものです．こういった対応づけの全体 $\prod_{i \in I} A_i$ を集合と呼んでいいというところまでは他の公理から出てきますが，非空であることまでは出てきません．ツォルンの補題はそれと同値の条件で，何らかの意味で順序というものがつけられたものの集まりに対して，あるゆるい条件のもとで極大元の存在を保証する命題であり，代数学などではほとんど無しでは済まされないほどによく用いられます．

$(*S)$ 「あるはっきりとした性質を満たすような，他とよく区別された“ものの集まり”」

というものです．すなわち一つの集合は，ある一つの**はっきりとした性質**（数学的叙述）に対して，それを満たすような数学的対象物の全体，として表現されるわけです．上でいう“はっきりとした性質”とは，“任意の数学的対象物について，それがその条件を満たすか満たさないか二つに一つであるような曖昧でない性質”をさします．集合 A が“あるはっきりとした性質 P”によって特徴づけられているということを表現するのによく用いられる便利な記法は，

$$A = \{x | x \text{ は性質 } P \text{ を満たす }\}$$

というものです．そしてある数学的対象物 a が集合 A を特徴づけるところの性質を満たしているとき，a は集合 A に**属している**あるいは a は集合 A の**要素である**といい，記号 $a \in A$ または $A \ni a$ で表します[16)]．その否定 $\neg(a \in A)$ は $a \notin A$ で表します．

さて，厳密に言うと，$(*S)$ **を集合の定義とみなすことはできません**．$(*S)$ を集合の定義とすると，すなわち“集合”というものが上に述べたような“条件（性質）”から直接**定義**されるものであるとすると，そこから**ラッセルのパラドックス**と呼ばれる矛盾が生じます．実は $(*S)$ を満たすような“ものの集まり”の中にも**集合と呼んではいけないもの**があるのです．

（ラッセルのパラドックス） 先に述べたような素朴集合論の世界で，**自分自身を要素として持たないような集合**を全て集めた“ものの集まり”を記号 $\mathcal{N}$ で表します．すなわち $\mathcal{N}$ は“x は集合であり，かつ $x \notin x$”という（はっきりとした）性質を満たすもの全体からなる“ものの集まり”ですから，$(*S)$ の考え方からすると“集合”と呼

16) 「記号の向き」について一言．非常に厳密な立場からすると，$\in$ というような記号を勝手に逆さ向き $\ni$ にして用いることはよくありません．しかしながら，$\in$ や $<$ のような基本的な記号は，逆さ向きで用いる方が話の通りがよいことが往々にしてあります．従ってここではわざわざ両方の向きで用いる可能性があることを明言しました．

んで良いものです.(便利な記法を用いると，$\mathcal{N}=\{x|x$ は集合であり，かつ $x\notin x\}$ ということです.) このとき矛盾が生じます.

$\mathcal{N}$ が $\mathcal{N}$ 自身の要素であるかどうかという問題を考えましょう．$\mathcal{N}$ が “集合” というはっきりした数学的対象物なのですから，$\mathcal{N}\in\mathcal{N}$ であるか $\mathcal{N}\notin\mathcal{N}$ であるかのどちらかでなくてはなりません．もしも $\mathcal{N}\in\mathcal{N}$ とすると，集合 $\mathcal{N}$ の定義によって，$\mathcal{N}$ は “自分自身を要素として持たない” という性質を満たすことになります．言い換えると $\mathcal{N}\notin\mathcal{N}$ ということです．一方，$\mathcal{N}\notin\mathcal{N}$ とすると，それはすなわち $\mathcal{N}$ が “自分自身を要素として持たない” という性質を満たすということですから，$\mathcal{N}$ の定義から $\mathcal{N}\in\mathcal{N}$ とならなければなりません．したがって，$(\mathcal{N}\in\mathcal{N})\Longleftrightarrow(\mathcal{N}\notin\mathcal{N})$ ということになってしまいます．

一般に，何を集合と呼んで良く何を集合と呼んではいけないか．この問題は非常に厳密な取り扱いを必要とし，もしもそれを守らなければ，数学においてあってはならない矛盾が上述のごとくいとも簡単に導かれることになります．そしてそのような矛盾を（現在の我々が知りうる限り）回避するために，現代数学では「集合」というものを直接的 “定義” によらずに “公理系” によってとらえます[17)]．集合論の公理系にもいくつかの種類がありますが，ここで紹介するのは最も標準的な **Zermelo-Fraenkel の公理系**と呼ばれるものです．

集合論の本当の目標は，単に “集合” の何たるかを公理によって規定することだけではなく，そのように規定された集合概念に基づいてありとあらゆる数学的概念を述べ直すことにあります．実際，公理的集合論の世界ではありとあらゆる数学的対象物は集合として扱われます．例えば $0,1,2,\cdots$ といった個々の自然数や，あるいは一つ一つの実数までも，公理的集合論の下ではそれぞれ “一つの集合” として定義し直されることになります．紙面の都合上，本書ではそこまで統一的な立場はとれません．以下に集合論の公理系を並べておきますが,「集合論の公理系とはこんなものなのか」ということがおぼろげにわかっていただければ十分です．単に眺めるつもりで読んで下さい．

---

17) 集合論の公理系というのは，簡単に言うと上述したような矛盾を回避するために “何を集合と呼んで良いか” ということを定めたいくつかのルールのようなものです．そのルールに従って厳密に展開される集合論を，公理的集合論と呼びます．

(この公理系をどのように理解すればいいかという我々の立場は，後で明らかにします．くれぐれも，分からないからといって立ち止まったりしないように.)

集合論の公理系：Zermelo-Fraenkel

集合とは，以下の公理 **(i)** $\sim$ **(ix)** を全て満たすような対象物を指す.

(i) **外延性の公理**：任意の二つの集合 X, Y について，$\forall a, (a \in X) \Longleftrightarrow (a \in Y)$ が成り立つとき，$X = Y$ が成り立つ．すなわち二つの集合は，その成員が同じであるとき数学的に全く同一のものとして扱われる.

定義 1.3.1 (部分集合) 任意の二つの集合 X, Y について，$\forall a, a \in X \Longrightarrow a \in Y$ が成り立つことを，$X \subset Y$（または $Y \supset X$）で表し，X は Y の**部分集合**であると呼ぶ[18].

(ii) **零集合の公理**：要素を一つも持たない集合が存在する.(これは上の外延性の公理の下では唯一つであり，記号 $\emptyset$ で表される.)

定義 1.3.2 (空集合) 上の $\emptyset$ を**空集合**と呼ぶ.

(iii) **非順序対の公理**：X と Y が集合であるとき，X と Y を，そしてそれらのみを要素とする集合が存在する.(これを記号 $\{X,Y\}$ で表す．特に $\{X,X\}$ は $\{X\}$ で表す.)

定義 1.3.3 (順序対) 上の公理によって存在の保証される集合 $\{\{x\},\{x,y\}\}$ を x と y の**順序対** (**ordered pair**) と呼ぶ．特に混乱のない場合はこれを

---

18) 記号 $\subset$ を真部分集合（すなわち X の要素は全て Y の要素であるが，Y の要素の中には X の要素でないようなものが存在するとき）に対してのみ用いるという用法もありますが，大学以降では上の用法（単なる部分集合の記号として $\subset$ を用いる）という方が一般的です．特に真部分集合であることを表現したいときは，$X \subset Y$ かつ $\neg(Y \subset X)$ というようにきちんと書くことにします.

(x, y) で表す．

定義 1.3.4 （関数） **関数** f とは，順序対のみを要素とする集合であって，任意の二つの要素 $(a, b) \in f$，$(c, d) \in f$ について，$a = c \Longrightarrow b = d$ が成り立つもののことを言う．

(iv) **和集合の公理**：X を任意の集合の集合であるとする．このとき X の要素の要素全体からなる集合が存在する．これを X の**和集合**といい，記号 $\bigcup X$ で表す．特に $X = \{Y, Z\}$ のとき，$\bigcup X$ を $Y \cup Z$ と書く．(例えば，$\bigcup\{\{x\}, \{y, z\}\} = \{x\} \cup \{y, z\} = \{x, y, z\}$．$\bigcup$ と $\cup$ は別記号.)

(v) **無限の公理**：ある集合 X で，$\emptyset \in X$ かつ $\forall y,\ y \in X \Longrightarrow y \cup \{y\} \in X$ を満たすものが存在する[19)]．

(vi) **置換の公理**：$P(x, y)$ を変数 x, y を含むような数学的叙述で，任意の x について $P(x, y)$ を真とするような y が唯一つであるようなものとする．このとき "集合 X のある要素 x に対して $P(x, y)$ を真とするような y" の全体からなる集合 Y が存在する．(便利な記法によれば $Y = \{y |$ ある $x \in X$ について $P(x, y)\}$ を集合と呼んで良いということです.)

ただし上の置換の公理は，実際には次のような弱い形で使用されることがほとんどです．

(vi′) **分出の公理**：X を集合とするとき，X の要素のうちで，ある性質 P' を満たすようなものの全体 Y，は集合と呼んで良い．(これをしばしば，$Y = \{x \in X | x$ は性質 P' を満たす$\}$ と表します.)

19) $0 = \emptyset, 1 = 0 \cup \{0\}, 2 = 1 \cup \{1\}, 3 = 2 \cup \{2\}, \cdots$ という形で自然数 $0, 1, 2, 3, \cdots$ を定義し直せば，上は "自然数全体を要素として持つような無限集合" の存在を保証していることになります．

実際これが置換の公理の特殊なケースであることは，$P(x,y)$，という叙述を，$(x=y)$ かつ ($x\in X$ ならば y は性質 P' を満たす)，に置きかえて，置換の公理を用いればよろしい．

(vii) **べき集合の公理**：X を集合とするとき，X の部分集合の全体からなる集合 $\mathcal{P}(X)$ が存在する．(便利な記法を用いると，$\mathcal{P}(X)=\{Y|Y\subset X\}$ を集合と呼んで良いということです.)

定義 1.3.5 （べき集合） $\mathcal{P}(X)$ を X の**べき集合** (**power set**) という．

先に述べたように無限の公理 (v) は "自然数全体の集合" のような無限集合の存在を保証しますが，もっと大きな集合，例えば "実数全体の集合" のようなものは上の公理 (vii) をもってしてはじめてその存在が保証されます[20]．

(viii) **選択公理**：X を任意の "空でない集合" の集合とする．このとき，X の各要素 $Y\in X$ に対してある $z\in Y$ を対応づけるような X 上の関数 f が少なくとも一つ存在する．(このような f を**選択関数**といいます．公理が存在を主張しているのは "集合" ではなく "関数" ではないかと思われるかもしれませんが，ここでいう関数とは定義 (1.3.4) で述べた "順序対のみを要素とする集合" です[21].)

---

20) 直観的に言えば $\pi=3.14159265\cdots$ のような無理数を表現するのに $\{3,31,314,3141,31415,314159,3141592,\cdots\}$ のような自然数の（無限）部分集合を用いればよいということです．

21) この公理の特殊なケースとして，例えば $A_1,A_2,A_3,\cdots$ という集合の列を与えられたとき，$a_1,a_2,a_3,\cdots$ という要素の列（各 i について $a_i\in A_i$）を（数学的対象物として）確かに一つは存在するものとして扱って良い，ということがあります．(たとえ集合の無限列の存在が保証されているとしても，それら各々の中からどの要素をとってくるかという具体的手続きが一切明らかにされていないとき，抽象的に一つの列 $a_1,a_2,a_3,\cdots$ が存在するものとして扱って良いかどうか，ということには議論の余地があるでしょう.)

(ix) **正則性の公理**：空でない任意の集合 X は，任意の $z \in X$ に対して $z \notin y$ を満たすような要素 $y \in X$ を持つ[22]．

きちんと読んでいただければ，集合論の公理系自体は決して“難しい”ものでないことがおわかりいただけると思います．実際，置換の公理 (vi) と選択公理 (viii) あたりを除けば，ほとんどのみなさんは「まあだいたい当たり前のことだな」という感想を持たれたことでしょう．先にも述べたように，公理的集合論の目標は「単に集合概念を公理によって与える」だけではなく，そのようにして与えられた“集合”に基づいて，我々が日常的に行う計算や有理数，実数，実関数といったありとあらゆる数学的概念を“集合”としてとらえ直すことにあります．上に述べたような公理一つ一つの意味は，そのような作業を行う段になって初めて明らかになります．ただしそれをまともに行うとあっと言う間に半年くらい過ぎてしまいますので，ここでは次のようにもっと簡単な立場をとります．

以下では $(*S)$ を集合の定義とは考えません．定義ではありませんけれども，ともかく

重要ポイント 1.3.1 **集合**というのは“あるはっきりとした性質を満たすようなものの集まり”である．ただし，**“あるはっきりとした性質を満たすようなものの集まり”にも集合と呼んでいいものと悪いものがある**．

というふうに考えることにしましょう．一般に，ある“はっきりとした性質”（数学的叙述）に対して，その性質を満たすようなもの全体の集まりは（集合ではなく）**類（Class）**と呼ばれます．そして，

重要ポイント 1.3.2 類のうちで“集合と呼んでいいもの”が，先の“集合論の公理系”によって定められているのである．

22) この公理は通常の数学で用いられることはほとんどありません．先に述べたラッセルの逆理（パラドックス）を排除するために置かれた技巧的な公理です．例えば $x \in x$ を満たすような集合 x の存在が上の公理によって排除されています．（もし仮にそのような集合 x が存在したとすると，上で $X = \{x\}$ と置くことによって正則性の公理に反することになります．）

と理解して下さい[23)].

さてその問題の公理系をどのように理解するかですが，はっきり申し上げれば，**「それを意識することが，当初において様々な理解の妨げになるくらいなら，むしろ意識しないほうが良い」**と言えます．ただしそれでは，いつ論理が破綻するか分からないようで**気持ちが悪くてますますやってられるか**，ということになりかねませんので，次のことだけを記憶にとどめておくといいでしょう．次のことが念頭にあれば，大抵の場合は安心して議論ができます．

重要ポイント 1.3.3 話の舞台となるようなある大きな“集合 X”，例えば，実数全体の集合 $\boldsymbol{R}$ とか複素数全体の集合 $\boldsymbol{C}$ といったものの存在（すなわち，それらを集合と呼んでよいということ）を，とりあえず頭から認めるとすれば[24)]，その中で話をする限りにおいて，$(*S)$ を集合の定義としても矛盾は生じない．すなわち**すでに集合であることが保証されている** X **というものが与えられており，集合といえばその部分集合のみを指す**ような場合には，**従来通り** $(*S)$ **を集合の定義と考えて構わない**[25)].

実数全体の集合，複素数全体の集合，あるいは後章できちんと定義しますが実数の n 個の並びの全体からなる集合 $\boldsymbol{R}^n$，などが，大学の数学では話の舞台となります．上の重要ポイント (1.3.3) によれば，これらの“舞台”を“集合”と呼んでいいのであれば，(後の第 2 章脚注 1) 等で示すように，実際これらは公理論的に裏付けされた“集合”と呼んでいいものです）その内部においては，$(*S)$ を集合の定義としてよいということです．もっと厳密に言えば，その場合 $(*S)$ で定義される“ものの集まり”と，公理論的に裏付けさ

23) “類”という言葉を用いる上での注意を一言．類（Class）であって集合とは呼べないようなものの集まりは，厳密な意味での“数学的対象物としては取り扱わない”，あるいは取り扱うとしても“$\in$ 記号の左側に決して持ってきてはいけない，”という取り決めがあります．類の概念および一つの性質が一つの類を決定することに関して興味のある人は，例えば [文献 [2] Chapter 2, §6] 等をご覧下さい．

24) 高等学校以前から知っているこういったものの集まりを“集合”と呼んでいいことは，集合論の公理系から実際示されますが，とりあえず今のところは頭から認めておいて下さい．

25) 公理論的に言うと，このことは公理の (vi′) によって保証されます．

れた“集合”とは一致する，ということです．

1.3.2　集合と関数

集合 X から Y への関数（写像）

関数という言葉は，広い意味では“有限個（各関数ごとに固定されている）の数学的対象物の組に対して，新しい数学的対象物を唯一つ定めるような仕組み”一般を指すものです．しかしながら，通常の数学において用いられる“関数”という言葉はもっと狭い意味で，例えば前節の定義 (1.3.4) にあるように，“あくまで集合という概念に基づいた形で”定義され取り扱われます．本書における“関数”という言葉はもっぱらこの狭い意味で用いられます．

ただし前節における関数の定義は，(決して間違いではありませんが) 多少不親切なものです．通常“関数”という概念を定義する場合は，関数それ自体を直接に“集合”であるとみなすよりも，二つの集合 X，Y をあらかじめ用意して，一方の集合（X）の要素に対して他方（Y）の要素を唯一つ定める仕組み，としてとらえる方が一般的です．このように定義された“関数”は，結局のところ前節で定義された“順序対のみを要素とする集合”としての“関数”と同一の概念になりますが，“集合 X の要素を集合 Y の要素に写す（対応づける）”という直観的な意味合いを持ちますし，また話の舞台を明確にする上からも取り扱い易いものです．本書における**関数**の定義を，いま一度次のように述べなおしておきましょう．

定義 1.3.6　（集合 X から集合 Y への関数）　二つの集合 X と Y が与えられたとき，集合 X の各要素に対して集合 Y の要素を一つ（唯一つ）対応づけるような規則 f のことを，**集合 X から集合 Y への関数**と呼ぶ（図 1.1）．

f が集合 X から Y への関数であるということを，記号で

$$f : X \to Y$$

と書きます．また，各 $x \in X$ に対して一意的に決まる Y の要素のことをしばしば $f(x)$ と書き，x に対する f の**値**という言い方をします．$f : X \to Y$

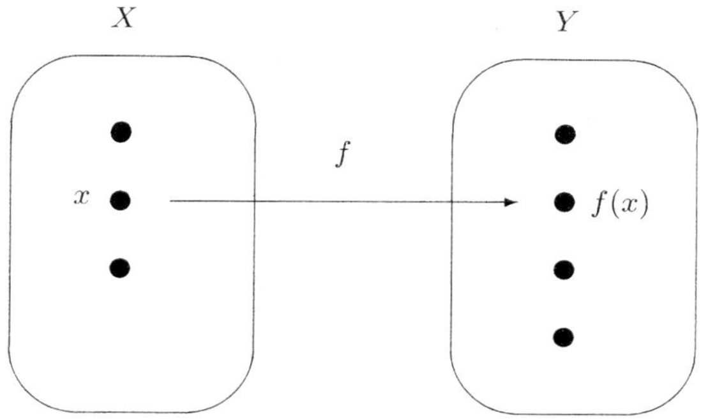

図 1.1 集合 X から集合 Y への関数

において，X を f の**定義域**といいます．また，ある $x \in X$ に対する値 $f(x)$ の全体からなる集合（Y の部分集合）を f の**値域**といいます．

f が X から Y への関数であることを表現する記法 $f : X \to Y$ とともに，もしも X の各要素 $x \in X$ が Y のどのような要素と対応づけられているか，ということまで合わせて表現したいときは，

$$f : X \ni x \mapsto f(x) \in Y$$

あるいは簡単に $f : x \mapsto f(x)$ という記法もあります．集合 X から Y への関数のことを，しばしば集合 X から Y への "写像" と呼びます．また，$x \in X$ に対して $f(x) \in Y$ が対応づけられているということをさして，x が $f(x)$ に "写る"，という言い方がよくなされます．このとき，$f(x)$ を x の f による "**像**" とも言います．

直積と関数のグラフ

関数の定義 (1.3.4) と (1.3.6) とが本質的に同一のものであることを確かめておきましょう．あらかじめ直観的に述べておくと，(1.3.4) における "関数" の概念は，(1.3.6) によって定義される関数の "グラフ" そのものになります．"関数のグラフ" という概念を明確にするために，まず "二つの集合の直積" という概念を定義しておきましょう．

定義 1.3.7　(集合 X と Y の直積)　二つの集合 X と Y とが与えられたとき，X と Y の**直積 (Cartesian product)**，$X \times Y$ とは，“$x \in X$，$y \in Y$ を満たす順序対 (x, y) の全体からなる集合” のことである[26)]．(便利な記法で書くと，$X \times Y = \{(x, y) | x \in X, y \in Y\}$.)

定義 1.3.8　(関数 $f : X \to Y$ のグラフ)　f を集合 X から Y への関数とする．このとき，各 $x \in X$ に対して順序対 $(x, f(x))$ が定まるが，そのような順序対の全体 $G_f = \{(x, f(x)) | x \in X\}$ を**関数 f のグラフ**という[27)]．

先の定義 (1.3.6) によって集合 X から Y への関数 f が与えられたとき，上のように定義される “関数のグラフ” G_f が，前節の定義 (1.3.4) における “(集合としての) 関数” に相当するものになります．逆に，定義 (1.3.4) によって “(集合としての) 関数” f が与えられたとき，$X = \{x | (x, y) \in f\}$ および $Y = \{y | (x, y) \in f\}$ とおくことによって，集合 X から Y への関数を定義することができます[28)]．

f を X から Y への関数とし，S を X の部分集合であるものとしましょう．$S \subset X$ なのですから S の要素 x に対してそれを f で写した先 $f(x) \in Y$ を対応づければ，これは集合 S から Y への関数ということになります．この関数は f とほとんど同じではないかと思われるかも知れませんが，あくまで S から Y という意味でしか定義されていませんから，f とは区別されねばなりません．この関数を，f の S 上への**制限 (restriction)** と呼び，記号

26)　うるさく言えば，これを “集合と呼んでいい” ということには証明が必要です．集合論の公理系 (i)〜(ix) のうち (iii：対公理) と (vi：置換の公理) より，$x \in X$ を固定して $S_x = \{(x, y) | y \in Y\}$ を集合と呼んでいいことがわかり，さらに (vi：置換の公理) を繰り返し用いれば $S = \{S_x | x \in X\}$ を集合と呼んでいいことがわかります．あとは (iv：和集合の公理) によって $\bigcup S$ をとればそれがもとめるべき $X \times Y$ にほかなりません．

27)　G_f を集合と呼んでいいことは，(vi：置換の公理) から直接言えます．あるいは，G_f は $X \times Y$ の要素 (x, y) のうちで関係 $y = f(x)$ を満たすものの全体，にほかなりませんから，$G_f = \{(x, y) | (x, y) \in X \times Y, y = f(x)\}$ と表現され，$X \times Y$ が集合である以上，その部分集合ということで重要ポイント (1.3.3) より G_f は集合と呼べます．

28)　このように定義される X や Y を集合と呼んでいいことは，(vi：置換の公理) によります．

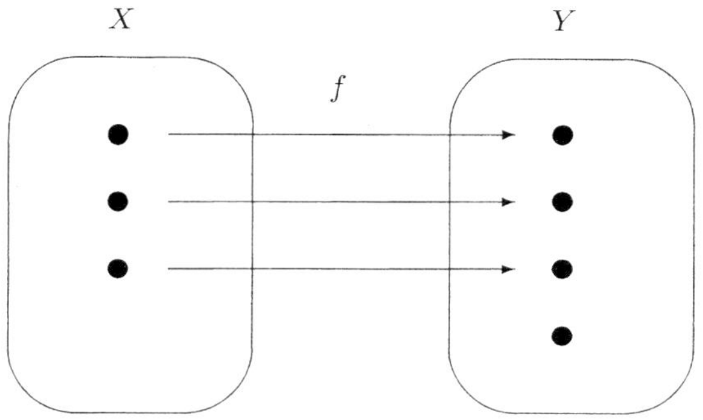

図 1.2　X から Y への単射

$f|_S$ で表します．

合成写像，単射，全射

集合 X から集合 Y への関数（写像）f と，集合 Y から集合 Z への関数（写像）g を考えます．このとき，X の元 x を，まず写像 f によって Y の元 $f(x)$ に写した後，さらに写像 g によって Z の元 $g(f(x))$ に写すという，**写像の合成**を考えることができます．

$$X \xrightarrow{f} Y \xrightarrow{g} Z$$

$$x \longmapsto f(x) \longmapsto g(f(x))$$

このように f と g を合成した関数を $g \circ f$ で表し，f と g の**合成関数**といいます．($g \circ f$ というふうに g を先に書きますが，まず f で写してから g で写すという順番です．$g(f(x))$ の気持ちで $g \circ f$ と書くのだ，と思えば自然でしょう．)

集合 X から集合 Y への関数 $X \xrightarrow{f} Y$ を考えます．関数 f が**単射**（**単写，1 対 1，one to one**）であるとは，$x_1, x_2 \in X$ かつ $x_1 \neq x_2$ のとき必ず $f(x_1) \neq f(x_2)$ となることを言います（図 1.2）．写像 f が**全射**（**全写，上への写像，onto**）であるとは，$y \in Y$ に対して必ず $y = f(x)$ となるような

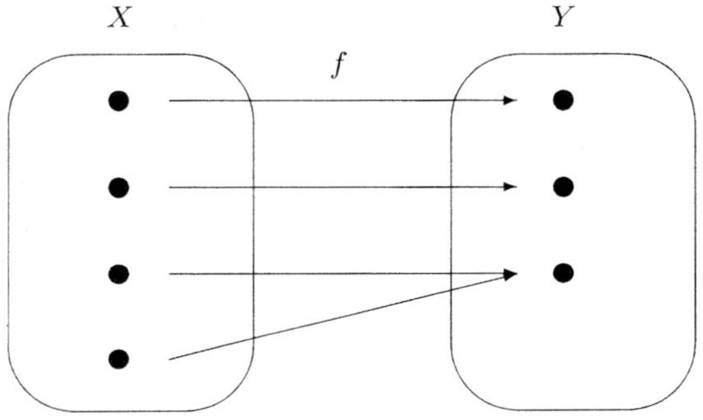

図 1.3 X から Y への全射

$x \in X$ が存在することを言います（図 1.3）．全射でありかつ単射であるような写像のことを**全単射**といいます．

$f : X \to Y$ を全単射とするとき，任意の $y \in Y$ に対して，$y = f(x)$ となるような $x \in X$ が存在し（全射だから），またそのような x は一意的に定まります（単射だから）．したがって，$y \in Y$ に $y = f(x)$ となるような $x \in X$ を対応づけた関数が存在します．これを f の**逆関数**（あるいは**逆写像**）といい，f^{-1} で表します．容易にわかるように，$f^{-1} : Y \to X$ もまた全単射となります．全単射は，次項 1.3.3 において二つの集合の要素数を比較する非常に重要な概念です．

定理 1.3.1 （全単射どうしの合成関数） $f : X \longrightarrow Y$ と $g : Y \longrightarrow Z$ がともに全単射であるとき，$g \circ f$ もまた全単射である．

証明 練習問題とする．各自試みよ．

集合 X からそれ自身への写像 $f : X \Longrightarrow X$ が，各 $x \in X$ をそのまま $x \in X$ に写すとき，f は**恒等写像 (identity mapping)** といわれ，しばしば id_X で表します．次の定理は，恒等写像と合成写像と全射・単射についてまとめたものです．証明は難しくありませんので，各自試みて下さい．

定理 1.3.2 （全射，単射と恒等射） f を集合 X から Y への関数，g を集合 Y から X への関数とする．このとき次のことが成立する．

(1) $g \circ f = id_X$ ならば，f は単射で g は全射である．

(2) $f \circ g = id_Y$ ならば，g は単射で f は全射である．

(3) $g \circ f = id_X$ かつ $f \circ g = id_Y$ のとき，またそのときに限って g は f の逆写像となる．

1.3.3 集合の濃度

本項の目的は「有限」と「無限」，および「可算無限」と「非可算無限」という概念を明確にすることにあります．特に「可算無限」の概念は重要で，大学の数学がワカラナイという人の大半は，この「可算」ということの意味が分かっていないのです．本節の後半はいくらか難しい話になりますのでとばして読んでいただいても構いませんが，その場合も前半（「可算無限」の定義のところまで）だけは，きちんとおさえておいて下さい．

「可算無限」「非可算無限」といった概念は，より一般的には集合の「濃度」あるいは「基数」と呼ばれるもので，厳密な公理的集合論に基づいて述べられるべき概念ですが，あまり議論が抽象的になりすぎてもよくないので，ここでは具体的に "実数" とその部分集合についての議論をすることにしましょう．さて，これまで幾度か "実数" ということばを説明なしに用いてきました．実数を厳密に扱うのは次章まで待っていただきますが，とりあえず高校までの実数概念で結構ですから思い出してみて下さい．

(念のため) 整数 m と 0 でない整数 n によって $\frac{m}{n}$ の形で表される数が有理数で，これらは整数または有限小数または循環小数で表現できます．循環しない無限小数によって表現される数を無理数といい，有理数と無理数を合わせて実数と呼びます．

この意味での実数の全体を集合と呼んでいいことは後述（p.54, 脚注 1）します．自然数の全体，整数の全体，有理数の全体，などは実数の全体を集合と認めるならば，その部分集合ですから，公明正大に "集合" と呼んでいいものです．この先（といってもこの節のみですが）の便宜上，記号で名前をつけておくことにしましょう．

実数全体の集合を $\boldsymbol{R}$ で表す．

有理数全体の集合を $\boldsymbol{Q}$ で表す．

整数の全体を $\boldsymbol{Z}$ で表す．

自然数の全体を $\boldsymbol{N}$ で表す．

ただし，ここでは $\boldsymbol{N}$ に 0 も入っているものと考えます[29)]．

さて，$\boldsymbol{N}$ も $\boldsymbol{Z}$ も $\boldsymbol{Q}$ も $\boldsymbol{R}$ も，その要素の数は“無限個”あります．“無限個”などというと，まるで“1個”，“2個”，“3個”，“4個”，“5個”，$\cdots$，“無限個”という感じで，まるで“無限”という“数”が存在するかのような印象を与えてしまいますが，そういうことではありません．もうちょっと言葉に気をつけることにしましょう．ここで“無限個”と言っているのは，単に**“有限個ではない”**という意味でしかありません．ここに限らず，数学において“無限”という言葉は特に断りのない限り，単に“有限でない”という意味しか持ちません．“有限個である”とは，

“0個，1個，2個，3個，$\cdots$”と数えていって，ある番号 $n \in \boldsymbol{N}$ で“n個”と数え終る．

ということです．どうしてわざわざ0個から数えはじめたのかというと，要素が一つもない場合，すなわち空集合の場合も“要素が有限個である”という言い方をするからです．(単にそういう決まりになっているというだけのことです.) 要素の数が有限個であるような集合のことを**有限集合**，そうでない集合を**無限集合**といいます．

この第1章のはじめに，集合という概念は「無限」ということをきちんと取り扱うために欠くことのできない道具である，と述べました．実際我々は「有限」個であるということについては，上のようなほぼ疑いようのない概念を持っていますが,「無限」ということについてはそれが“有限でない”ということを除いてまだほとんど何の手がかりも持ち合わせてはいません．そこで，無限集合 $\boldsymbol{N}$，$\boldsymbol{Z}$，$\boldsymbol{Q}$，$\boldsymbol{R}$ について，それらの要素の個数を比較する

---

29) $\boldsymbol{N} = \{0, 1, 2, \cdots\}$ ということですが，“自然数”に 0 も含めるかどうかについては，二通りの考え方があります．大学以降では 0 も含めて自然数と呼ぶ方が一般的です．

方法を考えることから話をはじめましょう.

$\boldsymbol{N}$ と $\boldsymbol{Z}$ の要素数の比較

まず $\boldsymbol{N} = \{0, 1, 2, \cdots\}$ と $\boldsymbol{Z} = \{\cdots, -2, -1, 0, 1, 2, \cdots\}$ について考えます. 自然数全体からなる集合 $\boldsymbol{N}$ は明らかに整数全体の集合の部分集合ですから, $\boldsymbol{Z}$ の要素の数は $\boldsymbol{N}$ の要素の数よりも "少なくはない" と言って良さそうです. ここでわざわざ "多い" と言わずに "少なくはない" という遠慮がちな表現をしたことには意味があります. それは $\boldsymbol{Z}$ の要素の数が $\boldsymbol{N}$ の要素の数よりも "多い" と言って良いものかどうか疑問が残るからです.

確かに $\boldsymbol{N}$ の要素 $0, 1, 2, \cdots$ をそのまま $\boldsymbol{Z}$ の要素の $0, 1, 2, \cdots$ と 1 対 1 に対応づけることによって, 無限個の $\boldsymbol{Z}$ の要素 $\cdots, -2, -1$ が対応のつかないまま残されることになります. 一見したところ $\boldsymbol{Z}$ の要素の数のほうが $\boldsymbol{N}$ の要素の数よりもずっと多いように感じられたとしても, 無理のないことです. しかしながら, それは $\boldsymbol{N}$ の要素と $\boldsymbol{Z}$ の要素の間の "可能なうちの一つの対応のつけかた" でしかありません. もっと別の対応のつけ方もあるわけです. 例えば次のようなものを考えて見てください.

- $\boldsymbol{N}$ の要素のうち 3 で割って 1 余るもの, すなわち $3n+1$ という形で表現されるものと, $\boldsymbol{Z}$ の要素 n とを対応づける. $(n = 0, 1, 2, \cdots)$

- $\boldsymbol{N}$ の要素のうちで 3 で割って 2 余るもの, すなわち $3n-1$ という形で表現されるものと, $\boldsymbol{Z}$ の要素 $-n$ とを対応づける. $(n = 1, 2, \cdots)$

このようにすると, $\boldsymbol{Z}$ の全ての要素が $\boldsymbol{N}$ の要素と 1 対 1 に対応づけられることになり, 今度は $\boldsymbol{N}$ の無限個の要素 ($3n$, $n = 0, 1, 2, \cdots$ の形で表現されるもの, すなわち 3 の倍数の全て) が対応のつかないままで残されることになります. つまりこのような対応のつけ方から考えると, $\boldsymbol{Z}$ の要素の数が $\boldsymbol{N}$ よりも "多い" とは言えない (それどころか, $\boldsymbol{N}$ の方が多いとさえ言える) わけです.

一般に, 二つの集合 X, Y について, X の各要素を Y の各要素に 1 対 1

に対応づけることができ，かつその対応づけにおいて Y の要素に余っているものが一つもないようにできるとき，X と Y は**濃度が等しい**といいます．X, Y が有限集合の場合，これは“要素の個数が等しい”ことにほかなりません．1.3.2 節で述べた“集合 X から Y への関数”という言葉を用いて，正確に述べておくと，

定義 1.3.9 (二つの集合の濃度が等しい) 二つの集合 X と Y について，X から Y への関数 f で，全射かつ単射であるようなものが存在するとき，X と Y は**濃度が等しい（等濃である）**と言う．特に自然数全体の集合 $\boldsymbol{N}$ の部分集合と濃度が等しいような集合を，**可算集合**と言う．可算集合でないような集合は**非可算集合**と呼ばれる．

$\boldsymbol{N}$ と $\boldsymbol{Z}$ については，$\boldsymbol{N}$ が $\boldsymbol{Z}$ のある部分集合と等濃であり，同時に $\boldsymbol{Z}$ が $\boldsymbol{N}$ のある部分集合と等濃であることが示されました．“濃度”という概念が通常の“個数”という概念の延長としての意味を持つものであるとすれば，ここで「$\boldsymbol{N}$ と $\boldsymbol{Z}$ は濃度が等しいという結論になってほしい」と考えるのが自然です．実際，$\boldsymbol{N}$ と $\boldsymbol{Z}$ が等濃であることを示すのは簡単なことです．例えば $\boldsymbol{N}$ の偶数部分 $\{0, 2, 4, 6, \cdots\}$ を $\boldsymbol{Z}$ の負でない部分 $\{0, 1, 2, 3, \cdots\}$ に，$\boldsymbol{N}$ の奇数部分 $\{1, 3, 5, \cdots\}$ を $\boldsymbol{Z}$ の負の部分 $\{-1, -2, -3, \cdots\}$ に，1 対 1 で対応づければよいわけです．もっと一般に次のことが成立します．(証明は，ここまでの知識だけで一応読めますが，初めての人には難しいでしょう．集合論の証明とはこのようなものなのかと感じていただくために，あえて省略しませんでした．半分くらいまで議論が追えるだけでも，かなり優秀です．興味のある人以外は流して読んで下さい.)

定理 1.3.3 (Cantor-Bernstein) X と Y を任意の集合とする．X が Y のある部分集合と濃度が等しく，同時に Y が X のある部分集合と濃度が等しいとき，X と Y とは濃度が等しい．

証明 $f : X \to Y$ および $g : Y \to X$ をそれぞれ，1 対 1 写像とする．$x \in X$ に

対して X の部分集合 S_x および Y の部分集合 T_x を，次のように定義する．まず $x_0 = x$, $y_0 = f(x_0)$ とする．そして $n = 0, 1, 2, 3, \cdots$ について，x_n, y_n が定義されているとき，$x_{n+1} = g(y_n)$, $y_{n+1} = f(x_{n+1})$ と定義する．次に，$n = 0, 1, 2, \cdots$ に対して，もしも x_{-n} が定義されているならば，$y_* \in Y$ で $g(y_*) = x_{-n}$ を満たすものが存在するときそのときに限って，$y_{-(n+1)} = y_*$ と定義する．そのときさらに $x_* \in X$ で $f(x_*) = y_{-(n+1)}$ を満たすものが存在するならば，それを $x_{-(n+1)}$ と定義する．そういったものが存在しないならば，それらは定義しない．このようにして $S_x = \{\cdots, x_{-2}, x_{-1}, x_0, x_1, x_2, \cdots\}$, $T_x = \{\cdots, y_{-2}, y_{-1}, y_0, y_1, y_2, \cdots\}$ と定義する.（もちろんここで x_{-n}, y_{-n}, $n = 1, 2, \cdots$ については，それらが定義可能である場合に限って S_x, T_x の要素となる，という気持ちで書いてある.）このとき，定義によって以下のことが成立することに注意せよ．

(1) 任意の $z \in X$ について，$z \in S_x$ ならば $S_z = S_x$ であり，同時に $T_z = T_x$ となる．

(2) 任意の $z \in X$ について，$z \notin S_x$ ならば S_z と S_x は共通の要素を一つも持たず，T_z と T_x も共通要素を一つも持たない．

(3) 任意の $y \in Y$ について，$y \in T_{g(y)}$ であり，このとき $y \in T_x$ であるならば $T_x = T_{g(y)}$ である．

さて，X から Y への関数 h を次のように定義する．$x \in X$ について，S_x と T_x を考え，

(Case 1) 全ての $n \in \boldsymbol{N}$ について，x_{-n} が定義されているとき：$h(x) = f(x) = y_0$ と定義する．

(Case 2) ある $n \in \boldsymbol{N}$ について，x_{-n} は定義されているが $y_{-(n+1)}$ が定義されていないとき：$h(x) = f(x) = y_0$ と定義する．

(Case 3) ある $n \in \boldsymbol{N}$ について，y_{-n} は定義されているが $x_{-(n)}$ が定義されていないとき：$h(x) = y_{-1}$ と定義する．

以下，このようにして定義された $h : X \to Y$ が全単射であることをみる．まず単射であることを確かめる．$u, v \in X$, $u \neq v$ とすれば (1)，(2) より S_u と S_v の関係は $S_u = S_v \wedge T_u = T_v$ であるか S_u と S_v に共通要素が存在しないかのいずれかである．前者の場合，$h(u)$ と $h(v)$ はともに (Case 1)〜(Case 3) のうちの同一の Case として定義されているため，f と g が 1 対 1 であることから $h(u) \neq h(v)$ となる．後者の場合，そもそも T_u と T_v に共通要素が存在しないのだから，$h(u) \in T_u$ と $h(v) \in T_v$ が等しくはなりえない．従って h は単射である．

次に h が全射であることをみる．$y \in Y$ を任意に選んで固定する．もしも

$y=f(u)$ となるような $u\in X$ が存在しなければ，(3) および (Case 3) より明らかに $y=h(g(y))$ である．従って $y=f(u)$ となる $u\in X$ の存在する場合のみが問題となる．さて，S_u と T_u を考えると，(Case 1)，(Case 2) の場合は，$y=h(u)$ となる．残るのは (Case 3) の場合であるが，(1) によって $T_u=T_{g(y)}$ であるから，その場合は $g(y)\in X$ に対しても (Case 3) が成立しており，従って $y=h(g(y))$ となる．以上のことから h が全射であることも示された．　**証明終**．

Z と Q は等濃である

次に $\boldsymbol{Z}$ と $\boldsymbol{Q}$ の関係を考えましょう．明らかに $\boldsymbol{Z}$ は $\boldsymbol{Q}$ の部分集合と等濃ですが，実は逆も成立します．対応の付け方は簡単です．とりあえず $\boldsymbol{Q}$ の要素のうち正であるものの全体と $\boldsymbol{Z}$ の要素のうち正であるものとを1対1に対応づけてみましょう．正である $\boldsymbol{Q}$ の要素は一般に $\frac{m}{n}$, $m,n\in\boldsymbol{N}$, $m,n\neq 0$ という形で表されます．この形の数は，表1.1のような表をつくると（その表を十分に大きくつくれば）必ずその中に現れます.（もちろん重複があります.）そこで表1.1のような縦と横にどこまでも並んだ升目に対して，それを余らせないように正の整数 $1,2,3,\cdots$ を割り当てて対応づけることができたならば，“$\boldsymbol{Q}$ の正の部分の全体” が “$\boldsymbol{Z}$ の正の部分の全体（の部分集合）” と1対1に対応づけられたことになります．言い換えれば，縦横に広がる升目に対して，それを余らせないように $1,2,3,\cdots$ と番号づけをする方法を見つけることができればよいわけです．そのための一つの方法が，例えば表1.2のようなものです．$\boldsymbol{Q}$ の正の部分が $\boldsymbol{Z}$ の正の部分と1対1に対応がつく（有理数の表には1/2と2/4のようにだぶっているものが存在するので，正確にいえば $\boldsymbol{Q}$ の正の部分が $\boldsymbol{Z}$ の正の部分の “部分集合” と1対1に対応がついている）ということから，$\boldsymbol{Q}$ の負の部分についても，それが $\boldsymbol{Z}$ の負の部分と1対1の対応がつくことになります.（単に，正の部分どうしの対応に，マイナスをつけて考えればよい.）従って，$\boldsymbol{Q}$ と $\boldsymbol{Z}$ が互いに他方のある部分集合と等しい濃度を持つことが言えたわけです．

上に述べた対応づけで，有理数の表においてだぶっているものを消して，そこには番号をつけないように工夫すれば，$\boldsymbol{Z}$ と $\boldsymbol{Q}$ の間の1対1かつ onto な対応づけが可能です．すなわち $\boldsymbol{Z}$ と $\boldsymbol{Q}$ とは等濃であることが分かります．

$m \backslash n$	1	2	3	$\cdots$
1	$\frac{1}{1}$	$\frac{1}{2}$	$\frac{1}{3}$	$\cdots$
2	$\frac{2}{1}$	$\frac{2}{2}$	$\frac{2}{3}$	$\cdots$
3	$\frac{3}{1}$	$\frac{3}{2}$	$\frac{3}{3}$	$\cdots$
$\vdots$	$\vdots$	$\vdots$	$\vdots$	

表 1.1　正の有理数 $\frac{m}{n}$ は全てこの表のどこかに現れる.

1	2	4	7	11	$\cdots$
3	5	8	12	$\cdots$	
6	9	13	$\cdots$		
10	14	$\cdots$			
15	$\cdots$				
$\cdots$					

表 1.2　縦横に広がる升目に余すところなく番号がつく.

(先の定理 (1.3.3) を用いれば, そのような工夫をしなくても, 上の結論だけから $\boldsymbol{Q}$ と $\boldsymbol{Z}$ は濃度が等しいことが分かります.) さらに, 全単射と全単射の合成は全単射 (定理 (1.3.1)) ですから, 結局 $\boldsymbol{Q}$ と $\boldsymbol{N}$ も濃度が等しいことになります.

$\boldsymbol{R}$ は非可算集合である

さて, 残った $\boldsymbol{R}$ ですが, $\boldsymbol{R}$ は $\boldsymbol{Q}$ と (従って $\boldsymbol{Z}$ とも $\boldsymbol{N}$ とも) 濃度が等しくありません. この事実が $\boldsymbol{N}$ とも $\boldsymbol{Z}$ とも $\boldsymbol{Q}$ とも異なって $\boldsymbol{R}$ のみが持つ深い性質の存在を示唆しています. 次に $\boldsymbol{R}$ が $\boldsymbol{N}$ と等濃でないことを, 示しておきましょう. そのためには, $\boldsymbol{R}$ が $\boldsymbol{N}$ のいかなる部分集合とも濃度が等しくないことを示せば十分です. (つまり $\boldsymbol{R}$ は非可算集合であるということを示すわけです.)

とりあえず, $\boldsymbol{R}$ の要素は無限小数であるものと考えます. (整数や有限小数は最後に無限個の 0 をつけ加えることによって無限小数とみなされているものとします.) 仮に $\boldsymbol{R}$ が $\boldsymbol{N}$ のある部分集合と 1 対 1 に対応しているものとしましょう. その $\boldsymbol{N}$ の部分集合の要素の小さい方から順に $1, 2, 3, \cdots$ と番号を割り振れば[30)]，結局 $\boldsymbol{R}$ が $\{1, 2, 3, \cdots\}$ という集合の全体と 1 対 1 に対応しているものと考えて一般性を失いません．

このとき，矛盾が生じます．いま仮定によって $\boldsymbol{R}$ の全体は $\{1, 2, 3, \cdots\}$ の全体と 1 対 1 に対応づけられているはずです．そしてそのとき $\boldsymbol{R}$ の要素は，

$$
\begin{array}{ll}
 & 1 \in \boldsymbol{N} \text{ と対応している元 } r_1 \in \boldsymbol{R} \\
 & 2 \in \boldsymbol{N} \text{ と対応している元 } r_2 \in \boldsymbol{R} \\
(1.4) & 3 \in \boldsymbol{N} \text{ と対応している元 } r_3 \in \boldsymbol{R} \\
 & 4 \in \boldsymbol{N} \text{ と対応している元 } r_4 \in \boldsymbol{R} \\
 & \quad \vdots \qquad\qquad \vdots \qquad\qquad \vdots
\end{array}
$$

という無限に続くリストの中に全て現れるはずです．ところが以下の手順によって，0 と 1 の間に上の対応づけからもれているような $\boldsymbol{R}$ の元が存在していることを示せます．その元を r^* と呼ぶことにすると，

(1) r^* の整数部分は 0 とする．
(2) $n = 1, 2, 3, \cdots$ に対して，r^* の小数第 n 位の数字を，2 または 3 のうち，リスト (1.4) における r_n の小数第 n 位の数字と異なる方，と定義する．

このようにしてつくられる無限小数（作り方から必然的に $0.22222\cdots$ 以上 $0.33333\cdots$ 以下となる）は，絶対に上のリスト (1.4) には現れません．なぜなら r^* は，r_1 とは小数第 1 位が異なり，r_2 とは小数第 2 位が異なり，一般に r_n とは小数第 n 位が異なるため，いかなる r_n とも等しくはなりえない（つまりリストに登場しえない）からです[31)]．従って，$\boldsymbol{R}$ と $\boldsymbol{N}$ の部分集

30) $\boldsymbol{N}$ における大小関係 $0 < 1 < 2 < 3 < \cdots$ についてはここではじめて触れますが，既知であるものとしておそらく問題ないでしょう．

31) 上の r^* をつくるときの手順 (2) のような議論の進め方を**対角線論法**と言います．列（無限小数という数字の列）の列（リスト）を与えられたとき，そのリストの対角線を用いて新しい列（無限小数）を定義するというやり方です．

合の濃度が等しいということが有りえない，ということが示されました．すなわち $\boldsymbol{R}$ は先に述べた非可算集合であるということになります．

$\boldsymbol{N}$,$\boldsymbol{Z}$,$\boldsymbol{Q}$,$\boldsymbol{R}$ について，その要素を比較するという話をここまでしてきました．ところでもっと一般の集合についてはどうでしょうか．たとえば任意に二つの集合 X と Y が与えられたとき，それらの濃度の比較が一般に可能と言えるのでしょうか．また，$\boldsymbol{N}$ と $\boldsymbol{R}$ は濃度が異なることは証明されましたが，それでは“どのくらい異なる”のでしょうか．通常 $\boldsymbol{N}$ の濃度を $\aleph_0$（アレフゼロ）で，$\boldsymbol{R}$ の濃度を $\aleph$（アレフ）で表しますが，$\aleph_0$ と $\aleph$ の間にはそれらとは異なる濃度が存在するのでしょうか．それとも $\aleph_0$ の次の濃度と呼べるものはそのまますぐに $\aleph$ なのでしょうか．

この項で述べたことは，“無限”を取り扱うほんの入口の議論でしかありません．こういった問題を厳密に扱うために，先に述べた集合論の公理系が必要不可欠になるのです．より進んだ問題に対する定理を，ここでは最後に一つだけあげておくことにしましょう．

定理 1.3.4 任意の二つの集合 X と Y について，X が Y のある部分集合に等濃であるか，Y が X のある部分集合に等濃であるかのいずれかが成立する．

この定理と，先に述べた定理 (1.3.3) によって，ありとあらゆる集合に対して（もちろん無限集合どうしであっても）“濃度”という意味での順序をつけることが可能となります．本書の後の部分でこの定理が用いられることはありませんし，また証明には先に述べた集合論の公理系を厳密に用いる必要がありますので，証明は省略します．“無限”ということを厳密に取り扱うための基礎が，このように公理的集合論によってはじめて与えられるのだということを，とりあえず認識しておいて下さい．

1.3.4 集合算におけるいくつかの公式

集合の共通部分，差について

X と Y を集合とするとき，それらの和集合 $X \cup Y$ は和集合の公理 (iv) によって“集合と呼んで良い”ものであることが保証されます．同時にこのとき $X \cup Y$ の部分集合として，X と Y の**共通部分** (**intersection**) $X \cap Y$ が，“X にも Y にも属するというはっきりとした関係を満たすものの集まり”として集合と呼んでいい（公理 (vi′) より）ものであることが保証されます[32)]．二つの集合に対してだけでなくもっと一般に，X を集合の集合とするとき，和集合 $\bigcup X$ の部分集合として $\bigcap X$ の存在が保証されます．便利な記法を用いれば，

$$\bigcup X = \{a \mid \text{ある } x \in X \text{ について } a \in x\},$$

$$\bigcap X = \{a \mid a \in \bigcup X \text{ かつ全ての } x \in X \text{ について } a \in x\},$$

です．特に $X \neq \emptyset$ ならば，$\bigcap X = \{a \mid \text{全ての } x \in X \text{ について } a \in x\}$ と表現できます．X および Y を集合とするとき，X と Y の**差** $X \setminus Y$ が，“X の要素のうちで Y の要素ではないものの全体”として定義されます．記号で書くと $X \setminus Y = \{x \mid x \in X, x \notin Y\}$ です．特に X が話の舞台となっており，X の部分集合 Y に対して $X \setminus Y$ を考えるとき，これを全体集合 X における Y の**補集合** (**complement**) といい，特に混乱が無ければこれを $\overline{Y}$ で表すことにします．

添字による和集合並びに共通部分の表現

集合の和および共通部分は，集合を要素とする集合 X に対して $\bigcup X$，$\bigcap X$ という形で表現してきました．この表現方法は厳密かつ簡潔なものですが，あまり実用的ではありません．というのは，実際いくつかの集合の和や共通部分という概念が必要となる場合，それらの集合を要素とする集合 X

32) $X \cup Y$ の部分集合としてではなく，X の，あるいは Y の部分集合としても，もちろん $X \cap Y$ の存在は保証されますが，ここでは共通部分という概念の X および Y に対する議論の対称性を重んじて，上のように説明します．

が与えられていることはほとんどなく，たとえ無限個の場合でも X の要素が直接与えられていることがほとんどだからです．

例えば，無限個の集合を明示的に与える方法としてよく用いられるのが，"$A_i,\ i \in I$" というような表現です．これは I という集合があって，その各要素 i に対応して A_i という集合が与えられているということを表現しています．(このような I はしばしば**添字集合 (Index Set)** と呼ばれます．) I はもちろん無限集合であっても構いません．集合の集合 X を仮に考えるとすれば，$X = \{A_i | i \in I\}$ となります[33]が，このとき我々は $\bigcup X$，$\bigcap X$ をそれぞれ

$$\bigcup_{i \in I} A_i, \quad \bigcap_{i \in I} A_i$$

で表します．特に $A_i, i \in I$ が全て，ある集合 Y の部分集合である場合に，この記法がよく用いられます[34]．その場合，$\bigcup_{i \in I} A_i, \bigcap_{i \in I} A_i$ を集合と呼んで良いことは，(Y の部分集合ですから) 先の重要ポイント (1.3.3) から直接正当化されます．$A_i, i \in I$ における I が可算集合の場合は，I のかわりに $\boldsymbol{N} = \{0, 1, 2, \cdots\}$ などがよく用いられます．この場合 $\bigcup_{i \in N} A_i$，$\bigcap_{i \in N} A_i$ と書くよりは

$$\bigcup_{i=0}^{\infty} A_i, \bigcap_{i=0}^{\infty} A_i$$

と表すことの方が多いようです．

ド・モルガンの公式

全体集合 U と，その二つの部分集合 X, Y に関する公式

$$\overline{X \cup Y} = \overline{X} \cap \overline{Y}, \overline{X \cap Y} = \overline{X} \cup \overline{Y}$$

はド・モルガンの公式と呼ばれます．(言うまでもなくここで $\overline{X}$ は X の U における補集合 $U \setminus X$ を表します．) 補集合ではなく差の形で書くと，W, X, Y

33) X を集合と呼んで良いことは，置換の公理 (vi) による．

34) その場合は，$\{A_i | i \in I\}$ が $\mathcal{P}(Y)$ の部分集合として (置換の公理 (vi) を用いずとも) いつでも "集合" と呼んでいいものになります．

を任意の集合とするとき，

$$W \setminus (X \cup Y) = (W \setminus X) \cap (W \setminus Y),$$
$$W \setminus (X \cap Y) = (W \setminus X) \cup (W \setminus Y)$$

となります.（それぞれ図を用いれば簡単に確かめることができるので，確認は各自に任せます.）これらの公式は，無限個の集合の和，共通部分についての公式として次のように一般化されます.

定理 1.3.5（ド・モルガンの公式） W を集合とし，$X = \{X_i | i \in I\}$ を集合を要素とする集合とする．このとき，$I \neq \emptyset$ ならば，

$$W \setminus (\bigcup_{i \in I} X_i) = \bigcap_{i \in I} (W \setminus X_i),$$
$$W \setminus (\bigcap_{i \in I} X_i) = \bigcup_{i \in I} (W \setminus X_i)$$

が成立する.

証明 (1) $W \setminus (\bigcup_{i \in I} X_i) = \bigcap_{i \in I}(W \setminus X_i)$ を示す．“$x \in$ 左辺” $\iff$ “x は W の要素であり，かついかなる X_i の要素でもない” $\iff$ “任意の i について $x \in W \setminus X_i$” $\iff$ “$x \in$ 右辺”

(2) $W \setminus (\bigcap_{i \in I} X_i) = \bigcup_{i \in I}(W \setminus X_i)$ を示す．“$x \in$ 左辺” $\iff$ “x は W の要素であり，そして全ての X_i に属しているということはない” $\iff$ “x は W の要素であり，そしてある i について X_i に属さない” $\iff$ “x は，ある i について $W \setminus X_i$ を満たすようなものである” $\iff$ “$x \in$ 右辺” **証明終**.

注：“二つの集合が等しい” ということを証明する場合には，上のように “$\boldsymbol{x} \in$ 左辺 $\iff$ $\boldsymbol{x} \in$ 右辺” を示す手続きをとるのが定石です. $\Longrightarrow$ 方向は 左辺 $\subset$ 右辺 の，$\Longleftarrow$ 方向は 左辺 $\supset$ 右辺 のそれぞれ証明になっています．上の証明で左辺および右辺をその定義に基づいて順次変形していくところの論理を，是非ともきちんとフォローしておいて下さい．これが自分でできるようになれば，集合算の様々な他の式変形も簡単にできるようになっているはずです.

集合の関数による像，逆像

f を集合 X から Y への関数とするとき，X の部分集合 A に対して $f[A]$ でもって $f(a), a \in A$ の全体からなる Y の部分集合を表すものとします．すなわち，$f: X \to Y$ が与えられたとき，

$$A \subset X \text{に対して} f[A] = \{f(a) | a \in A\} \subset Y,$$

と定めます[35)]．$f[X]$ は f の値域にほかなりません．また定義によって $f[\emptyset] = \emptyset$ です．さらに B を Y の部分集合とするとき，B に対して $f^{-1}[B]$ でもって $f(x) \in B$ となるような x 全体からなる X の部分集合を表すものとしましょう．すなわち，$f: X \to Y$ が与えられたとき，

$$B \subset Y \text{に対して} f^{-1}[B] = \{a | a \in X, f(a) \in B\},$$

と定めます．特に f に対してその逆関数 f^{-1} が存在しない場合でも，$f^{-1}[\cdot]$ はきちんと定義されていることに注意して下さい．$f: X \to Y$ が定義されている限り $f[\cdot]$ も $f^{-1}[\cdot]$ もきちんと定義されています．定義から明らかに $f^{-1}[Y] = X$, $f^{-1}[\emptyset] = \emptyset$ です．

まず，$f[\cdot]$ および $f^{-1}[\cdot]$ と集合の和，共通部分についての基本的な関係式を記しておきましょう．以下，$f: X \to Y$，I は添字の集合，$A_i, i \in I$ は全て X の部分集合，$B_j, j \in J$ は全て Y の部分集合，であるものとします．

$$f[\bigcup_{i \in I} A_i] = \bigcup_{i \in I} f[A_i], \tag{1.5}$$

$$f^{-1}[\bigcup_{j \in J} B_j] = \bigcup_{j \in J} f^{-1}[B_j], \tag{1.6}$$

$$f[\bigcap_{i \in I} A_i] \subset \bigcap_{i \in I} f[A_i], \tag{1.7}$$

$$f^{-1}[\bigcap_{j \in J} B_j] = \bigcap_{j \in J} f^{-1}[B_j] \tag{1.8}$$

35) これをそのまま $f(A)$ と書く書物も多いが，厳密には記号を変えるべきでしょう．ここでは関数 f から自然に導出されたものであるという気持ちで，$f[A]$ と記すことにします．

最初の二つの式は**ユニオン記号はいつでもそのまま前に出る**と覚えればよいでしょう．また，ユニオンとインターセクションともに**インバースはすり抜ける** ((1.6) と (1.8)) ことも，記憶しておくと良いでしょう．各式の証明は後の練習問題とします．最後に $f[\cdot]$ と $f^{-1}[\cdot]$ を合成した重要な関係式を二つあげておきます．$f: X \to Y$，$A \subset X$，$B \subset Y$ として，

$$f^{-1}[f[A]] \supset A, \tag{1.9}$$

$$f[f^{-1}[B]] \subset B, \tag{1.10}$$

上の (1.9) 式においては，f が単射の場合ならば等号が成立します．(1.10) 式の場合，B を f の値域の部分集合としてとって来さえすれば等式となります．特に f が全射の場合ならば等号が成立します．(1.9) 式は**送って戻せば広くなる** (A 外の点も A 内の点と同じところに写り得るので)，また (1.10) 式は**戻して送れば狭くなる** (値域外の B の点には写りようがないので)，と覚えて下さい．

練習問題 1.3.1 上記 (1.5)〜(1.10) の六つの式が成立することを証明しなさい．

第 2 章

実数

本章の目的は，大学における解析学の舞台ともいうべき“実数の全体からなる集合 $\boldsymbol{R}$”というものを明確にとらえることにあります．非常に残念なことに，この舞台 $\boldsymbol{R}$ が一体何であるのかをきちんと理解した上で大学を卒業していく学生は，ごくまれです．舞台 $\boldsymbol{R}$ が何であるかを知らずして，$\boldsymbol{R}$ における解析学の様々な定理を理解せよといっても，それは無理な話でしょう．

なぜ，ほとんどの学生が実数 $\boldsymbol{R}$ の何たるかを理解できないのでしょうか．その理由は，ほとんどの学生が「実数 $\boldsymbol{R}$ とは何であるかを，完璧ではないにせよ，それほど間違った概念としてではなく知っている」からにほかなりません．前章でも“実数全体の集合 $\boldsymbol{R}$”という概念を幾度か用いてきました．そのときには，高等学校までと同様に $\boldsymbol{R}$ は“循環するものもしないものも含めた無限小数の全体（整数や有限小数は後ろに 0 を並べて循環小数とみなすことにする)”と認識してきました．正確に述べるとその認識では少し不十分で，無限小数のうち $1.00000\cdots$ と $0.99999\cdots$ のようなもの，すなわちある桁から右の方へずっと 9 の繰り返すような小数と，その桁の一つ左を 1 だけ繰り上げて右へずっと 0 の続くような小数は同一視する，という約束ごとを置く必要があります．さて，仮に“$0, 1, 2, 3, 4, 5, 6, 7, 8, 9$ という十種類の数字を，$-, \cdot$（負の数を表す記号と小数点記号）とおりまぜて可算無限個並べる”という概念さえ明確であるならば，$\boldsymbol{R}$ をそのような“無限小数と呼ばれるものの全体”とみなすこと自体は（厳密な公理的集合論の立場からしても）間違ったものではありません．そして実際“無限小数と呼ばれるものの全体”を“集合”と呼んでよいということも，公理的集合論の立場から証明することができます[1)]．ただし，大学の数学では（少なくとも，理学部の数学科の先生が大学生に教える解析学においては）$\boldsymbol{R}$ をそのように“無限小数の全体”という形で**定義したりはしません**．この点を大学初年次の学生のほとんどが誤解してしまうのです．

通常の解析学の教科書に書かれている“実数”とは，“無限小数の全体”のことではなく，“**いくつかの公理（本書においては (R.1) から (R.5) という形で与えられる）を満たすような集合**”のことを指します．“無限小数の全体”というものは，そのような公理を満たす“$\boldsymbol{R}$”の一つの具体例でしかないのです．従って，解析学において「実数の世界で成立する命題」というのは，全てその“**実数の公理系（本書においては (R.1) から (R.5) で与えられる)**”にのみ基づいて，証明されなければならないのです．

なぜ大学の数学では実数を“無限小数の全体”として定義しないのでしょうか．その理由は，そのように実数を定義することは“直観的に分かりやすい”ということの他には何のメリットもなく，以後それを舞台にして話を進めていく上ではむしろ“取り扱いにくい”からです．例えば，我々は任意の二つの実数 x, y について，それらの和 $x+y$ や積 $x \cdot y$ が定義されていることを望みます．しかしながら，任意の二つの必ずしも循環しない無限小数に

---

1) 興味のある読者のために，“無限小数の全体”を“集合”と呼んでいいことの証明を，簡単に述べておきます．$\{+, -, 0, 1, 2, 3, 4, 5, 6, 7, 8, 9, \cdot\}$ という 13 個の記号の集合（これは N の部分集合と 1 対 1 に対応しているので集合と呼んでいい（置換の公理））を考えます．一つの無限小数，例えば $-34.19325\cdots$ は，最初が $-$ 記号，次が 3，その次が 4，その次が $\cdot$ 記号，その次が 1，次が 9，$\cdots$ という形で表現されていますから，“最初が，次が，その次が，$\cdots$”というところを“自然数全体の集合 $\boldsymbol{N} = \{0, 1, 2, 3, 4, 5, 6, 7, 8, \cdots\}$ との対応”としてとらえれば，順序対の概念を用いて $\{(0, -), (1, 3), (2, 4), (3, \cdot), (4, 1), (5, 9), (6, 3), (7, 2), (8, 5), \cdots\}$ という $\boldsymbol{N} \times \{+, -, 0, 1, 2, 3, 4, 5, 6, 7, 8, 9, \cdot\}$ の無限部分集合としてとらえることが可能です．$\boldsymbol{N} \times \{+, -, 0, 1, 2, 3, 4, 5, 6, 7, 8, 9, \cdot\}$ の部分集合の全体（すなわちべき集合 $\mathcal{P}(\boldsymbol{N} \times \{+, -, 0, 1, 2, 3, 4, 5, 6, 7, 8, 9, \cdot\})$）は“集合”と呼んでいいものですから，その一部分と同一視される“無限小数の全体”もまた集合と呼んでいいわけです．

対してそれらの和と積を定義することは，それほど容易なことではありません．循環しない無限小数の一部は，$\sqrt{2}, -\sqrt[3]{3}, \pi$ のような“それらを代表する名前（皆さんよくご存知の）”を持っていますが，そういった二つの“無限小数を代表する記号”に対して，一つの“すでに定義済みの無限小数を代表する記号”がうまく定義された和や積として定まるなどというのは，ほとんど稀なケースでしかありません．平方根どうしの積 $\sqrt{a} \cdot \sqrt{b} = \sqrt{ab}$ や同一平方根どうしの和 $\sqrt{a} + \sqrt{a} = \sqrt{4a}$ のような運のいいその稀なケースを除いて，一般的な形で二つの必ずしも循環しない無限小数の和や積を定義しようと思えば，結局のところ「収束」とか「連続性」とかいった“まさにこれから先学んでいこうとする概念”が前もって必要となるのです[2)]．

ではどのように“実数”というものをとらえればよいのでしょうか．大学の数学では，ここで**最も厳密**でありかつ**一番簡単**な方法をとります．“厳密”かつ“簡単”などというそんな都合のよい考え方があるのかと不思議に思われるかも知れませんが，それがあるのです．先に“集合”を扱ったときと同様に，**“実数とは何か”ということを公理によって規定する**という方法です．すなわち“これが実数だ”という具体的なものを提示するかわりに，いくつかの性質（公理）を列挙して，ともかくそれらの性質を満たすものを $\boldsymbol{R}$（実数全体の集合）と呼ぶという立場です．上に述べたように，もしも $\boldsymbol{R}$ を具体的に（“無限小数の全体”と言った形で）定義した場合，**そのようなものの集**

---

2)　ここで和と積の“定義”と言っているのは，自然数どうしの和と積に基づいて有理数どうしの和と積の計算方法が“$\frac{p}{q} + \frac{r}{s} = \frac{ps+qr}{qs}$, $\frac{p}{q} \cdot \frac{r}{s} = \frac{pr}{qs}$, ($p, q, r, s$ は整数で,$q \neq 0, s \neq 0$)”と一般的に記述されるように，二つの無限小数の和や積の計算方法もまた一般的に記述されなければならない，ということを指しています．実際それは可能ですが，とても面倒です．a と b を必ずしも循環しない無限小数とするとき，$a(n)$ および $b(n)$ ($n = 1, 2, 3, \cdots$) でもって，もとの無限小数のそれぞれ小数点以下第 n 桁目までに相当する有限小数を表すものとします．$a(n)$ および $b(n)$ は有理数ですから，それらの和および積がすでに定義済みです．それを $C(n)$ および $D(n)$ で表すことにしましょう．かりに $n = 1, 2, 3, \cdots$ を大きくとっていったときに $C(n)$ および $D(n)$ がそれぞれ，あるきまった無限小数に限りなく近づくならば，その値をもって二つの無限小数の和および積と定義することができます．ただし，このことを正確に述べるためには，限りなく近づく（収束）という概念が前もって必要であり，さらに“いかなる a, b についても上に述べた $C(n)$, $D(n)$ が $n \longrightarrow \infty$ のとき収束する”ということ（難しい言葉で言うと，二数の和や積という操作を二変数関数とみなした場合の関数の連続性）を証明しなければならないことになります．

まりを"集合"と呼んでよいことや，その上で加法，乗法などがきちんと定義できることなどは別途示されなければなりません．公理的立場を用いれば，そういった問題を全て避けて通ることができます．なぜならその公理の中に"$\boldsymbol{R}$ は集合である"とか"$\boldsymbol{R}$ 上では加法 $+$ と乗法 $\cdot$ が定義されている"とかいったものをつけ加えてしまえばオシマイだからです．

2.1 実数とは何か

ここでは，以下本書においてほとんど全ての議論の舞台となる $\boldsymbol{R}$ すなわち"実数（の全体）"という概念を明確にします．実数というものを特徴づけるのは以下の五つの公理であって，言ってみれば本書でこの先登場する全ての定理，主張はこの**五つの公理のみ**から導かれるものです[3]．前もって簡単に言うと，実数の全体 $\boldsymbol{R}$ とは，**(R.1)** それは**集合**であって，(従って，ここでの立場からすると，実数全体からなるものの集まりを集合と呼んでよいことは，証明すべき筋合いのものではありません）その集合上で**加法**および**乗法**という二つの演算がいくつかの条件を満たす形で定義されており，**(R.2)** 大小関係を表す**順序**が定義されていて全ての要素を小さい方から大きい方へ一列に並べることができ，大小関係と加法，乗法の間のいくつかの関係 **(R.3)**, **(R.4)** が満たされており，なおかつ，その大小関係のもとでの**連続性の公理** **(R.5)** というものを満たすものです．五つの公理のうちで，皆さんにとって"はじめての概念"であろうと思われるのは **(R.5)** の連続性の公理のみでしょう．そしてこの連続性の公理こそが実数を実数たらしめる，最も重要な公理なのです．

2.1.1 五つの公理

実数の全体からなるものの集まり $\boldsymbol{R}$ とは次の **(R.1)**〜**(R.5)** を満たす対象物を指します．まず **(R.1)** ですが，これは単に $\boldsymbol{R}$ がその上で「足し算」と「かけ算」の定義された"集合"であることを主張しているにすぎません．

3) もちろん，実数を集合としてとらえているわけですから，厳密に言うとその背後に前章で述べた"集合論の公理系"（および一階の述語論理の公理系）がひかえています．以下で扱われる「和」や「積」,「順序」といった概念も本来すべて「集合」として扱うことのできる概念なのです．

(R.1) $\boldsymbol{R}$ は**体** (**field**) である：ただし**体** (**field**) とは，(1) **集合**であって，(2) その集合の任意の二つの要素 x, y に対して**和** $x+y$ という要素を決める**加法**という 2 項演算，および**積** $x \cdot y$ という要素を決める**乗法**という 2 項演算が定義されており，(3) これらの演算はともに**結合律**を満たし，**可換**であり[4]，さらに乗法の加法に対する**分配律** $(x \cdot (y+z) = (x \cdot y)+(x \cdot z))$ が満たされるものとし[5]，(4) 加法の単位元が存在し（それを 0 で表す），全ての元について加法における逆元が存在し（それを x に対して $-x$ で表す），乗法の単位元が存在し（それを 1 で表す），0 以外の要素について乗法における逆元が存在し（それを x に対して x^{-1} で表す）[6]，(5) $0 \neq 1$ である，ようなもののことをいう．

第二の公理は，$\boldsymbol{R}$ 上には「大小関係」が定義されているということを述べたものです．

(R.2) $\boldsymbol{R}$ 上には**全順序**（以下 $\leq$ で表す）が定義されている．

全順序とは，任意の二つの要素を選んできたときそれらの間に必ず順序がついている，ということを指します．正確に定義すると，次のようになります．

定義 2.1.1（順序および全順序） 二つの変数 x, y の"関係"を表す叙述 $P(x, y)$ が集合 X の要素に対して次の三つの条件を満たすとき，$P(x, y)$ は集合 X 上に**順序**を定めるといいます．

(1) 全ての $a \in X$ について，$P(a, a)$ である．(**反射律**)

---

4) 集合 X 上の 2 項演算 $*$ は，任意の $x, y, z \in X$ に対して $(x * y) * z = x * (y * z)$ が成立するとき，**結合律**を満たすと言われます．また，任意の $x, y \in X$ に対して $x * y = y * x$ を満たすならば，**可換**であると言われます．

5) 演算の優先順位は，乗法が加法より上であるものとし，以下ではいちいち括弧をつけません．また乗法の演算子 · はしばしば省略されます．

6) 結合律を満たす 2 項演算 $*$ に対して，演算 $*$ の単位元とは，任意の x に対して $x*\boldsymbol{e} = \boldsymbol{e}*x = x$ となるような $\boldsymbol{e}$ のことをいいます．演算 $*$ の単位元が存在するとき，演算 $*$ における x の逆元とは，$x * \boldsymbol{z} = \boldsymbol{z} * x = \boldsymbol{e}$ となるような $\boldsymbol{z}$ のことをさします．

(2) 全ての $a, b \in X, a \neq b$ について，$P(a,b)$ ならば $P(b,a)$ ではない．
(反対称律)

(3) 全ての $a, b, c \in X$ について，$(P(a,b)$ かつ $P(b,c)) \Longrightarrow P(a,c)$ である．**(推移律)**

二変数をもつ叙述 $P(x,y)$ が集合 X 上に順序を定めているとき，$a, b \in X$ に対して，“$P(a,b)$ である”ということを適当な記号を用いて $a \preceq b$ などと表し，“$\preceq$ は X 上の順序である”といった言い方をします[7]．上の (1)，(2)，(3) 条件に加えて

(4) 全ての $a, b \in X$ について，$P(a,b)$（記号で $a \preceq b$）または $P(b,a)$（記号で $b \preceq a$）の少なくともいずれか一方が成立する．

が満たされるとき，$\preceq$ を X 上の**全順序**と呼びます．

$\boldsymbol{R}$ 上の全順序 $\leq$ は，しばしば $\boldsymbol{R}$ 上の大小関係とも呼ばれます．この場合 $a \leq b$ は“a は b 以下である”または“b は a 以上である”といった言葉で表現するのが普通です．また，$a \leq b$ でありかつ $a \neq b$ であることを，記号 $a < b$ で表し，“a は b より小さい”あるいは“b は a より大きい”という言葉を使います[8]．全順序における反射律および反対称律から，**任意の $\boldsymbol{a, b \in R}$ について $\boldsymbol{a < b}$, $\boldsymbol{a = b}$, $\boldsymbol{a > b}$ のいずれか一つ（そして一つのみ）が必ず成立する**ことが言えます．(厳密な証明は後の練習問題とする．)

次に続く **(R.3)**，**(R.4)** は，上に述べた“演算”と“順序”の関係を述べたものです．

(R.3) $a, b, c \in \boldsymbol{R}$, $a \leq b$ であれば $a + c \leq b + c$. (和と順序の関係)

---

7) 特に形式的な記述が好まれる場合は，$P(a,b)$ を満たすような順序対 (a,b) の全体からなる $X \times X$ の部分集合そのものをもって $\preceq$ と定義します．そして $(a,b) \in \preceq$ と書く代わりに $a \preceq b$ と書くのだと理解します．回りくどいように思われるかも知れませんが，全ての数学的対象物は“集合”なのだという立場からすれば，“順序関係”というものもまた集合としてとらえるのが望ましいと言えるでしょう．

8) 先に $\in$ 記号の向きについて述べたように，$<$ や $\leq$ といった記号もやはりむやみに勝手な向きで用いるべきではありませんが，あまりにそういったことにこだわるとかえって議論をややこしくする恐れがありますので，以下では $<$ 記号および $\leq$ 記号はいずれの向きにも用いることにします．すなわち $a < b$ と $b > a$ および $a \leq b$ と $b \geq a$ はそれぞれ同じ数学的叙述です．

この公理によって，**いわゆる不等式における移項のような操作が常に許される**ことになります．(例えば $a \leq b \Longrightarrow a-b \leq 0$ は，上の公理中の c を $-b$ (b の加法に関する逆元) とすれば得られます．)

(R.4) $a, b \in \boldsymbol{R}$, $0 \leq a$, $0 \leq b$ であれば $0 \leq a \cdot b$. (積と順序の関係)

ここまでに述べた **(R.1)** から **(R.4)** までだけならば，実は皆さんよくご存知の $\boldsymbol{Q}$ (有理数全体からなる集合) に対しても成立します．$\boldsymbol{Q}$ と $\boldsymbol{R}$ の違いは，まさに次の公理 **(R.5)** にあるわけです．

(R.5) $\boldsymbol{R}$ の部分集合で，"上に有界" でありかつ空でないものは，必ず "最小上界" を持つ．(**連続性の公理**)

"上に有界" という言葉と "最小上界" という言葉の定義は以下のようなものです．

定義 2.1.2 (上界・下界・有界) X を集合とし，その上で順序 $\preceq$ が定義されているものとする．A を X の部分集合とする．X の要素 b が "任意の $a \in A$ に対して $a \preceq b$" を満たすとき，b を集合 A の一つの**上界** (**upper bound**) と言う．同様に $c \in X$ が任意の $a \in A$ に対して $c \preceq a$ を満たすとき，c を集合 A の一つの**下界**(かかい) (**lower bound**) と呼ぶ．$A \subset X$ に上界 (下界) が存在するとき，A は**上に有界** (**下に有界**) であると言われ，上にも下にも有界であるとき，単に A は**有界**であると言われる．

定義 2.1.3 (最小上界・最大下界) X を順序 $\preceq$ の定義された集合とする．$A \subset X$ が上に有界であるとき，その上界のうち $\preceq$ の意味で最小のもの，すなわち A の上界であって，かつ任意の A の上界 x に対して $b^* \preceq x$ となるような b^*，が存在するとき，それを A の**最小上界** (**least upper bound**) と言う．A の最小上界は記号 $\sup A$ で表される．同じく，A の下界の中で $\preceq$ の意味で最大のもの，すなわちある A の下界 c^* で，任意の A の下界 c

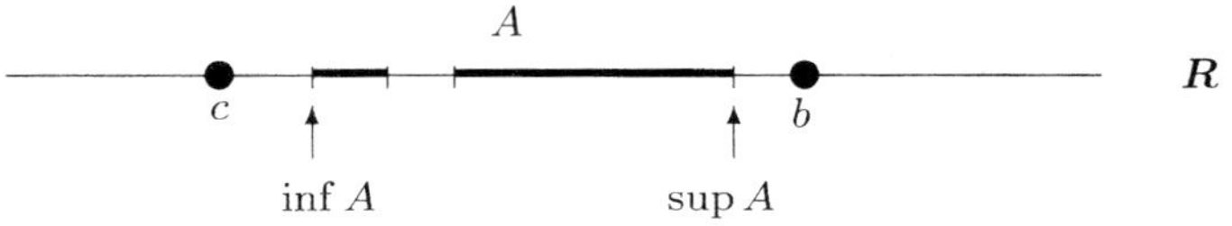

図 2.1　有界な集合 A の sup と inf

に対して $c \preceq c^*$ を満たすようなものが存在するとき，それを A の**最大下界** (**greatest lower bound**) と言う．A の最大下界は記号 $\inf A$ で表される．(図 2.1)

定義 2.1.4　集合 X 上に大小関係が定義されているとき，$A \subset X$ に対して $x = \sup A$ が ($x = \inf A$ が) 存在したとしても，$x \in A$ とは限らないが，仮に $x \in A$ が成り立っておれば特にこれを $x = \max A$ ($x = \min A$) と書き，A の**最大元** (**最小元**) と呼ぶ．

例えば $\boldsymbol{Q}$ 上で，みなさん良くご存知の普通の意味での大小関係 $\leq$ を考えてやれば，容易に **(R.1)** から **(R.4)** の成立を確かめることができますが，**(R.5)** については一般に成立しません．なぜなら，例えば $A \subset \boldsymbol{Q}$ として，

$$A = \{x | x \in \boldsymbol{Q}, x \cdot x \leq 2\}$$

といったものを考えてやると，A は上に有界 (例えば $5 \in \boldsymbol{Q}$ は一つの上界) ですが A の最小上界は存在しません.(つまり，A は “2 回かけて 2 以下になるような有理数の全体” を指します．その集合の最小上界は $\sqrt{2}$ である，と言いたいところなのですが，$\sqrt{2}$ は $\boldsymbol{Q}$ の要素ではありませんから，$\boldsymbol{Q}$ という世界の中では A の上界と呼ばれる資格がありません．しかも $\sqrt{2}$ に対して，それより大きくしかもそれにいくらでも近い有限小数 (有理数) を考えることができますから，最小上界は存在しえないのです.) 要するに **(R.5)** は，有限小数の行き着く先 (例えば 3.14, 3.141, 3.141592, 3.14159265, 3.14159265358979, の行き着く先としての 3.14159265358979323846264$\cdots$ という無限小数) の存在を主張している公理なのです．

我々の必要とする公理は以上が全てであり，実数というものに関するありとあらゆる性質および定理は，全てこの **(R.1)**〜**(R.5)** から推論を積み重ねることによって導かれます．

$\boldsymbol{R}$ を上のように公理的にとらえ直したわけですから，その部分集合としての $\boldsymbol{N}$ や $\boldsymbol{Q}$ を今一度定義し直しておくのが筋というものでしょう．

- 自然数全体の集合 $\boldsymbol{N}=\{0,1,2,\cdots\}$.（$\boldsymbol{R}$ の部分集合で「0 を要素として持ち，かつ n を要素として持つならば必ず $n+1$ も要素として持つ」という叙述を満たす全ての集合の共通部分.）ここで $2=1+1, 3=2+1, \cdots,$ と定義される．
- 整数全体の集合 $\boldsymbol{Z}=\{\cdots,-2,-1,0,1,2,\cdots\}$.（「ある自然数であるか，またはある自然数にマイナスをつけたもの，すなわち加法に関する逆元をとったものに等しい」という叙述を満たす $\boldsymbol{R}$ の部分集合.）
- 有理数全体の集合 $\boldsymbol{Q}=\{\frac{m}{n} \mid m,n$ は整数 $, n\neq 0\}$.

先に述べたように，**(R.1)**〜**(R.4)** は上の $\boldsymbol{Q}$ においても成立します．(このとき $\boldsymbol{Q}$ 上の演算および順序構造は，$\boldsymbol{R}$ のものから自然に定義されるものを用います.）一方これに **(R.5)** をつけ加えて，公理 **(R.1)**〜**(R.5)** を満たす $\boldsymbol{R}$ という集合は，（背後にある公理的集合論の下で）**本質的に唯一つ**であることが知られています[9]．従って，皆さん良くご存知の「無限小数の全体」としての実数全体の集合を，いずれは上の $\boldsymbol{R}$ の“具体例”としてとらえてもらって（本質的に唯一つなのだから）実は一般性は失われないわけです．(もちろん，無限小数どうしの加法および乗法についての概念をきちんと理解した後の話ですが.）またその場合，上のように定義し直した $\boldsymbol{N}$ や $\boldsymbol{Z}, \boldsymbol{Q}$ が，高等学校までのものと本質的に同じであることもまた明らかでしょう．

---

9) ここでいう「本質的に唯一つ」というのは，二つあるとすれば，それらの間で 1 対 1 かつ上への写像（全単射）が存在して，大小関係および 2 種類の演算を含めた形での同一視が可能となるということが，背後にある公理的集合論の下で，定理として証明できる，ということです．（例えば，杉浦光夫［12, p.31, 問題 5］を見よ.）

練習問題 2.1.1 一般に，集合 X 上に結合律を満たす2項演算 $*$ が定義されている（公理 **(R.1)** の注 4，6 を参照せよ）とき，次のことが成り立つ．

(1) 演算の単位元は，もしそれが存在するなら唯一つである．

(2) 逆元もまた，存在するとすれば（各 $x \in X$ に応じて）唯一つである．

練習問題 2.1.2 $\boldsymbol{R}$ 上の関係 $\leq$ が全順序であるということを用いて，任意の $a, b \in \boldsymbol{R}$ について $a < b$, $a = b$, $a > b$ のいずれか一つ（一つのみ）が必ず成立することを示せ．

2.1.2 代数的および順序的構造 (R.1)～(R.4)

前節のように $\boldsymbol{R}$ を公理によってとらえる以上，以下の $\boldsymbol{R}$ は我々が高等学校までに習った $\boldsymbol{R}$ と（形式的に言えば）全く異なる数学的対象物ということになります．従って，我々が高等学校までに得た“実数”についての知識は，たとえどんなにツマラナイことであっても，もう一度証明し直す必要があります．我々が少なくとも現時点において $\boldsymbol{R}$ について知っていることは **(R.1)**～**(R.5)** に書かれてある内容が全てであって，それ以外の内容，例えば $x \leq y$ ならば $x + (-y) \leq 0$ であるとか $a \leq b$ かつ $c < d$ ならば $a + c < b + d$ であるとかいった初等的な式の変形，あるいは $0 \leq 1$ であるとか $0 < x$ ならば $0 < x^{-1}$ とかいった誰もが知っている基本的な順序関係でさえ，今一度**上の公理から証明し直さなければならないわけです．**

しかしながら，安心して下さい．それはあくまでタテマエです．本音を述べれば，「高等学校までに習った“あなたの知っている実数”に関して成り立つことは，全てここでの $\boldsymbol{R}$ においても成立することが証明できます」から，どうかそれを信じて安心して式の変形や $\frac{1}{2} < 1$ といった性質を用いて下さい．(ただし，ここで言っているのは高校一年生までの，いわゆる「代数的」な性質，式の展開とか，因数分解とか，二次方程式の解の公式とかいったもの，についてであって，高校二年生以降の，“収束”，“導関数”，“積分”といったような，極限というものに基づいた概念は，全て練り直す必要がありますので，むやみに用いないで下さい.)「ここまできて“信じろ”とは何事

か，証明しろ」という骨のある読者のために例として二，三証明しておきましょう．コツさえつかめれば難しくありませんので，あとは練習問題としていくつかあげておきますから，気になる人は試しに挑戦してみて下さい．なおこういった式の変形や数の大小関係については，今後証明なしに，場合によっては断ることさえなく用いられるでしょう．(以下では $x+(-y)$ をしばしば $x-y$ と書き，$x \cdot y^{-1}$ をしばしば $\frac{x}{y}$ と書きます．また，混乱の生じない場合，乗法の演算記号 $\cdot$ はしばしば省略されます．さらに $n \in \boldsymbol{N}$, $a \in \boldsymbol{R}$ に対して a^n で a を n 回かけあわせたものを表します．ただし a^0 は常に 1 を表すものとします.)

例 2.1.1 (1) 任意の $a \in \boldsymbol{R}$ について，$a \cdot 0 = 0 \cdot a = 0$ である．実際，任意の $a \cdot 0 + a \cdot 0 = a \cdot (0+0) = a \cdot 0$ であり，$a \cdot 0$ の加法の逆元 $-(a \cdot 0)$ をその最左辺と最右辺に加えると結論を得る．

(2) 任意の $a \in \boldsymbol{R}$ について，$(-1) \cdot a = -a$（a の逆元）である．実際 $a + (-1) \cdot a = a \cdot 1 + a \cdot (-1) = a(1 + (-1)) = a \cdot 0 = 0$ となるから，$(-1) \cdot a$ は a 加法の逆元 $-a$ にほかならない（先の練習問題 2.1.1 で述べたように，存在すれば唯一つだから）．

(3) $0 \leq 1$ である．実際，任意の $a \in \boldsymbol{R}$ について $0 \leq -a$ あるいは $0 \leq a$ の少なくとも一方が必ず成り立つ（全順序と公理 **(R.3)**）から，$a = 1$ についても同じことが言えるはずである．ところが今 $(-1) \cdot (-1) = -(-1) = 1$（逆元の逆元はもとの元だから），であり，同時に $1 \cdot 1 = 1$ であるから，公理 **(R.4)** によって $0 \leq 1$ でなければならない．

実数の公理のうち **(R.1)**〜**(R.4)** は，言ってみれば小学生の頃から認識してきた単純な代数的構造と順序構造を述べたものですが，通常我々が具体的計算に必要としている知識のほとんどが集約されています．実際，上例の証明においても **(R.5)** は全く用いられていませんし，次の練習問題においても **(R.5)** を用いる必要は全くありません．

練習問題 2.1.3 **(R.1)**〜**(R.4)** および上の例 2.1.1 の結果を用いて，以下の式が成立することを示せ．

(1) $(a < b) \Longrightarrow (a + c < b + c)$.

(2) $((a \leq b)$ かつ $(0 \leq c)) \Longrightarrow (a \cdot c \leq b \cdot c)$.

(3) $(a \cdot b = 0$ かつ $a \neq 0) \Longrightarrow (b = 0)$.

(4) $((a < b)$ かつ $(0 < c)) \Longrightarrow (a \cdot c < b \cdot c)$.

(5) $(a \leq b$ かつ $c \leq d) \Longrightarrow (a + c \leq b + d)$.

(6) $(a < b$ かつ $c \leq d) \Longrightarrow (a + c < b + d)$.

(7) $(0 < a) \Longrightarrow (0 < a^{-1})$.

(8) $(0 < a < b) \Longrightarrow (0 < b^{-1} < a^{-1})$.

2.1.3 連続性の公理 (R.5)

先の 2.1.1 項でも述べたように，公理 **(R.1)**～**(R.4)** のみであれば，このように $\boldsymbol{Q}$（$\boldsymbol{R}$ の部分集合として自然に導入される演算ならびに大小関係を持つ）においても満たされることが容易に確かめられます．一方それに **(R.5)** を加えれば，たちまちそこから規定される数学的構造が「本質的に唯一つ」になったわけですから，**(R.5)** はまさに“有理数”と“実数”の本質的な違いを浮き彫りにしたものと考えられます．**(R.5)** は実数の最も実数らしい特徴を述べたものと言えるでしょう．公理 **(R.5)** については後の 2.2 節の最後にもう一度まとめますが，ここでは **(R.5)** から直ちに得られる結論として重要なものをあげておくことにしましょう．

まず公理 **(R.5)** から，直ちに次の定理が得られます．

定理 2.1.1 $\boldsymbol{R}$ の“下に有界”な任意の空でない部分集合は“最大下界”を持つ．

証明 A を下に有界な空でない $\boldsymbol{R}$ の部分集合であるとする．A の各要素について，それらの加法に関する逆元をとったもの全体からなる集合を $-A$ で表す．A が下に有界であるとすれば，$-A$ は上に有界である．実際 b を A の一つの下界であるとすれば，$(\forall a \in A, b \leq a) \Longleftrightarrow (\forall a \in A, b + (-a) + (-b) \leq a + (-a) + (-b)) \Longleftrightarrow (\forall a \in A, -a \leq -b)$ であり，これは $-b$ が $-A$ の上界であることにほかならない．$-A$ の最小上界を $\bar{b}$ とすれば，A の任意の下界 b に対して $\bar{b} \leq -b$ であるから，上と同様の式変形を用いて $b \leq -\bar{b}$ となり，$-\bar{b}$ が最大下界であることが分かる．

証明終．

上の定理が実は **(R.5)** と同値である，と言っても驚かれることはほとんどないでしょう．実際，上の定理を **(R.5′)** とでもおいて **(R.5)** に置き換えると，**(R.1)** **(R.2)** **(R.3)** **(R.4)** **(R.5′)** から **(R.5)** を定理として示すことができます．次に示す条件は **(R.5)** と同値ではありませんが，**(R.5)** から直接示される条件としては最も基本的なものの一つです．

定理 2.1.2 (Archimedes の公理) 集合 $\boldsymbol{N}$ は上に有界ではない[10])．

証明 $\boldsymbol{N}$ が上に有界であるとすれば，公理 **(R.5)** より $\boldsymbol{N}$ の最小上界が存在する．それを b とする．最小上界の定義により，$b - \frac{1}{2}$ は $\boldsymbol{N}$ の上界ではないから，ある $n \in \boldsymbol{N}$ が存在して $b - \frac{1}{2} \leq n \leq b$ となる．このとき $b < n + 1$ となるが，$n + 1 \in \boldsymbol{N}$ であるから，これは b が $\boldsymbol{N}$ の上界であることに矛盾する．よって $\boldsymbol{N}$ は上に有界ではない．(証明の中で先の練習問題における式のいくつか，並びに $\frac{1}{2} + \frac{1}{2} = 1 \cdot 2^{-1} + 1 \cdot 2^{-1} = (1+1) \cdot 2^{-1} = 2 \cdot 2^{-1} = 1$ 等を断りなく用いた．以後断らない.)

証明終．

練習問題 2.1.4 以下の手順に従って，任意の正の実数 $a > 0$ を与えられたとき，それに対して $b \cdot b = a$ を満たすような正の実数 b が唯一つ存在することを証明せよ．

(1) $A = \{x | 0 \leq x, x \cdot x < a\}$ とするとき，A は上に有界でかつ $A \neq \emptyset$ なることを示せ．

(2) $b = \sup A$ とするとき，もしも $b \cdot b < a$ であれば十分大きな $n \in \boldsymbol{N}$ について $(b + \frac{1}{n})(b + \frac{1}{n}) < a$ とできること，すなわち b が A の上界であることに矛盾することを示せ．

(3) $b = \sup A$ とするとき，もしも $b \cdot b > a$ であれば十分大きな $n \in \boldsymbol{N}$ について $(b - \frac{1}{n})(b - \frac{1}{n}) > a$ とできること，すなわち b が上界のうちで最小のものであることに矛盾することを示せ．

(4) $c \in \boldsymbol{R}$ が b と同じく $c \cdot c = a, 0 < c$ を満たすとする．もし $b \neq c$ であれ

10) 言うまでもなく，これは本書における“公理”ではありません．

ば $b<c$ であるか $c<b$ のいずれかであるが，いずれの場合も $bb=cc$ と矛盾することを示せ．

明らかに $0 \cdot 0 = 0$ ですから，上の練習問題において存在が保証された "$a>0$ に対して $bb=a$ を満たす $b>0$" とあわせて一般に，$a \in \boldsymbol{R}, 0 \leq a$ とするとき，$bb=a$ を満たす $b \in \boldsymbol{R}, 0 \leq b$ が存在することが言えます．この b を a の**負でない平方根**と呼び，以下 $\sqrt{a}$ で表します．もっと一般に，$a>0$ の正の n 乗根 $(n=3,4,5,\cdots)$ の存在も上の練習問題とまったく同様の手順で示すことができますが，確認は読者に任せます．以後 $a>0$ の正の n 乗根を $\sqrt[n]{a}$ で表します．

練習問題 2.1.5 $a, b \in \boldsymbol{R}, 0 \leq a, 0 \leq b$ とする．このとき，$a \leq b \iff a^2 \leq b^2$ および $a<b \iff a^2<b^2$ なること，従って負でない二数の大小関係は 2 乗しても変わらないことを示せ．

2.2 実数列とその収束

実数を可算無限個並べたものを実数列と言います．もっとも，実際に無限個のものを並べることなど不可能ですから，正確に述べると，**実数列**とは「全ての番号 $n \in \boldsymbol{N}$ に対して，第 n 番目が何であるかということが明確に定まっている」ような「自然数と実数の一つの対応づけ」にほかなりません．これをもう少しカッコよく言うと，

定義 2.2.1 一つの**実数列**とは，自然数の集合 $\boldsymbol{N}$ から $\boldsymbol{R}$ への一つの関数 f のことである．

と言い換えることができます．つまり $f: \boldsymbol{N} \longrightarrow \boldsymbol{R}$ が与えられたとき $f(0), f(1), f(2), f(3), \cdots$ という関数の値の列が決まり，逆に $f(0), f(1), f(2), f(3), \cdots$ という値の列が与えられたとき関数 $f: \boldsymbol{N} \longrightarrow \boldsymbol{R}$ が決まる，という意味で "関数" と直観的な "列" が同一視されているわけです．実数列を表現するのによく用いられる記法は，

$$x_0, x_1, x_2, x_3, \cdots,$$

$$\{x_i\}_{i=0}^{\infty},$$
$$\{x_n\}_{n\in\boldsymbol{N}},$$

といったものです．正確にはこれらは $x:\boldsymbol{N}\longrightarrow\boldsymbol{R}$ という $\boldsymbol{N}$ から $\boldsymbol{R}$ への関数であって，その関数の値の列を表す記法 $x(0), x(1), x(2), x(3), \cdots$ が形を変えて $x_0, x_1, x_2, \cdots$ もしくは $\{x_i\}_{i=0}^{\infty}$ と書かれているものととらえるべきでしょう．

以下において **"実数列の収束"** という概念を厳密に定義します．これはいくら強調しても足りないくらいに重要な概念です．というのは，大学の数学で（少なくとも大学初年次の解析学の分野において）高等学校よりも厳密であると言いきれるのは，この「収束」という概念に尽きてしまうからです．

まず，絶対値を用いて $\boldsymbol{R}$ に "距離" を入れることから話を始めましょう．各 $x\in\boldsymbol{R}$ に対して，x の**絶対値**，$|x|$，とは，

定義 2.2.2

$$|x| = \begin{cases} x & (0 \leq x \text{ のとき}) \\ -x & (x \leq 0 \text{ のとき}) \end{cases}$$

によって定義される非負実数値です．絶対値は次の三つの性質を持ちます．

$$\text{(2.1)}\qquad \begin{aligned} &(1)\quad |x| = 0 \iff x = 0, \\ &(2)\quad |x+y| \leq |x| + |y|, \\ &(3)\quad |x\cdot y| = |x|\cdot|y|. \end{aligned}$$

これらの性質は，x および y の正負に関して場合分けすれば，絶対値の定義から容易に確かめることができます．さて，$\boldsymbol{R}$ 上の任意の二要素 $x, y \in \boldsymbol{R}$ に対して，x, y の "距離"（以下 $d(x,y)$ で表す）を絶対値を用いることによって，

定義 2.2.3 $\quad d(x,y) = |x-y|$

と定義します[11]．この"距離" d は，上の絶対値の性質およびその定義から考えて，明らかに次の三つの性質を持つ非負実数値関数です．

$$
\begin{aligned}
&(\text{性質 } 1) \quad d(x,y) = d(y,x), \\
(2.2) \qquad &(\text{性質 } 2) \quad d(x,y) = 0 \iff x = y, \\
&(\text{性質 } 3) \quad d(x,z) \le d(x,y) + d(y,z).
\end{aligned}
$$

(性質1) と (性質2) は明らかでしょう．(性質3) はすなわち x から z まで行くのに，途中で y を通っていくと遠回りになる，ということの表現にほかなりません．(性質3) は特に三角不等式と呼ばれます．

さて，実数列 $\{x_i\}_{i=0}^{\infty}$ が x_* に収束する，ということの定義を与えることにしましょう．高等学校的な収束の定義「i を ∞ に近づけたとき，x_i が限りなく x_* に近づく」を大学の数学風に厳密に述べ直したのが次の定義です．

定義 2.2.4 （実数列の収束） 実数列 $\{x_i\}_{i=0}^{\infty}$ がある実数 $x_* \in \boldsymbol{R}$ に**収束**するとは，任意の $\epsilon > 0$ という正の実数を一つ定めたとき，それに対してある番号 $\bar{n}$ が存在して，$\bar{n}$ 以降の全ての番号 $n\,(\bar{n} \le n)$ について $d(x_n, x_*) \le \epsilon$ が成立することを言う．

上に述べたことをもう少し視覚的に表現してみましょう．定義の最後の部分の $d(\cdot, x_*) \le \epsilon$ というのは数直線上の x_* から ϵ 以内の距離に張り巡らした網のようなものです（図2.2参照）．数列 $\{x_i\}_{i=0}^{\infty}$ が x_* に収束するというのは，そのような網を一つ定めたとき，ある番号 $\bar{n}$ 以降の全ての x_n がその網の中に入ってくる（$\bar{n}$ の取り方は網の小ささに応じて変わっても良い）ということです．実数列 $\{x_i\}_{i=0}^{\infty}$ が x_* に収束するということを，記号で

$$\lim_{i \to \infty} x_i = x_*$$

11) 本当は距離という言葉は数学用語として厳密な意味を持ちますが，ここでは単に日常的な，言うなれば"物差しではかった長さ"というような意味で距離という言葉を用いています．別にここでの用い方が間違いということではありませんが，後の第4章で扱われる距離概念と一応区別するため" "でくくりました．

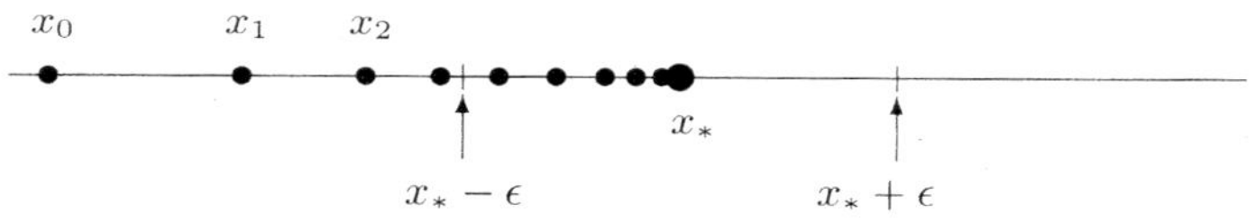

図 2.2 "x_* から ϵ 以内" という網の中

と表現します．また x_* を数列 $\{x_i\}_{i=0}^{\infty}$ の**極限**といいます．特に混乱のおそれのない場合は，$x_i \longrightarrow x_*$ といった表現を用いることもあります．

実数列の収束に関して基本的な定理をいくつかあげておきます．これらの証明には，先に述べた絶対値の性質およびそこから定義された "距離" d の持つ三つの性質が用いられます．まず，次の定理が最も基本的です．

定理 2.2.1 （実数列の収束と演算および大小関係） 二つの実数列 $\{a_n\}_{n=0}^{\infty}$ と $\{b_n\}_{n=0}^{\infty}$ がそれぞれ a_* および b_* に収束しているものとする．このとき，以下の諸式が成り立つ．

(1) $\lim_{n\to\infty} -a_n = -\lim_{n\to\infty} a_n = -a_*$,

(2) $\forall n, a_n \neq 0$ かつ $a_* \neq 0$ とするとき，
$\lim_{n\to\infty} {a_n}^{-1} = (\lim_{n\to\infty} a_n)^{-1} = {a_*}^{-1}$,

(3) $\lim_{n\to\infty}(a_n + b_n) = \lim_{n\to\infty} a_n + \lim_{n\to\infty} b_n = a_* + b_*$,

(4) $\lim_{n\to\infty}(a_n \cdot b_n) = (\lim_{n\to\infty} a_n)\cdot(\lim_{n\to\infty} b_n) = a_* \cdot b_*$,

(5) $\forall n \in \boldsymbol{N}, a_n \leq b_n$ならば，$\lim_{n\to\infty} a_n \leq \lim_{n\to\infty} b_n, (a_* \leq b_*)$.

証明 (1) $\forall n \in \boldsymbol{N}, d(-a_n, -a_*) = |(-a_n) - (-a_*)| = |a_n - a_*| = d(a_n, a_*)$ より従う．

(2) $a_* \neq 0$ であるから，$\frac{|a_*|}{2} > 0$ である．$a_n \to a_*$ であるから，ある番号 $m \in \boldsymbol{N}$ が存在して m 以上の任意の n について $|a_* - a_n| \leq |\frac{a_*}{2}|$ となる．さて，一般に $|a_n + (a_* - a_n)| \leq |a_n| + |a_* - a_n|$ すなわち $|a_*| \leq |a_n| + |a_* - a_n|$ であるから，m 以上の任意の n について $|a_*| \leq |a_n| + |\frac{a_*}{2}|$ すなわち $|\frac{a_*}{2}| \leq |a_n|$ となる．$\boldsymbol{R}$ において $0 < x \leq y \Longrightarrow 0 < y^{-1} \leq x^{-1}$ 並びに $|x^{-1}| = (|x|)^{-1}$

であることに注意すると，m 以上の任意の n について，$|{a_n}^{-1} - {a_*}^{-1}| = |({a_n}^{-1})({a_*}^{-1})(a_* - a_n)| = |{a_n}^{-1}||{a_*}^{-1}||a_* - a_n| \leq |(\frac{a_*}{2})^{-1}||{a_*}^{-1}||a_* - a_n|$ となる．最右辺は（定数）×（定数）$\times|a_* - a_n|$ という形をしており，a_n が a_* に収束しているのだから，任意の $\epsilon > 0$ に対して十分大きな全ての n についての最右辺 $\leq \epsilon$ とできる．最左辺はそれ以下だから当然「任意の $\epsilon > 0$ に対して，十分大きな全ての n についての最左辺 $\leq \epsilon$」が成立するが，それはすなわち ${a_n}^{-1} \to {a_*}^{-1}$ ということにほかならない．

(3) 証明すべきことは，$\lim_{n\to\infty}(a_n + b_n) = a_* + b_*$ ということのみである．仮に $c_n = a_n + b_n$，$c_* = a_* + b_*$ とおくと，これは要するに $\lim_{n\to\infty} c_n = c_*$ を証明することにほかならない．さて，$\epsilon > 0$ を任意にとる．$a_n \longrightarrow a_*$ だから，ある $n_1 \in \boldsymbol{N}$ が存在して，n_1 以上の全ての n について $d(a_n, a_*) \leq \frac{\epsilon}{2}$．また同時に $b_n \longrightarrow b_*$ であるから，ある $n_2 \in \boldsymbol{N}$ が存在して，n_2 以上の全ての n について $d(b_n, b_*) \leq \frac{\epsilon}{2}$．ここで n_1, n_2 のうち小さくない方を $\bar{n}$ とすれば，$\bar{n}$ 以上の全ての n について $d(c_n, c_*) = |c_n - c_*| = |a_n + b_n - a_* - b_*| = |a_n - a_* + b_n - b_*| \leq |a_n - a_*| + |b_n - b_*| = d(a_n, a_*) + d(b_n, b_*) \leq \frac{\epsilon}{2} + \frac{\epsilon}{2} = \epsilon$．すなわち $\{c_n\}_{n=0}^{\infty}$ は c_* に収束する．

(4) 各 $n \in \boldsymbol{N}$ について，$c_n = a_n \cdot b_n$ とおく．また $c_* = a_* \cdot b_*$ とする．$c_n \longrightarrow c_*$ を証明すればよい．1より小さい $\epsilon > 0$ を任意に固定する．$|a_*| + |b_*|$ よりも大きい正の整数 m を一つ選んでおく．いま $a_n \longrightarrow a_*$ かつ $b_n \longrightarrow b_*$ だから，ある番号 n_1 および n_2 が存在して，n が n_1 以上ならば $d(a_n, a_*) \leq \frac{\epsilon}{2m}$，$n$ が n_2 以上ならば $d(b_n, b_*) \leq \frac{\epsilon}{2m}$ となるようにすることができる．$\bar{n}$ を n_1 と n_2 のうちの小さくない方とする．このとき，$d(c_n, c_*) = |c_n - c_*| = |a_n \cdot b_n - a_* \cdot b_*| = |(a_n - a_* + a_*)(b_n - b_* + b_*) - a_* \cdot b_*| = |(a_n - a_*)(b_n - b_*) + (a_n - a_*)b_* + a_*(b_n - b_*)| \leq |a_n - a_*||b_n - b_*| + |a_n - a_*||b_*| + |a_*||b_n - b_*| \leq \frac{\epsilon}{2m} \cdot \frac{\epsilon}{2m} + \frac{\epsilon}{2m} \cdot (|b_*| + |a_*|) \leq \frac{\epsilon}{4m} + \frac{\epsilon}{2m} \cdot m \leq \frac{\epsilon}{4} + \frac{\epsilon}{2} \leq \epsilon$ となる．すなわち $\{c_n\}_{n=0}^{\infty}$ は c_* に収束する．

(5) 各 $n \in \boldsymbol{N}$ について $c_n = b_n - a_n$ および $c_* = b_* - a_*$ と定義すると，(1) の結論から c_n は c_* に収束する．分かっていることは $0 \leq c_n \forall n \in \boldsymbol{N}$ であり，証明すべき内容は $0 \leq c_*$ だから，結局 $0 \leq \lim_{n\to\infty} c_n$ ということである．結論を否定すると $\lim_{n\to\infty} c_n = c_* < 0$ だが，このとき $\epsilon = \frac{|c_*|}{2}$ とおくと，ある $\bar{n} \in \boldsymbol{N}$ が存在して $\bar{n}$ 以上の任意の n について $d(c_n, c_*) \leq \epsilon$．すなわち $\bar{n}$ 以上の n について $|c_n - c_*| - \epsilon \leq 0$ となるが，$\epsilon = \frac{|c_*|}{2}$ であるから，$c_n \leq c_* + |c_n - c_*| \leq c_* + \epsilon \leq c_* + |c_*| = c_* + (-c_*) = 0$ となり，

$0 \leq c_n \forall n \in \boldsymbol{N}$ に矛盾する．　**証明終**．

実数列 $\{x_n\}_{n=0}^{\infty}$ に対して，集合 $\{x_n | n \in \boldsymbol{N}\}$ を考えることができますが，この集合が（上にまたは下にあるいは上下に）有界であるとき，実数列 $\{x_n\}_{n=0}^{\infty}$ は（上にまたは下にあるいは上下にそれぞれ）**有界**であると言われます．有界な実数列とその収束に関する定理は，実数のもっとも深い性質 (R.5) に直接に関わる定理として非常に重要です．ここではよく知られたものを二つ挙げておきます．まず最初は，有界な**単調数列**に関する定理です．実数列 $\{x_n\}_{n=0}^{\infty}$ は，$x_0 \leq x_1 \leq x_2 \leq \cdots$ または $x_0 \geq x_1 \geq x_2 \geq \cdots$ を満たすとき**単調数列**と呼ばれます．前者を特に単調増加数列，後者を単調減少数列と呼ぶこともあります．

定理 2.2.2　（有界な単調数列とその収束）　有界な単調数列は収束する．特に $\{x_n\}_{n=0}^{\infty}$ が単調増加数列であればその収束先は $\sup\{x_n | n \in \boldsymbol{N}\}$ であり，単調減少数列であれば収束先は $\inf\{x_n | n \in \boldsymbol{N}\}$ である．

証明　$\{x_n\}_{n=0}^{\infty}$ を単調増加数列とする．仮定により $X = \{x_n | n \in \boldsymbol{N}\}$ は上に有界であるから，公理 (R.5) により最小上界 $b \in \boldsymbol{R}$ が存在する．このとき，任意の $\epsilon > 0$ について，$b - \epsilon$ は X の上界ではないから，ある $\bar{n} \in \boldsymbol{N}$ が存在して $b - \epsilon < x_{\bar{n}} \leq b$．$\{x_n\}_{n=0}^{\infty}$ は単調増加的であるから，このとき全ての $n \geq \bar{n}$ について $b - \epsilon < x_n \leq b$，すなわち $d(x_n, b) \leq \epsilon$ であり，$\{x_n\}_{n=0}^{\infty}$ が b に収束することがわかる．

$\{x_n\}_{n=0}^{\infty}$ が単調減少数列の場合は，定理 (2.1.1) により $X = \{x_n | n \in \boldsymbol{N}\}$ の最大下界 $c \in \boldsymbol{R}$ が存在し，任意の $\epsilon > 0$ に対してある番号 $\bar{n}$ が存在し，任意の $n \geq \bar{n}$ について $c \leq x_n < c + \epsilon$ が成立し，$\{x_n\}_{n=0}^{\infty}$ が c に収束することが言える．　**証明終**．

次に述べるのは，有界な数列の**部分列**に関する定理です．実数列 $\{x_n\}_{n=0}^{\infty}$ を与えられたとき，

$$x_0,\ x_1,\ x_2,\ x_3,\ x_4,\ x_5,\ \cdots,$$

という実数の並びに対して，その中から無限個を抜き出して並べたもの，

$$x_{n_0},\ x_{n_1},\ x_{n_2},\ x_{n_3},\ x_{n_4},\ x_{n_5},\ \cdots,$$

例えば“$x_1, x_3, x_5, x_7, x_9, \cdots$ (奇数番目のみ)”とか“$x_{10}, x_{11}, x_{12}, x_{13}, x_{14}, \cdots$ (10番目から後の全体)”といったもの，を $\{x_n\}_{n=0}^{\infty}$ の**部分列**と呼びます．もう少し厳密に述べ直すと，

定義 2.2.5 (部分列) $\{x_n\}_{n=0}^{\infty}$ を数列とする．N' が $\boldsymbol{N}$ の部分集合であり，任意の $n \in \boldsymbol{N}$ に対してそれより大きい元 $n' \in N'$, $n \leq n'$ が存在するようなものであるとする．N' は $\boldsymbol{N}$ の部分集合だから，その元に対して小さい方から順に $0, 1, 2, 3, \cdots$ と番号をつけることができる．そのような番号付けによって，集合 N' が $N' = \{n_0, n_1, n_2, n_3, \cdots\}$ $(n_0 < n_1 < n_2 < n_3 < \cdots)$ と表されているものとしよう．このとき $x_{n_0}, x_{n_1}, x_{n_2}, x_{n_3}, \cdots$ という数列，すなわち $\{x_{n_i}\}_{i=0}^{\infty}$ を $\{x_n\}_{n=0}^{\infty}$ の**部分列**と呼ぶ．

数列 $\{x_n\}_{n=0}^{\infty}$ に対してその一つの部分列を $\{x_{n_i}\}_{i=0}^{\infty}$ で表すというのは，何もそう決まっているわけではなく，あくまでそう表すことが多いというだけの話です．x_{n_i} と書く代わりに全く異なる記号，たとえば y 等の記号を用いて，“$\{y_n\}_{n=0}^{\infty}$ を $\{x_n\}_{n=0}^{\infty}$ の部分列とする”というように表現しても全く差し支えありません．あるいは，部分列をつくるときにもとの数列から選び出してくる番号をそのまま用いて，$\{x_n\}_{n \in N'}$ を $\{x_n\}_{n \in N}$ の部分列とする，というように表現する（つまり N' の元を $n_0, n_1, n_2, \cdots$ と呼び直すところを省略する）こともしばしばあります．

さて，部分列という概念が非常に重要であるのは，次の定理が示すように「有界な実数列」については必ずその「部分列で収束するようなものが存在する」ということが言えるからです．

定理 2.2.3 (Bolzano-Weierstrass) 有界な実数列 $\{x_n\}_{n=0}^{\infty}$ は必ず，収束する部分列を持つ．

証明　実数列 $\{x_n\}_{n=0}^{\infty}$ に対して次のような $\boldsymbol{R}$ の部分集合の無限列を考える．$X_0 = \{x_n|n = 0,1,2,\cdots\}$, $X_1 = \{x_n|n = 1,2,3,\cdots\}$, $X_2 = \{x_n|n = 2,3,4,\cdots\},\cdots, X_m = \{x_n|n = m, m+1, m+2,\cdots\},\cdots$. 明らかに，$X_0 \supset X_1 \supset X_2 \supset \cdots$ であり，また仮定により X_0 が有界であるから，全ての X_m は有界となる．従って公理 (R.5) および定理 (2.1.1) によって，X_m の最小上界 b_m 並びに最大下界 c_m が存在する $(m = 0,1,2,\cdots)$．このとき二つのケースがある．

(Case 1)　ある X_i について，$b_i \notin X_i$ または $c_i \notin X_i$ が成立する場合．

$b_i \notin X_i$ としよう．このとき実は，任意の $m \geq i$ について $b_m = b_i$ となっている（従って集合の減少列だから必然的に $b_m \notin X_m$ となっている）．実際，$b_i \notin X_i$ であるから，$b_i = x_i$ ということはありえない．従って，$X_i \setminus \{x_i\} = X_{i+1}$ の最小上界は X_i の最小上界と等しい.（異なるのは x_i が X_i の最小上界であるときだけ.）よって $b_i = b_{i+1}$．以下全く同様の論理でもって $b_{i+1} = b_{i+2} = b_{i+3} = \cdots$. ここで $n_0, n_1, n_2, \cdots$ という番号の列を次のように定義する．

(i)　$n_0 = i$ とおく．

(ii)　$t = 0,1,2,\cdots$ について，$n_t \geq i$ がすでに定義されているとき，$b_{n_t} = b_i$ は X_{n_t} の最小上界であり，しかも $b_{n_t} \notin X_{n_t}$ であるから，$b_{n_t} - \frac{1}{2^{t+1}} \leq x_n \leq b_{n_t}$ を満たす $x_n \in X_{n_t}$, $x_n \neq x_{n_t}$ が少なくとも一つは存在する．その x_n についている番号 n を n_{t+1} とおく．$x_{n_{t+1}} \in X_{n_t}$ かつ $x_{n_{t+1}} \neq x_{n_t}$ であるから，$n_{t+1} > n_t \geq i$ である．

このとき $x_{n_0}, x_{n_1}, x_{n_2}, \cdots$ がもとめるべき $\{x_n\}_{n=0}^{\infty}$ の部分列となる．実際 $n_0 < n_1 < n_2 < \cdots$ であるから，明らかにこれは部分列である．さらに $t = 0,1,2,\cdots$ について $d(x_{n_{t+1}}, b_i) = d(x_{n_{t+1}}, b_{n_t}) \leq \frac{1}{2^{t+1}}$ であるから，$\{x_{n_t}\}_{t=0}^{\infty}$ は b_i に収束する．

$c_i \notin X_i$ の場合は上の b_i のところを全て c_i に代え，“最小上界” の部分を “最大下界” と読みかえ，さらに (ii) の第一文における不等式を $c_{n_t} \leq x_n \leq c_{n_t} + \frac{1}{2^{t+1}}$ とすればよい．

(Case 2)　全ての X_i について $b_i \in X_i$ かつ $c_i \in X_i$ が成立する場合．

この場合も具体的に，収束する部分列を作ることができる．b_i をもとにしても作れるし，c_i をもとにしても作れるが，ここでは c_i をもとにして作ることにしよう．$n_0, n_1, n_2, \cdots$ という番号の列を，次のように定義する．

(i)　$c_0 \in X_0$ だから，ある $n \in \boldsymbol{N}$ が存在して $c_0 = x_n \in X_0$ となる．その x_n についている番号 n を n_0 とおく．

(ii) $t = 0, 1, 2, \cdots$ について，n_t がすでに与えられているとき，$c_{n_t+1} \in X_{n_t+1}$ だから，ある $n \in \boldsymbol{N}$ が存在して $c_{n_t+1} = x_n \in X_{n_t+1}$ となる．その x_n についている番号 n を n_{t+1} とおく．このとき $x_{n_{t+1}} \in X_{n_t+1}$ だから，$n_{t+1} \geq n_t + 1 > n_t$ である．

このとき $x_{n_0}, x_{n_1}, x_{n_2}, \cdots$ が，もとめるべき $\{x_n\}_{n=0}^{\infty}$ の部分列となる．実際 $n_0 < n_1 < n_2 < \cdots$ であるから，明らかにこれは部分列である．さらに，$t = 0, 1, 2, \cdots$ について，$x_{n_0} = c_0 = \inf X_0 \leq x_{n_{t+1}} = c_{n_t+1} = \inf X_{n_t+1} \leq \inf X_{n_{t+1}+1} = c_{n_{t+1}+1} = x_{n_{t+2}}$ であるから，$x_{n_0} \leq x_{n_1} \leq x_{n_2} \leq \cdots$ となっている．つまり $\{x_{n_t}\}_{t=0}^{\infty}$ は有界な単調数列であるから，先の定理 (2.2.2) により収束する．

証明終.

練習問題 2.2.1 数列 $\{x_i\}_{i=0}^{\infty}$ に対して，その部分列 $\{x_{i_n}\}_{n=0}^{\infty}$ を任意に一つ固定する．収束ならびに部分列の定義に基づいて，次のことをきちんと証明しなさい．

(1) $\{x_i\}_{i=0}^{\infty}$ が x^* に収束する $\Longrightarrow$ $\{x_{i_n}\}_{n=0}^{\infty}$ が x^* に収束する．

(2) $\{x_i\}_{i=0}^{\infty}$ が収束し，かつ $\{x_{i_n}\}_{n=0}^{\infty}$ が x^* に収束するならば，$\{x_i\}_{i=0}^{\infty}$ は x^* に収束する．

定義 2.2.6 数列 $\{x_n\}_{n=0}^{\infty}$ が次の条件を満たすとき，それは**コーシー列**であると言われる．「$\epsilon > 0$ を任意に選ぶと，それに対してある番号 $\bar{n} \in \boldsymbol{N}$ が存在して，$\bar{n}$ 以上の番号 m と n をどのように選んでも $d(x_n, x_m) \leq \epsilon$ となるようにすることができる．」

$\{x_n\}_{n=0}^{\infty}$ が x_* に収束するものとしましょう．先に述べた "距離" d の性質によって任意の二つの番号 m, n について $d(x_m, x_n) \leq d(x_m, x_*) + d(x_n, x_*)$ が成り立ちますから，

「実数列が収束するならば，それはコーシー列である」

ということが言えます．実はその逆も成立するというのが次の定理であり，この事実を指して $\boldsymbol{R}$ は**完備である**と言われます．

定理 2.2.4 （コーシー列の収束） $\boldsymbol{R}$ において，コーシー列は必ず収束する．

証明 $\{x_n\}_{n=0}^{\infty}$ をコーシー列とする．$\epsilon_1 > 0$ を任意にとって固定する．このとき，ある $\bar{n} \in \boldsymbol{N}$ が存在して，$\bar{n}$ 以上の全ての m, n について，$d(x_m, x_n) \leq \epsilon_1$ となる．特に任意の $n \geq \bar{n}$ について $d(x_{\bar{n}}, x_n) \leq \epsilon_1$ であるから，$x_{\bar{n}} + \epsilon_1$ は $X_{\bar{n}} = \{x_n | n \geq \bar{n}\}$ の上界であり，$x_{\bar{n}} - \epsilon_1$ は $X_{\bar{n}}$ の下界である．従って $X_{\bar{n}}$ は有界であり，それにたかだか有限個の要素をつけ加えた集合 $X = \{x_n | n \in \boldsymbol{N}\}$ もまた有界である．すなわち，$\{x_n\}_{n=0}^{\infty}$ がコーシー列であるとすれば，それは必然的に有界であるということになる．定理 (2.2.3) によって，収束する部分列 $\{x_{n_t}\}_{t=0}^{\infty}$ およびその収束先 x_* が存在する．

さて，$\{x_n\}_{n=0}^{\infty}$ が x_* に収束することを見る．$\epsilon > 0$ を任意に固定すると，$\{x_{n_t}\}_{t=0}^{\infty}$ は x_* に収束するから，ある $s \in \boldsymbol{N}$ が存在して，任意の $t \geq s$ について $d(x_{n_t}, x_*) \leq \frac{\epsilon}{2}$ とすることができる．さらに $\{x_n\}_{n=0}^{\infty}$ がコーシー列という条件から，ある $\hat{n}$ が存在して，$\hat{n}$ 以上の任意の m, n について $d(x_m, x_n) \leq \frac{\epsilon}{2}$ とできる．ここで s と $\hat{n}$ のうちで小さくない方を $\bar{n}$ とおくと，$\bar{n}$ 以上の任意の n について，$d(x_n, x_*) \leq d(x_n, x_{n_{\bar{n}}}) + d(x_{n_{\bar{n}}}, x_*) \leq \frac{\epsilon}{2} + \frac{\epsilon}{2} = \epsilon$ となり，$\{x_n\}_{n=0}^{\infty}$ が x_* に収束することが言えた． **証明終**.

最後に $\boldsymbol{R}$ における**区間**という概念と，区間の列についての定理を挙げておきましょう．a および b を $\boldsymbol{R}$ の要素とし，$a \leq b$ とするとき，$\{x | x \in \boldsymbol{R}, a \leq x \leq b\}$ で表される $\boldsymbol{R}$ の部分集合を，$\boldsymbol{R}$ の**有界閉区間**といい，特に混乱の生じない場合はこれを $[a, b]$ で表します．また $a, b \in \boldsymbol{R}, a < b$ とするとき，$\{x | x \in \boldsymbol{R}, a < x < b\}$ で表される $\boldsymbol{R}$ の部分集合を**有界開区間**といい，特に混乱が生じなければこれを (a, b) で表します．さらに $a \in \boldsymbol{R}$ に対して，$\{x | x \in \boldsymbol{R}, x \leq a\}$ あるいは $\{x | x \in \boldsymbol{R}, a \leq x\}$ を**無限閉区間**，$\{x | x \in \boldsymbol{R}, x < a\}$ および $\{x | x \in \boldsymbol{R}, a < x\}$ を**無限開区間**といい，それぞれ記号 $(-\infty, a]$, $[a, +\infty)$, $(-\infty, a)$, $(a, +\infty)$ で表します．

定理 2.2.5 （区間縮小法） $I_n = [a_n, b_n], n \in \boldsymbol{N}$ を $\boldsymbol{R}$ の有界閉区間の縮小列，すなわち $\forall n \in \boldsymbol{N}, I_n \supset I_{n+1}$ を満たすものとする．このとき，$\bigcap_{n \in \boldsymbol{N}} I_n \neq \emptyset$ が成立する．

証明 定理の仮定が満たされるとき，数列 $\{a_n\}_{n=0}^{\infty}$ は単調増加的であり，$\{b_n\}_{n=0}^{\infty}$ は単調減少的となる．従って定理 (2.2.2) より，$a_* = \lim_{n \to \infty} a_n = \sup\{a_n | n \in \boldsymbol{N}\}$

および $b_* = \lim_{n\to\infty} b_n = \inf\{b_n | n \in \boldsymbol{N}\}$ が存在する．このとき (2.2.1の(5)) より，$a_* \leq b_*$ であり，閉区間 $[a_*, b_*] \neq \emptyset$ は全ての $n \in \boldsymbol{N}$ について I_n の部分集合となるので，$\bigcap_{n\in\boldsymbol{N}} I_n \neq \emptyset$ である． **証明終**.

注意 2.2.1 （連続性の公理 (R.5) について） 本節であげた

(2.2.2: 有界な単調数列の sup または inf への収束),

(2.2.3: 有界数列の部分列の収束),

(2.2.4: コーシー列の収束),

(2.2.5: 区間縮小法),

(2.1.2: アルキメデスの公理),

といった定理は，実数の公理 **(R.5)** から直接的に導かれる非常に基本的かつ重要な定理というだけではなく，実数というものが持つ深い性質を述べたものとして **(R.5)** と非常に近い，ものによってはほとんど同等の，内容を持っています．

実際我々は **(R.1)**〜**(R.4)** と **(R.5)** から (2.1.2: アルキメデス)，(2.2.2: 単調数列)，(2.2.3: 部分列)，(2.2.4: コーシー列)，(2.2.5: 区間縮小列) と導いたわけですが，逆に例えば **(R.1)**〜**(R.4)** と (2.2.2: 単調数列) を基にして **(R.5)** を証明することもできます．この意味で，**(R.5)** と (2.2.2: 単調数列) とは**同値の条件**であると言われます．同様に ((2.1.2: アルキメデス) かつ (2.2.3: 部分列)) は **(R.5)** と同値の条件です．また ((2.1.2: アルキメデス) かつ (2.2.4: コーシー列)) もまた **(R.5)** と同値の条件であり，さらに ((2.1.2: アルキメデス) かつ (2.2.5: 区間縮小列)) も **(R.5)** と同値であることが知られています．こういった証明は難しくありませんが，言うなれば "何を実数の公理と呼べばよいか" ということを議論しているようなものですから，いったん **(R.1)**〜**(R.4)** と **(R.5)** が "実数の公理系" であると決めてしまえば，本書の以下の内容を理解する上では必要ないものです．よってここでは省略することにします．

2.3 有理数体ならびに複素数体

先に実数の公理系において "$\boldsymbol{R}$ は体である **(R.1)**" と述べました．体として実数の集合 $\boldsymbol{R}$ をながめるとき，とくにそれを**実数体**と呼びます．もちろん $\boldsymbol{R}$ の他にも体と呼べるものはいくらでもありますが，とりあえずはみなさんが高等学校からご存知の "有理数" ならびに "複素数" についてここでまとめておくことにしましょう.

実数の部分集合 $\boldsymbol{Q}=\{\frac{m}{n}|m,n\in\boldsymbol{Z},n\neq 0\}$ 上に, 実数における加法および乗法をそのまま適用することによって, $\boldsymbol{Q}$ は体とみなすことができます.(実際, 確かめるべきことは, $\boldsymbol{Q}$ がそれらの演算について閉じていること, すなわち有理数どうしの加法の結果が有理数となり, 有理数どうしの乗法の結果が有理数となることだけです.) このように演算まで含めて考えるとき, $\boldsymbol{Q}$ を**有理数体**と呼びます. 実数における大小関係 $\leq$ を, やはりそのまま $\boldsymbol{Q}$ 上に適用すれば, 集合 $\boldsymbol{Q}$ は明らかに **(R.1)**〜**(R.4)** を満たします. もちろんこれで **(R.5)** を満たせば実数になってしまいますから, **(R.5)** は成立しませんが, それでも (2.1.2: アルキメデスの公理：$\boldsymbol{N}$ は上に有界でない) は成立します.(実際, $\boldsymbol{Q}$ において $\boldsymbol{N}$ の上界 b が存在すれば, $b\in\boldsymbol{R}$ でもあるわけだから, 直ちに矛盾が生じる.)[12)]

ここまで述べたことは, $\boldsymbol{Q}\subset\boldsymbol{R}$ の性質として定義からほとんど当たり前のことばかりでしたが, 次に示すのは有理数の実数における**稠密性**(ちゅうみつせい)と呼ばれる少しばかり深い性質です.

定理 2.3.1 ($\boldsymbol{Q}$ の $\boldsymbol{R}$ における稠密性) 任意の二つの実数 $a,b\in\boldsymbol{R}$, $a<b$ を与えられたとき, それに応じて有理数 $q\in\boldsymbol{Q}$ を選び, $a<q<b$ となるようにすることができる.(この性質を指して, 有理数全体の集合 $\boldsymbol{Q}$ は, $\boldsymbol{R}$ において**稠密**である, という.)

証明 $a<0<b$ のときは, q として 0 を選べばよい. また $a<q<b \iff -b<-q<-a$ であるから, 結局 $0\leq a<b$ と考えて一般性を失わない. さて, $(b-a)/2$ という正の数に対して十分大きい $n\in\boldsymbol{N}$ を選んでやると, $n^{-1}<b-a$ となる. 実際, 全ての $n\neq 0$ について $b-a\leq n^{-1}$ と仮定すれば, 全ての $n\neq 0$ に

---

12) **(R.1)**〜**(R.4)** を満たすような集合を, **順序体**といいます. それに加えて定理 (2.1.2: アルキメデス) が成り立てば, **アルキメデス順序体**と呼ばれます. $\boldsymbol{Q}$ はアルキメデス順序体です. アルキメデスの公理は, しばしば "$\{na|n\in\boldsymbol{N}\}$ が上に有界であれば $a\leq 0$" とも表現されます.

ついて $0 \leq n^{-1} - (b-a)$ かつ $0 \leq n/(b-a)$ であるから，実数の公理 **(R.4)** から

$$0 \leq (n^{-1} - (b-a)) \cdot (n/(b-a)) = 1/(b-a) - n$$

が任意の $n \in \boldsymbol{N}, n \neq 0$，について成立することになる．ところがそれはすなわち $n \leq 1/(b-a)$ が任意の $n \in \boldsymbol{N}$ について成立していることに他ならないから，$1/(b-a)$ が $\boldsymbol{N}$ の上界になってしまうので，定理 (2.1.2: アルキメデス) と矛盾する．従って十分大きな n に対して，$n^{-1} < b-a$ とならねばならない．以下そのような n を一つ固定する．

さてここで，$m \in \boldsymbol{N}$ として $m \leq a \cdot n$ を満たすような m は有限個しかない．(0 のとき満たされるから少なくとも一つはある.) もし無限にあるとすれば，$a \cdot n$ が $\boldsymbol{N}$ の上界ということになってしまう．そこで $m \leq a \cdot n$ を満たす最大の m というものが存在することになるが，以下それを m とあらためて呼んで固定する．

定義によって $\frac{m}{n} \leq a < \frac{m+1}{n}$ となる．またこのとき $b - \frac{m+1}{n} = b - a + a - \frac{m+1}{n} = (b-a) - (\frac{m+1}{n} - a) > (b-a) - ((b-a) - n^{-1}) - (\frac{m+1}{n} - a) - (a - \frac{m}{n})n^{-1} - \frac{m+1}{n} + \frac{m}{n} = n^{-1} - \frac{1}{n} = 0$ であるから，$\frac{m+1}{n} < b$．すなわち $q = \frac{m+1}{n}$ とすればよい．**証明終**.

$\boldsymbol{R}$ と $\boldsymbol{R}$ の直積 $\boldsymbol{R} \times \boldsymbol{R}$ を考えます．この集合上に加法および乗法を定義してみましょう．任意の二つの要素 $(a,b),(c,d) \in \boldsymbol{R} \times \boldsymbol{R}$ に対して，それらの和を

$$(a,b) + (c,d) = (a+c, b+d), \tag{2.3}$$

と定義します.（右辺の $+$ は通常の実数の加法を表す.）また (a,b) と (c,d) の積を

$$(a,b) \cdot (c,d) = (ac - bd, ad + bc), \tag{2.4}$$

によって定義します.（右辺における演算は，通常の実数の乗法および加法を表す.）上のように加法と乗法が定義された $\boldsymbol{R} \times \boldsymbol{R}$ を $\boldsymbol{C}$ で表し，$\boldsymbol{C}$ の要素を**複素数**と呼びます．実数の場合と同様に積の記号 $\cdot$ は往々にして省略されます．これらの演算のもとで $\boldsymbol{C}$ は体となりますが，それを見るには，二通りの演算についてそれぞれ結合律，交換律，単位元および逆元の存在，ならびに乗法の加法に対する分配律等の条件を確かめなければなりません．その確認はとりあえず後に回して（定理 (2.3.2)），上のように演算を定義することの意味を明らかにしておきましょう．

任意の $a \in \boldsymbol{R}$ に対して，$(a,0)$ という形をした複素数を，実数 a と同一視すれば，上記の加法および乗法は，$(a,0)+(c,0)=(a+c,0+0)=(a+c,0)$ および $(a,0)\cdot(c,0)=(ac-0\cdot 0,0+0)=(ac,0)$ ですから，それぞれ通常の実数上の加法および乗法そのものになります．これによって，**実数体 $\boldsymbol{R}$ は演算まで含めた意味で $\boldsymbol{C}$ の部分集合**と考えることができます．(ただしこのとき大小関係 $\leq$ については $\boldsymbol{R}$ 上でしか定義されていないものと考えます.）さて，上の乗法の定義によれば $(0,1)\cdot(0,1)=(0-1\cdot 1,0+0)=(-1,0)$ ですから，$\boldsymbol{C}$ においては 2 乗したとき $(-1,0)$，すなわち実数の -1，になるような要素 $(0,1)$ が存在します．$(0,1)\in\boldsymbol{C}$ を**虚数単位**と呼び，通常これを $\boldsymbol{i}$ で表します．実数 a と複素数 $(a,0)$ の同一視のもとで，実数 a と複素数 (c,d) との積 $a(c,d)$ は $a(c,d)=(a,0)\cdot(c,d)=(ac,ad)$ と一意的に書けることから，任意の複素数 (a,b) は $(a,b)=(a,0)+(0,b)=a(1,0)+b(0,1)$ と表現することができます．$(1,0)$ は実数の 1，$(0,1)$ は $\boldsymbol{i}$ と表せば，結局 $(a,b)\in\boldsymbol{C}$ を $a+b\boldsymbol{i}$ と表現する通常の（高等学校で習った）表記法になります[13)]．

定理 2.3.2 （複素数体） 上記の演算 (2.3)，(2.4) 式のもとで，集合 $\boldsymbol{C}$ は体となる．

証明 まず 2 種類の演算が結合律を満たすことを見る．加法については，$((a,b)+(c,d))+(e,f)=((a+c)+e,(b+d)+e)$ であり，右辺の各座標は $\boldsymbol{R}$ における加法であり結合律を満たすので，明らか．乗法については，$((a,b)\cdot(c,d))\cdot(e,f)=(ac-bd,ad+bc)\cdot(e,f)=((ac-bd)e-(ad+bc)f,(ac-bd)f+(ad+bc)e)$．一方 $(a,b)\cdot((c,d)\cdot(e,f))=(a,b)\cdot(ce-df,cf+de)=(a(ce-df)-b(cf+de),a(cf+de)+b(ce-df))$．両者が等しいことは，各座標ごとに式を展開して

13) 従って複素数 $(a,b)\in\boldsymbol{C}$ は，それを $a+b\boldsymbol{i}$ という形で表し，あたかも文字 $\boldsymbol{i}$ を含んだ実係数の多項式であるかのごとくに扱いながら加法および乗法を行い，$\boldsymbol{i}^2$ が出現するたびにそれを -1 で置き換える，という高等学校で習った“複素数”と本質的に全く同じものです．この記法によれば，上の二つの演算の定義はそれぞれ $(a+b\boldsymbol{i})+(c+d\boldsymbol{i})=(a+c)+(b+d)\boldsymbol{i}$ および $(a+b\boldsymbol{i})\cdot(c+d\boldsymbol{i})=(ac-bd)+(ad+bc)\boldsymbol{i}$ ということになります．本書においても，複素数を表すときには混乱の生じない限り (a,b) のかわりに $a+b\boldsymbol{i}$ という記法を用いることにします．

比較すればわかる．次に交換律を考える．加法に関しては自明であるので省略する．乗法は $(a,b)\cdot(c,d)=(ac-bd,ad+bc)=(ca-db,da+cb)=(c,d)\cdot(a,b)$. 乗法の加法に対する分配律は，$(a,b)\cdot((c,d)+(e,f))=(a,b)\cdot(c+e,d+f)=(a(c+e)-b(d+f),a(d+f)+b(c+e))=((ac-bd)+(ae-bf),(ad+bc)+(af+be))=(ac-bd,ad+bc)+(ae-bf,af+be)=(a,b)\cdot(c,d)+(a,b)\cdot(e,f)$ となり，やはり成立する．

明らかに，加法についての単位元は $(0,0)$ であり，乗法についての単位元は $(1,0)$ である．これらはそれぞれ，定理の前に示した方法で $\boldsymbol{R}\subset\boldsymbol{C}$ とみなすときには，実数の 0 および 1 と同一視されることに注意されたい．$(a,b)\in\boldsymbol{C}$ の加法についての逆元が $(-a,-b)$ であることも明らかであろう．また $(a,b)\in\boldsymbol{C}$, $(a,b)\neq(0,0)$ に対して，その乗法についての逆元は $\left(\frac{a}{a^2+b^2},\frac{-b}{a^2+b^2}\right)$ である．(気になる読者は確かめられよ.) 最後に $(0,0)\neq(1,0)$ であるから，$\boldsymbol{C}$ は体の性質の全てを満たすことが分かる． **証明終**.

複素数 $(a,b)\in\boldsymbol{C}$ に対して，その**絶対値**と呼ばれる非負の実数を次のように定義します．(とりあえず $|(a,b)|$ と記しますが，$|a+b\boldsymbol{i}|$ と書いても同じことです.)

定義 2.3.1 $|(a,b)|=\sqrt{a^2+b^2}$.

これは (a,b) を $\boldsymbol{R}^2$ の要素としてながめたとき，原点 $(0,0)$ から点 (a,b) までの“距離”という直観的な意味[14)]を持ちます（図 2.3 参照）．明らかに，この絶対値の定義は $\boldsymbol{R}$ を $\boldsymbol{C}$ の部分集合とみなしたときに，もともと定義されている $\boldsymbol{R}$ 上の絶対値と一致します．実際 $|(a,0)|=\sqrt{a^2}$ であり，これは先に定義した実数体上の絶対値の定義 (2.2.2) と全く同じです．この意味で，複素数の絶対値は実数の絶対値を拡張した概念と言えます．定義 (2.3.1) のもとで複素数 $a+b\boldsymbol{i}$ に対して決まる実数 $|a+b\boldsymbol{i}|$ が，複素数の“絶対値”と呼ばれるにふさわしいものである理由は，単にそれが $\boldsymbol{R}$ 上でもともと定義されていた絶対値（定義 (2.2.2)）と一致するというだけにあるのではありま

14) ここでの“距離”という言葉も，先の実数の場合と同じで，“物差しではかれる長さ”という直観的意味で用いています．

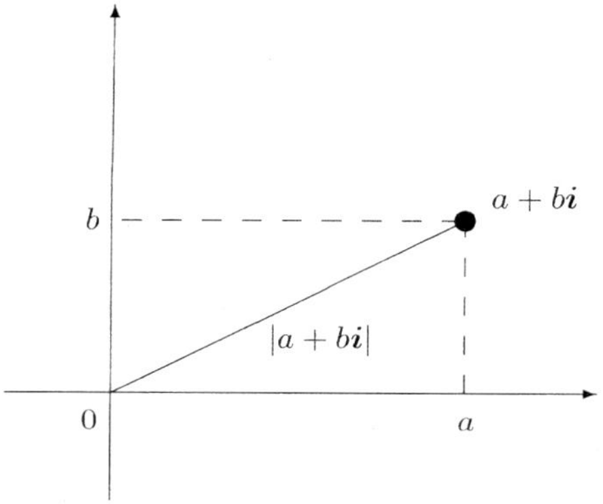

図 2.3　複素数の絶対値

せん．実は定義 (2.2.2) の絶対値に関して成立した基本的な三つの性質 (2.1) の成立も示すことができます．すなわち，

定理 2.3.3　（複素数体上の絶対値）　複素数体上で，$|a+b\boldsymbol{i}|=\sqrt{a^2+b^2}$ によって定義された絶対値は，三つの性質

(1)　$|x|=0 \iff x=0,$

(2)　$|x+y| \leq |x|+|y|,$

(3)　$|xy|=|x||y|,$

を満たす非負実数値である．

証明　$x=a+b\boldsymbol{i}$, $y=c+d\boldsymbol{i}$ とおく．非負実数値であることは明らかなので，以下 (1)，(2)，(3) のみを示す．

(1)　$|a+b\boldsymbol{i}|=\sqrt{a^2+b^2}=0 \Longrightarrow a^2+b^2=0 \Longrightarrow a=0 \wedge b=0$ より成立．

(2)　$|x+y|=|(a+c)+(b+d)\boldsymbol{i}|=\sqrt{(a+c)^2+(b+d)^2}$ であり，一方 $|x|+|y|=\sqrt{a^2+b^2}+\sqrt{c^2+d^2}$ である．いずれも負でない実数であるから，2 乗して大小を比較してもかまわない．このとき，$\left(\sqrt{a^2+b^2}+\sqrt{c^2+d^2}\right)^2-\left(\sqrt{(a+c)^2+(b+d)^2}\right)^2=a^2+b^2+2\sqrt{a^2+b^2}\sqrt{c^2+d^2}+c^2+d^2-(a+c)^2-(b+d)^2=2\left(\sqrt{(a^2+b^2)(c^2+d^2)}-ac-bd\right)$．最後の括弧の中は，

$(\sqrt{(a^2+b^2)(c^2+d^2)})^2-(ac+bd)^2 = a^2d^2+b^2c^2-2acbd = (ad-bc)^2 \geq 0$
であるから，結局 $|x|+|y| \geq |x+y|$ である．

(3)　$|xy| = |(a+b\boldsymbol{i})(c+d\boldsymbol{i})| = |(ac-bd)+(ad+bc)\boldsymbol{i}|$
$= \sqrt{(ac)^2+(bd)^2+(ad)^2+(bc)^2} = \sqrt{(a^2+b^2)(c^2+d^2)}$
$= \sqrt{(a^2+b^2)}\sqrt{(c^2+d^2)} = |x||y|.$ **証明終**.

以上のことから，$|a+b\boldsymbol{i}| = \sqrt{a^2+b^2}$ は名実ともに絶対値と呼ぶにふさわしいものであることが分かりました．複素数 $v = a+b\boldsymbol{i}$ に対して $a-b\boldsymbol{i}$ の形の複素数を v の**共役複素数**とよび，特に混乱の生じない場合はこれを $\bar{v}$ で表します．特に $v\bar{v} = a^2+b^2 = |v|^2$ となりますから，これを用いれば複素数 v の絶対値は $|v| = \sqrt{v\bar{v}}$ と表せます．

さて，$\boldsymbol{C}$ 上の絶対値を用いて，**二つの複素数間の距離**を定めることにしましょう．$\boldsymbol{C}$ 上の 2 点 $a+b\boldsymbol{i}$ と $c+d\boldsymbol{i}$ の距離とは，

$$|(a+b\boldsymbol{i})-(c+d\boldsymbol{i})| = \sqrt{(a-c)^2+(b-d)^2}, \tag{2.5}$$

のこととします．絶対値の場合と同様，$\boldsymbol{R} \subset \boldsymbol{C}$ と考えたとき，この距離もまた実数上の距離の定義 (2.2.3) と矛盾しません．($\boldsymbol{R}$ 上で絶対値が全く同じなのだから当然一致する．) よってこの $\boldsymbol{C}$ 上の距離は，今までの実数上の距離の拡張概念ととらえることができますから，以後同じ記号 d で表すことにします．この d もやはり先の d と同様，(2.2) の三つの基本的性質を満たします．

定理 2.3.4 （複素数体上の距離）　複素数体上で，$x, y \in \boldsymbol{C}$ に対して $d(x,y) = |x-y|$ によって定義される "距離" は，

(性質 1)　$d(x,y) = d(y,x)$,
(性質 2)　$d(x,y) = 0 \iff x = y$,
(性質 3)　$d(x,z) \leq d(x,y) + d(y,z)$,

を満たす非負実数値関数である．

証明　いずれも絶対値の性質から容易に導かれる．(性質 1) は $d(x,y) = |x-y| = |-(y-x)| = |-1||y-x| = |y-x| = d(y,x)$ より．(性質 2)

は，$d(x,y)=0 \iff |x-y|=0 \iff x-y=0 \iff x=y$ より．(性質 3) は，$d(x,z)=|x-z|=|(x-y)+(y-z)|\leq|x-y|+|y-z|=d(x,y)+d(y,z)$ より．

証明終．

この複素数体 $\boldsymbol{C}$ 上の距離 d を用いて，**複素数列** $\{x_n\}_{n=0}^{\infty}$（厳密には $\boldsymbol{N}$ 上の複素数値関数 $x:\boldsymbol{N}\longrightarrow\boldsymbol{C}$ を考え，$x(n)$ を x_n と表現したもの）に対して，その収束ということを定義できます．定義の方法は実数列の場合と全く同様で，

定義 2.3.2（複素数列の収束）　複素数列 $\{x_n\}_{n=0}^{\infty}$ がある複素数 x_* に収束するとは，任意の $\epsilon>0$ を固定したとき，それに応じてある番号 $\bar{n}$ が定まり，$\bar{n}$ 以降の全ての番号 n に対して $d(x_n,x_*)\leq\epsilon$ とすることができることをいう．

複素数列と複素数の演算に関して，実数の場合と同様に次のような性質が成り立ちます．証明は実数の場合と全く同様であるので省略します．(気になる読者は，練習問題としてもう一度先の実数の場合の証明を追ってみて下さい．)

定理 2.3.5（複素数列の収束と演算の関係）　複素数列 $\{u_n\}_{n=0}^{\infty}$ と $\{v_n\}_{n=0}^{\infty}$ がそれぞれ u_* および v_* に収束しているものとする．このとき，以下の諸式が成り立つ．

(1) $\lim_{n\to\infty}-u_n=-\lim_{n\to\infty}u_n=-u_*$,

(2) $\forall n, u_n\neq0, u_*\neq0$ のとき，$\lim_{n\to\infty}{u_n}^{-1}=(\lim_{n\to\infty}u_n)^{-1}={u_*}^{-1}$,

(3) $\lim_{n\to\infty}(u_n+v_n)=\lim_{n\to\infty}u_n+\lim_{n\to\infty}v_n=u_*+v_*$,

(4) $\lim_{n\to\infty}(u_n\cdot v_n)=(\lim_{n\to\infty}u_n)\cdot(\lim_{n\to\infty}v_n)=u_*\cdot v_*$.

$\boldsymbol{R}$ におけるのと同様，$\boldsymbol{C}$ においても**コーシー列**という概念を定義できます．このとき，コーシー列の定義 (2.2.6) で明らかなように，必要なのは“距離”と

いう概念だけですから，複素数上でもその定義は全く同様です．しかも $\boldsymbol{R} \subset \boldsymbol{C}$ と考えたとき，$\boldsymbol{R}$ 上のコーシー列の概念はもとの概念と一致します．数列 $\{c_i\}_{i=0}^{\infty}$ が c_* に収束するとき，$\boldsymbol{C}$ 上でも $d(c_m, c_n) \leq d(c_m, c_*) + d(c_n, c_*)$ ですから，実数列の場合と同様に，**「収束する複素数列は，コーシー列である」**ということが言えます．逆に定理 (2.2.4) 同様，複素コーシー列ならば収束するということも次のように証明されます．

定理 2.3.6 $\boldsymbol{C}$ において，収束する数列はコーシー列であり，また逆にコーシー列であればその数列は必ず収束する．(すなわち，$\boldsymbol{C}$ もまた完備である．)

証明 収束する数列がコーシー列であることはすでに上で述べたので，逆を証明する．$\{c_n\}_{n=0}^{\infty}$ が $\boldsymbol{C}$ におけるコーシー列であるとする．各 c_n を $c_n = a_n + b_n\boldsymbol{i}$ とおくと，複素数列 $\{c_n\}_{n=0}^{\infty}$ がコーシー列であるとは，$d(c_m, c_n) = \sqrt{(a_m - a_n)^2 + (b_m - b_n)^2} \geq |a_m - a_n|$ かつ $d(c_m, c_n) = \sqrt{(a_m - a_n)^2 + (b_m - b_n)^2} \geq |b_m - b_n|$ であるから，結局 $\{a_n\}_{n=0}^{\infty}$ および $\{b_n\}_{n=0}^{\infty}$ がともに実コーシー列であることと同値である．よって定理 (2.2.4) から $\{a_n\}_{n=0}^{\infty}$ の収束先 a_* および $\{b_n\}_{n=0}^{\infty}$ の収束先 b_* が存在する．$c_* = a_* + b_*\boldsymbol{i}$ とおけば，$d(c_n, c_*) = \sqrt{(a_n - a_*)^2 + (b_n - b_*)^2} \leq \sqrt{(a_n - a_*)^2} + \sqrt{(b_n - b_*)^2} = |a_n - a_*| + |b_n - b_*|$ であるから，$\{c_n\}_{n=0}^{\infty}$ は c_* に収束する． **証明終**．

2.4 級 数

本節で数列と言えば基本的に複素数列を指すものとします．$\boldsymbol{R} \subset \boldsymbol{C}$ と考えれば，実数列は複素数列の特殊なケースと見ることができますから，その意味で以下の主張を実数列に関するものと見て読むことも当然可能です．さて，

$$x_0, x_1, x_2, x_3, x_4, x_5, \cdots,$$

という数列が与えられた時，各 $n \in \boldsymbol{N}$ に対して，その数列の第 n 項までの和（部分和）$\sum_{i=0}^{n} x_i = x_0 + x_1 + \cdots + x_n$ が定まります．この和によってつくられる数列 $\{\sum_{i=0}^{n} x_i\}_{n=0}^{\infty}$，すなわち，

$$x_0, x_0 + x_1, x_0 + x_1 + x_2, \sum_{i=0}^{3} x_i, \sum_{i=0}^{4} x_i, \sum_{i=0}^{5} x_i, \cdots,$$

を特に，数列 $\{x_i\}_{i=0}^{\infty}$ からつくられる**級数**と呼びます．この新しくつくられた数列 $\{\sum_{i=0}^{n} x_i\}_{n=0}^{\infty}$ が，ある s_* に収束するとき，s_* を記号

$$\sum_{i=0}^{\infty} x_i$$

で表し，数列 $\{x_i\}_{i=0}^{\infty}$ からつくられる**級数の収束先**または**和**と言います．級数とは部分和の数列 $\{\sum_{i=0}^{n} x_n\}_{n=0}^{\infty}$ にほかならないのですが，そのように書くと括弧の中に $\sum$ 記号が入り込んでいささか面倒です．そこで，本来は“収束先”を表す上の記号 $\sum_{i=0}^{\infty} x_i$ を“級数”そのものを表す記号としても用いる（収束先があろうとなかろうと）のが普通です．つまり，数列 $\{x_i\}_{i=0}^{\infty}$ が与えられたとき，

「級数 $\sum_{i=0}^{\infty} x_i$ は $\cdots$」

というような言い方をします．たとえ数列 $\{x_i\}_{i=0}^{\infty} x_n$ によって決まる級数に収束先が存在しなくてもです．そして収束先が存在する場合には，それも同一の記号 $\sum_{i=0}^{\infty} x_n$ で表すということになります[15]．

さて我々の関心は級数 $\sum_{i=0}^{\infty} x_i$ を与えられたとき，それが収束するかどうかを判定する方法，ならびに収束するとすればそれがどのような値であるかを知る方法にあります．まずもっとも一般的に成立する級数の収束の必要十分条件から始めましょう．

定理 2.4.1 （級数収束の必要十分条件） 級数 $\sum_{i=0}^{\infty} x_i$ が収束するための必要十分条件は，$\epsilon > 0$ を任意に固定したとき，それに応じてある $\bar{n} \in \boldsymbol{N}$ が存在して，$\bar{n}$ 以上の任意の $\ell, m,\ \ell < m$ に対して $|x_{\ell+1} + x_{\ell+2} + \cdots + x_m| \leq \epsilon$ とできることである．

15) 従って読者は $\sum_{i=0}^{\infty} x_n$ という記号が現れたとき，それが“級数”を指すのか“級数の収束先”を指すのかを前後の文脈から判断しなければなりません．もちろん，これは数学の記号としてはあまり望ましいことではないのですが，かなり普通に用いられている習慣なのでいたしかたありません．

証明　上の条件は数列 $\{\sum_{i=0}^{n} x_i\}_{n=0}^{\infty}$ が（複素）コーシー列であるという条件にほかならない．よって定理 (2.3.6) より上の条件は級数 $\sum_{i=0}^{\infty} x_i$ が収束するための必要十分条件である．　**証明終**.

上の定理で $m = \ell + 1$ とおくことによって，直ちに次の定理を得ます．

定理 2.4.2　級数 $\sum_{n=0}^{\infty} x_n$ が収束するならば，数列 $\{x_n\}_{n=0}^{\infty}$ は 0 に収束する．

もちろん逆は成立しません．例えば $1, \frac{1}{2}, \frac{1}{3}, \frac{1}{4}, \cdots$ すなわち $\{\frac{1}{n}\}_{n=1}^{\infty}$ という数列[16)]は 0 に収束しますが，そこからつくられる級数 $\sum_{n=1}^{\infty} \frac{1}{n}$ は収束しません（次の練習問題）.

練習問題 2.4.1　級数 $\sum_{n=1}^{\infty} \frac{1}{n}$ は収束しないことを示せ．(一般に $\frac{1}{n+1} + \frac{1}{n+2} + \cdots + \frac{1}{2n}$ という n 項からなる和がどのようになるかに注目せよ.)

さて，級数 $\sum_{i=0}^{\infty} x_i$ の収束を論じる際に特に重要なのが $x_i, i \in \boldsymbol{N}$ が全て正の実数であるときです．そのような級数 $\sum_{i=0}^{\infty} x_i$ を**正項級数**と呼びます．正項級数が重要なのは，任意の数列 $\{x_n\}_{n=0}^{\infty}$ を与えられたとき，その絶対値をとった数列 $\{|x_n|\}_{n=0}^{\infty}$ からつくられる級数 $\sum_{n=0}^{\infty} |x_n|$（これは明らかに正項級数である）の収束が，解析学で大きな意味を持つからです．級数 $\sum_{n=0}^{\infty} |x_n|$ が収束するとき，級数 $\sum_{n=0}^{\infty} x_n$ は**絶対収束**すると言います．絶対収束ということの持つ第一の意味は，次の定理で見るようにその収束がもとの級数$\sum_{n=0}^{\infty} x_n$ の収束の十分条件になる，という点にあります．

定理 2.4.3　(絶対収束と収束)　絶対収束するような級数は収束する．すなわち級数 $\sum_{i=0}^{\infty} |x_i|$ が収束するならば，級数 $\sum_{i=0}^{\infty} x_i$ は収束する．

---

16)　いままで数列は $\boldsymbol{N}$ という集合に 0 を要素として含めた関係上第 0 番目から存在するものとして扱ってきましたが，記述の都合上第 1 番目から存在するとした方が見ばえの良いことがあります．例えば今の数列の場合，0 からはじめると $\{\frac{1}{n+1}\}_{n=0}^{\infty}$ と書かねばなりません．単に番号づけをずらせば良いだけの話ですから，以後 1 番目から存在するような列 $x_1, x_2, x_3, \cdots$ のようなものも数列と呼び，$\{x_n\}_{n=1}^{\infty}$ と表すことにします．級数についても同様とします．

証明 級数 $\sum_{i=0}^{\infty} x_i$ に対して $\sum_{i=0}^{\infty} |x_i|$ が収束するものとする．各 $n \in \boldsymbol{N}$ について $s_n = \sum_{i=0}^{n} x_i$ とおく．$m, n \in \boldsymbol{N}$, $m > n$ とすると，$d(s_m, s_n) = |s_m - s_n| = |\sum_{i=n+1}^{m} x_i| \leq |x_{n+1}| + |x_{n+2}| + \cdots + |x_m| = \sum_{i=0}^{m} |x_i| - \sum_{i=0}^{n} |x_i| = |\sum_{i=0}^{m} |x_i| - \sum_{i=0}^{n} |x_i|| = d(\sum_{i=0}^{m} |x_i|, \sum_{i=0}^{n} |x_i|)$ であるから，最右辺が m, n を十分に大きくとればいくらでも小さくなる（コーシー列）ならば，最左辺も同じこと（コーシー列である）が言える．今 $\{\sum_{i=0}^{n} |x_i|\}_{n=0}^{\infty}$ が収束するから，最右辺はコーシー列であり，従って最左辺もコーシー列．よって定理 (2.3.6) より $\{s_n\}_{n=0}^{\infty}$ は，すなわち級数 $\sum_{n=0}^{\infty} x_i$ は，収束する． **証明終**.

練習問題 2.4.2 a および r を複素数とし，$|r| < 1$ とするとき，複素数列 $\{a \cdot r^n\}_{n=0}^{\infty}$ すなわち $a, ar, ar^2, ar^3, ar^4, ar^5, \cdots$ という数列からつくられる級数 $\sum_{n=0}^{\infty} ar^n$ は $\frac{a}{1-r}$ に収束することを示せ．

絶対収束する級数は収束しますが，逆は成立しません．収束するけれども絶対収束しないような級数は，**条件収束**するといいます．例えば数列 $1, -1, \frac{1}{2}, -\frac{1}{2}, \frac{1}{3}, -\frac{1}{3}, \frac{1}{4}, -\frac{1}{4}, \cdots$ によってつくられる級数は 0 に収束しますが，先の問題 (2.4.1) の結果から明らかなように絶対収束はしません．“条件” 収束という言葉は，足し算（級数とは無限個の要素の “足し算” であるという意味で）の順序を変えてしまうと必ずしも収束しない，ということにあります（後出の練習問題 (2.4.3)）．これに対して，絶対収束する級数であれば足し算の順序はどうでも良い，ということが示されます．有限個の要素の足し算についてその順序を入れ換えても良いことは加法の可換性から常に正しいのですが，級数の極限とはいわば $x_0 + x_1 + x_2 + x_3 + \cdots$ という無限個の要素の足し算ですから，そのような直観はもはや一般には成立しないのです．絶対収束する級数に限って言えば “順序を入れ換えても和は変わらない” という直観が成立するわけで，これが絶対収束という概念が重要である第二の理由です．

定理 2.4.4 級数 $\sum_{n=0}^{\infty} x_n$ が絶対収束するものとし，$\sum_{n=0}^{\infty} x_n = s_*$ とする．任意の全単射 $f : \boldsymbol{N} \longrightarrow \boldsymbol{N}$ に対して，数列 $\{x_n\}_{n=0}^{\infty}$ から新しく（その順序を入れ換えた）数列 $\{x_{f(n)}\}_{n=0}^{\infty}$ を作るとき，それによって新しく作

られる級数，$\sum_{n=0}^{\infty} x_{f(n)}$ もやはり絶対収束し，$\sum_{n=0}^{\infty} x_{f(n)} = s_*$ となる．

証明 級数 $\sum_{n=0}^{\infty} |x_n|$ の収束先を $\hat{s}$ で表す．このとき数列 $\{\sum_{i=0}^{n} |x_i|\}_{i=0}^{\infty}$ は単調増加的であるから，その収束先 $\hat{s}$ は $\{\sum_{i=0}^{n} |x_i| | n \in \boldsymbol{N}\}$ の最小上界にほかならない．さて順序を入れ換え絶対値をとった級数 $\sum_{n=0}^{\infty} |x_{f(n)}|$ において，任意の有限部分和 $\sum_{i=0}^{\ell} |x_{f(i)}|$ に対して，十分大きな $m \in \boldsymbol{N}$ が存在して $\sum_{i=0}^{\ell} |x_{f(i)}| \leq \sum_{i=0}^{m} |x_i| \leq \hat{s}$ であるから，数列 $\{\sum_{i=0}^{n} |x_{f(i)}|\}_{n=0}^{\infty}$ もやはり上に有界な単調増加数列となる．従って $\sum_{n=0}^{\infty} x_{f(n)}$ は絶対収束する．

ここで $\sum_{n=0}^{\infty} x_{f(n)}$ の収束先を t_* としよう．$t_* \neq s_*$ と仮定して矛盾を導く．$t_* \neq s_*$ のとき，$0 < \epsilon < |t_* - s_*|/3$ なる ϵ を任意にとって固定する．定理 (2.4.1) によって，十分大きな $n_0 \in \boldsymbol{N}$ をとれば，任意の $m, n \in \boldsymbol{N}$, $n_0 \leq m < n$ について $|\sum_{i=m}^{n} x_i| \leq \epsilon$ かつ $|\sum_{i=m}^{n} x_{f(i)}| \leq |\sum_{i=m}^{n} |x_{f(i)}|| \leq \epsilon$ とすることができる．さて，n_1 として n_0 および $f(i), i = 0, 1, \cdots, n_0$ のいずれよりも大きな整数をとる．したがってこのとき $x_0, x_1, \cdots, x_{n_1}$ という有限列には，$x_{f(0)}, x_{f(1)}, \cdots, x_{f(n_0)}$ が全て現れることになる．$0, 1, 2, \cdots, n_1$ のうちで，$f(0), f(1), f(2), \cdots, f(n_0)$ 以外の番号の全体を I で表す．しかも $n_0 < n_1$ であるから，$m > n_1$ を任意にとると，$d(\sum_{i=0}^{n_1} x_i, s_*) \leq d(\sum_{i=0}^{n_1} x_i, \sum_{i=0}^{m} x_i) + d(\sum_{i=0}^{m} x_i, s_*) \leq \epsilon + d(\sum_{i=0}^{m} x_i, s_*)$ が成立する．m は任意に大きくとれるので最後の項は任意に小さくとれ，結局

$$(*1) \quad d(\sum_{i=0}^{n_1} x_i, s_*) \leq \epsilon$$

となっていることがわかる．一方，

$$(*2) \quad d(\sum_{i=0}^{n_1} x_i, \sum_{i=0}^{n_0} x_{f(i)}) = |\sum_{i \in I} x_i|$$

(ここで $\sum_{i \in I} x_i$ とは上で定義した I という番号の集合から一つずつ番号 i を取り出してきて x_i を有限回加える操作を表す) である．I の定義によって各 $i \in I$ は $f(0), f(1), \cdots, f(n_0)$ のいずれとも異なるので，$J = \{f^{-1}(i) | i \in I\}$ とすれば $j \in J$ のとき $n_0 < j$ となる．J の要素のうちで最大のものを n_2 とする．さて，$|\sum_{i \in I} x_i| = |\sum_{j \in J} x_{f(j)}| \leq |\sum_{i=n_0}^{n_2} |x_{f(i)}|| \leq \epsilon$ であるから，(*2) に代入すると，

$$(*3) \quad d(\sum_{i=0}^{n_1} x_i, \sum_{i=0}^{n_0} x_{f(i)}) \leq \epsilon$$

を得る．最後に $m > n_0$ を任意にとると，$d(\sum_{i=0}^{n_0} x_{f(i)}, t_*) \leq d(\sum_{i=0}^{n_0} x_{f(i)},$

$\sum_{i=0}^{m} x_{f(i)}) + d(\sum_{i=0}^{m} x_{f(i)}, t_*) \leq \epsilon + d(\sum_{i=0}^{m} x_{f(i)}, t_*)$ である．m は任意に大きくとれるので最後の項は任意に小さくとれるという $(*1)$ と全く同様の議論で，

$$(*4) \quad d(\sum_{i=0}^{n_0} x_{f(i)}, t_*) \leq \epsilon$$

を得る．$(*1)$, $(*3)$, $(*4)$ と距離の三角不等式を用いれば，$3\epsilon < d(s_*, t_*) \leq 3\epsilon$ となり矛盾が生じる． **証明終**．

練習問題 2.4.3 級数 $\sum_{n=1}^{\infty} \frac{1}{n}$ が収束しない，という事実を用いて，$1, -1, \frac{1}{2}, -\frac{1}{2}, \frac{1}{3}, -\frac{1}{3}, \frac{1}{4}, -\frac{1}{4}, \cdots$ からつくられる級数が，順序を変えると必ずしも収束しないことを示せ．

絶対収束する数列において，加法の順序を入れ換えてもかまわないという事実から，次の有用な結論を得ます．

定理 2.4.5 （絶対収束級数の積） 級数 $\sum_{i=0}^{\infty} x_i$ および $\sum_{i=0}^{\infty} y_i$ がともに絶対収束するものとし，$\sum_{i=0}^{\infty} x_i = s$, $\sum_{i=0}^{\infty} y_i = t$ であるものとする．このとき $x_m y_n$, $m, n \in \boldsymbol{N}$ という形の項に対して，重複を許さず漏れることなく適当に番号をつけた数列を $\{z_i\}_{i=0}^{\infty}$ とすると，$\sum_{i=0}^{\infty} z_i$ は絶対収束し，かつ $\sum_{i=0}^{\infty} z_i = st$ が成立する．

証明 $s_n = \sum_{i=0}^{n} x_i$, $\hat{s}_n = \sum_{i=0}^{n} |x_i|$, $t_n = \sum_{i=0}^{n} y_i$, $\hat{t}_n = \sum_{i=0}^{n} |y_i|$ とおく．二つの級数が絶対収束するという条件から，$\lim_{n \in \boldsymbol{N}} \hat{s}_n = \hat{s}$, $\lim_{n \in \boldsymbol{N}} \hat{t}_n = \hat{t}$ とおくことができる．また，$\lim_{n \in \boldsymbol{N}} s_n = s$, $\lim_{n \in \boldsymbol{N}} t_n = t$ である．

まず通常の数列の収束と演算に関する定理 (2.3.5) より，$\lim_{n \in \boldsymbol{N}} (s_n t_n) = st$ であることは分かっている．このとき各 $n \in \boldsymbol{N}$ について $s_n t_n = \sum_{\ell, m \leq n} x_\ell y_m$ である．(ただし $\sum_{\ell, m \leq n} x_\ell y_m$ は，n 以下の自然数 ℓ, m からつくられるペアー (ℓ, m) を重複を許さず余すことなく選んできて，その各々から定まる $x_\ell y_m$ を全て加える，という操作をあらわすものとする.) いま $x_0 y_0$ を z_0，$x_0 y_1$ を z_1，$x_1 y_0$ を z_2，$x_0 y_2$ を z_3，$x_1 y_1$ を z_4，一般に $m, n \in \boldsymbol{N}$，を与えられたとき，$x_m y_n$ を "0 から $m+n$ までの和に m を加えた値" を番号づけして $z_{(m+n)(m+n+1)/2+m}$ とおく．(m, n) に対して $(m+n)(m+n+1)/2+m$ を対応づけるこの写像は，次の表 2.1 を見れば明らかなように $\boldsymbol{N} \times \boldsymbol{N} \longrightarrow \boldsymbol{N}$ の全単射である．$x_m y_n, (m, n) \in \boldsymbol{N} \times \boldsymbol{N}$

$m \backslash n$	0	1	2	$\cdots$
0	**0**	**1**	**3**	$\cdots$
1	**2**	**4**	**7**	$\cdots$
2	**5**	**8**	**12**	$\cdots$
$\vdots$	$\vdots$	$\vdots$	$\vdots$	

表 2.1 $N \times N$ と N の一対一かつ上への対応づけ

に対するこのような番号づけのしかた，すなわち z_i の決め方は，可能な決め方のうちの一例にすぎないが，仮に $\sum_{i=0}^{\infty} z_i$ が絶対収束し，かつ $\sum_{i=0}^{\infty} z_i = st$ なることが示されれば，前定理から足し算の順序は問わないわけだから定理が証明されたことになる．

まず $\sum_{i=0}^{\infty} z_i$ が絶対収束することから見る．任意の $\ell, m, n \in \boldsymbol{N}$ について，$(m+n)(m+n+1)/2+m \leq \ell$ ならば $m \leq \ell, n \leq \ell$ であるから，$|z_0|+|z_1|+\cdots+|z_\ell| \leq \sum_{m,n\leq\ell} |x_m y_n| = \hat{s}_\ell \hat{t}_\ell \leq \hat{s}\hat{t}$. すなわち $\{\sum_{i=0}^{\ell} |z_\ell|\}_\ell^{\infty}$ は上に有界な単調増加数列であり収束する．従って $\sum_{i=0}^{\infty} z_i$ は絶対収束する．

次に $\sum_{i=0}^{\infty} z_i$ の収束先が st であることを見る．そのために，上の絶対収束という結論から足し算の順序を入れ換えても収束先は同一であるということを用いる．$u_\ell = \sum_{i=0}^{\ell} z_\ell$, $\ell = 0, 1, 2, \cdots$ とおく．$\sum_{i=0}^{\infty} z_i$ が絶対収束することから，$\lim_{\ell\to\infty} u_\ell$ が存在することは明らかである．$\{z_i\}_{i=0}^{\infty}$ という数列の順序を入れ換えて，そこからつくられる級数が st に収束することを示そう．$\ell = 0, 1, 2, \cdots$ に対して，$J_\ell = \{(m+n)(m+n+1)/2+m | m \leq \ell, n \leq \ell\}$ と定義する．明らかに，各 J_ℓ は有限集合であり，$m \leq n$ ならば $J_m \subset J_n$ であり，かつ $\bigcup_{m\in\boldsymbol{N}} J_m = \boldsymbol{N}$ である．$\{z_i\}_{i=0}^{\infty}$ の順序を入れ換えた数列 $\{w_i\}_{i=0}^{\infty}$ を次のようにつくる．(以下で行っていることは，要するに $J_0 \subset J_1 \subset J_2 \subset J_3 \subset \cdots$ と広がっていく集合の列に対して，より小さな J_ℓ に属する番号から順に自然数を並べ直しているのである.)

> $m \in \boldsymbol{N}$ について J_m の要素の数を $k(m)$ で表す．まず $w_0 = z_0$ とする．$\ell \geq 1$ のとき，$J_{\ell-1}$ の要素の数 $k(\ell-1)$ より小さい全ての自然数 i について w_i がきめられているとき，$J_\ell \setminus J_{\ell-1}$ の要素を小さい順に並べて $j_1, j_2, \cdots, j_{k(\ell)-k(\ell-1)}$ とするとき $w_{k(\ell-1)+1} = z_{j_1}, w_{k(\ell-1)+2} = z_{j_2}, \cdots, w_{k(\ell)} = z_{j_{k(\ell)-k(\ell-1)}}$ と定義する．

このように定義すると，$\ell = 0, 1, 2, 3, \cdots$ に対して $\sum_{i=0}^{k(\ell)} w_i = \sum_{i\in J_\ell} z_i = \sum_{m,n\leq\ell} x_m y_n = s_\ell t_\ell$ となるから，$\lim_{\ell\to\infty} \sum_{i=0}^{k(\ell)} w_i = st$. すなわち数列

$\{\sum_{i=0}^{n} w_i\}_{n=0}^{\infty}$ の部分数列 $\{\sum_{i=0}^{k(\ell)} w_i\}_{\ell=0}^{\infty}$ が st に収束する．$\sum_{i=0}^{\infty} z_i$ が絶対収束するのだから $\sum_{i=0}^{\infty} w_i$ が収束することはわかっている．従って数列 $\{\sum_{i=0}^{n} w_i\}_{n=0}^{\infty}$ の部分列の収束先はもとの数列の収束先と等しくなければならない（練習問題 (2.2.1)）．よって必然的に $\sum_{i=0}^{\infty} w_i = st$ である．これは $\sum_{i=0}^{\infty} z_i$ の順序を入れ換えたものだったから，結局 $\sum_{i=0}^{\infty} z_i = st$ であることがわかった． **証明終**.

さて正項級数の収束について，次の定理はほとんど自明ですがそれでも結構役に立ちます．

定理 2.4.6 （比較判定法） $\sum_{i=0}^{\infty} a_i$ および $\sum_{i=0}^{\infty} b_i$ を正項級数とし，有限個の i をのぞいて $a_i \leq b_i$ が成り立つものとする．このとき $\sum_{i=0}^{\infty} b_i$ が収束するならば $\sum_{i=0}^{\infty} a_i$ も収束する．

証明 $m \in \boldsymbol{N}$ 以上の全ての i について $a_i \leq b_i$ とすると，$\sum_{i=0}^{m} a_i + \sum_{i=0}^{\infty} b_i$ が単調増加数列 $\{\sum_{i=0}^{n} a_i\}_{n=0}^{\infty}$ の上界になる．従って $\sum_{i=0}^{\infty} a_i$ は収束する． **証明終**.

級数 $\sum_{n=0}^{\infty} \frac{1}{n!}$ を考えます.（もちろんここで $n!$ は n の階乗すなわち $n \neq 0$ のとき 1 から n までの連続した整数の積を表します．ただし $0! = 1$ と定義します.）任意の $n \in \boldsymbol{N}$ について $\frac{1}{n!} \leq \frac{1}{2^{(n-1)}}$ であり，$\sum_{n=0}^{\infty} \frac{1}{2^{(n-1)}} = 4$ ですから，上の定理（比較判定法）により $\sum_{n=0}^{\infty} \frac{1}{n!}$ は収束します．以後この収束先を $\boldsymbol{e}$ で表すことにします．$\boldsymbol{e} = \sum_{n=0}^{\infty} \frac{1}{n!}$ を十進小数で表すと，大体 $2.7182818284\cdots$ くらいになります．

練習問題 2.4.4 $\boldsymbol{e} = \lim_{n\to\infty}(1 + \frac{1}{n})^n$ であることを示せ．

基礎的コラム（指数関数および対数関数）：上で $\boldsymbol{e}$ を定義したついでに，大学以降の数学における解析的な意味での指数関数および対数関数についてふれておきましょう．上で $\boldsymbol{e}$ を定義した議論を特殊ケースとして，さらに任意の複素数 z に対して，級数

$$\sum_{n=0}^{\infty} \frac{z^n}{n!}$$

が収束する，という議論を行うことができます．(実際，$a_n = \frac{|z^n|}{n!}$，$n = 0, 1, 2, \cdots$，とおけば，$\frac{a_{n+1}}{a_n} = \frac{|z|}{n+1}$ ですから，十分大きなある番号 n_0 以降の全ての n について $\frac{a_{n+1}}{a_n} \leq \frac{1}{2}$ が言えます．任意の正の数 K に対して $\sum_{n=0}^{\infty} K \cdot (\frac{1}{2})^n$ は収束します $(= 2K)$ から，定理 (2.4.6)（比較判定法）によって $\sum_{n=0}^{\infty} a_n$ の n_0 項以降からなる級数は収束します．よって $\sum_{n=0}^{\infty} a_n$ は収束し，定理 (2.4.3) からもとの級数の収束も保証されます.) さて，z に対して得られる上の級数の収束先を，以後 $\mathbf{exp}(z)$ で表します．$\mathbf{exp}$ は $\boldsymbol{C}$ から $\boldsymbol{C}$ への（$\boldsymbol{R}$ に制限すれば $\boldsymbol{R}$ への）関数であり，**指数関数（exponential function）**と呼ばれます．定義から明らかに $\mathbf{exp}(0) = 1$, $\mathbf{exp}(1) = \boldsymbol{e}$ であり，また任意の 2 つの複素数 z, w に対して $\mathbf{exp}(z + w) = \mathbf{exp}(z)\,\mathbf{exp}(w)$（加法定理）が成立します.（これを確かめるには，定理 (2.4.5) から，左辺の級数が右辺の 2 つの級数の項どうしの積を，重複を許さない形で全てとったものであることさえ示されれば良い．このとき，とり方の順序が問題にならないことは，定理 (2.4.4) による.) 従って，任意の z に対して $\mathbf{exp}(z)\,\mathbf{exp}(-z) = \mathbf{exp}(0) = 1$ ですから，$\mathbf{exp}(z) \neq 0$ です．もしも，指数関数の定義域を $\boldsymbol{R}$ に制限すれば，任意の $x \in \boldsymbol{R}$ について $\mathbf{exp}(x) = (\mathbf{exp}(\frac{x}{2}))^2 > 0$ となります．

以後，定義域を実数に制限した指数関数について，話を進めましょう．$\mathbf{exp}$ の定義式をながめると，任意の $\epsilon > 0$ に対して $\mathbf{exp}(\epsilon) > 1$ であることが直ちにわかります．よって $x < y$ ならば $\epsilon = y - x$ とおいて，$\mathbf{exp}(x) < \mathbf{exp}(x)\,\mathbf{exp}(\epsilon) = \mathbf{exp}(x + \epsilon) = \mathbf{exp}(y)$，すなわち $\mathbf{exp}$ は $\boldsymbol{R}$ 上では（狭義）単調増加関数であることがわかります．上記の加法定理より，任意の正の整数 n に対して，$\mathbf{exp}(n) = \mathbf{exp}(1 + 1 + \cdots + 1) = \mathbf{exp}(1)\,\mathbf{exp}(1) \cdots \mathbf{exp}(1) = e^n$，また $\mathbf{exp}(\frac{1}{n}) = e^{1/n}$ であることがわかります．よって任意の有理数 q について $\mathbf{exp}(q) = e^q$ と書けることになります．そこで無理数 x に対しても $e^x = \mathbf{exp}(x)$ と“定義”して，x の関数 $\mathbf{exp}(x)$ はしばしば e^x と書かれます．

任意の実数 $K > 0$ に対して $K < \mathbf{exp}(K)$, $\mathbf{exp}(-K) = \frac{1}{\mathbf{exp}(K)} < \frac{1}{K}$ ですから，$\boldsymbol{R}$ に制限された $\mathbf{exp}$ は，$\boldsymbol{R}_{++}$（正の実数全体）への one to one 写像であり，かつ onto な写像になりそう（厳密には $\mathbf{exp}$ の連続性を示す必要がありますが，これは次節のコラムで扱います）です．よって $\boldsymbol{R}$ 上の $\mathbf{exp}$ は $\boldsymbol{R}_{++}$ を定義域とする逆写像を持ちます．この逆写像を $\mathbf{log} : \boldsymbol{R}_{++} \to \boldsymbol{R}$ で表し，**（実変数）対数関数（logarithmic function）**

と呼びます．定義から明らかに $\forall x \in \boldsymbol{R}$, $\mathbf{log}(\mathbf{exp}(x)) = x$, かつ $\forall y \in \boldsymbol{R}_{++}, \mathbf{exp}(\mathbf{log}(y)) = y$ です．また先の加法定理より，任意の $x > 0, y > 0$ について $\mathbf{exp}(\mathbf{log}(x) + \mathbf{log}(y)) = \mathbf{exp}(\mathbf{log}(x))\,\mathbf{exp}(\mathbf{log}(y)) = xy$ ですから，$\mathbf{log}(xy) = \mathbf{log}(x) + \mathbf{log}(y)$ であることがわかります．

$\mathbf{exp}$ および $\mathbf{log}$ は，より詳しく言えば底を $\boldsymbol{e}$ とする指数関数および対数関数ですが，大学以降では単に指数関数，対数関数，と言えばこれらをさすものとします．$\mathbf{exp}$ と $\mathbf{log}$ を用いて，$a \in \boldsymbol{R}_{++}$ を固定し，変数 $x \in \boldsymbol{R}$ に対して，$a^x = \mathbf{exp}(x\,\mathbf{log}(a))$ と定義すれば，a を**底**とする指数関数が得られます．この逆関数は（x に $\mathbf{log}(a)$ をかけて $\mathbf{exp}$ をとる，という操作を逆からながめれば）$y \in \boldsymbol{R}_{++}$ に対して $\dfrac{\mathbf{log}(y)}{\mathbf{log}(a)}$ という形で表せます（ただし $\mathbf{log}(a) \neq 0$ のときでないとこれは定義できない）．もちろん，これを用いて $\mathbf{log}_a(y) = \dfrac{\mathbf{log}(y)}{\mathbf{log}(a)}$ と定義すれば，$a \neq 1, a \in \boldsymbol{R}_{++}$ を**底**とする対数関数が得られます．

2.5 関数の極限および連続性

この節を通じて集合 X および Y は $\boldsymbol{C}$ の部分集合を指すものとします．もちろん $\boldsymbol{R}$ は自然な意味で $\boldsymbol{C}$ の部分集合として扱いますから，X および Y を $\boldsymbol{R}$ の部分集合と考えて以下を読んでいただいても全く差し支えありません．このとき X または Y 上の "距離" といえば，それはここまで用いてきた $\boldsymbol{C}$ または $\boldsymbol{R}$ 上の距離をそのまま X あるいは Y 上に適用したものを指すものとします．

関数 $f : X \longrightarrow Y$ を考えます．このとき，ある点 $x^* \in X$ における関数の値 $f(x^*)$ ではなく，**X 内の数列 $\{x_i\}_{i=0}^{\infty}, (x_i \neq x^*)$ で x^* に収束するものをとって，その数列の像がつくる数列 $\{f(x_i)\}_{i=0}^{\infty}$ の収束先**を問題にしたいことがあります．直感的な言い方をすれば，"x を x^* に限りなく近づけたとき，$f(x)$ はどこに近づくか" という問題ですが，このとき注意すべき重要なことが二つあります．

(i) $x_i \longrightarrow x^*, (x_i \neq x^*)$ としたとき，その像のつくる数列 $\{f(x_i)\}_{i=0}^{\infty}$ の収束は数列 $\{x_i\}_{i=0}^{\infty}$ の選び方に依存する．すなわ

ち，x^* に収束する別の数列 $\{y_i\}_{i=0}^{\infty}$ を考えたときに，その像のつくる数列 $\{f(y_i)\}_{i=0}^{\infty}$ の極限は，$\{f(x_i)\}_{i=0}^{\infty}$ の極限と異なるかもしれない．

(ii) "$x_i \longrightarrow x^*, (x_i \neq x^*)$ に対してつくられる数列 $\{f(x_i)\}_{i=0}^{\infty}$ の極限" を考えるとき，x^* が関数 f の定義域 X に属している必要は必ずしもない．また $x^* \in X$ の場合でも，$\{f(x_i)\}_{i=0}^{\infty}$ の極限が $f(x^*)$ に等しくなるとは限らない．

例を用いてこの二つのことを確かめておきましょう．

例 2.5.1 $X = \{x \in \boldsymbol{R} \mid 0 < x\}, Y = \boldsymbol{R}$ とし，$f : X \longrightarrow Y$ を $f(x) = \sin(1/x)$ とします．(厳密な立場から sin という関数をどのように定義するかということについてはまだ述べていませんが，とりあえず高等学校で習った sin（単位は弧度法による）を想定して下さい．) 数列 $\{x_n\}_{n=0}^{\infty}$ として $\{1/(\boldsymbol{\pi} + 2n\boldsymbol{\pi})\}_{n=0}^{\infty}$，数列 $\{y_n\}_{n=0}^{\infty}$ として $\{1/((\boldsymbol{\pi}/2) + 2n\boldsymbol{\pi})\}_{n=0}^{\infty}$ を考えると，$x_n \longrightarrow 0$ かつ $y_n \longrightarrow 0$ ですが，$\lim_{n\to\infty} f(x_n) = 0$ かつ $\lim_{n\to\infty} f(y_n) = 1$ となりますから，2 種類の像の極限は一致しません．さらに，このとき $0 \notin X$ ですが，例えば $f(0) = 3$ とでも定義してしまえば，明らかに任意の $x_n \to 0, x_n \neq 0$ について，$\{f(x_n)\}_{n=0}^{\infty}$ の収束先が $f(0)$ に等しくなることはありえません．

まず，**(i)** に関連して**関数の極限**という概念を定義しましょう．関数 $f : X \longrightarrow Y$ において，$x^* \in \boldsymbol{C}$ に収束するような X 内の数列 $\{x_n\}_{n=0}^{\infty}, (x_n \neq x^*)$ を任意にとったとき，その像によってつくられる数列 $\{f(x_n)\}_{n=0}^{\infty}$ の収束先が常に存在して，しかもその収束先が $\{x_n\}_{n=0}^{\infty}$ の選び方に依存せず一つの値 y^* として定まるとき，y^* を，**$\boldsymbol{x}$ を $\boldsymbol{x}^*$ に近づけたときの $\boldsymbol{f(x)}$ の極限**と呼び，$\lim_{x\to x^*} f(x) = y^*$ で表します[17]．

17) この書き方のとき，$x \neq x^*$ という条件が背後に隠れてしまっていることに注意しておいて下さい．つまり厳密には，$\lim_{x\to x^*,\, x\neq x^*} f(x)$ と書きたいところなのですが，面倒なので $x \neq x^*$ を省略するのが習慣になっているのです．教科書によってはきちんと書かれているものもあります．

次に，**(ii)** に関連して，**関数の連続性**という概念を定義しましょう．f を X から Y への関数とします．さて，$x^* \in X$ とし，x^* に収束する任意の数列 $\{x_n\}_{n=0}^{\infty}$ を考えるとき，必ず $\lim_{n\to\infty} f(x_n) = f(x^*)$ が成立するならば，f は点 x^* において**連続である**と言われます．全ての $x^* \in X$ において連続であるとき，単に f は**連続（関数）である**と言われます．直前に述べた関数の極限の記号を用いれば，$f : X \longrightarrow Y$ が連続であるとは，$\lim_{x\to x^*} f(x)$ が存在しかつ $x^* \in X$ である限り，必ず $\lim_{x\to x^*} f(x) = f(x^*)$ が成り立つ，ということを言います．

まず関数の極限について，次の定理は基本的です．

定理 2.5.1（関数の極限と演算）　$x^* \in \boldsymbol{C}$, $\lim_{x\to x^*} f(x) = a$, $\lim_{x\to x^*} g(x) = b$ とするとき，次のことが成立する．

(1)　$h(x) = f(x) + g(x)$（定義域は f と g の定義域の共通部分）とおくと，$\lim_{x\to x^*} h(x) = a + b$．分かりやすく書くと，$\lim_{x\to x^*}(f(x) + g(x)) = \lim_{x\to x^*} f(x) + \lim_{x\to x^*} g(x)$．

(2)　$h(x) = f(x) \cdot g(x)$（定義域は f と g の定義域の共通部分）とおくと，$\lim_{x\to x^*} h(x) = ab$．分かりやすく書くと，$\lim_{x\to x^*} f(x) \cdot g(x) = (\lim_{x\to x^*} f(x)) \cdot (\lim_{x\to x^*} g(x))$．

証明　**(1)** と **(2)** 各々について，定理における記号をそのまま用いる．また，f と g の定義域の共通部分を X とする．

(1) の証明．$\{x_i\}_{i=0}^{\infty}$ を X 上の（すなわち X の要素のみからなる）数列で x^* に収束するようなものとする．このとき，定理 (2.3.5の (3)) によって，$\lim_{i\to\infty}(f(x_i) + g(x_i)) = \lim_{i\to\infty} f(x_i) + \lim_{i\to\infty} g(x_i)$ が成立する．右辺は定理の仮定によって，$a + b$ である．X 上の数列 $\{x_i\}_{i=0}^{\infty}$ の取り方は任意であったから，$\lim_{x\to x^*} h(x) = a + b$ となる．

(2) の証明. 上と全く同様の論法で, 定理 (2.3.5の (4)) を用いればよい. **証明終**.

連続関数については，後の第 4 章でもっと一般的に取り扱われます．ここでは議論の重複をできるだけ避けるために，いくつかの個別的関数についてその連続性を示すことに目標を置きます．

定理 2.5.2 X, Y, Z をそれぞれ $\boldsymbol{C}$ の部分集合とし，$f : X \longrightarrow Y$, $g : X \longrightarrow Y$, $h : Y \longrightarrow Z$ を連続関数とする．このとき以下の関数は全て連続関数である．

(1) （定数関数）$c : X \ni x \mapsto c \in Y$.

(2) （恒等関数）$id_X : X \ni x \mapsto x \in X$.

(3) （絶対値）$|\cdot| : \boldsymbol{C} \ni x \mapsto |x| \in \boldsymbol{R}$.

(4) （連続関数の和）$f + g : X \ni x \mapsto f(x) + g(x) \in \boldsymbol{C}$.

(5) （連続関数の積）$f \cdot g : X \ni x \mapsto f(x) \cdot g(x) \in \boldsymbol{C}$.

(6) （連続関数の max）Y が $\boldsymbol{R}$ の部分集合であるとき，$\max\{f, g\} : X \ni x \mapsto \max\{f(x), g(x)\} \in Y$.

(7) （連続関数の合成）$h \circ f : X \ni x \mapsto h(f(x)) \in Z$.

なお上で定義した関数のうちのいくつかについては，関数の定義域をもっと一般的に「距離の定義された集合 X」とした場合の連続性の証明が定理 (4.5.2) で与えられています．

証明 **(1)**，**(2)** は定義によって明らか．

(3) $\{x_n\}_{n=1}^{\infty}$ を $x_* \in \boldsymbol{C}$ に収束する $\boldsymbol{C}$ 上の数列であったとする．$|x_n - x_* + x_*| \leq |x_n - x_*| + |x_*|$ ならびに $|x_* - x_n + x_n| \leq |x_* - x_n| + |x_n|$ より，

$$-|x_* - x_n| \leq |x_n| - |x_*| \leq |x_n - x_*|$$

であるから，

$$||x_n| - |x_*|| \leq |x_n - x_*|$$

を得る．上式の右辺は 0 に収束するから，左辺も 0 に収束する．すなわち $\boldsymbol{R}$ 上で $|x_n|$ は $|x_*|$ に収束する．

(4)，**(5)** は 定理 (2.3.5の (3), (4)) より直ちに従う．

(6) $\{x_n\}_{n=0}^{\infty}$ を $x_* \in X$ に収束する X 上の数列とする．$\max\{f, g\}(x)$ は $f(x)$ または $g(x)$ のいずれかに等しいから，

$$N_f = \{n \in \boldsymbol{N} | \max\{f, g\}(x_n) = f(x_n)\}$$
$$N_g = \{n \in \boldsymbol{N} | \max\{f, g\}(x_n) = g(x_n)\}$$

とおくと，$N_f \cup N_g = \boldsymbol{N}$ である．N_f および N_g のいずれかが有限集合であれば，$\max\{f,g\}$ の連続性は一方の関数の連続性そのものである．(例えば N_g が有限集合のとき，ある番号以降の全ての n について $g(x_n) \leq f(x_n)$ ということだから，定理 (2.2.1) より $g(x_*) \leq f(x_*)$．すなわち $\max\{f,g\}(x_*) = f(x_*)$．よって $\max\{f,g\}$ の x_* における連続性が f の連続性より直ちに従う.) 問題は N_f, N_g がともに無限集合の場合である．f, g の連続性から，N_f, N_g によってつくられる部分列について $\lim_{n\in N_f} f(x_n) = f(x_*)$ 並びに $\lim_{n\in N_g} g(x_n) = g(x_*)$ が成り立つが，このとき，$f(x_*) = g(x_*)$ でなければならない．実際，

$$\begin{aligned} f(x_*) &= \lim_{n\in N_f} f(x_n) \geq \lim_{n\in N_f} g(x_n) \\ &= \lim_{n\in N_g} g(x_n) = g(x_*) \geq \lim_{n\in N_g} f(x_n) = f(x_*) \end{aligned}$$

である．ここで新しく数列 $\{y_n\}_{n\in\boldsymbol{N}}$ を

$$y_n = \begin{cases} f(x_n) & (n \in N_f \text{ のとき}) \\ g(x_n) & (n \in N_g \text{ のとき}) \end{cases}$$

と定義する．$n \in N_f \cap N_g$ ならば，定義によって $f(x_n) = g(x_n)$ であるから，これできちんと定義されている．$\{y_n\}_{n\in\boldsymbol{N}}$ は数列 $\{\max\{f,g\}(x_n)\}_{n\in\boldsymbol{N}}$ にほかならない．$y_* = f(x_*) = g(x_*)$ とおくと，y_n が y_* に収束することを見るのは容易である．実際任意の $\epsilon > 0$ に対して，ある番号 $n_1 \in N_f$ および $n_2 \in N_g$ が存在して，n_1 以降の全ての $n \in N_f$ について $|f(x_n) - y_*| \leq \epsilon$，かつ n_2 以降の全ての番号 $n \in N_g$ について $|g(x_n) - y_*| \leq \epsilon$ となるので，$\bar{n}$ を n_1 と n_2 の小さくない方と定めれば，$\bar{n}$ 以降の全ての $n \in \boldsymbol{N}$ について $|y_n - y_*| \leq \epsilon$ となる．よって $y_n \longrightarrow y_*$．すなわち $\max\{f,g\}$ は点 x_* で連続である．

(7) $\{x_n\}_{n\in\boldsymbol{N}}$ を $x_* \in X$ に収束する X 上の数列とする．このとき f の連続性によって，Y 内の数列 $\{f(x_n)\}_{n\in\boldsymbol{N}}$ もまた $f(x_*)$ に収束する．さらに h の連続性により，Z 上の数列 $\{h(f(x_n))\}_{n\in\boldsymbol{N}}$ もまた $h(f(x_*))$ に収束する．最後の事実は $h \circ f$ の点 x_* における連続性にほかならない． **証明終**.

例 2.5.2 上の定理 (2.5.2) をもとに，我々が日常的に用いる関数の連続性を示してみましょう．例えば $y = ax$ (a は定数) で表される関数 (正確に述べると $f: \boldsymbol{R} \ni x \mapsto ax \in \boldsymbol{R}$ で表されるような関数 f) は，恒等関数 $x \mapsto x$ と定数関数 $x \mapsto a$ の積ですから，上定理の (1)，(2)，(5) により連続関数

です．$y = x^2$ は同様に恒等関数 $x \mapsto x$ を2回かけあわせた積ですから (2), (5) から連続関数です．さらに (5) を繰り返せば $y = x^n$ $(n = 1, 2, \cdots)$ は連続関数です．さらに話を進めれば，$y = ax^n$（a は定数）は連続関数の積で，連続関数になります．従って

$$y = a_0x^n + a_1x^{n-1} + \cdots + a_{n-1}x + a_n$$

の形の関数（$a_0, a_1, \cdots, a_n$ は定数）は全て連続関数の和で表される関数ですからやはり連続になります．

基礎的コラム（指数関数の連続性と対数関数・その他）：先の 2.4 節最後のコラムにおいて定義した指数関数 **exp** は連続です．定義域を実数に制限した場合について，これを確かめておきます．

$\mathbf{exp} : \boldsymbol{R} \to \boldsymbol{R}_{++}$ と考え，$\{x_\nu\}_{\nu=0}^{\infty}$ を x_* に収束する実数列とします．証明すべきことは，$S_\nu = \sum_{n=0}^{\infty} \frac{(x_\nu)^n}{n!}$ が$\nu \to \infty$ のとき $S_* = \sum_{n=0}^{\infty} \frac{(x_*)^n}{n!}$ に収束することです．ある正の実数 K について $\forall \nu, |x_\nu| < K$ かつ $|x_*| < K$ として一般性を失いません．このとき任意の $\epsilon > 0$ に対して十分大きな n_0 が存在して，$|S_* - \sum_{n=0}^{n_0} \frac{(x_*)^n}{n!}| \leq \frac{\epsilon}{4}$，かつ $\forall \nu$, $|S_\nu - \sum_{n=0}^{n_0} \frac{(x_\nu)^n}{n!}| \leq \frac{\epsilon}{4}$ とすることができます．($\sum_{n=n_0}^{\infty} \frac{K^n}{n!} < \frac{\epsilon}{4}$ となるように n_0 をとれば，これらの級数がすべて絶対収束することから定理 (2.4.6) を用いて言える.) さらにこのとき，十分大きな ν_0 が存在して，$\forall \nu \geq \nu_0$，$|\sum_{n=0}^{n_0} \frac{(x_*)^n}{n!} - S_\nu| \leq |\sum_{n=0}^{n_0} \frac{(x_*)^n}{n!} - \sum_{n=0}^{n_0} \frac{(x_\nu)^n}{n!}| + |\sum_{n=n_0+1}^{\infty} \frac{(x_\nu)^n}{n!}| \leq |\sum_{n=0}^{n_0} \frac{(x_*)^n}{n!} - \sum_{n=0}^{n_0} \frac{(x_\nu)^n}{n!}| + \frac{\epsilon}{4} \leq \frac{\epsilon}{2}$ とすることができます．従って $\forall \nu \geq \nu_0$，$|S_* - S_\nu| \leq \frac{\epsilon}{4} + \frac{\epsilon}{2} < \epsilon$ とすることができ，$S_\nu \to S_*$ なることが示されたわけです．

さて，このことを用いれば，先程の 2.4 節最後のコラムにおいて曖昧にしていた議論を厳密に述べなおすことができます．曖昧にしていたのは指数関数 **exp** が $\boldsymbol{R}_{++}$ に onto であるという点（すなわち対数関数 **log** の定義域が本当に $\boldsymbol{R}_{++}$ かという点）でした．さて，$K > 0$ を任意にとれば，$\mathbf{exp}(K) > K$ かつ $\mathbf{exp}(-K) < K$ ですから，$\mathbf{exp}(x) = \boldsymbol{e}^x = K$ となる x は，もしあるとすれば **exp** の単調増加性から，閉区間 $[-K, K]$ に存在

するはずです．ここで $[-K, K]$ から $\boldsymbol{R}$ への関数 f を $f(x) = \mathbf{exp}(x) - K$ と定義すれば，f は連続．そこで中間値の定理（後出，定理 (4.6.4)）を用いれば，$f(-K) < 0$，$f(K) > 0$ だから，ある $x^* \in [-K, K]$ が存在して $f(x^*) = 0$，すなわち $\mathbf{exp}(x^*) = K$ となり，**exp** の onto 性が示されたことになります．従って **exp** の逆関数 **log** の定義域は，本当に $\boldsymbol{R}_{++}$ として間違いないわけです．

練習問題 2.5.1　$x \in \boldsymbol{R}$ として $\exp(ix) = \sum_{n=0}^{\infty} \frac{(ix)^n}{n!}$ を考え，その実部を $\cos(x)$ と書き，その虚部を $\sin(x)$ と書くことにする．（つまり実数 x の関数としてそのように定義する．このとき $\exp(ix) = \cos(x) + i\sin(x)$ である．）

(1)　$\cos^2(x) + \sin^2(x) = 1$ を示せ．($\exp(ix)$ の絶対値に注目せよ．)

(2)　x, y を実数とするとき，$\exp(i(x+y)) = \cos(x+y) + i\sin(x+y)$ から以下の式（**加法定理**）を導け：

$$\cos(x+y) = \cos(x)\cos(y) - \sin(x)\sin(y)$$
$$\sin(x+y) = \sin(x)\cos(y) + \cos(x)\sin(y)$$

(3)　$\cos(x)$ の具体形は x の偶数乗の項のみからなる級数 $1 - \frac{x^2}{2!} + \frac{x^4}{4!} - \frac{x^6}{6!} + \cdots$ となり，明らかに $x = 0$ のとき $\cos(x) = 1$ である．$x = 3$ のとき，この級数が負の値をとることを証明せよ．

(4)　$\cos(0) = 1$ から $\cos(x)$ の x を大きくしていき，はじめて $\cos(x)$ の値が 0 以下になるような，そして $\cos(x) = 0$ であるような，そういう正で最小の x（設問 (3) の内容から範囲 $0 \leq x \leq 3$ で存在しそうである．厳密に存在を証明するには cos の連続性と第 4 章の**中間値の定理** 4.6.4 を用いる）を $\frac{\pi}{2}$ と書くことにする．この π が何なのか，今は問わない．このとき $\cos(\pi) = \cos(\frac{\pi}{2} + \frac{\pi}{2}) = -1$ であることを示せ．また $\sin(\pi) = 0$，$\cos(2\pi) = 1$，$\sin(2\pi) = 0$ を確認せよ．

(5)　自然数 $s = 0, 1, \ldots,$ について，$\exp(i2\pi s) = 1$ を示せ．

(6)　正の自然数 m と自然数 s について，$\exp(\frac{i2\pi}{m})$を ms 乗すると 1 に

なることは上記設問 (5) の内容であるが，そこから更に 1 **の** m **個の相異なる** m **乗根**が $\exp(\frac{i2\pi}{m})$，$s=1, ..., m$，で表せることを確かめよ．

(7)　慣例に従い $\exp(ix)$ を e^{ix} と書く．以下の式を示せ：

$$\cos(x)=\frac{e^{ix}+e^{-ix}}{2}$$

$$\sin(x)=\frac{e^{ix}+e^{-ix}}{2i}$$

(両式から特に cos および sin の連続性が明らかである．これらの式の $x \in \boldsymbol{R}$ を複素変数 $z \in \boldsymbol{C}$ に置き換え，右辺を左辺の定義としたものが，sin および cos の $\boldsymbol{C}$ 上への拡張である．)

(8)　$e^{ix}=\cos(x)+i\sin(x)$は，結局のところ実数直線上の点を 2 次元複素平面上の単位円 $U=\{z \in \boldsymbol{C} \mid |z|=1\}$ に写す変換である．定義域を $0 \leq x \leq \frac{\pi}{2}$ にとり，この連続関数が $U_1=\{a+bi \in U \mid a \geq 0, b \geq 0\}$ への全単射であることを，第 4 章の**中間値の定理** 4.6.4 を所与として示せ．

第3章 ベクトル空間

数学理論においては，話の舞台となるような集合 X のことを，しばしば“空間 X”と呼ぶことがあります．そのような場合 X の要素 $x \in X$ を指して，x は集合（あるいは空間）X 上の**点**である，というような言い方がよくなされます．この章で取り扱うのはそのような舞台の中で最も重要なものの一つである「ベクトル空間」と呼ばれる集合です．

経済学においてしばしば話の舞台となるのが，「財」の種類を有限種類（例えば ℓ 種類）にとった世界です．そのような世界は，実数を ℓ 個並べたもの全体からなる集合

$$\boldsymbol{R}^{\ell} = \{(r_1, r_2, \cdots r_{\ell}) |\, r_i \in \boldsymbol{R}, i = 1, 2, \cdots \ell\}$$

を用いて（あるいはその部分集合として）表現されます．経済学ではこのように意味づけされた $\boldsymbol{R}^{\ell}$ を“財空間”と呼びますが，実はこの $\boldsymbol{R}^{\ell}$ という集合は，最も基本的な「ベクトル空間」であり，経済学に限らず数学を用いるほとんど全ての分野において，重要な話の舞台となる集合です．実際 $\boldsymbol{R}^2$ という集合で“2 次元の平面”を，$\boldsymbol{R}^3$ という集合で“3 次元の空間”を表現するという，もうすでに皆さんが中学校，高等学校を通じて体験済みの考え方からも分かるように，我々が日常的にとらえる物質的存在のほとんどは，

$\boldsymbol{R}^n$, $n = 1, 2, 3, \cdots$ という集合上で表現することができます．

この章の目的は「$\boldsymbol{R}^n$ とは何か」ということを明らかにすることであると考えていただいて構いません．ただし，それをとらえようとするとき，必ずしも $\boldsymbol{R}^n$ ということにこだわらない方がかえってすっきりするということがあります．ちょうど「実数とは何か」をとらえようとするとき，それは無限小数の全体である，としない方が話を見通しよく構成できたのと同じようなことです．そこで我々は「実数の公理系」を考えたように，今度は「ベクトル空間の公理系」というものにふれることにします．その公理系を満たすもの全てをベクトル空間と呼ぶわけです．$\boldsymbol{R}^n$ はその最も基本的かつ重要な一例である，というふうにとらえて下さい．このように切り出すと，何やら難しそうですが，まず簡単な話からはじめますので，安心して読んで下さい．

3.1 ベクトル空間とは何か

経済学で扱う多くの数量は**数ベクトル**という形で表現されます．数ベクトルというのは数を縦（あるいは横でも構いませんが）にいくつか並べたもののことです[1]．例えば“林檎，蜜柑，桃”という三種類の財が存在するとしましょう．消費者 A が林檎 3 個，蜜柑 5 個，桃 7 個を消費し[2]，消費者 B が林檎 2 個，蜜柑 1 個，桃 8 個を消費するとしたとき，消費者 A の消費ベクトル c_A および消費者 B の消費ベクトル c_B が

$$c_A = \begin{pmatrix} 3 \\ 5 \\ 7 \end{pmatrix}, c_B = \begin{pmatrix} 2 \\ 1 \\ 8 \end{pmatrix}$$

というふうに表現されます．このとき，消費者 A と消費者 B の消費の合計

1) 経済学では実数以外はほとんど扱いませんが，本書で数と言えば一般的に複素数を指すものとします．

2) 「消費」とは，その舞台に存在する財の数量を減少させること，まあ要するに「食ってしまう」ことだとしておきましょう．

は二つのベクトルの和，

$$c_A + c_B = \begin{pmatrix} 3 \\ 5 \\ 7 \end{pmatrix} + \begin{pmatrix} 2 \\ 1 \\ 8 \end{pmatrix} = \begin{pmatrix} 5 \\ 6 \\ 15 \end{pmatrix},$$

として表現することができます．さらに，もしも林檎の価格が1個100円，蜜柑が1個20円，桃が1個150円であるとすると，財の価格もやはりベクトル

$$p = (100, 20, 150),$$

で表されます．ベクトル p で表される価格の下で，消費者Aが自らの消費に対して支払うべき金額は

$$100 \times 3 + 20 \times 5 + 150 \times 7 = 1450,$$

ですが，これはそのままベクトル p とベクトル c_A の内積（厳密には後で扱います）$\langle p, c_A \rangle$ にほかなりません．

一般に，$(x_1, x_2, \cdots, x_n)$ のように n 個の数を並べたものを，**n 次元の数ベクトル**と言い，各々の数をその数ベクトルの**成分**といいます．一般に，財の種類が n の経済モデルを考えるとき，各主体の消費や生産，あるいは財の価格といったものを n 次元の数ベクトル（実数を n 個並べたもの）で表すと大変便利です．

3.1.1　ベクトル空間の定義

$\boldsymbol{R}^n$ とは実数を n 個並べたもの全体からなる集合です．すなわち

$$\boldsymbol{R}^n = \{(x_1, x_2, \cdots, x_n) | x_i \in \boldsymbol{R}, i = 1, 2, \cdots, n\}$$

ということです．この並べ方は，縦でも横でも（勿論斜めでも）どうでも構いませんが，大切なのは第1番目から n 番目まで順番がきちんとついているということです．ただし後で言う「行列」とからめて話をするときには，

例えば縦に並べてある

$$x = \begin{pmatrix} x(1) \\ x(2) \\ \vdots \\ x(n) \end{pmatrix}$$

($x(i)$, $i = 1, \cdots, n$ は実数を表す）というように決めてとらえておく方がなにかと便利なこともあります．ただし紙面の状態を見ていただくと明らかなように，縦の記述は非常に不経済です．そこで我々は，$\boldsymbol{R}^n$ の要素を $x = (x^1, \cdots, x^n)$ のように書きますが，これは何も「横に並べた」ということを表現しているのではなく，単に「順番を付けて並べた」ということのみを表現しているのだと解釈して下さい．特に $(a, b, c, \cdots)$ と書いた並びが「縦」であるか「横」であるかが議論の中で本質的な場合は，その都度明記します[3)]．

さて，$\boldsymbol{R}^n$ の二つの要素 $x = (x_1, \cdots, x_n)$ および $y = (y_1, \cdots, y_n)$（これらは先に述べた n 次元数ベクトルにほかなりません）に対して，x と y の和（**ベクトル和**という）$x + y \in R^n$ を

$$x + y = (x_1 + y_1, \cdots, x_n + y_n)$$

によって定義します．このとき左辺の $+$ は数ベクトルの演算であり，右辺の $+$ は実数の演算です．全く異なる意味を持った二つの演算に対して同一の記号を用いるべきではないのですが，面倒なのでこのようにするのが習慣ですので慣れて下さい．また $\boldsymbol{R}$ の要素 a と $\boldsymbol{R}^n$ の要素 x との積（**スカラー積**という）$a \cdot x \in \boldsymbol{R}^n$ を

$$a \cdot x = (a \cdot x_1, \cdots, a \cdot x_n)$$

と定義しましょう．(このとき左辺の・は新しく定義されたスカラー積を，右辺の・は通常の実数の積を表しています.) これらベクトル和及びスカラー積

3) 縦であるか横であるかが本質的であるような数の並びというのは，つまるところ後で述べる行列（縦なら $n \times 1$，横なら $1 \times n$ の）にほかなりません．数ベクトルを便宜的に行列とみなすとき，**縦ベクトル**（**列ベクトル**）とか**横ベクトル**（**行ベクトル**）といった言い方をします．

は，明らかに次の関係を満たします．(下の $x, y, z, 0$ は $\boldsymbol{R}^n$ の要素，$a, b, 1$ は $\boldsymbol{R}$ の要素です.)

(V.1) $(x+y)+z = x+(y+z)$

(V.2) $x+y = y+x$

(V.3) 0 という要素が存在し，全ての x に対して $x+0 = 0+x = x$

(V.4) 各 x に対して $-x$ という要素が存在し $x+(-x) = 0$

(V.5) $a\cdot(x+y) = a\cdot x + a\cdot y$

(V.6) $(a+b)\cdot x = a\cdot x + b\cdot x$

(V.7) $(a\cdot b)\cdot x = a\cdot(b\cdot x)$

(V.8) $1\cdot x = x$

一般に，L という集合があって，L には何らかの形で演算 $+$ が定義されており，その演算について **(V.1)**～**(V.4)** が成り立つとき，L は**加法群**であると言われます．$\boldsymbol{R}^n$ は加法群ですが，その他にも加法群となるような集合は色々あります．例えば整数全体の集合 $\boldsymbol{Z}$ などは明らかに **(V.1)**～**(V.4)** を満たします．あるいは，2 次までの多項式全体の集合 $\{a\cdot x^2 + b\cdot x + c | a, b, c \in R\}$ なども，多項式どうしの通常の足し算 $((a_1\cdot x^2+b_1\cdot x+c_1)+(a_2\cdot x^2+b_2\cdot x+c_2) = (a_1+a_2)\cdot x^2+(b_1+b_2)\cdot x+(c_1+c_2))$ のもとで，やはり **(V.1)**～**(V.4)** を満たします．

さて，K を体とします．具体的には $K = \boldsymbol{R}$ または $K = \boldsymbol{C}$ と考えてもらって差し支えありません．体 K の要素と加法群 L の要素との間にさらに演算 $\cdot$ が定義されており，その演算に関して **(V.5)**～**(V.8)** が成立しているとき，**(V.1)**～**(V.8)** を満たす L は**体 $\boldsymbol{K}$ 上のベクトル空間（線型空間）**と言われます．この場合 K を特に**係数体**と呼び，K の各要素を**スカラー**と呼びます[4)]．また，L の要素を**ベクトル**と呼びます．**(V.1)**～**(V.8)** が**ベクトル空間の公理系**と呼ばれるものです．

4) 実際この係数体というものは $\boldsymbol{R}$ または $\boldsymbol{C}$ である必要は全然ありません．第 2 章で "体" という概念を述べましたが，この係数体というのはその名のごとく "体" であれば（有理数体でも）何でもよろしい．しかしながら，目下のところ非常に重要なのは $K = \boldsymbol{R}$ の場合であり，頭の中に具体的イメージとして持っておいていただきたいのはその場合のみです．

数ベクトルに対して定義された和およびスカラー積の下で $\boldsymbol{R}^n$ は体 $\boldsymbol{R}$ 上のベクトル空間になります．このとき公理 **(V.4)** の 0 にあたるのは，$0 \in \boldsymbol{R}$ を n 個並べたもの，すなわち $\mathbf{0} = (0, ..., 0)$ です．これらは本質的には全く異なるものですから，本来は別々の記号が与えられてしかるべきですが，特に混乱のない限り，2 種類の 0（$\boldsymbol{R}^n$ の 0 と $\boldsymbol{R}$ の 0）に異なる記号を割り当てることはしないのが習慣です．また $\boldsymbol{R}$ や $\boldsymbol{C}$ における積の記号と同様に，スカラー積を表す記号 $\cdot$ は往々にして省略されます．また以下では簡単のため $x + (-y)$ を $x - y$ と書いたり，$(x + y) + z$ を $x + y + z$ と書いたりします．後者をそのように表現しても混乱しないことは結合律にあたる **(V.1)** から明らかです．

練習問題 3.1.1　L を体 K 上のベクトル空間（上の **(V.1)** から **(V.8)** を満たす集合）とするとき，以下のことを証明せよ．

(1)　$\forall x \in L, 0 \cdot x = 0$（左辺の 0 は K の，右辺の 0 は L の要素であることに注意せよ）．

(2)　$\forall x \in L, (-1) \cdot x = -x$.

3.1.2　部分空間ならびに直和

L が体 K 上のベクトル空間であるとします．L の部分集合 M に対して，$M \subset L$ としてのベクトルの加法ならびにスカラー倍を考えたとき，M 自体を K 上のベクトル空間とみなすことができるならば，M を L の**（線型）部分空間**と呼びます．(これは要するに，集合 M の各要素に対する加法ならびにスカラー倍が集合 M 内で閉じているというそれだけのことです.)

M_1, M_2 を L の部分空間とするとき，M_1 および M_2 は必ず共通要素 $0 \in L$ を持ちますが，もし

$$M_1 \cap M_2 = \{0\}$$

であれば，M_1 に属するベクトルと M_2 に属するベクトルの和の全体からなる集合を

$$M_1 \oplus M_2 = \{x + y | x \in M_1, y \in M_2\}$$

で表し，M_1 と M_2 の**直和**と呼びます．容易に示されるように，直和 $M_1 \oplus M_2$ もまた L の部分空間になります．

定理 3.1.1 M_1, M_2 を L の部分空間とし，$M_1 \cap M_2 = \{0\}$ とする．直和 $M_1 \oplus M_2$ の任意の要素 $z \in M_1 \oplus M_2$ は，定義により $z = x + y, x \in M_1, y \in M_2$ と表せるが，実はこの表し方は一意的である．

証明 実際，$z = x + y, x \in M_1, y \in M_2$ および $z = v + w, v \in M_1, w \in M_2$ と二通りに表せたとすると，$x + y = v + w$ より，$x - v = w - y$．ところが，$x - v \in M_1$ であり $w - y \in M_2$ であり，$M_1 \cap M_2 = \{0\}$ のはずだから，$x - v = 0$ かつ $w - y = 0$ でなければならない．すなわち $x = v$ かつ $w = y$ であり，z の表し方は一意的であることがわかった． **証明終**．

三つ以上の部分空間 $M_1, \cdots, M_k$ に対してそれらの直和は，上に述べた二つの場合の議論を繰り返し用いて，$(\cdots((M_1 \oplus M_2) \oplus M_3) \oplus \cdots \oplus M_k)$ が存在する場合にのみ定義されるものとします．このとき上の定理を繰り返し用いれば，その直和の要素 z は $z = x^1 + x^2 + \cdots + x^k$, $x^1 \in M_1, x^2 \in M_2, \cdots, x^k \in M_k$ と一意的に表せますから，結局どの二つから直和をとりはじめたかということ（括弧のつけかた）には意味がありません．従って，これを

$$M_1 \oplus M_2 \oplus \cdots \oplus M_k$$

で表します．

3.1.3 ベクトル空間の次元

先に $(x_1, \cdots, x_n)$ のような n 個の数の並びを n 次元数ベクトルと呼ぶと言いました．とすれば，$\boldsymbol{R}^n$ は n 次元（実）数ベクトル全体からなる集合なのですから，容易にあなたは，(次元の何たるかを全く知らなくても)

「$\boldsymbol{R}^n$ は n 次元なのではないか」

と推理できるでしょう．そしてそれは実際正しいのですが（p.115 参照），その前にそもそも「次元とは何であるか」ということを定義しなければなりま

せん．この項では，体 K 上のベクトル空間 L が与えられたとき，その「ベクトル空間の次元」とは何か，ということを定義しましょう．

L を体 K 上のベクトル空間とします．m 個の L のベクトル $x_1, \cdots, x_m$ と m 個の K の要素 $a_1, \cdots, a_m$ について

$$a_1 \cdot x_1 + \cdots + a_m \cdot x_m$$

で表される L の要素を $x_1, \cdots, x_m$ の**線型結合（一次結合）**と呼びます．任意有限個（ただし 0 個は除く）の L の要素の組 $x_1, \cdots, x_k$ が，条件

$$(3.1) \qquad a_1 \cdot x_1 + \cdots + a_k \cdot x_k = 0 \Longleftrightarrow a_1 = \cdots = a_k = 0,$$

を満たすとき，$x_1, \cdots, x_k$ は**一次独立**なベクトルの組であると言われます．$x_1, \cdots, x_k$ が一次独立でないときこの組は**一次従属**であると言われます．

例 3.1.1 （$\boldsymbol{R}^2$ における一次独立なベクトルの組）

例えば $\boldsymbol{R}^2$ において，$(1, 2)$ と $(3, 3)$ というベクトルの組は一次独立です．実際 $a_1 \cdot (1, 2) + a_2 \cdot (3, 3) = (0, 0)$ とおいてみますと，これは $(a_1 \cdot 1, a_1 \cdot 2) + (a_2 \cdot 3, a_2 \cdot 3) = (0, 0)$ すなわち，各成分ごとに言えば，

$$1 \cdot a_1 + 3 \cdot a_2 = 0$$
$$2 \cdot a_1 + 3 \cdot a_2 = 0$$

という 2 式が成立していることになります．これを a_1 と a_2 の連立方程式と見れば，容易に $a_1 = 0, a_2 = 0$ とならねばならないことが言えます．よって $(1, 2)$ と $(3, 3)$ は一次独立なベクトルの組み合わせです．

次に，一次独立性ということを図で考えてみましょう（図 3.1）．図中の $a_1 \cdot (1, 2)$ というのは，a_1 の値をいろいろ変えることによって図中の直線 ℓ にそった方向の点（ベクトル）の全体を表現します．また $a_2 \cdot (3, 3)$ というのは同様に，直線 m 上の点全体を表現します．このとき，$a_1 \cdot (1, 2) + a_2 \cdot (3, 3)$ というのは，直線 ℓ 上の点 $a_1 \cdot (1, 2)$ と直線 m 上の点 $a_2 \cdot (3, 3)$ および点 0 によってつくられる平行四辺形の第 4 の頂点に相当します．この第 4 の頂

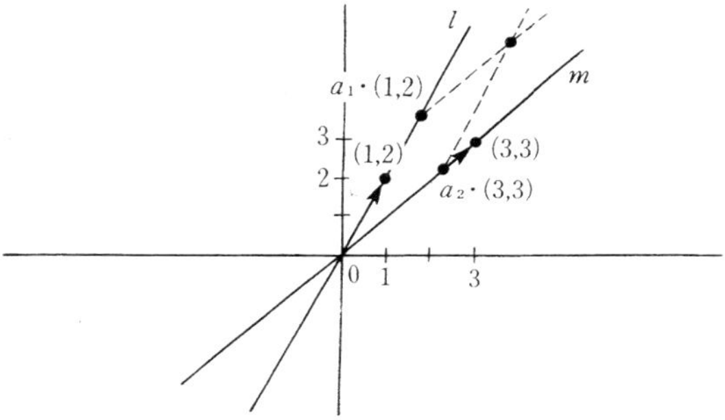

図 3.1　$\boldsymbol{R}^2$ における一次独立性

点が 0 になるというのは，((1, 2) および (3, 3) が少しでも異なる方向を指している限り）$a_1 = 0$, $a_2 = 0$ のケースを除いてはありえません．これが一次独立の直観的意味です．すなわち二つのベクトル (1, 2) と (3, 3) が一次独立というのは，(1, 2) と (3, 3) とが（少しでも）**異なる方向を指し示している**ということの表現にほかなりません．まったくその逆に一次従属というのは二つのベクトルが（(1, 1) と (2, 2) のように）同一の方向を指しているということの表現に相当します.（ただし上の議論から明らかなように 180 度の違いは同一方向と見なす.）

直感的に話を進めれば，$\boldsymbol{R}^3$ の場合，異なる方向というのは（縦，横，高さ，という）3 方向存在しますから，一次独立なベクトルの組というのは（例えば (1, 0, 0), (0, 1, 0), (0, 0, 1) のように）3 個までとることができます．後で述べる定理 (3.1.5) からわかるように，この場合 4 個以上はとれません．

一次従属という概念は次のように言い換えることもできます．

定理 3.1.2　体 K 上のベクトル空間 L において，$x_1, \cdots, x_m$ が一次従属であるということは，これらのベクトルのうちの一つが他のものの線型結合として表されるということと同値である．

証明　$x_1, \cdots, x_m \in L$ が一次従属であるとすれば，$a_1, \cdots, a_m \in \boldsymbol{R}$ が存在して，$a_1 \cdot x_1 + \cdots + a_m \cdot x_m = 0$ であり，かつある i について $a_i \neq 0$ となる．そこで，$a_i \cdot x_i$

を右辺に移項して，両辺に $a_i(\neq 0)$ の逆数をかければ，x_i が他のものの線型結合として表されることになる．すなわち定理の条件が成立する．

逆に，ある i について x_i が他のものの線型結合として表されたとすれば，それが一次従属性を意味することも明らかである． **証明終**.

次の事実はあまりにも自明なので，証明は各自の練習問題とします．一次独立の定義に戻ってきちんと考えてみて下さい．(直感的には，n 個のベクトルがそれぞれ異なる方向を指しているとき，そのうちの m 個 $(m < n)$ も異なる方向を指している，というアタリマエのことです.)

定理 3.1.3 $x_1, \cdots, x_n$ が一次独立なベクトルの組み合わせであるとき，そこから m 個 $(m < n)$ 取り除いた残り，$x_1, \cdots, x_{n-m}$ もまた一次独立なベクトルの組み合わせである．

さあ，やっと準備が整いました．以下でベクトル空間の次元ということを定義します．体 K 上のベクトル空間 L において，一次独立になるようにとれるベクトルの最大個数が n であるとき，(つまり，n 個のベクトル $x_1, \cdots, x_n \in L$ を選んできてそれらが一次独立であるようにすることはできるが，$n+1$ 個についてはそれができないというとき)，L は n **次元**であると言われます．また，一次独立にとれるベクトルの最大個数が無限個（つまり，いかなる自然数 n に対しても，n 個のベクトル $x_1, \cdots, x_n$ を選んできてそれらが一次独立になるようにすることができるとき)，L は**無限次元**であると言われます．

例 3.1.2 関数空間：無限次元空間の例

ベクトル空間の次元というのは一次独立にとれるベクトルの最大個数のことで，一次独立なベクトルの個数というのは，直感的にはその空間における「異なる方向」の個数のことでした．すると，無限次元空間というのは，その空間において「異なる方向」と呼べるものが無限個あるような空間ということになります．そんなものが果たしてあるのか，と言いたくなるでしょう．

なければないに越したことはない？のですが，残念ながら，**れっきとしてあります**．しかも，その（無限次元）空間におけるベクトルというのは，数学において**非常に重要**な，そしてみなさんが日常茶飯事に用いている（用いてないか…）ようなモノです．たねを明かせばそれは「関数」です．集合 X から Y への関数の全体（これは集合と呼んでいい）を $\mathcal{F}(X,Y)$ で表しますと，$\mathcal{F}(X,Y)$ はこのままではタダの集合に過ぎませんが，X と Y に適当な条件（例えば $X=Y=\boldsymbol{R}$ ($\boldsymbol{R}$ は実数全体）など）を与えてやりますと，これはたちまちにして無限次元ベクトル空間とみなせます．以下，これを厳密に述べましょう．

M を任意の集合とします．M を定義域とするような実数値関数 $f:M\to\boldsymbol{R}$ の全体からなる集合を $\mathcal{F}(M,\boldsymbol{R})=\{f|f:M\to\boldsymbol{R}\}$ で表します．集合 $\mathcal{F}(M,\boldsymbol{R})$ の要素に対して,「和」および「スカラー倍」を以下のように定義することによって，$\mathcal{F}(M,\boldsymbol{R})$ は $\boldsymbol{R}$ 上のベクトル空間とみなすことができます．任意の f, $g\in\mathcal{F}(M,\boldsymbol{R})$ に対して，$f:M\to\boldsymbol{R}$ と $g:M\to\boldsymbol{R}$ の**和**と呼ばれる実数値関数 $f+g:M\to\boldsymbol{R}$ を，

$$(3.2)\qquad f+g:M\ni m\longmapsto f(m)+g(m)\in\boldsymbol{R},$$

と定義します．また，任意の $f\in\mathcal{F}(M,\boldsymbol{R})$ と $r\in\boldsymbol{R}$ に対して，$f:M\to\boldsymbol{R}$ スカラー倍（r 倍）と呼ばれる実数値関数 $r\cdot f:M\to\boldsymbol{R}$ を，

$$(3.3)\qquad r\cdot f:M\ni m\longmapsto r\cdot f(m)\in\boldsymbol{R},$$

と定義しましょう．このとき $\mathcal{F}(M,\boldsymbol{R})$ が $\boldsymbol{R}$ 上のベクトル空間となること（**(V.1)**〜**(V.8)** が満たされること）は容易に示せます．(各自試みよ．面倒臭かったら，とりあえず頭から信じておくこと.)

M の要素の数が n 個のとき,（例えば $M=\{1,2,\cdots,n\}$ のとき,）この空間は $\boldsymbol{R}^n$ と同一視できます．実際 $f\in\mathcal{F}(M,\boldsymbol{R})$ はこの場合，自然数 $1,2,\cdots,n$ に対してそれぞれ $f(1),f(2),\cdots,f(n)$ という実数を割り当てる関数ですが，これは $(f(1),f(2),\cdots,f(n))$ という一つの数ベクトルを決定することにほかなりません．(関数一つが数ベクトル一つと 1 対 1 に対応している.）また M が無限集合のとき,（例えば $M=N$ とか $M=\boldsymbol{R}$ のような

とき）この空間は無限次元空間になります．特に $M=N$（自然数全体の集合）のとき，この空間は $\boldsymbol{R}^\infty$ と呼ばれる集合（実数の無限列の全体からなる集合）となります．

さらに，$\mathcal{B}(M,\boldsymbol{R})$ で，M 上の実数値関数のうちで有界であるものの全体からなる集合を表すものとしましょう．(すなわち，各 $f\in\mathcal{B}(M,\boldsymbol{R})$ に対して，ある $a,b\in\boldsymbol{R}$ が存在して，全ての $m\in M$ について $a<f(m)<b$ が成り立つ.) 有界な関数どうしの和は明らかに有界であり，またスカラー倍も明らかに有界ですから，和とスカラー倍についての上の (3.2), (3.3) の定義をそのまま用いて，$\mathcal{B}(M,\boldsymbol{R})$ もやはり $\boldsymbol{R}$ 上のベクトル空間になります．M が n 個の要素からなる有限集合の場合 $\mathcal{B}(M,\boldsymbol{R})$ は先と同じく $\boldsymbol{R}^n$ と同一視でき，また $M=N$ の場合は ℓ^∞ と呼ばれる集合（上下に有界な実数列全体からなる集合）と同一になります．もちろん ℓ^∞ も無限次元ベクトル空間です．

この $\boldsymbol{R}^\infty$ や ℓ^∞ は，入門から少し進んだ経済学においては非常によく用いられます．例えば時間の流れを無限の将来にわたって考慮した場合の経済モデルなどは，このような無限次元空間上の計画問題としてとらえるのが一般的です．

3.1.4 ベクトル空間の基底

引き続き，体 K 上のベクトル空間 L を考えます．$S\subset L$ とし，ベクトル $x_1,\cdots,x_n\in S$ の線型結合の全体，すなわち

$$\{\sum_{i=1}^{n} a_i\cdot x_i \mid n\in N, a_i\in\boldsymbol{R}, x_i\in S, i=1,\cdots,n\} \tag{3.4}$$

が集合 $X\subset L$ に等しくなるとき，X は S によって**生成**されるという言い方をします．$x_1,\cdots,x_k\in L$ が一次独立なベクトルの組であって，かつ集合 $\{x_1,\cdots,x_k\}$ が L 自体を生成するとき，$x_1,\cdots,x_k$ をベクトル空間 L の**基底**と呼びます．

ベクトル空間の基底のとりかたは，明らかに 1 種類ではありません．たとえば，$\boldsymbol{R}^2$ において $(0,1),(1,0)$ は一つの基底であり，$(0,-1),(-1,0)$ もま

た一つの基底です．次の定理 (3.1.4) は，**ベクトル空間 L が n 次元であるならば，n 個の一次独立なベクトルの組が常に L 自身を生成する**（つまり L の基底となる）ということを述べています．また，定理 (3.1.5) が示すように，**基底を構成するベクトルの数は各ベクトル空間ごとに一意的に定まります**．結局，ベクトル空間 L において，

重要ポイント 3.1.1　(n 次元である) $\Longleftrightarrow$ (n 個のベクトルが基底をなす)

ということが，次の二つの定理から言えることになります．

定理 3.1.4　体 K 上のベクトル空間 L が n 次元であるとする．このとき，一次独立なベクトルの組 $x_1, \cdots, x_n$ が与えられたとすると，L の任意の点 y は $x_1, \cdots, x_n$ の線型結合として表すことができる．

証明　もしも，ある点 $y \in L$ が $x_1, \cdots, x_n$ の線型結合として表現されえないとすると，$x_1, \cdots, x_n$ に y をつけ加えた $n+1$ 個のベクトルの組み合わせが一次独立になることを示すことができる．(定理 (3.1.2) を用いれば良い．) ところがこれは L が n 次元であることに矛盾する．　**証明終**．

定理 3.1.5　体 K 上のベクトル空間 L において $x_1, \cdots, x_n$ および $y_1, \cdots, y_k$ がともに L を生成する一次独立なベクトルの組み合わせであるとすると，$k = n$ である．

証明　$n < k$ として矛盾が示されれば十分である．

まず $x_1, \cdots, x_n$ から x_n を取り除いた残りの $n-1$ 個，$x_1, \cdots, x_{n-1}$ は，L 全体を生成することはない．(そもそも x_n を生成しえないので．) よって $y_1, \cdots, y_k$ の中に $x_1, \cdots, x_{n-1}$ によっては生成されない元 y_{i_n} が存在する．(もしそうでなければ，$y_1, \cdots, y_k$ は L 全体を生成するので，$x_1, \cdots, x_{n-1}$ が L 全体を生成することになってしまうので矛盾．) このとき，$x_1, \cdots, x_{n-1}$ に y_{i_n} をつけたして得られる n 個のベクトルの組み合わせ $x_1, \cdots, x_{n-1}, y_{i_n}$ は，もとの $x_1, \cdots, x_n$ と同じく L を生成する一次独立なベクトルの組み合わせであることが示される．実際，

$x_1, \cdots, x_{n-1}, y_{i_n}$ が一次独立であることは定理 (3.1.2) および定理 (3.1.3) から明らかである．一方，$x_1, \cdots, x_n$ が L を生成するので，$a_1 \cdot x_1 + \cdots + a_n \cdot x_n = y_{i_n}$ と書ける．このとき，y_{i_n} の選び方から，x_n の係数 a_n は 0 ではありえない．そこで $a_n \cdot x_n$ を右辺に移項し，y_{i_n} を左辺に移項して，全体を $a_n \neq 0$ で割れば，x_n が $x_1, \cdots, x_{n-1}, y_{i_n}$ の一次結合として表現されることがわかる．すなわち $x_1, \cdots, x_{n-1}, y_{i_n}$ は L を生成する．

上で示したことは，$x_1, \cdots, x_n$ の x_n を $y_1, \cdots, y_k$ のうちの一つ y_{i_n} で置き換えて，そのとき得られる組み合わせ $x_1, \cdots, x_{n-1}, y_{i_n}$ がやはり一次独立でかつ L 全体を生成するようにすることができる，ということであった．次にこれをさらに進めて $x_1, \cdots, x_{n-1}, y_{i_n}$ の x_{n-1} を $y_1, \cdots, y_k$ のうちの一つで置き換えるということを考える．先程と同様，$x_1, \cdots, x_{n-1}, y_{i_n}$ から x_{n-1} を取り除いた残りの $n-1$ 個のベクトル $x_1, \cdots, x_{n-2}, y_{i_n}$ は L を生成しえない（そもそも x_{n-1} を生成しえない）ので，$y_1, \cdots, y_k$ の中に，$x_1, \cdots, x_{n-2}, y_{i_n}$ の線型結合として生成されえない元 $y_{i_{n-1}}$ が存在する．そこで $x_1, \cdots, x_{n-2}, y_{i_n}$ に $y_{i_{n-1}}$ をつけたして得られる n 個のベクトルの組み合わせ $x_1, \cdots, x_{n-2}, y_{i_{n-1}}, y_{i_n}$ を考えると，これが L を生成する一次独立なベクトルの組み合わせであることが，前の議論と全く同様にして示される．

ここまでに述べられた作業（一般に x_m を y_{i_m} によって置き換える）は，$n < k$ であれば，$x_1, \cdots, x_n$ の全てを $y_{i_1}, \cdots, y_{i_n}$ によって置き換えるまで続けることができる．最終的に得られた n 個のベクトルの組み合わせ $y_{i_1}, \cdots, y_{i_n}$ は L を生成するから，これは $n < k$ である限り $y_1, \cdots, y_k$ の一次独立性に矛盾する．

証明終．

我々の主要な関心は実数体 $\boldsymbol{R}$ 上のベクトル空間 $\boldsymbol{R}^n$ にありますが，この $\boldsymbol{R}^n$ においては上に述べた基底として特に次のような n 個のベクトルの組み合わせ

$$e_1 = \begin{pmatrix} 1 \\ 0 \\ 0 \\ \vdots \\ 0 \end{pmatrix}, e_2 = \begin{pmatrix} 0 \\ 1 \\ 0 \\ \vdots \\ 0 \end{pmatrix}, \cdots, e_n = \begin{pmatrix} 0 \\ \vdots \\ 0 \\ 0 \\ 1 \end{pmatrix}$$

をとることができます．(これが実際に $\boldsymbol{R}^n$ の一つの基底と呼んでいいもので

あることは，基底の定義に基づいて各自確認して下さい.）$e_1, \cdots, e_n$ は $\boldsymbol{R}^n$ の**標準基底**と呼ばれます．具体的にこのような n 個のベクトルが基底となるわけですから，最初の予想通り，定理 (3.1.4)，定理 (3.1.5) によって，

重要ポイント 3.1.2 $\boldsymbol{R}^n$ の次元は n である．

ということが言えたわけです．

3.2 ベクトル空間上の様々な構造

$\boldsymbol{R}^n$ という集合は，前節に述べたベクトル空間としての構造 **(V.1)**～**(V.8)** に加えて，順序構造（$\leq$ で表される大小関係）を持ち "ノルム" や "内積" といったものが定義された空間です．こういった豊富な構造が $\boldsymbol{R}^n$ をして様々な議論の舞台とならしめているのです．この節ではこれらの概念を簡単にまとめておくと同時に，ベクトル空間としての $\boldsymbol{R}^n$ の構造に関連して本書でこの先用いられるであろういくつかの基本的定理ならびに記号を紹介します．

以下本書においては特に断らない限り，ベクトル空間 $\boldsymbol{L}$ の係数体 $\boldsymbol{K}$ が $\boldsymbol{R}$ または $\boldsymbol{C}$ であるような場合のみを取り扱うことにします．もちろん $\boldsymbol{R} \subset \boldsymbol{C}$ とみなします．

3.2.1 順序構造

$\boldsymbol{R}$ という集合には，その二つの要素 $a, b \in \boldsymbol{R}$ についてその二つのうちでいずれが大きいか（または等しいか）を決める順序 $\leq$ が存在しました．$\boldsymbol{R}^n$ 上にも次のようにして順序を導入することができます．便宜上 $\boldsymbol{R}^n$ 上の順序も $\boldsymbol{R}$ 上の順序も同じ記号 $\leq$ で表すことにします．($\boldsymbol{R}$ と $\boldsymbol{R}^1$ を同一視したとき，一致するから，異なる記号を用いない方が何かと便利.)

定義 3.2.1 $\boldsymbol{R}^n$ において，二つの数ベクトル $x = (x_1, x_2, \cdots, x_n)$ および $y = (y_1, y_2, \cdots, y_n)$ に対し，

$$x \leq y \iff (x_i \leq y_i, \forall i = 1, 2, \cdots, n),$$

によって $\boldsymbol{R}^n$ 上の順序を定義する．この順序は $\boldsymbol{R}^n$ 上の**標準的順序**と呼ばれる．(もちろん右辺の $\leq$ は，すでに定義されている $\boldsymbol{R}$ 上の順序を表す.)

このように定義された $\leq$ が実際に“順序”と呼んでいいものであること（反射律，反対称律，推移律を満たすこと：定義 (2.1.1) 参照）は容易に確かめられます．ただし $\boldsymbol{R}^n$ 上の標準的順序 $\leq$ は，$n > 1$ のとき全順序（全ての二つの要素に対して順序がつく）にはなりません.（定義 (2.1.1) 参照.）例えば $n = 2$ のとき $(1,1) \leq (2,2)$ ですが，$(1,2)$ と $(2,1)$ には順序がつきません．

さて一般に，ベクトル空間 L 上に，ある順序関係 $\leq$ が定義されており，さらにその順序関係が次の二つの条件を満たすとき，L を**順序ベクトル空間** **(ordered vector space)** と呼びます．

(VO.1) $\forall x, y, z \in L,\ x \leq y \Longrightarrow x + z \leq y + z,$

(VO.2) $\forall a \in \boldsymbol{R}, \forall x, y \in L, (x \leq y \text{かつ} 0 \leq a) \Longrightarrow ax \leq ay.$

ただし，上の (VO.2) における $0 \leq a$ の $\leq$ は，通常の $\boldsymbol{R}$ における大小関係を表し，残りの $\leq$ は全て L 上の関係を表します．

$\boldsymbol{R}^n$ 上の標準的順序 $\leq$ は，これら二つの条件 (VO.1)，(VO.2) を明らかに満たします．従って $\boldsymbol{R}^n$ は順序ベクトル空間です．本書を通じて，$\boldsymbol{R}^n$ 上に標準的順序以外の順序構造を考えることはありませんので，以後 $\boldsymbol{R}^n$ 上の順序 $\leq$ と言えば，それはこの定義 (3.2.1) によって定義されるものとします．この標準的順序に関連してしばしば用いられる記号として，$x, y \in \boldsymbol{R}^n$, $x = (x_1, x_2, \cdots, x_n)$, $y = (y_1, y_2, \cdots, y_n)$ に対し，

(3.5) $$x < y \iff (x \leq y \wedge x \neq y),$$

(3.6) $$x \ll y \iff (x_i < y_i \forall i = 1, 2, \cdots, n),$$

があります．また $\boldsymbol{R}^n$ において $0 \leq x$ を満たすような x の全体を，$\boldsymbol{R}^n_+$ で表します．また $\boldsymbol{R}_+ = \{x | x \in \boldsymbol{R}, 0 \leq x\}$ とおきます．$\boldsymbol{R}$ と $\boldsymbol{R}^1$ とは明らかに集合として同一視できますが，このとき定義 (3.2.1) から定義される $\boldsymbol{R}^1$ の順序もまた，もとの $\boldsymbol{R}$ 上の順序と同一視できます．

先にも述べたように，$\boldsymbol{R}^n$ の任意の 2 点 $x = (x_1, x_2, \cdots, x_n)$, $y = (y_1, y_2, \cdots, y_n)$ について大小関係は必ずしも確定しませんが，x と y の最小上界 $\sup\{x, y\}$（簡単のため以後これを $\sup(x, y)$ で表す）は必ず確定します．実際，

$$\sup(x, y) = (\sup(x_1, y_1), \sup(x_2, y_2), \cdots, \sup(x_n, y_n))$$

となります．もちろん左辺の sup は $\boldsymbol{R}^n$ 上の最小上界を，右辺の sup は全て $\boldsymbol{R}$ 上の最小上界を表します．証明は練習問題とします．

練習問題 3.2.1 $\boldsymbol{R}^n$ において標準的順序を考えるとき，$x = (x_1, x_2, \cdots, x_n)$ と $y = (y_1, y_2, \cdots, y_n)$ の最小上界 $\sup(x, y)$ が，上で述べたように $(\sup(x_1, y_1), \sup(x_2, y_2), \cdots, \sup(x_n, y_n))$ であることを確かめよ．また，$\inf(x, y)$ はどのようになるか考えよ．

より一般に，実数における (R.5) と同様の次の定理が成立します．

定理 3.2.1 $\boldsymbol{R}^n$ の空でない部分集合 A が上に有界（ある $b \in \boldsymbol{R}^n$ が存在して，任意の $a \in A$ に対して $a \leq b$ が成立する）であるとき，最小上界 $b^* \in \boldsymbol{R}^n$ が存在する．

証明 各 $i = 1, 2, \cdots, n$ について，$A_i = \{x_i | (x_1, x_2, \cdots, x_n) \in A\}$ とおく．$b = (b_1, b_2, \cdots, b_n)$ とするとき，明らかに b_i は A_i の上界である．よって実数の公理 (R.5) より，$\forall i = 1, 2, \cdots, n$ について $\sup A_i$ が存在する．$b_i^* = \sup A_i$ とするとき，$b^* = (b_1^*, b_2^*, \cdots, b_n^*)$ が A の最小上界になることを見るのは容易である．

証明終．

もちろん最大下界についても同様の定理が成立することは言うまでもありません．

さてベクトル空間 L の上では二つのベクトル x, y の和 $x + y$ が定義されているわけですが，このベクトル和の概念を少し拡張して L の二つの部分集合 A および B のベクトル和というものを考えましょう．$A \subset L$, $B \subset L$

を与えられたとき，$A+B$ によって集合 $\{x|\, x=a+b,\, a\in A,\, b\in B\}$ を表すものとします．すなわち $A+B$ とは A に属する要素 a と B に属する要素 b のベクトル和 $a+b$ の全体を指します．特に $x\in L$ と $A\subset L$ に対して $\{x\}+A$ は，簡単のためしばしば $x+A$ と表現されます．また $-A$ は $\{-a|\, a\in A\}$ を表します．L が順序ベクトル空間であり，$A\subset L$ および $B\subset L$ （ただし $A\neq\emptyset,\, B\neq\emptyset$）でありかつ $\sup A$ ならびに $\sup B$ が存在するものとするとき，(VO.1) によって，$\sup(A+B)$ も存在して，

$$\sup(A+B)=\sup A+\sup B, \tag{3.7}$$

が成立します．特に $A=\{x\}$ とすれば，$\sup(x+B)=x+\sup B$ となります．さらに (VO.1) より，$\sup A$ が存在するならば，

$$\sup A=-\inf(-A), \tag{3.8}$$

となることが示せます．この (3.8) 式を用いれば，(3.7) 式と同様のことが inf についても証明できます．

練習問題 3.2.2 (3.7) ならびに (3.8) 式を証明せよ．さらに $\inf A$ および $\inf B$ が存在するとき $\inf(A+B)$ も存在して $\inf(A+B)=\inf A+\inf B$ となることを示せ．

3.2.2 凸 性

ベクトル空間 L の部分集合 A に対して，その集合を図形として眺めたとき，外側に膨らんでいるとか内側にへこんでいるとかいった視覚的概念を，厳密に定義することができます．$A\subset L$ が**凸集合**であるとは，A 上の任意の2点 $a,b\in A$ について，その2点を結ぶ線分が A に含まれることを言います．2点 $a,b\in L$ を結ぶ線分とは，集合 $\{x|x\in L,\, x=\alpha a+(1-\alpha)b,\, 0\leq\alpha\leq 1\}$ で表せます．従って厳密に述べると，$A\subset L$ について

$$\forall a,b\in A,\ \forall\alpha\in\{x|x\in \boldsymbol{R}, 0\leq x\leq 1\},\ \alpha a+(1-\alpha)b\in A \tag{3.9}$$

が満たされるとき，A を凸集合と呼びます．

凸集合は経済学的にとても重要な概念です．というのは経済学で仮定する消費者の選好パターンや企業の生産技術の中で，この凸集合というものによって記述される特徴がとても本質的なものだからです．消費集合（財空間上で消費可能な点の全体），生産集合（財空間上で可能な生産パターンの全体），といったものをはじめとして，予算集合（消費集合上で実際に購入可能な点の全体），各消費者の選好（消費集合上のある点よりも好まれる点全体），といったさまざまな集合の凸性は，需要関数および供給関数の連続性，ひいては経済学的均衡の存在を保証する重要な前提条件となります．

さて凸集合は，先に述べたベクトル和に関して次のような性質を持ちます．

定理 3.2.2 （凸集合のベクトル和は凸集合である） $A_1, A_2, \cdots, A_m$ を $\boldsymbol{R}$ 上のベクトル空間 L における凸集合であるとする．このとき，$\sum_{i=1}^m A_i = \{x | x = \sum_{i=1}^m a_i, a_i \in A_i, i = 1, 2, \cdots, m\}$ もまた凸集合となる．

証明 $A = \sum_{i=1}^m A_i$ とおく．$a, b \in A$ とし，$\lambda \in \boldsymbol{R}, 0 \leq \lambda \leq 1$ とする．A の定義から，$a = \sum_{i=1}^m a_i$, $a_i \in A_i$, $i = 1, 2, \cdots, m$ および $b = \sum_{i=1}^m b_i$, $b_i \in A_i$, $i = 1, 2, \cdots, m$ とおけるはずである．このとき $\lambda a + (1-\lambda)b = \sum_{i=1}^m (\lambda a_i + (1-\lambda)b_i)$ である．各 A_i が凸集合であることから，$\forall i = 1, 2, \cdots, m$ について $\lambda a_i + (1-\lambda)b_i \in A_i$ であり，$\lambda a + (1-\lambda)b \in A$ となる． **証明終．**

二つの凸集合の共通部分は（目で見た場合）明らかに凸集合になりますが，このことは一般に無限個でも成立します．

定理 3.2.3 $A_i, i \in I$ を全てベクトル空間 L の凸部分集合とするとき，$\bigcap_{i \in I} A_i$ も凸集合である．

証明 $\bigcap_{i \in I} A_i = \emptyset$ ならば，それは凸集合である．($\emptyset$ が凸集合の条件 (3.9) 式を満たすことに注意.) $a, b \in \bigcap_{i \in I} A_i$ かつ $\alpha \in [0, 1]$ を任意に選んで固定する．このとき $c = \alpha a + (1-\alpha)b \in \bigcap_{i \in I} A_i$ なることを示せばよい．任意の $i \in I$ について，$a \in A_i$ かつ $b \in A_i$ であるから，各 A_i の凸性により，$c \in A_i \, \forall i \in I$．従って $c \in \bigcap_{i \in I} A_i$ である． **証明終．**

空でない L の部分集合 A が条件

(1) $x, y \in A \Longrightarrow x + y \in A$,

(2) $x \in A, \alpha \in \boldsymbol{R}_+ \Longrightarrow \alpha x \in A$,

を満たすとき，A は**凸錐**であると言われます．凸錐はその定義から明らかに，原点 $0 \in L$ を要素として持つ凸集合になります．$\boldsymbol{R}^n$ における $\boldsymbol{R}^n_+$ は明らかに凸錐です．一般に $\boldsymbol{R}$ 上のベクトル空間 L に順序 $\leq$ が定義されているとき，L の部分集合 $C = \{x | x \in L, 0 \leq x\}$ を L の**正凸錐**（**positive cone**）と呼びます．正凸錐は条件 (VO.1) からその名の通り凸錐になります．L を順序ベクトル空間とし C をその正凸錐とするとき，(VO.1) から，

$$\forall x, y \in L, (x \leq y \iff y - x \in C), \tag{3.10}$$

となりますから，正凸錐 C は L 上の順序構造を完全に特徴づける（C から $\leq$ を逆定義することもできる）ことになります．

3.2.3　ノルムと距離

$\boldsymbol{R}^n$ において，各要素 $x = (x_1, x_2, \cdots, x_n) \in \boldsymbol{R}^n$ に対し，その点が原点 0 からどのくらい離れているか（いわばそのベクトルの大きさ）ということを指し示す指標として，ある非負の実数値を割り当てることを考えてみましょう．この実数値は**ノルム**と呼ばれ，各 x に対して $\|x\|$ で表現されます．我々がこのノルムという概念に要求するのは，例えば $2x$ に対しては 2 倍の $\|x\|$ という値が割り当てられているというようなことですが，厳密に述べるのは後回しにして，とりあえずノルムの与え方の実例を三つ挙げてみましょう．(異なる定義のノルムに見分けをつけるため，仮にそれらを $\| \ \|_1, \| \ \|_2, \| \ \|_\infty$ で表します.)

例 3.2.1　（$\boldsymbol{R}^n$ のノルムの定義の仕方その 1）　$x = (x_1, x_2, \cdots, x_n) \in \boldsymbol{R}^n$ に対して，

$$\|x\|_1 = |x_1| + |x_2| + \cdots + |x_n|.$$

例 3.2.2 （$\boldsymbol{R}^n$ のノルムの定義の仕方その 2） $x=(x_1,x_2,\cdots,x_n)\in\boldsymbol{R}^n$ に対して，

$$\|x\|_2=\sqrt{(x_1)^2+(x_2)^2+\cdots+(x_n)^2}.$$

例 3.2.3 （$\boldsymbol{R}^n$ のノルムの定義の仕方その 3） $x=(x_1,x_2,\cdots,x_n)\in\boldsymbol{R}^n$ に対して，

$$\|x\|_\infty=\sup\{|x_1|,|x_2|,\cdots,|x_n|\}.$$

各定義において $|x_i|$ は通常の $\boldsymbol{R}$ 上の絶対値を表します．最初の定義によるノルムは**変分ノルム**と呼ばれます．ご覧の通り，各座標の絶対値の総和です．二番目の定義によるノルムは**ユークリッドノルム**と呼ばれます．直観的に言えば，いわゆる“原点との直線距離”にあたります．第三の定義によるものは，**sup ノルム**と呼ばれます．要するに原点と最も離れている座標の絶対値を用いるものです．もちろんこれらのほかにも定義の仕方はありますが，この三通りのノルム概念は特に重要です．

練習問題 3.2.3 $(1,1,\cdots,1)\in\boldsymbol{R}^n$ に対して，上の三通りのノルムの定義によれば，それぞれどのような実数値が与えられるか述べよ．また $\boldsymbol{R}^2$ において，上の三通りのノルムについて集合 $\{x|\|x\|\leq 1\}$ を図示せよ．

L を $\boldsymbol{R}$ または $\boldsymbol{C}$ 上のベクトル空間とします．各 $x\in L$ に対して非負の実数値を決める L 上の関数（$x\in L$ に対して決まるその値を，とりあえず $\|x\|$ で表すことにする）が次の三つの条件を満たすとき，その関数を L 上の**ノルム**といいます．

(3.11)

(ノルム 1) $\forall x\in L,\ (\|x\|=0\iff x=0),$

(ノルム 2) $\forall x,y\in L,\ \|x+y\|\leq\|x\|+\|y\|,$

(ノルム 3) $\forall a\in K,\forall x\in L,\ \|ax\|=|a|\|x\|.$

条件 (ノルム 3) の $|a|$ はもちろん $\boldsymbol{R}$ または $\boldsymbol{C}$ における絶対値を指します．(ノルム 1)，(ノルム 2)，(ノルム 3) をまとめて**ノルムの公理（公準）**と呼びま

す．ベクトル空間 L 上でノルム $\|\cdot\|$ が定義されているとき，集合 L とノルム $\|\cdot\|$ のペアー $(L, \|\cdot\|)$ を**ノルム空間**と呼びます．先に述べた $\boldsymbol{R}^n$ 上の三通りのノルムはそれぞれ上の公準を全て満たします．(練習問題とする[5]．) 従って，$\boldsymbol{R}^n$ に先ほどの三通りのノルムのうちいずれかを定義すればノルム空間になります．三通りのいずれであるかを決めておかないと何かと不便ですので，以後特に断らなければ，**$\boldsymbol{R}^n$ 上には例 (3.2.2) のユークリッドノルムが定義されている**ものとします．

さて，$\boldsymbol{R}$ や $\boldsymbol{C}$ においては絶対値を用いて"距離"というものを定義しました．一般に $\boldsymbol{R}^n$ 上に絶対値というのはありませんが，かわりに**ノルムを用いて距離を定義する**ことができます．一般に L をノルム空間とし，$x \in L$ に対して $\|x\|$ でそのノルムを表すとき，2点 $x, y \in L$ が"どのくらい離れているか"ということの指標として x と y の差のノルム $\|x-y\|$ を用いるということが考えられます．

定義 3.2.2 (ノルムから定義される距離) $x, y \in L$ に対して，

$$d(x, y) = \|x - y\|$$

として定義される d を，**ノルムによって定義される距離**という．

例えば $\boldsymbol{R}^n$ 上で，変分ノルム $\|(x_1, \cdots, x_n)\|_1 = |x_1| + \cdots + |x_n|$ から定義される距離（仮に d_1 で表す）は，$x = (x_1, \cdots, x_n)$, $y = (y_1, \cdots, y_n)$ に対して

$$d_1(x, y) = \|x - y\| = |x_1 - y_1| + \cdots + |x_n - y_n| \tag{3.12}$$

5) ユークリッドノルムが (ノルム 2) の公準を満たすことについてのみ，ヒントを与えておきます．(あとはほとんど自明でしょう．) 公準 (ノルム 2) にユークリッドノルムの定義式を代入し，辺々二乗して差をとる．あとは次に示すシュワルツの不等式を用いる：変数 $t \in \boldsymbol{R}$ についての二次方程式 $(x_1^2 + x_2^2 + \cdots + x_n^2)t^2 + 2(x_1y_1 + x_2y_2 + \cdots + x_ny_n)t + (y_1^2 + y_2^2 + \cdots + y_n^2) = 0$ を考える．左辺は変形すると $(x_1t + y_1)^2 + (x_2t + y_2)^2 + \cdots + (x_nt + y_n)^2$ だから任意の $t \in \boldsymbol{R}$ について ≥ 0 となる．従って上の二次方程式の判別式は ≤ 0 であり，そこから**シュワルツの不等式** $(x_1y_1 + x_2y_2 + \cdots + x_ny_n)^2 \leq (x_1^2 + x_2^2 + \cdots + x_n^2)(y_1^2 + y_2^2 + \cdots + y_n^2)$ を得る．

となります. $\boldsymbol{R}^n$ 上でユークリッドノルム $\|(x_1+\cdots+x_n)\|_2 = \sqrt{(x_1)^2+\cdots+(x_n)^2}$ を考えた場合は，そこから定義される距離（仮に d_2 で表す）は，$x=(x_1,\cdots,x_n)$, $y=(y_1,\cdots,y_n)$ に対して

$$(3.13) \quad d_2(x,y) = \|x-y\| = \sqrt{(x_1-y_1)^2+\cdots+(x_n-y_n)^2}$$

となります. また $\boldsymbol{R}^n$ 上で sup ノルム $\|(x_1,\cdots,x_n)\|_\infty = \sup\{|x_1|,\cdots,|x_n|\}$ を用いたときは，そこから定義される距離を d_∞ で表すと，$x=(x_1,\cdots,x_n)$, $y=(y_1,\cdots,y_n)$ に対して

$$(3.14) \qquad d_\infty(x,y) = \sup\{|x_1-y_1|,\cdots,|x_n-y_n|\}$$

となります. 以後特に断らなければ，**$\boldsymbol{R}^n$ 上の距離とは上の $\boldsymbol{d}_2$（ユークリッドノルムから定義された距離）をさす**ものとします.

先に我々は絶対値から定義される $\boldsymbol{R}$ 上ならびに $\boldsymbol{C}$ 上の距離 d が，三つの性質

(1) $d(x,y)=d(y,x)$,

(2) $d(x,y)=0 \iff x=y$,

(3) $d(x,z)\le d(x,y)+d(y,z)$,

を持つことを見ました. 一般に，**ノルム空間 $(\boldsymbol{L},\|\cdot\|)$ において $\boldsymbol{d}_{\|\cdot\|}(x,y)=\|\boldsymbol{x}-\boldsymbol{y}\|$ として定義される距離 $\boldsymbol{d}_{\|\cdot\|}$ もやはりこの三条件を満たす**ことが言えます. 実際，公準（ノルム 3）から $d_{\|\cdot\|}(x,y)=\|x-y\|=\|-1(y-x)\|=|-1|\|y-x\|=\|y-x\|=d_{\|\cdot\|}(y,x)$. 公準（ノルム 1）から，$d_{\|\cdot\|}(x,y)=0 \iff \|x-y\|=0 \iff x-y=0 \iff x=y$. また（ノルム 2）から $d_{\|\cdot\|}(x,z)=\|x-z\|=\|x-y+y-z\|\le\|x-y\|+\|y-z\|=d_{\|\cdot\|}(x,y)+d_{\|\cdot\|}(y,z)$ となります.

3.2.4 内　積

L を $\boldsymbol{R}$ 上のベクトル空間とします.（$\boldsymbol{C}$ 上のベクトル空間の場合は，少し後で扱います.）L の二つの要素 x,y に対して，その係数体 $\boldsymbol{R}$ の要素 $\langle x,y\rangle\in\boldsymbol{R}$ をきめる関係（すなわち $L\times L$ からその係数体 $\boldsymbol{R}$ への関数）が

次の三条件を満たすとき，$\langle x, y\rangle$ を x と y の**内積**と呼びます．

$$
(3.15)\quad
\begin{array}{ll}
(\text{内積 1: 線形性}) & \forall x, y, z \in L,\ \langle x+y, z\rangle = \langle x, z\rangle + \langle y, z\rangle \\
 & \forall x, y \in L,\ \forall a \in \boldsymbol{R},\ \langle ax, y\rangle = a\langle x, y\rangle \\
(\text{内積 2: 正値性}) & \forall x \in L,\ \langle x, x\rangle \geq 0,\ (\langle x, x\rangle = 0 \iff x = 0), \\
(\text{内積 3: 対称性}) & \forall x, y \in L,\ \langle x, y\rangle = \langle y, x\rangle
\end{array}
$$

例えば $\boldsymbol{R}^n$ において，二つの数ベクトル $x = (x_1, \cdots, x_n), (y_1, \cdots, y_n)$ の**内積**を，

$$
(3.16)\qquad \langle x, y\rangle = \sum_{i=1}^{n} x_i y_i,
$$

によって定義すると，これは上にあげた三つの性質を満たします．内積の定義されたベクトル空間を**内積空間**と呼びます．$\boldsymbol{R}^n$ は内積空間です．$\boldsymbol{R}^n$ における内積は，しばしば $x, y \in \boldsymbol{R}^n$ に対して $x \cdot y$ と書かれます[6)]．

内積空間においては，**内積を用いてノルムを定義する**ことができます．実際 L を内積空間とするとき，

$$
(3.17)\qquad \forall x \in L,\ \|x\| = \sqrt{\langle x, x\rangle},
$$

とすれば，これは先のノルムの公準 (3.11) 式を満たすことが容易に確かめられます．(練習問題とします．もちろん (内積 1)，(内積 2)，(内積 3) という三性質を用いて示します．) 特に $\boldsymbol{R}^n$ において (3.16) 式という内積からノルムを定義すると，

$$
\forall x = (x_1, \cdots, x_n) \in L,\ \|x\| = \sqrt{(x_1)^2 + \cdots + (x_n)^2},
$$

ですから，これは先にのべた例 (3.2.2) のユークリッドノルムと全く同じになります．以後本書においては，特に断らない限り $\boldsymbol{R}^n$ における内積といえば (3.16) 式によって表されるものを，ノルムといえば例 (3.2.2) によって定義されるユークリッドノルムを指すものとします．

6) 数学において · は，様々な異なる積の意味で用いられます．$\boldsymbol{R}$ や $\boldsymbol{C}$ における積もそうでしたし，後に登場する行列の積もしばしば · で表されます．気になる人は · という記号は，つまるところ前後関係から意味がはっきりしている場合にのみ用いられる省略記号にすぎない，というふうにとらえて下さい．

さて，内積空間において内積によって定義される最も大切な概念は**直交性**という概念です．L を内積空間とするとき，二つのベクトル x, y の内積が 0 であればこれら二つのベクトルは**直交する**と言われます．ベクトル空間 L の一つの基底 $H = \{x^i | i \in I\}$（すなわち L を生成するような一次独立なベクトルの組み合わせ）について，H の任意の二つの要素が直交するとき，H を**直交基底**と呼びます．さらに H の要素のノルムが全て 1 であるように正規化されたもの（各 $x^i \in H$ を $\frac{x^i}{\|x^i\|}$ に置き換えればよい）を**正規直交基底**と呼びます．$\boldsymbol{R}^n$ の標準基底 $e^1 = (1, 0, 0, \cdots, 0), e^2 = (0, 1, 0, \cdots, 0), \cdots, e^n = (0, 0, \cdots, 0, 1)$ は上に述べた $\boldsymbol{R}^n$ の標準的な内積とノルムの定義のもとで正規直交基底となります．

最後に L が $\boldsymbol{C}$ 上のベクトル空間の場合について述べておきます．$\boldsymbol{R}$ 上のベクトル空間の場合，内積は $L \times L$ から係数体 $\boldsymbol{R}$ への関数でしたが，体 $\boldsymbol{C}$ 上のベクトル空間の場合，内積は $L \times L$ から係数体 $\boldsymbol{C}$ への関数となります．一般に，L を $\boldsymbol{C}$ 上のベクトル空間とするとき，L の二つの元 x, y に対して $\boldsymbol{C}$ の元 $\langle x, y \rangle$ を割り当てる関数 $(L \times L \longrightarrow \boldsymbol{C})$ が次の三つの条件を満たすとき，$\langle x, y \rangle$ を x と y の**内積**と呼びます．

$$
(3.18) \quad
\begin{array}{ll}
(\text{複素内積 1: 線形性}) & \forall x, y, z \in L,\ \langle x + y, z \rangle = \langle x, z \rangle + \langle y, z \rangle \\
 & \forall x, y \in L,\ \forall a \in \boldsymbol{C},\ \langle ax, y \rangle = a \langle x, y \rangle \\
(\text{複素内積 2: 正値性}) & \forall x \in L,\ \langle x, x \rangle \geq 0,\ (= 0 \iff x = 0), \\
(\text{複素内積 3}): & \forall x, y \in L,\ \langle x, y \rangle = \overline{\langle y, x \rangle}
\end{array}
$$

ただしここで (複素内積 3) における $\overline{\langle y, x \rangle}$ は，$\langle y, x \rangle$ によって決まる複素数の共役複素数を表します．また (複素内積 2) において $\langle x, x \rangle \geq 0$ とありますが，このことは暗黙的に $\forall x \in L,\ \langle x, x \rangle \in \boldsymbol{R} \subset \boldsymbol{C}$ でなければならないことを含んでいます．

実数上のベクトル空間の場合と見た目に異なるのは (複素内積 3) ですが，実際は $\langle y, x \rangle$ が実数であれば $\langle y, x \rangle = \overline{\langle y, x \rangle}$ ですから，“ベクトル空間 L 上の内積とは何かということを規定する表現” として (3.18) 式は実数上の場合の対称性と矛盾する表現ではありません．複素数体上のベクトル空間の内積において対称性の条件 ($\langle x,y\rangle = \langle y,x\rangle$) を置かないのは，もしそれを仮定すると任意の $x \in L$ について $\langle \boldsymbol{i}x, \boldsymbol{i}x\rangle = \boldsymbol{i}\langle x, \boldsymbol{i}x\rangle = \boldsymbol{i}\langle \boldsymbol{i}x, x\rangle = \boldsymbol{i}\boldsymbol{i}\langle x,x\rangle$ すなわち，$-\langle x,x\rangle \geq 0$ かつ $\langle x,x\rangle \geq 0$ より，$\langle x,x\rangle = 0$．従って任意の $x \in L$ について $x = 0$ となってしまいます．要するに，上の (複素内積 3) を先のような可換性の条件に変えてしまうと，そのような三条件が成立する内積を定義できるのは $L = \{0\}$ という特殊な場合だけということになります．

複素数体上のベクトル空間の内積を上のように定義することの意味は，おそらく具体例を見ていただいた方が分かりやすいでしょう．例えば $\boldsymbol{C}^n$（複素数を n 個並べたもの全体からなる集合）を $\boldsymbol{C}$ 上のベクトル空間としてながめる（$\boldsymbol{R}^n$ の場合とまったく同様に加法，スカラー倍を定義する）とき，$v = (a_1 + b_1\boldsymbol{i}, \cdots, a_n + b_n\boldsymbol{i})$, $w = (c_1 + d_1\boldsymbol{i}, \cdots, c_n + d_n\boldsymbol{i})$ という二元の内積を

$$\langle v, w\rangle = \sum_{k=1}^{n}(a_k + b_k\boldsymbol{i})\overline{(c_k + d_k\boldsymbol{i})}$$

と定義することができます．これが上の三条件を満たすことは練習問題としますので各自確かめて下さい[7]．

---

7) 条件 (複素内積 2) についてだけ，見ておきましょう．任意の $v = (a_1 + b_1\boldsymbol{i}, \cdots, a_n + b_n\boldsymbol{i}) \in \boldsymbol{C}^n$ について，$\langle v, v\rangle = \sum_{k=1}^{n}(a_k + b_k\boldsymbol{i})(a_k - b_k\boldsymbol{i}) = \sum_{k=1}^{n}\{(a_k)^2 + (b_k)^2\}$ となって正値となります．またそれが 0 であれば，明らかに $a_k = 0$, $b_k = 0\ \forall k = 1, 2, \cdots, n$ です．

第 4 章 位相と連続関数

4.1 経済学と位相

ある財（以下，財 A と呼ぶ）の価格を縦軸にとり，横軸にその財の数量をとります．いま，**他の事情を全て等しくして**おいて財 A の価格 p のみを変化させたとき，市場全体の財 A についての**買い注文**の総量（財 A に対する**需要量**という）が $D: p \mapsto D(p)$ という関数で，また財 B についての**売り注文**の総量（財 A に対する**供給量**という）が $S: p \mapsto S(p)$ という関数で，それぞれ表されているものとします．（D を財 A 市場の**需要関数**，S を同じく**供給関数**と言います．）売り注文と買い注文をちょうど等しくするような価格 p^* を財 A 市場の**均衡価格**と言います．需要関数および供給関数のグラフが図 4.1 のように表されているとき，その交点 E において均衡が表現されるという議論は，おそらく経済学と無縁の人でも一度か二度は聞いたことがあるでしょう．

さて，ここで問題です．上に述べたような交点 E は，本当に**ある**のでしょうか．おおっと，むずかしく考えないで下さい．何も一般的な「経済学的均衡の存在」についての話をしようというわけではありません．図 4.1 を見て下さればそれでいいのです．図 4.1 において，D のグラフと S のグラフは

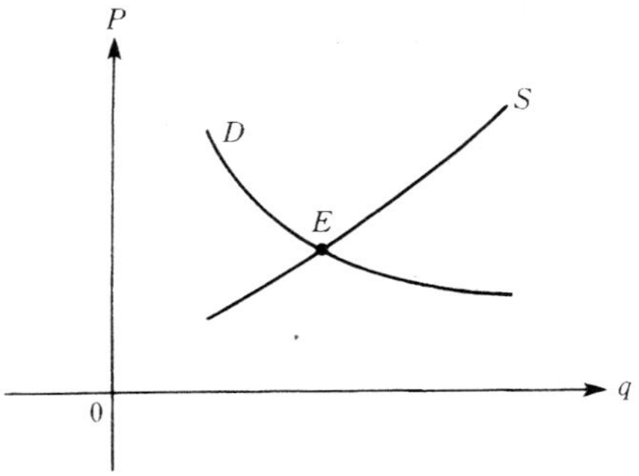

図 4.1 財 A 市場の需要関数と供給関数

本当に交わっていると思いますか．ちょこっと“離れて”いるような気がしませんか．しませんね．交わってますね．私もそう思います．見た目に明らかですね．では，なぜあなたは図 4.1 の S 曲線と D 曲線の交点 E が存在することが明らかであると思うのでしょうか．

> **理由：**「 D 曲線は右下がりで，S 曲線は右上がりである．しかも図の左の方では D 曲線は S 曲線よりも上にあるのに，図の右の方では逆に S 曲線が D 曲線より上になっている．D 曲線は途中で切れたりしていない**つながった**曲線であり，S 曲線も同様に**一つながり**の曲線だから，これら 2 曲線はどこかで交差しているはずである」

と，まあこんなところでしょう．ところで，上の“理由”の中で，ものすごく大切な概念があっさりと述べられています．それは太文字で示されている“つながった”，“一つながりの”という概念，数学用語で言うと“関数の連続性”という概念です．

上の例に出てくる D や S は，きちんと述べれば需要関数および供給関数の「グラフ」というものにあたりますが，これらのようにグラフが「一つながりであるような関数」を“連続関数”と言います．上の例が示すように，関数の連続性は経済学的には「均衡の存在を保証する」という重要な意味を持ちます．この“連続関数”という概念を厳密に定義し，その基本的特徴を述べることが本章の目標です．そして，その厳密な定義に必要不可欠なのが，“距離” あるいはもっと一般的に言うと “位相” という概念です．

ここで，読者の中には次のように考える人がいるかもしれません．

> 「連続性ということを厳密に定義すると言ったって，グラフが一つながりであるということで十分じゃないか，それ以上何をはっきりさせるというんだ.」

さて，本当にそうでしょうか．この点をはっきりさせておかないと,「そもそも何のために “距離” だの何だの，面倒くさいことを言い出すのかワカラナイ」ということになります．

もしも我々の取り扱う数学的対象物が全て,「目に見える」ものばかりであったら,「つながっている」という言葉は，確かにかなり明らかな，ほぼ説明の必要がない概念かもしれません．しかし残念ながら，そのように都合の良い対象物はほとんどないのです．そして，そういう場合に「つながっている」ということをきちんと定義するのは結構やっかいです．一般に，一つの関数が与えられたとき第 1 章定義 (1.3.8) でも述べたようにその「グラフ」が一つ定まります．そこまではいいとして，ではそのグラフが「つながっている」とはどういうことでしょうか．そんなものは**目で見りゃ分かる**というふうに片づける訳にはいかないのです．人間の目なんていい加減なものです．例えばあなたは下の線分が途切れているかつながっているか 2 m 離れた位置から判断できますか．

できませんね．そもそも見えませんか．それも同じことです．$R \times R$ (平面) 上の一点なんて，そもそも誰にも「見る」ことなんてできないのです．関数のグラフとかいって，よく鉛筆かなんかで方眼紙に描かされましたが，あんなものは便宜上描いただけで，本来関数のグラフというのは鉛筆の線の太ささえあってはいけないもののはずです．とすると，グラフが「つながっている」って一体どういうことでしょうか．あなたはそれを定義できますか？

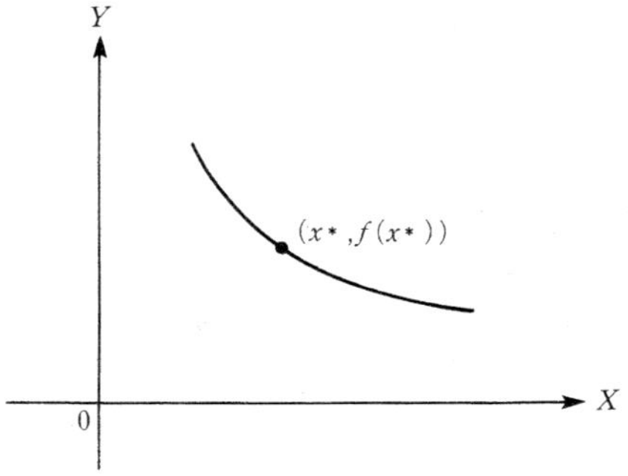

図 4.2 関数 f のグラフ

できませんか？

ここで威力を発揮するのが，ある与えられた点に「近いところ」というものを記述するための概念，すなわち“距離”（あるいはより一般的には「位相」）です．図 4.2 にあるような曲線が，仮にこれがある関数 $f : X \to Y$ のグラフであるとしましょう．曲線上の点は，横軸に関する座標を x で表せば，縦軸の座標は $f(x)$ ですから，$(x, f(x))$ で表すことができます．このグラフが曲線上の一点 $(x^*, f(x^*))$ において「つながっている」ということを，数学的には「x が x^* に十分に近いとき必ず $f(x)$ も $f(x^*)$ に十分に近い」ことであると定義します．この，「点 x^* に近いところ」ということを表現する「点 x^* の周辺を表す範囲」のことを，数学的には「点 x^* の**近傍**」と言います．もしも通常の「距離」を用いて言うならば，「点 x^* の近傍」というのは「x から 1cm 以内の点全体」とか「x から 0.01mm 以内の点全体」とかいったものにあたります．具体的な数字（上の 1cm とか 0.01mm とか）を変えることによって，さまざまな“x^* の近傍”が表現されます．この「近傍」という言葉を用いれば，「$\cdots$ 点 x^* に十分近いとき必ず $\cdots f(x^*)$ に十分近い」という表現は，「$f(x^*)$ から見て“近い範囲 U”というものを一つ固定したとき，それに応じて x^* に“近い範囲 V”というものが存在して，その範囲の x については必ず $f(x) \in U$ が成立する」ということ，すなわち

「$f(x^*)$ の任意の近傍 U に対して x^* の近傍 V が存在して，$x \in V$

ならば $f(x) \in U$ が成立する」

ということになります（4.5 節，定義 (4.5.2) 参照）．

一般に，ある集合 X に対して，“X の各点 x の「近傍」とはどのようなものか” ということ（何を近傍と呼んでよく，何を近傍と呼んではいけないか）を明確に定義することを，“X に**位相を導入する**” と言います．位相を導入したことによって定義可能となる様々な概念（「点列の収束」や「閉集合」，「連続関数」といった概念）を**位相的概念**と言います．“距離” を用いて上に述べたように “位相を導入する” ことができますが，一般的には距離を用いないでもできます．(一般的な “位相” とは何かということについては，いましばらくお待ちください.)

次節では，まず「距離の定義された空間」という概念を定義し，4.3 節以降はそれに基づいて「近傍」,「点列」,「収束」,「連続関数」といった概念を定義します．また「距離」を用いて,「開集合」,「閉集合」，および「コンパクト集合」といった，少し高度な「位相」的概念も，あわせて解説することにしましょう．

4.2　距離空間

入門的な解析学並びに線形代数学における議論のほとんどは $\boldsymbol{R}^n$ の範囲内で行われますので，この章を通じて頭の中で描いていただくイメージは常に $\boldsymbol{R}^n$ でかまいません．ただし $\boldsymbol{R}^n$ は前章で述べたように，ベクトル空間としての構造をはじめとして，順序構造，ノルム空間としての構造，内積空間としての構造，といった複雑な構造を持ちます．しかしながら本当のところを言えば，この章で我々が必要とする $\boldsymbol{R}^n$ の性質は,「$\boldsymbol{R}^n$ 上では “距離” が定義されている」ということ，そのたった一つのことに尽きてしまうのです．そこで我々は $\boldsymbol{R}^n$ という複雑な構造を持った対象ではなく，もっと簡単に「距離」というものだけが定義された「集合」について話をすることにしましょう．そのような集合を「距離空間」と呼びます．もちろん具体的にはユークリッド的距離（(3.13) 式）の入った $\boldsymbol{R}^2$ とか $\boldsymbol{R}^3$ とかいったものを頭に描いてもらえれば十分です．

さて，第1章以来“距離”という言葉をあくまで直感的な意味でのみ用いてきました．大ざっぱに言うと“距離”というのは，ある与えられた集合 X 上で定義され，その集合 X 上の任意の2点 a と b に対して，その2点がどのくらい“近いか”あるいは“離れているか”ということを数字で（非負の実数値で）表現するものです．従ってスマートな言い方をすれば，集合 X 上の距離とは，“X 上の2点”の全体すなわち $X \times X$ から $R_+ = \{r \in R | r \geq 0\}$ への一つの関数です．（X の要素のペアー (x, y) が与えられたら，それに応じて非負の実数値，つまり x と y の距離，が一つ決まる，という意味において“関数”とみなす．）

さて，ある集合 X 上に定義できる“距離”は一通りではありません．例えば下のような地図上の2地点間の距離を最短の直線距離ではかるという考え方もあれば，その2地点を移動する場合に歩かねばならない距離（道路の長さではかった距離）を用いるべきであるという考え方もあるでしょう．（前章で見た $\boldsymbol{R}^n$ の言葉で言えば，後者は変分ノルムを用いた距離，前者はユークリッドノルムを用いた距離にそれぞれ相当します．）

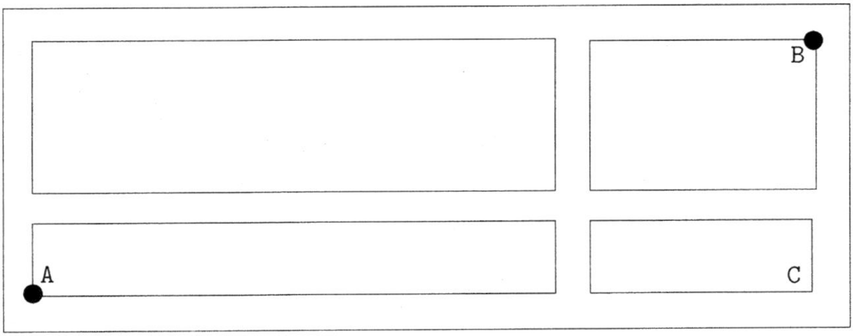

そういった意味で，我々は一つの集合 X 上にさまざまな距離を考えることができます．そして我々がどのような議論をしたいのかによって，その議論に最も適した「距離」概念というのも変わってくる可能性があります．

「距離」という概念をできるだけ一般的に取り扱うためには，どのようにすれば良いのでしょうか．いよいよ距離という言葉を厳密な意味で定義する段階に我々はきました．我々がここまで“距離”と呼んできたものは，$\boldsymbol{R}$ 上の絶対値による“距離”，$\boldsymbol{C}$ 上の絶対値による“距離”，ノルム空間上のノルムによって定義される“距離”等，いろいろありましたが，これら**全てに共通する三つの性質**があったことを思い出して下さい．ここで発想を 180 度転換して，その三つの性質でもって逆に“距離”というものを定義してしまおう，というのが数学における距離概念です．すなわち，数学では次の三つの条件を満たす非負実数値関数 $d : X \times X \to R_+$ を全て**集合 X 上の距離**と呼びます．この三条件が**距離に関する「公理系」**あるいは**距離の公準**と言われるものです.（第 1 章 1.1.2 項「公理論的立場」参照.）

(i) $d(x,y) = 0 \Leftrightarrow x = y, \forall x, y \in X.$

（すなわち，同一点の場合，そしてその場合にのみ，値 0 となる関数である.）

(ii) $d(x,y) = d(y,x), \forall x, y \in X.$

（(x,y) と (y,x) にはいつでも同一の値を与える関数である.）

(iii) $d(x,y) + d(y,z) \geq d(x,z), \forall x, y, z \in X.$

（y という点を経由しながら x から z まで測ると，直接 (x,z) を測った値以上になる．(三角不等式)）

この **(i)**，**(ii)**，**(iii)** という条件は，我々が日常的に用いる“距離”というものが持つ特徴の一部であり，エッセンスでもあります．数学では，ともかく **(i)**，**(ii)**，**(iii)** を満たせば，そのような関数 $d : X \times X \to \boldsymbol{R}_+$ を集合 X 上の距離と呼びます．

我々はすでに $\boldsymbol{R}$ および $\boldsymbol{C}$ において，絶対値によって定義された“距離”が上の **(i)**，**(ii)**，**(iii)** を満たすことを確かめました．また第 2 章で“ノルムによって定義される距離”も，やはり上の三性質を満たすことを確かめました．つまり上の **(i)**，**(ii)**，**(iii)** は我々がここまで“距離”という名で呼んできたものが共通に持っている基本的性質です．距離（すなわち **(i)**，**(ii)**，**(iii)** を満たす関数 d）の定義されている集合を**距離空間**と呼びます．$\boldsymbol{R}$, $\boldsymbol{C}$, $\boldsymbol{R}^n$ などは全て距離空間です．数列の収束について述べたときたびたび指摘したように，距離が定義されれば直ちに収束が定義できます．収束という概念において本質的なのは距離という概念だけであり，特にさまざまな定理の証明において用いているのは，三つの性質 **(i)**，**(ii)**，**(iii)** のみです．従って第2章で数列について述べた多くの定理に類似したものが，一般の距離空間（すなわち上の三性質のみを保証された，距離というものが定義された空間）においても存在するであろうことは大きく期待できそうです．

注意 4.2.1 学部レベルの経済学において，上に述べた一般的距離概念が必要とされることはほとんどありません．にもかかわらず，ここで **(i)**，**(ii)**，**(iii)** を満たす一般的な「距離」概念から出発しようということには，もちろん理由があります．それは，

- **(i)**，**(ii)**，**(iii)** の意味は直感的に理解しやすい（簡単である）こと．
- 公理論的であること．
- これを用いれば以下の議論が大幅に拡張されること．

です．第三番目について，少し述べておきましょう．

我々の主な関心は $\boldsymbol{R}^n$ にありますが，このとき“距離”と“連続性”をつなぐ様々な議論は，「**点列の収束**」という便利な概念を中心として記述されます．すなわちそれは，集合 X 上の無限個の点の列 $\{x_1, x_2, x_3 \cdots\}$ について，それが X 上のある点 x^* に**限りなく近づくとはどういうことか**，という議論です．「点列の収束」は，そこから関数の連続性，閉集合，集合のコンパクト性といった位相的概念を，直感的にとらえやすい形で表現し特徴づけます．ただし，「点列の収束」でもって連続関数や閉集合等を定義して良いのは，話を R^n に限っているからであって，一般にはそうはいきません．そして，この「点列の収束」という便利な道具を使って位相的概念を記述しても一般性を失わない範囲，というのがどのくらいのものかといえば，実のところ **(i)**，**(ii)**，**(iii)** を満たす“距離”の定義されているような集合（これを“**距離空間**”と言います）ならばダイジョウブ，ということなのです[1)]．

次節以降の議論は，「$\boldsymbol{R}^n$ 上の距離」から「$\boldsymbol{R}^n$ における近傍」，そして「$\boldsymbol{R}^n$ 上の点列の収束」，を通して「関数の連続性」，「閉集合」，「コンパクト集合」へと続きます．実は，これら一連の議論は（$\boldsymbol{R}^n$ の数ベクトル空間としての構造に直接依存してさえいなければ），“$\boldsymbol{R}^n$”を“距離 d の定義された空間 X”と読み代えることによってそのまま成立します．

1) 本当は，もっと一般的な空間でも（議論にもよりますが）ダイジョウブです．要するに問題は，「集合 X に対して，点 $x \in X$ の近傍として，たかだか**加算無限個の代表**を選んできて話をしても構わないかどうか」ということにかかっています．

4.3 $\boldsymbol{R}^n$ における点列の収束

4.3.1 $\boldsymbol{R}^n$ における距離と近傍

前章で述べたように，経済モデルのほとんどは $\boldsymbol{R}^n$ という舞台の上で記述されます．そして消費，生産，需要，供給といった経済的活動が R^n 上の点として表現されているとき，二つの消費ベクトルが近いとか，二人の消費者の選好（好み）が近いとか，需要量が供給量に近いとかいった概念は全て $\boldsymbol{R}^n$ 上の**距離**によって表現されます．以下 $\boldsymbol{R}^n$ 上の距離としては**ユークリッド距離**をとることにします．前にも述べたように，これは $x = (x_1, x_2, \cdots, x_n)$, $y = (y_1, y_2, \cdots, y_n), x, y \in \boldsymbol{R}^n$ に対して，$\sqrt{(x_1 - y_1)^2 + \cdots + (x_n - y_n)^2}$ によって定まる非負実数値のことであり，以下この値を $d(x, y)$ で表すことにします．$\boldsymbol{R}$ および $\boldsymbol{C}$ における距離 d と同一の記号ですが，混乱は生じないでしょう．(実際，集合として $\boldsymbol{R}$ を $\boldsymbol{R}^1$ と，$\boldsymbol{C}$ を $\boldsymbol{R}^2$ と同一視すると，これらの距離概念は一致することがわかります.) この d が，実際前節の **(i)**，**(ii)**，**(iii)** を満たすことは，すでに前章で述べました．

注意 4.3.1 前章でも述べたように，$\boldsymbol{R}^n$ 上の“距離”として，上に述べたようなユークリッド距離のほかにも様々なものが考えられます．代表的なものとして，$x = (x_1, \cdots, x_n)$, $y = (y_1, \cdots, y_n)$ に対して，単純に各座標の差の絶対値を足し合わせたもの（変分ノルムから導かれる距離），

$$d_1(x, y) = \sum_{i=1}^{n} |x_i - y_i|,$$

各座標の差の絶対値のうちで，単に最大のものをとったもの（sup ノルムから導かれる距離），

$$d_\infty(x, y) = \max_{i=1,2,\cdots,n} |x_i - y_i|,$$

などがあげられます．これらが実際，**(i)**，**(ii)**，**(iii)** を満たすことを示すのは，ユークリッド距離の場合よりもずっと容易です．

これらの距離概念は，定義が単純であることから，しばしば通常のユークリッド距離に変えて $\boldsymbol{R}^n$ 上の距離として用いられますが，単に“単純”というだけではな

く，もっと重要なことが成立します．通常，“距離” 概念を変えると “近傍” の概念が変わり，それによって “収束” の概念が変わってきます．したがって，また “連続関数” や “閉集合” の概念も変わってくるのですが，上の三つの距離に関して言えば，“収束” の概念は全て同一，従って “連続関数” および “閉集合” の概念も，ここで述べた三つの距離については，全て同一となります．

一般に，距離 d の定義された集合 X（距離空間 (X, d) と表す）において，ある点 x からの距離が $\epsilon > 0$ 内の点全体からなる集合を $B_\epsilon(x) = \{y \in X | d(x, y) < \epsilon\}$ 或は，$\bar{B}_\epsilon(x) = \{y \in X | d(x, y) \leq \epsilon\}$ で表し，それぞれ x の ϵ **開近傍**，または ϵ **閉近傍**と呼びます．(単に ϵ 近傍と言うときは，どちらでも構わない場合か，あるいは前後の文脈に応じて開近傍または閉近傍のいずれかを指すものとします.）この**近傍**という概念は，$\boldsymbol{R}^n$ における点列の収束ということを厳密に定義するために不可欠なものです．また実は同じことなのですが，この近傍という概念は $\boldsymbol{R}^n$ における開集合，閉集合という概念を定義するためにも用いられます．

4.3.2 $\boldsymbol{R}^n$ における点列とその収束

まず集合 X 上の点列という概念を厳密に定義しましょう．これは第 2 章の「数列」概念を集合上の「点の列」という概念に拡張しただけのものです．自然数 $0, 1, 2, \cdots,$ に対して集合 X の点 $x_0, x_1, x_2, \cdots,$ が決まっているとき，これを $\{x_i\}_{i=0}^{\infty}$ と表し，X 上の点列と呼びます．数列の場合と同様にカッコ良く言えば，

定義 4.3.1 自然数全体の集合 $\boldsymbol{N}$ から集合 X への関数 x が一つ定まっているとき，この関数 $x : \boldsymbol{N} \to X$ のことを **$\boldsymbol{X}$ 上の点列**とも言う．x が点列であることを強調するため，これを $\{x(i)\}_{i=0}^{\infty}$, $\{x_i\}_{i=0}^{\infty}$, $\{x_i\}_{i \in \boldsymbol{N}}$, あるいは $(x_i)_{i=0}^{\infty}$ などと表す．

すなわち，各自然数 $0, 1, 2, \cdots$ に対して $x_0, x_1, x_2, \cdots$ が定まっているということを，自然数全体の集合 $\boldsymbol{N}$ から X への関数 x が定義されていると

いうことと同一視する，ということです．$x(0), x(1), x(2), \cdots$，という記述は，もしも x を関数としてとらえるならば通常の関数の値の記述法（$i \in \boldsymbol{N}$ の関数 x による写り先を $x(i)$ と記すこと）と全く同じです[2)]．

さて，一般に距離 d の定義された集合 X 上の点列についてその収束を定義する方法は，今や明らかでしょう．

定義 4.3.2（距離空間における収束） 距離空間 (X, d) 上の点列 $\{x_i\}_{i=0}^{\infty}$ が点 $x^* \in X$ に**収束**する（限りなく近づく）とは，任意の $\epsilon > 0$ を固定したとき，ある番号 $\bar{n}$（ϵ に応じて定まる）が存在して，$\bar{n}$ 以上の全ての i について $d(x_i, x^*) \leq \epsilon$ となるようにできることをいう．

点列の収束の定義は，先に述べた近傍という概念を用いて述べ直すことができます．すなわち，距離空間 (X, d) において点列 $\{x_i\}_{i=0}^{\infty}$ が x^* に収束するとは，x^* の任意の ϵ 近傍を一つ固定したとき，十分大きな番号 $\bar{n}$ が存在して，$\bar{n}$ 以上の全ての i について x_i が x^* の ϵ 近傍に属するようにすることができることにほかなりません（図 4.3）．距離空間 (X, d) における点列 $\{x_i\}_{i=0}^{\infty}$ が X 上の点 x^* に収束するということを，記号で

$$\lim_{i \to \infty} x_i = x^*,$$

あるいはもっと簡単には $x_i \to x^*$ と表すことにします．

大ざっぱに言うと，点列 $\{x_i\}_{i=0}^{\infty}$ が x^* に収束するとは，i が大きくなるにつれて x_i が x^* に近づく，ということなのですが，厳密に言うと少し違います．上の定義によれば，x_i が x^* に"近づく"ときのその"近づき方"は，必ずしも"単調な"ものでなくて構いません．例を挙げた方が早いでしょう．例えば数列 $0, \frac{1}{1}, 0, \frac{1}{3}, 0, \frac{1}{5}, 0, \frac{1}{7}, 0, \cdots$（すなわち，$i$ が偶数のとき $x_i = 0$，奇

2) 上の定義のように数列や点列を $\boldsymbol{N}$ から X への関数と見ることのメリットについては述べませんでした．おそらく議論が $X = \boldsymbol{R}^n$ から外に出ないうちは"ない"かもしれません．もっと一般的に，議論が"距離空間"から外へ出ないうちは，おそらく"ない"でしょう．いまのところは「このように定義しておいた方が"拡張性がある"のだ」ととらえておいて下さい．例えば，点列を一般化した概念に**有向点列（net）**というのがありますが，これなどは上の点列の定義の $\boldsymbol{N}$ の部分を，より一般的に有向集合（directed set）D と置きかえるだけで定義されます．

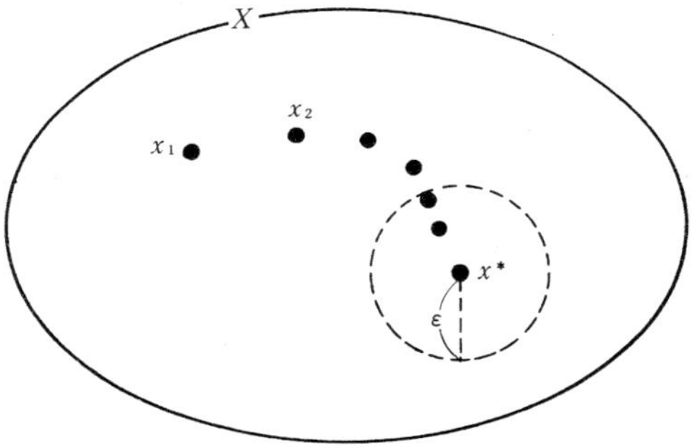

図 4.3 点列の収束

数のとき $x_i = \frac{1}{i}$, で定義されるような数列 $\{x_i\}_{i=0}^{\infty}$) は永遠に 0 に近づいたり離れたりを繰り返しますが，上の定義からすると，立派な "0 に収束する数列" です.（$\boldsymbol{R}^1$ 上の点列と（実）数列とは以下同一視されます.）

ユークリッドノルムによる距離の入った $\boldsymbol{R}^n$ の場合には，(実は変分ノルム，sup ノルムの場合も OK,) 距離に基づいた収束概念を次のように言い換えることができます.

定理 4.3.1 （距離による収束と座標ごとの収束） $\boldsymbol{R}^n$ の点列 $\{x_i\}_{i=0}^{\infty}$ について，各 $x \in \boldsymbol{R}^n$ を数ベクトルとして座標表示したものを $(x(1), x(2), \cdots, x(n))$ で表す．このとき，点列 $\{x_i\}_{i=0}^{\infty}$ が x^* という点に収束することと，全ての座標について，数列 $\{x_i(m)\}_{i=0}^{\infty}$ が $x^*(m)$ に収束すること ($m = 1, 2, \cdots, n$) とは同値である.

証明 $d(x_i, x^*) = \|x_i - x^*\|$
$= \sqrt{(x_i(1) - x^*(1))^2 + (x_i(2) - x^*(2))^2 + \cdots + (x_i(n) - x^*(n))^2}$
$\leq |x_i(1) - x^*(1)| + |x(2) - x^*(2)| + \cdots + |x_i(n) - x^*(n)|$
だから，各座標についての収束が $\lim_{i=0}^{\infty} x_i = x^*$ を意味する．逆は，
$d(x_i, x^*) = \sqrt{(x_i(1) - x^*(1))^2 + (x_i(2) - x^*(2))^2 + \cdots + (x_i(n) - x^*(n))^2}$
$\geq \sup\{|x_i(1) - x^*(1)|, |x_i(2) - x^*(2)|, \cdots, |x_i(n) - x^*(n)|\}$

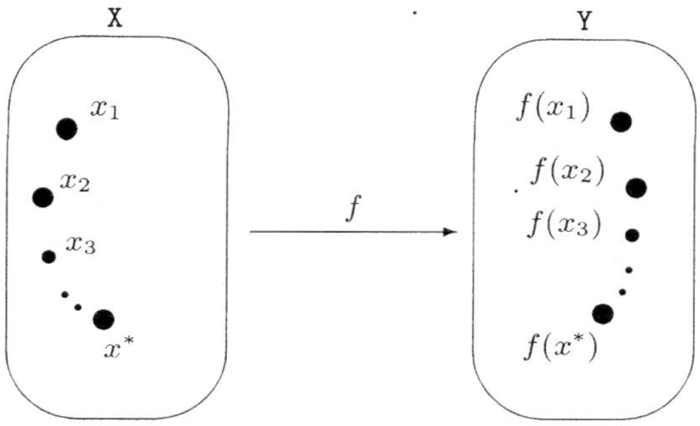

図 4.4　連続関数の定義その 1

から言える．　**証明終**．

さて，距離の定義された空間上で収束の定義が出たついでに，さっそく距離空間から距離空間への関数が連続であるということの定義をあげておきましょう．連続関数は最も直感的には先に述べたように“グラフが一つながりであるような関数”とでも言うべきものですが，上の点列の収束という概念を用いれば次のように表現することができます．(といっても，なぜ次の定義が“グラフが一つながり”ということと同じであるのか最初から分からずともよろしい．そのうち，自ずから分かるようになるでしょう.)

定義 4.3.3　連続関数の定義 (1)　(X, d_X) および (Y, d_Y) を距離空間とする．d_X および d_Y はそれぞれ集合 X および Y 上の距離を表す．f を X から Y への関数とする．X 上の点列 $\{x_i\}_{i=0}^{\infty}$ が，点 $x^* \in X$ に収束するとき，Y 上の点列 $\{f(x_i)\}_{i=0}^{\infty}$ が $f(x^*)$ に必ず収束するとき，関数 f は**点 x^* において連続**であるという．f が X の全ての点において連続であるとき，単に f は**連続である**と言う．

すなわち，f の定義域のほうで収束するような任意の点列 $x_i \to x^*$ に対して，その写り先でも $f(x_i) \to f(x^*)$ が成立しているということです (図 4.4)．

連続関数については，後節でもっと詳しく取り扱います．

さて，$\boldsymbol{R}^n$ 上の点列とその収束について，いくつかの基本的な定理をあげておきます．$\boldsymbol{R}$ 上のベクトル空間としての $\boldsymbol{R}^n$ において，$x, y \in \boldsymbol{R}^n$ に対して定義される“ベクトルの加法 $(x+y)$”および，$a \in \boldsymbol{R}, x \in \boldsymbol{R}^n$ に対して定義される“スカラー倍 $(a \cdot x)$”ならびに$\boldsymbol{R}^n$ 上の“順序構造”は前章で述べた通りのものとします．

定理 4.3.2 $\boldsymbol{R}^n$ 上の二つの点列 $\{x_i\}_{i=0}^{\infty}, \{y_i\}_{i=0}^{\infty}$ を考え，これら二つの点列がそれぞれ x^*, y^* に収束しているものとする．(すなわち $\lim_{i\to\infty} x_i = x^*$ および $\lim_{i\to\infty} y_i = y^*$ が成立する．) さらに，$\{a_i\}_{i=0}^{\infty}$ を $\boldsymbol{R}$ 上の点列（すなわち実数列）とし，その収束先を a^* とする．このとき，以下のことが成り立つ．

(i) $\lim_{i\to\infty}(x_i + y_i) = \lim_{i\to\infty} x_i + \lim_{i\to\infty} y_i = x^* + y^*$,

(ii) $\lim_{i\to\infty} a_i \cdot x_i = (\lim_{i\to\infty} a_i) \cdot (\lim_{i\to\infty} x_i) = a^* \cdot x^*$,

(iii) 全ての i について $0 \leq x_i$ならば $0 \leq \lim_{i\to\infty} x_i = x^*$.

証明 実際 **(i)**, **(ii)** の証明中で用いられるのは，距離を定義しているノルムの性質だけである．従って，$\boldsymbol{R}^n$ について述べたこの定理の **(i)**, **(ii)** は実のところノルム空間であれば一般に成立する命題であることを注意しておく．

(i) 任意の i について，$d(x^* + y^*, x_i + y_i) = \|x^* + y^* - x_i - y_i\| \leq \|x^* - x_i\| + \|y^* - y_i\| = d(x^*, x_i) + d(y^*, y_i)$ である．この最右辺に着目する．$\lim_{i\to\infty} x_i = x^*, \lim_{i\to\infty} y_i = y^*$ であるから，$\epsilon > 0$ を任意にとって固定すると，十分大きな番号 $\bar{n}$ が存在して，$\bar{n}$ 以上の任意の i について，最右辺 $\leq \epsilon$ とできる．任意の i について最左辺 $\leq$ 最右辺であるから，結局これは $\lim_{i\to\infty}(x_i + y_i) = x^* + y^*$ ということにほかならない．

(ii) 任意の i について，$d(a^*x^*, a_ix_i) = \|a^*x^* - a_ix_i\| \leq \|a^*x^* - a_ix^*\| + \|a_ix^* - a_ix_i\| = |a^* - a_i|\|x^*\| + |a_i|\|x^* - x_i\|$．この最右辺に着目する．$\lim_{i\to\infty} a_i = a^*$ ならびに $\lim_{i\to\infty} x_i = x^*$ であるから，定理 (2.2.1, (4)) より，任意の $\epsilon > 0$ を固定したとき，十分大きな番号 $\bar{n}$ が存在して $\bar{n}$ 以上の任意の i について，最右辺 $\leq \epsilon$ とすることができる．任意の i について最左辺 $\leq$ 最右辺であるから，結局 $\lim_{i\to\infty} a_ix_i = a^*x^*$ であることがわかる．

(iii)　$x^* \in \boldsymbol{R}^n$ を $x^* = (x^*(1), x^*(2), \cdots, x^*(n))$ と表し，また各 i について $x_i \in \boldsymbol{R}^n$ を $x_i = (x_i(1), x_i(2), \cdots, x_i(n))$ と表す．定理 (4.3.1) より $x_i \longrightarrow x^*$ なることと $\forall m = 1, 2, \cdots, n,\ x_i(m) \longrightarrow x^*(m)$ とは同じことである．各座標 m を固定すれば，全ての i について $x_i(m) \geq 0$ であるので，定理 (2.2.1, (5)) によって $x^*(m) \geq 0$.　**証明終**.

$\boldsymbol{R}^n$ の点列については，先に $\boldsymbol{R}$ または $\boldsymbol{C}$ の数列で見たような収束に関する定理がほぼそのまま成立します．まず先にあげた Bolzano-Weierstrass の定理 (2.2.3) と類似の次の定理が成立します．ここで，点列に対する部分列という概念は先に定義した数列に対する部分列の概念（定義 (2.2.5)）と全く同様です．すなわち，点列 $\{x_n\}_{n=0}^{\infty}$ の部分列とは，$\boldsymbol{N}$ の部分集合 N' が任意の $n \in \boldsymbol{N}$ に対してそれよりも大きな $m \in N'$ を持つような集合であるとき，$\{x_n\}_{n \in N'}$ によって表される点列（場合によってはその番号をつけ直したもの）を指します．

定理 4.3.3　$\boldsymbol{R}^n$ において，有界な点列は必ず収束する部分列を持つ．

証明　$\{x_i\}_{i=0}^{\infty}$ を $\boldsymbol{R}^n$ の点列とし，$b = (b(1), b(2), \cdots, b(n))$ をその上界，$c = (c(1), c(2), \cdots, c(n))$ をその下界とする．また各 x_i の第 m 座標は $x_i(m)$ で表すことにする．さて，まず第 1 座標にのみ着目すると，数列 $\{x_i(1)\}_{i=0}^{\infty}$ は上界 $b(1)$ および下界 $c(1)$ を持つので，Bolzano-Weierstrass の定理 (2.2.3) より，第 1 座標が収束するような $\{x_i\}_{i=0}^{\infty}$ の部分列 $\{x_i\}_{i \in N_1}$ が存在する．次に $\{x_i\}_{i \in N_1}$ という点列の第 2 座標に着目しよう．数列 $\{x_i(2)\}_{i \in N_1}$ は上界 $b(2)$ および下界 $c(2)$ を持つので，やはり Bolzano-Weierstrass の定理から，第 2 座標が収束するような $\{x_i\}_{i \in N_1}$ の部分列 $\{x_i\}_{i \in N_2}$ が存在する．以下まったく同様にして $N \supset N_1 \supset N_2 \supset \cdots \supset N_n$ までとると，点列 $\{x_i\}_{i \in N_n}$ は第 1 座標から第 n 座標までの全ての座標が収束するような $\{x_i\}_{i \in N}$ の部分列である．定理 (4.3.1) より，明らかにこれがもとめる部分列となる．　**証明終**.

4.4　開集合と閉集合

ここではまず，ユークリッド距離を持つ $\boldsymbol{R}^n$ のような距離空間において，

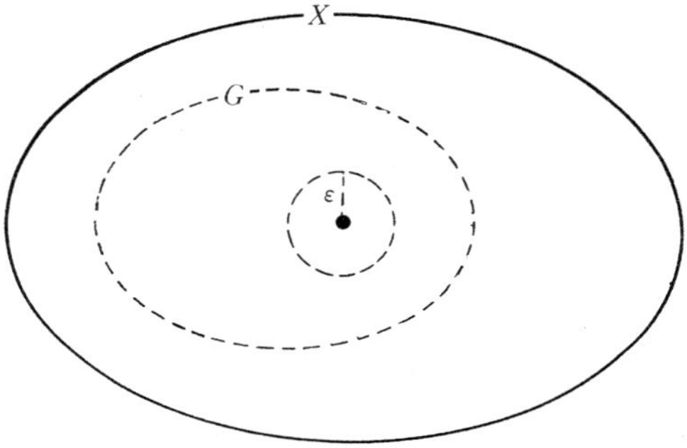

図 4.5　距離によって定義される開集合

(距離によって定義される) 開集合および閉集合という概念を定義します．開集合は先に述べた近傍という概念によって，また閉集合は点列の収束という概念によって特徴づけられます．もちろん，この節における議論は $\boldsymbol{R}^n$ に限らず“距離”というものが定義された集合であればそのまま成立します．

定義 4.4.1　(距離によって定義される開集合)　(X, d) を距離空間とする．このとき，X の部分集合 $G \subset X$ が **(距離によって定義される) X 上の開集合**であるとは，G の点 $x \in G$ を任意に一つ固定したとき，それに応じて十分小さな $\epsilon > 0$ をとれば，x の ϵ 近傍が G に含まれるようにできることをいう．

開集合は次の定理が示すような性質を持ちます．この定理の示す性質は，開集合の性質として最も基本的なものです．実際，距離という概念を用いないときは，次の**定理における性質を満たすものをもって逆に開集合を定義**します[3]．集合 X 上の開集合の全体 $\mathcal{T}_X = \{G | G \subset X, G \text{ は開集合}\}$ を，集合 X 上の**位相** (**Topology**) と言います．

3)　本書では，基本的に距離の定義された空間における開集合のみを扱いますが，本来は距離概念と独立に開集合が定義されます．その関係上，わざわざ「距離によって定義される $\cdots$」という言葉を「開集合」にくっつけたわけです．

定理 4.4.1（開集合の基本的性質）(X,d) を距離空間とする．定義 (4.4.1) によって定められる X 上の開集合という概念は，次の四つの性質を満たす．

(i) X は開集合である．

(ii) $\emptyset$ は開集合である．

(iii) $\{G_i|i\in I\}$ を X 上の開集合の族とするとき，$\bigcup_{i\in I} G_i$ もまた X 上の開集合である．(すなわち，開集合の全体は**任意個のユニオンについて閉じている**)．

(iv) $G_1, G_2, \cdots, G_m$, $m\in \boldsymbol{N}$ を全て X 上の開集合とするとき，$\bigcap_{i=1}^m G_i$ もまた X 上の開集合である．(すなわち，開集合の全体は**任意有限個のインターセクションについて閉じている**.)

証明　**(i)**，および **(ii)** は定義から明らかであるので，**(iii)** と **(iv)** を示す．

まず **(iii)** について．$x\in\bigcup_{i\in I} G_i$ とすると，ある i_0 について，$x\in G_{i_0}$．G_{i_0} は仮定によって開集合であるから，ある $\epsilon>0$ が存在して，$B_\epsilon(x)=\{y\in X|d(x,y)<\epsilon\}\subset G_{i_0}$．このとき $B_\epsilon(x)\subset\bigcup_{i\in I} G_i$．

次に **(iv)** について．$x\in\bigcap_{i=1}^m G_i$ とする．各 $i=1,2,\cdots,m$ に対して $x\in G_i$ であるから，$\epsilon_1>0, \epsilon_2>0,\cdots,\epsilon_m>0$ が存在して，各 i について $B_{\epsilon_i}(x)\subset G_i$．ここで $\epsilon_1,\epsilon_2,\cdots,\epsilon_m$ のうちで最小のものを ϵ とおくと，$B_\epsilon(x)\subset G_i$, $\forall i=1,2,\cdots,m$, すなわち $B_\epsilon(x)\subset\bigcap_{i=1}^m G_i$．　**証明終**.

距離空間 (X,d) における代表的な開集合といえば，そもそも開集合の定義にも現れた，点 $x\in X$ の ϵ 開近傍があげられます．すなわち，$x\in X$, $\epsilon>0$ に対して

$$B_\epsilon(x)=\{y|y\in X, d(x,y)<\epsilon\}, \tag{4.1}$$

で表される集合です[4)]．

集合 X 上の開集合の全体（つまり位相）$\mathcal{T}_\mathcal{X}$ が定められているとき，$(X,\mathcal{T}_\mathcal{X})$ の組を**位相空間**（**Topological Space**）と呼びます．位相空間という概念が特に重要なものとして取り上げられるのは，収束，関数の連続性，コ

4)　これが実際開集合であることを示す．$z\in B_\epsilon(x)$ に対して，$\delta=d(x,z)$ とおくと，$\delta<\epsilon$．このとき，$B_{\epsilon-\delta}(z)$ の任意の要素 w をとれば，$d(x,w)\le d(x,z)+d(z,w)\le\delta+(\epsilon-\delta)=\epsilon$（三角不等式）であるから，$B_{\epsilon-\delta}(z)\subset B_\epsilon(x)$．

ンパクト集合，といった概念が，実は位相（すなわち開集合）という言葉のみによって表現されてしまうことにあります．連続性，コンパクト性についてはこの後の節で順次述べられますが，とりあえず収束について，ここで述べておくことにしましょう．距離空間における収束の概念は，次の定理が示すように開集合という言葉のみによって表現することができます．

定理 4.4.2　(開集合と点列の収束)　距離空間 (X, d) において，点列 $\{x_i\}_{i=0}^{\infty}$ が $x_* \in X$ に収束するということを，次のように言い換えることができる．x_* を要素として持つ開集合 U を任意に一つ固定したとき，ある番号 $\bar{n}$ が存在して，$\bar{n}$ 以降の全ての i について $x_i \in U$ が成り立つ．

すなわち，収束の定義 (4.3.2) における ϵ 近傍にあたる部分を，(距離から定義された）開集合 U で置き換えても良いということです．

証明　この証明の中で，先の収束の定義を「距離による定義」，この定理における言い換えを「開集合による表現」と呼ぶことにする．

「距離による定義」$\Longrightarrow$「開集合による表現」について．距離の意味で収束する点列 $x_i \longrightarrow x_*$ を考える．このとき，x_* を要素とする任意の開集合 U を一つ固定すると，開集合の定義によってある $\epsilon > 0$ が存在し，$B_\epsilon(x_*) \subset U$ となる．$x_i \longrightarrow x_*$ だから，十分大きな $\bar{n}$ が存在して，$\bar{n}$ 以降の全ての i について $x_i \in B_\epsilon(x_*) \subset U$ となる．

「開集合による表現」$\Longrightarrow$「距離による定義」について．定理の直前に述べたように，任意の $x_* \in X$ および $\epsilon > 0$ について，$B_\epsilon(x_*) = \{x | d(x_*, x) < \epsilon\}$ は開集合である．従って「開集合による表現」が真であるとき,「距離による定義」の条件が満たされることは自明である．　**証明終**．

さて，開集合というものが収束を完全に特徴づける重要な概念であることを見たわけですが，今度はそれをいわば「裏の概念」でもってとらえなおしてみることにしましょう．ここでいう裏の概念とは「閉集合」という概念であり，それは次のように定義されます．

定義 4.4.2 X を集合とし，G を X 上の開集合とするとき，$F = X \setminus G$ の形で表現される集合を X 上の**閉集合**と言う．

すなわち，閉集合とは開集合の補集合として定義される集合であり，ある空間 X を考えたとき，**「空間 X 上での開集合とは何か」ということが定義されてはじめて「空間 X 上の閉集合とは何か」が定義される**わけです．空間 X 上の閉集合が次の性質を持つことは，閉集合が開集合の補集合として定義されることを考えれば当然のことでしょう．

定理 4.4.3 （閉集合の性質） 空間 X 上に閉集合が定義されているとき，それは次の四つの性質を持つ．

(i) X は閉集合である．

(ii) $\emptyset$ は閉集合である．

(iii) $\{F_i | i \in I\}$ を X 上の閉集合の族とするとき，$\bigcap_{i \in I} F_i$ もまた X の閉集合である．**(任意個のインターセクションについて閉じている.)**

(iv) $F_1, F_2, \cdots, F_m,\, m \in \boldsymbol{N}$ が全て閉集合であるとき，$\bigcup_{i=1}^{m} F_i$ もまた閉集合である．**(任意有限個のユニオンについて閉じている.)**

証明は（先の開集合の結果を用いれば）自明であるので，練習問題として各自にまかせます．

開集合が収束を特徴づけたという話を，今度は閉集合を用いて裏から眺めてみましょう．次の定理が示すように，距離空間上においては点列の収束によって閉集合を特徴づけることができます．

定理 4.4.4 （点列の収束と閉集合） (X, d) を距離空間とするとき，$F \subset X$ が閉集合であることは次のように言い換えることができる．

「F 上の任意の点列 $\{x_i\}_{i \in \boldsymbol{N}}$ について，$x_i \longrightarrow x^* \in X$ であれば，$x^* \in F$ である.」

(すなわち，F という閉集合の要素のみからなる点列が X 上のどこかに収束しているならば，その収束先は F に入る，直感的な言い方をすれば，F は収束に関して閉じた集合である，ということです.)

証明 証明中，定理の言い換え条件を「収束について閉じている」という言葉で表現する.

「閉集合」ならば「収束について閉じている」ことの証明. F を閉集合とする. $\bar{F} = X \setminus F$ は開集合である. いま F 上の点列 $\{x_i\}_{i \in \boldsymbol{N}}$ が $x^* \in X$ に収束しているものとする. 証明すべきことは，$x^* \in F$ である. 結論を否定して，仮に $x^* \in \bar{F}$ とする. このとき $\bar{F}$ は開集合であるから，定理 (4.4.2) によってある番号 $\bar{n}$ が存在して，$\bar{n}$ 以降の全ての i について $x_i \in \bar{F}$ とならねばならない. これは $\{x_i\}_{i \in \boldsymbol{N}}$ が F 上の点列であることに矛盾する.

「収束について閉じている」ならば「閉集合」であることの証明. F が収束について閉じているにもかかわらず，閉集合でないと仮定する. このとき，$\bar{F} = X \setminus F$ は定義によって開集合ではない. したがって，開集合の定義から，ある $x^* \in \bar{F}$ について，x^* のいかなる ϵ 近傍も $\bar{F}$ の部分集合とはならない，という現象が生じているはずである. そこで $x^* \in \bar{F}$ の近傍の列 $B_{1/n}(x^*)$, $n = 1, 2, 3, \cdots$ を考える. 各 n について $B_{1/n}(x^*)$ は $\bar{F}$ の部分集合ではないから，ある点 $x_n \in F$, $x_n \in B_{1/n}(x^*)$ が存在する. このような x_n, $n = 1, 2, 3, \cdots$ によって点列をつくれば（厳密にいうとここで選択公理を用いている），$\{x_n\}_{n=1}^{\infty}$ は F 上の点列である. 同時に，距離空間における収束の定義から，$\{x_n\}_{n=1}^{\infty}$ は $x^* \in \bar{F}$ に収束している. これは F が収束について閉じていることに矛盾する. **証明終**.

最後に，X が距離 d の定義された空間であるとき，X の**部分集合 $\boldsymbol{A}$ 上の開集合（閉集合）**という概念を明確にしておきます. A を距離空間 (X, d) の部分集合とします. このとき X 上の距離 d をそのまま A 上に適用することができますが，それを d_A で表すことにします. ($\forall a, b \in A$, $d_A(a, b) = d(a, b)$ と定義するわけです.) とすれば，明らかに (A, d_A) もまた距離空間となりますから，(A, d_A) において距離から定義される開集合（閉集合）を考えることができます. これは A 上の（距離によって定義される）開集合と呼ぶべきものですが，実際これをそのまま X の部分集合としてながめた場合 **$\boldsymbol{X}$ 上の開集合には必ずしもなりません**. A 上の距離 d_A から定義された A 上の開集合と，もとの距離空間 X 上の開集合には，次のような関係があります．

定理 4.4.5 （距離空間の部分集合上での開集合） X を距離 d の入った集合とし，A をその部分集合とする．d をそのまま A 上に適用することによって定義される A 上の距離を d_A で表す．距離空間 (X,d) ならびに (A,d_A) において，それぞれの距離から開集合を定義するものとする．このとき，

(1) G を X 上の開集合とするとき，$G \cap A$ は A 上の開集合である．

(2) 逆に G_A を A の開集合とすれば，X の開集合 G が存在して $G_A = G \cap A$ となる．

証明 定理において用いられた記号をそのまま用いる．

(1) の証明．$a \in G \cap A$ とする．a の d_A に関する ϵ 近傍を $U_\epsilon(a) = \{x|x \in A, d_A(x,a) < \epsilon\}$ と表すと，明らかに $U_\epsilon(a) \subset A$ であるから，十分小さな $\epsilon > 0$ について $U_\epsilon(a) \subset G$ なることが言えれば $G \cap A$ は開集合の定義 (4.4.1) を満たすことになる．ところが，$U_\epsilon(a) \subset B_\epsilon(a) = \{x|x \in X, d(x,a) < \epsilon\}$ であり，また G が開集合であるから十分小さな $\epsilon > 0$ について $U_\epsilon(a) \subset B_\epsilon(a) \subset G$ となる．

(2) の証明．各 $a \in G_A$ について，a の d_A に関する $\epsilon_a > 0$ 近傍 $U(a)$ を $U_{\epsilon_a}(a) \subset G_A$ なるようにとる．実際 G_A が A における開集合であるから，これは可能である．もちろん，ϵ_a の大きさは，各 a ごとに依存する．ここで $B_{\epsilon_a}(a) = \{x|x \in X, d(a,x) < \epsilon_a\}, a \in A$，を考えると，$\{B_{\epsilon_a}(a)|a \in A\}$ は X 上の d に関する a の開近傍の族である．従って $\bigcup_{a\in A} B_{\epsilon_a}(a)$ を G と置けば，G は X 上の開集合であり，また $G \cap A = (\bigcup_{a\in A} B_{\epsilon_a}(a)) \cap A = \bigcup_{a\in A} U_{\epsilon_a}(a) = G_A$ となる． **証明終**.

重要ポイント 4.4.1 要するに，$A \subset X$ とするとき，A 上の開集合とは，“$G \cap A$, G は X の開集合,” という形をしたものにほかならないということです．

距離空間 (X,d) において距離 d から定義される開集合の全体（X 上の位相）を $\mathcal{T}_X$ で，$A \subset X$ 上で自然に導かれる距離 d_A から定義される開集合

の全体（A 上の位相）を $\mathcal{T}_A$ で表せば，上の結論は

$$\mathcal{T}_A = \{G \cap A | G \in \mathcal{T}_X\} \tag{4.2}$$

と簡潔に表すことができます．一般に二つの位相 $\mathcal{T}_X$ と $\mathcal{T}_A$ が (4.2) 式の関係にあるとき，$\mathcal{T}_A$ は $\mathcal{T}_X$ の**相対化**（**Relativization**）あるいは，$\mathcal{T}_A$ は $\mathcal{T}_X$ の**相対位相**（**Relative Topology**）であると言われます．

最後になりますが，開集合・閉集合に関連する，いくつかの言葉の定義をまとめあげておきましょう．$(X, \mathcal{T})$ を位相空間とし，A をその部分集合とします．X において A を含む最小の閉集合を A の**閉包**（**closure**）といい，$\mathbf{cl}A$ で表します．閉集合はインターセクションについて閉じていますから，$\mathbf{cl}A = \bigcap\{B | B \subset X, B$ は閉集合$, A \subset B\}$ であり，$\mathbf{cl}A$ は必ず存在します．さらに開集合がユニオンについて閉じていることから，A に含まれる最大の開集合は必ず存在します．これを $\mathbf{int}A$ で表し，A の**開核**（**interior**）と呼びます．$x \in \mathbf{int}A$ であるとき，x は A の**内点**（**interior point**）であるといいます．$\mathbf{cl}A \backslash \mathbf{int}A$ を A の（位相的）**境界**（**boundary**）と呼び，∂A で表します．

4.5　連続関数

さて連続関数について少し深く論じるときが来ました．ここでは“連続関数”というものを三通りに定義します．第一の定義は，距離空間における「点列の収束」によるもので，すでに定義 (4.3.3) で示されたものです．

定義 4.5.1　（連続関数 (1)：先の定義 (4.3.3) と同一）　集合 X および集合 Y の上でそれぞれ距離 d_X および距離 d_Y が定義されているものとする．関数 $f : X \longrightarrow Y$ が**点 $a \in X$ で連続である**とは，点 a に収束する X 上の**任意の**点列 $\{x_n\}_{n=0}^{\infty}$, $\lim_{n\to\infty} d_X(x_n, a) = 0$, に対して，$Y$ 上の点列 $\{f(x_n)\}_{n=0}^{\infty}$ が $f(a)$ に収束する，すなわち $\lim_{n\to\infty} d_Y(f(x_n), f(a)) = 0$ となることをいう．f が X 上の全ての点で連続であるとき，単に f は**連続である**という．

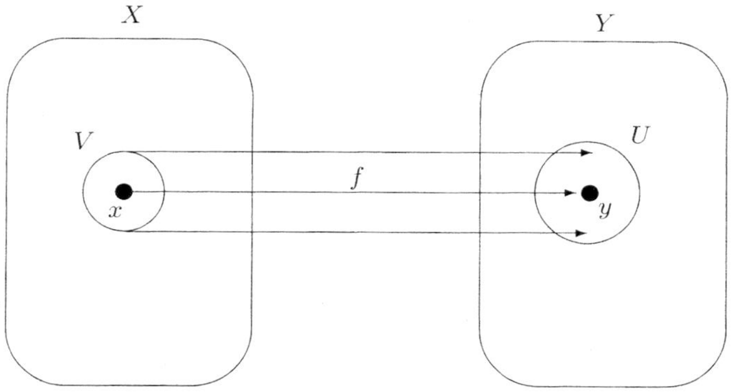

図 4.6 連続関数の定義その 2

第二の定義はより一般的に,「開集合」に基づいたものです. 先の定義は距離空間のように"近づく"ということを"可算個"の列でもって表現できる場合にのみ有効な[5] ものでしたが, 次の定義はもっと一般的に「位相空間 (どのようなものを開集合と呼ぶかがきちんと定義されている空間)」において有効な定義方法です.

定義 4.5.2 (連続関数 (2)) 集合 X および集合 Y の上でそれぞれ「開集合とは何か」ということが定義されているものとする. 関数 $f : X \longrightarrow Y$ が**点 $\boldsymbol{a} \in \boldsymbol{X}$ で連続である**とは, $f(a) \in Y$ を要素として持つ任意の開集合 $U \subset Y$ を固定したとき, それに応じて a を要素として持つ開集合 $V \subset X$ が存在して, $f[V] \subset U$ とできることをいう. f が X の全ての点で連続であるとき, 単に f は**連続である**という (図 4.6).

最後に第三の定義を挙げておきます. これは実際は上の定義 (4.5.2) と同値なのですが, 一見したところかなり違うことを述べているように見えます. "なぜそれが連続性なのか" 直感的には最もつかみにくい述べ方ですが, その分最も短くまとまった定義で, 使いなれると最も便利なものです.

5) といっても, 議論がその範囲内から出ることは入門レベルの経済学ではまずないでしょうが.

定義 4.5.3　(連続関数 (3))　集合 X および集合 Y の上でそれぞれ「開集合とは何か」ということが定義されているものとする．関数 $f: X \longrightarrow Y$ が連続であるとは，Y の任意の開集合 $G \subset Y$ に対して，$f^{-1}[G]$ が X の開集合であることをいう．

さて，以上三つの定義について，その同値性を証明することが本節の目標です．まず定義 (4.5.2) と定義 (4.5.3) が，一般的に同値であることを示しましょう．集合 X と Y があって，それぞれに X における開集合とは何か，Y における開集合とは何か，ということが定義済みであるものとします．もちろんこれらは何でもよいということではなく，先に述べたように定理 (4.4.1) の四つの性質 **(i)**，**(ii)**，**(iii)**，**(iv)** は満たすものとして定められていなければなりません．f が X から Y への関数であるものとします．

$f: X \longrightarrow Y$ が定義 (4.5.3) の意味で連続であるとき，任意の $x \in X$ を固定し，$f(x) \in Y$ を要素とする任意の開集合 $U \subset Y$ をとれば，定義 (4.5.3) によって $f^{-1}[U]$ は開集合になります．そこで $V = f^{-1}[U]$ とおくと，$x \in V$ かつ，$f[V] = f[f^{-1}[U]] \subset U$ (第 1 章，(1.10) 式)．よって f は定義 (4.5.2) の意味で点 $x \in X$ で連続．このとき $x \in X$ は任意でしたから，結局全ての点 $x \in X$ で f は定義 (4.5.2) の意味で連続になります．

逆に $f: X \longrightarrow Y$ が定義 (4.5.2) の意味で連続であったとしましょう．$U \subset Y$ という開集合を任意にとって固定します．$f^{-1}[U] = \emptyset$ であれば，$\emptyset$ は X の開集合です (開集合の性質 **(ii)** より)．$f^{-1}[U] \neq \emptyset$ の場合を考えましょう．$V = f^{-1}[U]$ と定義します．任意の $x \in V$ を一つとって固定します．$f(x) \in U$ となりますから，定義 (4.5.2) の条件によって x を要素として持つ開集合 V_x で，$f[V_x] \subset U$ となるものが存在します．したがって $V_x \subset f^{-1}[U] = V$ です．ここで $x \in V$ をいろいろ変えて $\bigcup_{x \in V} V_x$ を考えると，$V \subset \bigcup_{x \in V_x} \subset V$ すなわち V は開集合 V_x 達の和集合ですから，開集合の性質 **(iii)** より，やはり開集合になります．従ってどんなときでも $f^{-1}[U]$ は開集合になります．故に f は定義 (4.5.3) の意味で連続です．

次に距離空間上の場合を考えましょう．X および Y を距離空間とし，それぞれの集合上に，距離によって開集合が定義されている（定義 (4.4.1)）ものとします．この状況下で，三つの定義が同値であることを示します．上ですでに定義 (4.5.2) と定義 (4.5.3) が同値であることは見ましたので，以下で定義 (4.5.1) と定義 (4.5.2) の同値性を示せば十分です．

まず $f : X \longrightarrow Y$ が定義 (4.5.2) の意味で連続であったとしましょう．$x \in X$ を任意にとって固定します．さらに X 内で x に収束するような点列 $\{x_n\}_{n=0}^{\infty}$ を任意にとります．さらに $f(x)$ の ϵ 開近傍 $B_\epsilon(f(x))$ をとります．$\epsilon > 0$ は任意とします．このとき，ϵ に応じてある番号 $\bar{n}$ が存在して，$\bar{n}$ より大きい全ての番号 n について $f(x_n) \in B_\epsilon(f(x))$ が言えれば，$f(x_n) \longrightarrow f(x)$ ということですから，f は定義 (4.5.1) の意味で，点 x で連続になります．ところが，$B_\epsilon(f(x))$ は距離によって定義される Y の開集合の一つです（p.143 の注を見よ）から，定義 (4.5.2) の条件によって $f^{-1}[B_\epsilon(f(x))]$ は X の（距離によって定義される）開集合になります．すなわち（定理 (4.4.2) より）ある番号 $\bar{n}$ が存在して $\bar{n}$ 以降の全ての番号 n について，$x_n \in f^{-1}[B_\epsilon(f(x))]$．もちろん最後の式は，$f(x_n) \in B_\epsilon(f(x))$ を意味しますから，$f(x_n) \longrightarrow f(x)$ すなわち f は定義 (4.5.1) の意味で x で連続．$x \in X$ は任意でしたから，f は定義 (4.5.1) の意味で連続です．

逆を証明しましょう．$f : X \longrightarrow Y$ が定義 (4.5.1) の意味で連続であったとします．このとき f が定義 (4.5.2) の意味で連続でないと仮定して矛盾を導きましょう．そこで，ある $x \in X$ および $f(x)$ を要素として持つ Y の開集合 U が存在し，x の任意の開近傍 V について「$f[V] \subset U$ とはならない」と仮定します．このとき特に，上の V として x の $1/n$ 開近傍（$B_{1/n}(x) = \{z \in X | d(x, z) < 1/n\}$, $n = 1, 2, 3, \cdots$）という可算個をとってきます．$f[B_{1/n}(x)]$ が U の部分集合ではないわけですから，$n = 1, 2, 3, \cdots$ について $f[B_{1/n}(x)] \setminus U$ の要素 $y^1, y^2, y^3, \cdots$ 並びに，それぞれに写される $B_{1/n}(x)$ の要素 $x^1, x^2, x^3, \cdots$ を選んでくることができます（選択公理）．$d(x, x^n) < 1/n$, $\forall n = 1, 2, 3, \cdots$ ですから，$x_n \longrightarrow x$ ですが，$\forall n = 1, 2, 3, \cdots$, $f(x_n) = y^n \notin U$ ですから，y^n は $f(x)$ に収束しえ

ません．よって f は定義 (4.5.1) の意味で点 x で連続ではないことになり矛盾します．

以上のことを定理としてまとめておきましょう．

定理 4.5.1 先に述べた $f : X \longrightarrow Y$ が連続関数であることの三つの定義について，

(1) 一般に，すなわち X および Y がともに位相空間でありさえすれば，

定義 (4.5.2) で連続 $\Longleftrightarrow$ 定義 (4.5.3) で連続．

(2) 特に X および Y がともに距離空間であれば，

定義 (4.5.1) で連続 $\Longleftrightarrow$ 定義 (4.5.2) で連続 $\Longleftrightarrow$ 定義 (4.5.3) で連続．

先に複素数の範囲で述べた定理 (2.5.2) と同様に，話を一般的な距離空間あるいは $\boldsymbol{R}^n$ にした場合にも次のような基本的関数が連続になります．証明も，先の一次元の場合とほとんど同様です．

定理 4.5.2 X, Y, Z をそれぞれ距離空間とし，$f : X \longrightarrow Y, g : X \longrightarrow Y, h : Y \longrightarrow Z$ を連続関数とする．このとき以下の関数は全て連続関数である．

(1) （定数関数） $c : X \ni x \mapsto c \in Y$．

(2) （恒等関数） $id_X : X \ni x \mapsto x \in X$．

(3) （ノルム） X の距離がノルム $\|\cdot\|$ によって定義されているとき，$\|\cdot\| : X \ni x \mapsto \|x\| \in \boldsymbol{R}$.

(4) （連続関数の和） Y が $\boldsymbol{R}^n$ であるとき，$f + g : X \ni x \mapsto f(x) + g(x) \in \boldsymbol{R}^n$．

(5) （連続関数の積） Y が $\boldsymbol{R}^n$ であるとき，$f \cdot g : X \ni x \mapsto f(x) \cdot g(x) \in \boldsymbol{R}^n$．

(6)　(連続関数の max)　Y が $\boldsymbol{R}$ の部分集合であるとき，$\max\{f,g\}$: $X \ni x \mapsto \max\{f(x), g(x)\} \in Y$.

(7)　(連続関数の合成)　$h \circ f : X \ni x \mapsto h(f(x)) \in Z$.

証明　**(1)**，**(2)** が連続関数であることは，明らかである．

(3) $\{x_n\}_{n=1}^{\infty}$ を $x_* \in X$ に収束する X 上の点列であったとする．このとき $\|x_n - x_* + x_*\| \leq \|x_n - x_*\| + \|x_*\|$ ならびに $\|x_* - x_n + x_n\| \leq \|x_* - x_n\| + \|x_n\|$ より，

$$-\|x_* - x_n\| \leq \|x_n\| - \|x_*\| \leq \|x_n - x_*\|$$

であるから，

$$|\|x_n\| - \|x_*\|| \leq \|x_n - x_*\|$$

を得る．上式の右辺は 0 に収束するから，左辺も 0 に収束する．すなわち $\boldsymbol{R}$ 上で $\|x_n\|$ は $\|x_*\|$ に収束するから，$\|\cdot\|$ は点 x_* において連続である．

(4) 定理 (4.3.2, **(i)**) より明らか．

(5) 定理 (4.3.2, **(ii)**) より明らか．

(6) および **(7)** は，定理 (2.5.2, **(6)**, **(7)**) の証明における，“数列” という言葉を “点列” に変えれば，それでそのままここでの証明となっている．　**証明終**.

4.6　コンパクト集合

この節では，経済学においても非常に重要なコンパクト性という概念，特に $\boldsymbol{R}^n$ のコンパクト部分集合についてまとめることにします．$\boldsymbol{R}^n$ における**有界かつ閉**な部分集合は，いろいろな議論において取り扱いやすい性質を持っており，$\boldsymbol{R}^n$ の**コンパクト部分集合**と呼ばれます．コンパクト部分集合において最も基本的なのは,「有界かつ閉」ということから直ちに導かれる次の性質です．

定理 4.6.1　(任意の点列の部分列の収束)　A を $\boldsymbol{R}^n$ の有界閉（コンパクト）部分集合とし，$\{x_i\}_{i=0}^{\infty}$ を A 上の点列（すなわち A の要素のみからなる点列）とする．このとき $\{x_i\}_{i=0}^{\infty}$ の部分列で収束するようなものが必ず存在し，しかもその収束先は A の要素となる．

証明 A は有界であるから，定理 (4.3.3) によって $\{x_i\}_{i=0}^{\infty}$ の収束する部分列 $\{x_{i_j}\}_{j=0}^{\infty}$ が存在する．また，A は閉集合であるから，$\lim_{j\to\infty} x_{i_j} = x^*$ は A の要素でなければならない． **証明終**．

上の性質は「有界かつ閉」ということからほとんど自明の結論ですが，次は少し不思議な興味深い性質です．

定理 4.6.2 (ハイネ・ボレルの被覆定理[6]) A を $\boldsymbol{R}^n$ の有界閉集合とする．$\boldsymbol{R}^n$ の開部分集合の族 $\{U_i|i \in I\}$ が A の被覆，すなわち $A \subset \bigcup_{i\in I} U_i$ となるようなものであると仮定する．このとき I が無限集合であったとしても，その中から有限個の添字 $i_1, i_2, \cdots, i_n$ を選んできて，$A \subset \bigcup_{m=1}^{n} U_{i_m}$ となるようにすることができる．

この定理の意味を正確に把握することは初めての人には少し難しいかもしれませんがとても重要です．この定理が述べているのは，単にコンパクト集合を“有限個の開集合で覆うことができる”ということではなく，コンパクト集合を“たとえ無限個の開集合で覆ったつもりであっても，実はそれらのうちの有限個ですでに覆われている”ということなのです．ここで“不思議だ”と思わない人のために，例をあげて述べてみましょう．

例えば $\boldsymbol{R}$ における集合 $(0, 1) = \{x|x \in \boldsymbol{R}, 0 < x < 1\}$ を考えます．この集合は，無限個の開集合 $(\frac{1}{n+1}, \frac{1}{n}) = \{x \in \boldsymbol{R}|\frac{1}{n+1} < x < \frac{1}{n}\}, n = 1, 2, \cdots$ によって，

$$(0, 1) \subset \bigcup_{n=1}^{\infty} (\frac{1}{n+1}, \frac{1}{n})$$

と表す（覆う）ことができますが，**これらのうちの有限個によっては決して覆われません**．言い換えると**無限個でもってはじめて覆うことができる**という事態が生じているわけです．このとき上の定理が主張していることは，極めて不思議です．もし $(0, 1)$ ではなく $[0, 1]$ だったら，すなわち，もし有界な閉集

6) 通常ハイネ・ボレルの被覆定理と呼ばれるのは，この定理の一次元（$n = 1$）のケースです．

合（コンパクト部分集合）だったら，**無限個でもってはじめて覆うことができるという事態は，絶対に生じない**，ということなのです．

証明 （定理 4.6.2 の証明）

$\{U_i|i \in I\}$ を $A \subset \boldsymbol{R}^n$ の開被覆とし，I が無限集合であると仮定する．まず，$\{U_i|i \in I\}$ のうちの有限個では A を覆いつくせないものと仮定して矛盾を導く．

A は有界閉部分集合であるから，ある $a = (a_1, a_2, \cdots, a_n)$, $b = (b_1, b_2, \cdots, b_n) \in \boldsymbol{R}^n$, $a \leq b$ が存在して，$A \subset [a, b]$ となる．各座標 $i = 1, 2, \cdots, n$ ごとに，$[a_i, b_i]$ の中点 c_i をとり，閉区間 $[a, b]$ を 2^n 個の $[p_1, q_1] \times [p_2, q_2] \times \cdots \times [p_n, q_n]$ という形をした閉区間（ただし $[p_i, q_i] = [a_i, c_i]$ または $[c_i, b_i]$, $i = 1, 2, \cdots$）に分割する．これらの閉区間の中には，その区間と A との共通部分が有限個の U_i では覆い尽くせないようなものが，少なくとも一つ存在する．(もし存在しなければ，A を有限個の U_i で覆うことができる.) そのような区間を A_1 とする．さらに A_1 を，上とまったく同様にふたたび 2^n 個の閉区間に分割し，それらの中から A との共通部分が有限個の U_i では覆い尽くせないようなものをとる．(存在しなければ，A_1 が有限個の U_i で覆い尽くせることになる.) そのような区間を A_2 とする．この作業を続けて $A_3, A_4, \cdots$ とする．区間の列 $A_1, A_2, A_3, \cdots$ の第 i 座標 $(i = 1, 2, \cdots, n)$ に定理 (2.2.5) を適用すれば，

$$\bigcap_{m=1}^{\infty} A_m \neq \emptyset$$

が言える．この共通部分に属する点を x^* とする．このとき定義より全ての A_m は A と共通部分を持つから，$m = 1, 2, \cdots$ に対して $x^m \in A_m$ を選んで，$\{x^m\}_{m=1}^{\infty}$ という点列をつくれば（選択公理），

$$d(x^m, x^*) \leq \sup \{d(x, y)|x, y \in A_m\} \longrightarrow 0, \text{as } m \longrightarrow \infty,$$

すなわち，$x^m \longrightarrow x^*$ であり，A は閉集合であるから $x^* \in A$ となることがわかる．ところが，$x^* \in A$ であれば x^* を要素として持つ U_{i*}, $i* \in I$ が存在する．U_{i*} は開集合であるから，十分小さな $\epsilon > 0$ について，x^* の ϵ-開近傍 $B_\epsilon(x^*) \subset U_{i*}$ が存在し，さらにこのことは十分大きな $m*$ について（少なくとも $\sup \{d(x, y)|x, y \in A_{m*}\} \leq \epsilon$ を満たすほどに大きな $m*$ について）$A_{m*} \subset U_{i*}$ なることを意味する．全ての A_m は，有限個の U_i では覆えないように選んだのであるから，これは矛盾である．　**証明終**．

さて，上の開被覆の話を裏からながめてみると，さらに不思議な現象が浮き彫りにされます．集合の族 $\{V_i|i \in I\}$ が，その有限個の要素 $V_{i_1}, V_{i_2}, \cdots, V_{i_n}$ について必ず $\bigcap_{m=1}^{n} V_{i_m} \neq \emptyset$ を満たすとき，$\{V_i|i \in I\}$ は**有限交叉性**（こうさ）を持つと言われます．例えば $\boldsymbol{R}$ の部分集合の族として $\mathcal{X} = \{X_m|m \in \boldsymbol{N}\}, X_m = \{x \in \boldsymbol{R}|m \leq x\}$,（すなわち，$X_m$ は m 以上の実数全体の集合）を考えると，$\mathcal{X}$ は有限交叉性を持ちます．もちろん有限交叉的であっても，無限に交叉的すなわち無限個の要素についてインターセクションが非空であるとは限りません．実際，上の例では $\bigcap_{m=1}^{\infty} = \emptyset$ です．ここで $\boldsymbol{R}^n$ の有界閉集合の持つ性質として，次のようなことが成立します．

定理 4.6.3　（有限交叉（こうさ）性とコンパクト性）　A を $\boldsymbol{R}^n$ のコンパクト部分集合とする．$\{V_j|j \in J\}$ を A の閉部分集合の族で，かつ有限交叉性を持つものとする．このとき，$\bigcap_{j \in J} V_j \neq \emptyset$ である．

すなわちコンパクト集合上の閉集合の族 $\{V_j|j \in J\}$ は，たとえ J がいかなる濃度を持つとしても，有限交叉的でありさえすれば（無限に）交叉的であるというのです．証明は難しくありません．実は上のハイネ・ボレルの定理から，ほとんど直ちに示されます．

証明　（定理 (4.6.3) の証明）

結論を否定すると，$\bigcap_{j \in J} V_j = \emptyset$ である．このとき，各 $j \in J$ について $U_j = \boldsymbol{R}^n \setminus V_j$ とおくと，ド・モルガンの公式（定理 (1.3.5)）より，$\bigcup_{j \in J} U_j = \boldsymbol{R}^n \setminus \bigcap_{j \in J} V_j = \boldsymbol{R}^n \supset A$ すなわち，$\{U_j|j \in J\}$ は A の開被覆となる．従って定理 (4.6.2) によって，有限個の $U_{j_1}, \cdots, U_{j_\ell}$ が存在して，$A \subset \bigcup_{m=1}^{\ell} U_{j_m}$ が成立する．ところが，$\bigcup_{m=1}^{\ell} U_{j_m} = \bigcup_{m=1}^{\ell} (\boldsymbol{R}^n \setminus V_{j_m}) = \boldsymbol{R}^n \setminus \bigcap_{m=1}^{\ell} V_{j_m}$ であり，$\bigcap_{m=1}^{\ell} V_{j_m}$ は仮定により A の部分集合として空ではないから，$a \in \bigcap_{m=1}^{\ell} V_{j_m}$, $a \in A$ とすれば $a \notin \bigcup_{m=1}^{\ell} U_{j_m}$．もちろんこれは $\{U_j|j \in J\}$ が A の被覆であることに矛盾する．　**証明終**．

$\boldsymbol{R}^n$ のコンパクト部分集合の最も明らかな代表例は $a, b \in \boldsymbol{R}^n$, $a \leq b$ によって定義される $\boldsymbol{R}^n$ の**有界閉区間**, $[a, b] = \{x | x \in \boldsymbol{R}^n, a \leq x \leq b\}$ です.（厳密には，$[a, b]$ が閉集合であることは，定理 (4.3.2), **(iii)** から言える.）有界閉区間はコンパクト性だけではなく，もう一つ重要な性質を持ちます. それは凸性（実はそこから導かれる連結性）という性質です.

次の定理は実数値連続関数についての定理としては最も基本的なものであり，通常有界な閉区間上で述べられますのでここであげておきますが，実際に本質的であるのは定義域のコンパクト性ではなく連結性[7)]です.

定理 4.6.4（中間値の定理）$\boldsymbol{R}$ の区間 $[a, b] = \{x | x \in \boldsymbol{R}, a \leq x \leq b\}, a, b \in \boldsymbol{R}, a < b$ を考える. $f : [a, b] \longrightarrow \boldsymbol{R}$ を連続関数とし，$f(a) < 0, f(b) > 0$ とするとき，ある $c \in [a, b]$ が存在して $f(c) = 0$ となる.

証明 $B = \{x | x \in [a, b], f(x) > 0\}$ とおく. $\delta = \inf \{d(a, x) | x \in B\}$ とおくと，$\delta > 0$ である.（そうでなければ，f の連続性から $f(a) \geq 0$ となり矛盾.）ここで集合 B 上の点列 $\{x_i\}_{i=1}^{\infty}$ を，$d(a, x_i) \leq \delta + 1/i$ なるようにとる（選択公理）. $[a, b]$ はコンパクトであるから，$\{x_i\}_{i=1}^{\infty}$ の部分列で，ある $c \in [a, b]$ に収束するようなものが存在する. このとき，$f(c) = 0$ となる. 以下それを示そう.

まず $f(x_i) > 0, \forall i$ であるから，$f(c) \geq 0$ でなければならない. そこで $f(c) > 0$ と仮定する. f は B 上連続だから，点 c を要素として持つ B の開集合 $G_B(c)$ が存在して，$\forall x \in G_B(c), f(x) > 0$ を満たす（定義 (4.5.2)）. $G_B(c)$ は（$\boldsymbol{R}$ ではなく）B の開集合であるが，定理 (4.4.5) よりこれは $G_B(c) = G(c) \cap B$, ここで $G(c)$ は c を要素とする $\boldsymbol{R}$ 上の開集合，とすることができる. $\epsilon > 0$ を十分小さく，$B_\epsilon(c) \subset G(c)$ かつ $\epsilon/2 < c - a$ なるようにとると，$f(c - \epsilon/2) > 0$ かつ $d(c - \epsilon/2, a) < d(c, a) = \delta$ となり，δ の定義に矛盾する. **証明終**.

---

7) **連結性**とは直感的に言うと「一つながりである」ということです. 厳密に言うと，集合 A が連結（connected）であるとは，B, C を互いに共通要素を持たない 2 つの開集合とするとき，$(A \cap B) \cup (A \cap C) \supset A$ ならば ($B = \emptyset$ または $C = \emptyset$) なることを言います. つまり A を二つの空でない開集合によって分けることができない，ということです.

さて，コンパクト集合という概念が応用面からも非常に重要であるのは，その集合上の連続関数について次のような基本的命題が成立するからです．経済学においてコンパクト集合という概念が入門的な段階から必要とされる理由は，ほとんど次の定理にかかっているといえます．

定理 4.6.5（最大値最小値の定理）　$X \neq \emptyset$ を $\boldsymbol{R}^n$ のコンパクト部分集合とする．$f : X \longrightarrow R$ を連続関数とすると，f は X 上のどこかの点で最大値を，またどこかの点で最小値をとる．

証明　最大値についてのみ証明する．最小値については，$-f$ の最大値を考えれば良い．

結論を否定して矛盾を導く．仮に f が X 上のいかなる点においても最大値をとらないものとする．このとき，二つのケースが存在する．第一のケースは $\sup\{f(x)|x \in X\} < \infty$ のケースであり，第二のケースは $\sup\{f(x)|x \in X\} = \infty$，すなわち，$\{f(x)|x \in X\}$ が上に有界でないケースである．

（ケース 1）：$b = \sup\{f(x)|x \in X\}$ とおく．sup の定義から，$n = 1, 2, 3, \cdots$ に対して $b - 1/n < f(x) < b$ となるような $x \in X$ が存在するので，それを x_n とおき，X 上の点列 $\{x_n\}_{n=1}^{\infty}$ をつくることができる（選択公理を用いている）．X がコンパクトであるから，$\{x_n\}_{n=1}^{\infty}$ の部分列で $x^* \in X$ に収束するものが存在する．これを $\{x_{n_i}\}_{i=1}^{\infty}$ で表す．$\lim_{i\to\infty} x_{n_i} = x^*$ であり，f は連続であるから，$\lim_{i\to\infty} f(x_{n_i}) = f(x^*)$ である．ところが，各 i について $b - 1/n_i < f(x_{n_i}) < b$ であり，$\lim_{i\to\infty} 1/n_i = 0$ である（部分列の定義より）から，結局 $\lim_{i\to\infty} f(n_i) = b$ であり，$f(x^*) = b$ となる．従って f は $x^* \in X$ において最大値 b をとることになり矛盾．

（ケース 2）：$\{f(x)|x \in X\}$ が上に有界でないものとする．このとき，各 $n \in \boldsymbol{N}$ に対して $n \leq f(x)$ となるような $x \in X$ が存在するので，それを x_n とおき，X 上の点列 $\{x_n\}_{n=0}^{\infty}$ をつくる（選択公理より）．X がコンパクトであるから，その部分列 $\{x_{n_i}\}_{i=0}^{\infty}$ で，ある $x_* \in X$ に収束するようなものが存在する．いま $x_{n_i} \longrightarrow x_*$ であり f が連続であることから，$\lim_{i\to\infty} f(x_{n_i}) = f(x_*)$ でなければならない．ところが，部分列の定義によって i を十分大きくとれば $f(x_{n_i})$ は任意に大きくできるので，$\{f(x_{n_i})\}_{i=0}^{\infty}$ という数列が有限値 $f(x_*)$ に収束することはありえない．よって矛盾が導かれた．　**証明終**．

コンパクト集合上の連続関数に関して，もう一つ基本的な定理をあげておきましょう．この定理の中で述べられる**一様連続性**（**uniform continuity**）という概念は，それ自体数学的に非常に重要な概念です．そこで定理の前に，関数が**一様連続**である，ということの定義をまず述べることにします．

(X, d_X) および (Y, d_Y) を距離空間とし，f を X から Y への関数とします．また，距離 d_X あるいは d_Y を用いて表される $x \in X$ または $y \in Y$ の ϵ-開近傍を，それぞれ $B_\epsilon(x)$ あるいは $B_\epsilon(y)$ で表すことにします．f が**一様連続**であるとは，実数 $\epsilon > 0$ を任意に与えられたとき，それに応じて $\delta > 0$ を適当に選び，その δ を用いて全ての点 $x \in X$ に関して，

$$f[B_\delta(x)] \subset B_\epsilon(f(x)) \tag{4.3}$$

とできることをいいます．上の δ が，全ての $x \in X$ について共通にとられているところが，通常の連続性と異なるところです．通常の連続の場合，各点 $x \in X$ を固定して，その x に応じて δ を定めて (4.3) 式が成り立つようにすることはできますが，δ を全ての $x \in X$ に対して共通に選ぶことは必ずしもできません．ただし，コンパクト集合上の連続関数であればそれができる，というのが次の定理です．

定理 4.6.6 X を $\boldsymbol{R}^n$ のコンパクト部分集合[8)]とし，(Y, d_Y) を距離空間とする．このとき連続関数 $f : X \longrightarrow Y$ は一様連続である．

証明 X および Y における点 $x \in X$, $y \in Y$ の ϵ-開近傍を，それぞれ $B_\epsilon(x)$, $B_\epsilon(y)$ で表すことにする．また，X 上の距離を d で表す．以下，背理法を用いて証明する．結論を否定すると，ある $\epsilon > 0$ が存在して，任意に $\delta > 0$ を選んだとき，ある $x_\delta \in X$ が存在して

$$\text{not } (f[B_\delta(x_\delta)] \subset B_\epsilon(f(x_\delta)))$$

8) X は必ずしも $\boldsymbol{R}^n$ の部分集合でなくても，距離空間であればよい．ただし本書では一般的な距離空間におけるコンパクト部分集合についての定義をしていないので，しかたなくこのように書いた．一般に，位相空間 X におけるコンパクト性は，ハイネ・ボレルの被覆定理の条件を満たすような集合，という形で逆に定義される．

となるようにすることができる．特に上の δ として $1/n,\ n=1,2,\cdots$ とすれば，ある $\epsilon>0$ が存在して，$n=1,2,\cdots$ に対し $x_1\in X, x_2\in X,\cdots$ が存在して，

$$\text{not}\ \ (f[B_{1/n}(x_n)]\subset B_\epsilon(f(x_n)))$$

となる，ということが言える．

X はコンパクトであるから，点列 $\{x_n\}_{n=1}^\infty$ の部分列 $\{x_n\}_{n\in N'}$ で X の点 x_* に収束するようなものが存在する．さて，f は点 x_* で連続であるから，$\epsilon/2>0$ に対してある $\delta>0$ が存在して，

$$(*1)\quad f[B_\delta(x_*)]\subset B_{\epsilon/2}(f(x_*))$$

とすることができる．$\{x_n\}_{n\in N'}$ は x_* に収束するから，十分大きな番号 $m\in N'$ があって $1/m<\delta/2$ かつ $x_m\in B_{\delta/2}(x_*)$ となる．x_m の定義によって，ある点 $\hat{x}\in B_{1/m}(x_m)$ で $d_Y(f(\hat{x}),f(x_m))>\epsilon$ なるものが存在する．このとき，X 上の三角不等式を用いて

$$(*2)\quad d(\hat{x},x_*)\leq d(\hat{x},x_m)+d(x_m,x_*)\leq 1/m+\delta/2<\delta$$

となる．さらに，Y 上の三角不等式より

$$(*3)\quad d_Y(f(\hat{x}),f(x_m))\leq d_Y(f(\hat{x}),f(x_*))+d_Y(f(x_*),f(x_m))$$

を得る．ところが，$d(x_m,x_*)<\delta$ であったから，(*2) および (*1) から，(*3) の右辺は $\epsilon/2+\epsilon/2=\epsilon$ より小でなければならない．もちろんこれは $d_Y(f(\hat{x}),f(x_m))>\epsilon$ に矛盾する．

証明終．

第 5 章 行列

5.1 経済学と行列代数

行列とは数（とりあえず $\boldsymbol{R}$ または $\boldsymbol{C}$ とする）を次のように縦横に並べたものです．

$$\begin{bmatrix} a_{11} & a_{12} & \cdots & a_{1n} \\ a_{21} & a_{22} & \cdots & a_{2n} \\ \vdots & \vdots & \ddots & \vdots \\ a_{m1} & a_{m2} & \cdots & a_{mn} \end{bmatrix}$$

横の並びをそれぞれ第 1 行，第 2 行，$\cdots$，第 m 行，縦の並びを第 1 列，第 2 列，$\cdots$，第 n 列と呼び，上のような行列は $m \times n$ 型行列などと呼ばれます．

さて，これだけならば行列とは“数字を並べた表”以上のものでも以下のものでもありません．我々が通常，行列というものを必要としているのは，そこに“単なる数字の表（$m \times n$ の数字の並び）”以上の意味を与えているからと言うことができます[1]．それは，$\boldsymbol{R}^n$ から $\boldsymbol{R}^m$ **への最も基本的な写像**という意味です．例えば次のような 3 変数 x, y, z に関する 2 本の一次式を考える

1）しかしながら，時には“単なる表（$m \times n$ の数字の並び）”として眺めることも，行列というものの本質をとらえる上ではまた重要です．行列というものを難しく考えすぎないことです．

とします.(x, y, z 以外の文字は定数とする.)

$$a_{11}x + a_{12}y + a_{13}z$$
$$a_{21}x + a_{22}y + a_{23}z$$

x, y, z という三つの変数の値を決めれば，上の式および下の式の値が定まりますから，要するに上の式2本で，三つの数字（x, y, z の値）から二つの数字（上式および下式の値）を定める仕組みを作り出していることになります.すなわち，2本の式は $\boldsymbol{R}^3$ から $\boldsymbol{R}^2$ への関数を作り出しているわけです．このとき，この関数を特徴づけるのは上の2式の係数部分，すなわち

$$\begin{bmatrix} a_{11} & a_{12} & a_{13} \\ a_{21} & a_{22} & a_{23} \end{bmatrix}$$

という数字の並び（2×3 行列）にほかなりません．これがすなわち，我々が行列というものの背後に与える意味です．上のように $m \times n$ 型行列によって表現されるような $\boldsymbol{R}^n$ から $\boldsymbol{R}^m$ への関数は，$\boldsymbol{R}^n$ から $\boldsymbol{R}^m$ への**線型写像**と呼ばれます.

経済理論において，行列は非常に様々な場面で用いられます．例えば投入物と産出物との間に線型的な関係を想定してモデルを作る場合（投入産出分析)，線型的な制約条件に基づいて最適解を求める問題（線型計画法)，あるいは経済学的変数の微小な変化の方向を線型的に近似してなされる議論（均衡解の安定性あるいは比較静学)，といったものがあげられます．いずれにしても，様々な議論の中で行列の果たす役割の本質が，その“線型写像”としての意味に存在することには変わりありません.

5.2 線型写像と行列

この世の中に存在する「数量的な関係」には単純なものから複雑なものまで様々ありますが，おそらくその中で最も基本的かつ重要と言って良いものは，この節で述べる「線型的な関係」（線型写像）でしょう.「線型的」という言葉を聞くのが仮に初めてだとしても，小中学校で習った「比例」という

言葉には覚えがあるはずです．そう，一方が倍になると他方も倍になるという，あれです．式でよく，$y = a \cdot x$ （a は定数），と書かされたやつです．比例は $\boldsymbol{R}^1$ から $\boldsymbol{R}^1$ への立派な線型写像です．(というか実は $\boldsymbol{R}^1$ から $\boldsymbol{R}^1$ において線型写像といえば，それが全てです[2)].)

さて，ベクトル空間の最も基本となる構造は，ベクトルどうしの加法（(V.1)〜(V.4)）およびスカラー倍（(V.5)〜(V.6)）という演算でした．**線型写像**というのは，**ベクトル空間からベクトル空間への写像 f で，ベクトルの加法およびスカラー倍という二つの基本的演算を保存する**（$f(x+y) = f(x) + f(y)$, **かつ** $f(a \cdot x) = a \cdot f(x)$）ようなもののことです．つまり，線型写像というものはベクトル空間（線型空間）の基本的構造と密接に結びついた概念なのです．そして，特にベクトル空間が有限次元の場合，線型写像は**行列**という具体形で表現されます．この節では，線型写像および行列についての最も基礎的な解説を行います．

5.2.1 線型写像の行列表現

まず最初に「線型写像」の定義から述べることにしましょう．L および M を体 K 上のベクトル空間とします．(以下，係数体を K で表しますが，これはとりあえず $\boldsymbol{R}$ または $\boldsymbol{C}$ をさすものと考えて下さい[3)].) L から M への写像 $\varphi : L \longrightarrow M$ が次の二つの条件を満たすとき，φ は L から M への**線型写像**であると言われます．

(1) 全ての $x, y \in L$ について，$\varphi(x+y) = \varphi(x) + \varphi(y)$.

(2) 全ての $a \in K$ と $x \in L$ について，$\varphi(a \cdot x) = a \cdot \varphi(x)$.

条件 (1), (2) はまとめて

---

2) わざわざ $\boldsymbol{R}^1$ と書きましたが，$\boldsymbol{R}$ と考えてもらって結構です．一般に線型写像というものはベクトル空間上で定義されるものなので，$\boldsymbol{R}$ 自身をわざわざ $\boldsymbol{R}$ 上のベクトル空間とみなす意味合いから $\boldsymbol{R}^1$ と書きました．

3) この章の議論のほとんどの部分は，体 K において $1 + 1 \neq 0$ が成立しさえすれば，別に $K = \boldsymbol{R}$ または $\boldsymbol{C}$ でなくとも成立します．したがって K が有理数体でももちろん成立します．K を任意の体とするには，後で述べる行列式の定義に若干の修正が必要になります．(定理 (5.2.1), (1) の証明参照.)

(3) 全ての $a, b \in K$ および $x, y \in L$ について

$$\varphi(a \cdot x + b \cdot y) = a \cdot \varphi(x) + b \cdot \varphi(y)$$

と言い換えることもできます．言うまでもなく (1) はベクトルの加法が，(2) はスカラー倍が，それぞれ L から M へ写されているということを意味します．

体 K 上のベクトル空間 L と M を考え，L の基底を $e_1, \cdots, e_\ell$ で，M の基底を $e'_1, \cdots, e'_m$ で表すことにしましょう．(すなわち L は ℓ 次元，M は m 次元です.) さて，φ を L から M への線型写像とするとき，φ がどのような写像であるかを知るためには，φ が $e_1, \cdots, e_\ell$ をどこに写すかということさえ分かっておれば十分です．実際，任意の $x \in L$ は $e_1, \cdots, e_\ell$ の線型結合として $x = a_1 \cdot e_1 + \cdots + a_\ell \cdot e_\ell$ と表現されますから，$\varphi(x)$ は線型写像の条件 (1)，(2) によって $a_1 \cdot \varphi(e_1) + \cdots + a_\ell \cdot \varphi(e_\ell)$ に等しくなければなりません．すなわち $\varphi(e_1), \cdots, \varphi(e_\ell)$ の値が定まっておれば，必然的に $\varphi(x)$ の値も決まることになります．M の基底 $e'_1, \cdots, e'_m$ を用いて，これら L の基底の写り先を表現したとき，

$$(5.1) \qquad \begin{cases} \varphi(e_1) = a_{11} \cdot e'_1 + a_{21} \cdot e'_2 + \cdots + a_{m1} \cdot e'_m \\ \varphi(e_2) = a_{12} \cdot e'_1 + a_{22} \cdot e'_2 + \cdots + a_{m2} \cdot e'_m \\ \qquad\qquad \vdots \\ \varphi(e_\ell) = a_{1\ell} \cdot e'_1 + a_{2\ell} \cdot e'_2 + \cdots + a_{m\ell} \cdot e'_m \end{cases}$$

であったとしましょう．結局，線型写像 φ は係数体 K の $\ell \times m$ 個の要素 a_{ij} のリスト

$$(5.2) \qquad A = \begin{bmatrix} a_{11} & a_{12} & \cdots & a_{1\ell} \\ a_{21} & a_{22} & \cdots & a_{2\ell} \\ \vdots & \vdots & \ddots & \vdots \\ a_{m1} & a_{m2} & \cdots & a_{m\ell} \end{bmatrix} = \begin{array}{c} \begin{array}{cccc} \varphi(e_1) & \varphi(e_2) & \cdots & \varphi(e_\ell) \end{array} \\ \begin{bmatrix} a_{11} & a_{12} & \cdots & a_{1\ell} \\ a_{21} & a_{22} & \cdots & a_{2\ell} \\ \vdots & \vdots & \vdots & \vdots \\ a_{m1} & a_{m2} & \cdots & a_{m\ell} \end{bmatrix} \end{array}$$

によって完全に特徴づけられることになります．(つまり，線型写像 φ と基底 $e_1, \cdots, e_\ell$ および $e'_1, \cdots, e'_\ell$ から行列 A が決まりますし，逆に行列 A と基

底 $e_1, \cdots, e_\ell$ および ${e'}_1, \cdots, {e'}_\ell$ が与えられれば，そこから (5.1) 式を通じて，線型写像 φ が決まります.) A を線型写像 φ の一つの**行列表現**と言います．もちろん同一の線型写像 φ に対しても，基底の取り方を変えれば行列表現は異なりますが，基底を一つ固定して考えている場合はただ一つに定まります．

例 5.2.1 高等学校で 2×2 の行列を習った人は，行列 $\begin{bmatrix} a & b \\ c & d \end{bmatrix}$ が R^2 のベクトル $\begin{bmatrix} x \\ y \end{bmatrix}$ を $\begin{bmatrix} a & b \\ c & d \end{bmatrix} \cdot \begin{bmatrix} x \\ y \end{bmatrix}$ によって $\begin{bmatrix} a \cdot x + b \cdot y \\ c \cdot x + d \cdot y \end{bmatrix}$ に変換したことを覚えているでしょう（一次変換）．この変換を R^2 から R^2 への写像と見なせば，上の条件 (1)，(2) が成立することが容易に確かめられます．この意味で 2×2 の行列は R^2 から R^2 への線型写像と同一視できます．

また逆に R^2 から R^2 への線型写像 φ を $\varphi(x, y) = (a \cdot x + b \cdot y, c \cdot x + d \cdot y)$ と定義しましょう.（これが実際 R^2 から R^2 への線型写像になっていることは各自確かめて下さい.）このとき仮に R^2 の基底を標準基底 $e_1 = (1, 0), e_2 = (0, 1)$ にとるとすれば，線型写像 φ の行列表現が $\begin{bmatrix} a & b \\ c & d \end{bmatrix}$ になります．

一般に，体 K の要素を上の (5.2) 式のように矩形に並べたものを**行列**と呼びます．横の並びを**行**，縦を**列**と呼び，

$$(5.3) \qquad B = \begin{bmatrix} b_{11} & b_{12} & \cdots & b_{1n} \\ b_{21} & b_{22} & \cdots & b_{2n} \\ \cdots & \cdots & \cdots & \cdots \\ \cdots & \cdots & \cdots & \cdots \\ b_{m1} & b_{m2} & \cdots & b_{mn} \end{bmatrix}$$

のような形をしておれば m 行 n 列，あるいは (m, n) 型行列と呼ばれます．特に $m = n$ の場合，行列は n 次の**正方行列**と呼ばれます．

(m, n) 行列の一つの列（縦の m 個の数の並び）は便宜的に m 次元の数ベクトルとみなすことができます．この意味で行列の一つの列を**列ベクトル**と呼

ぶことがあります．同様に一つの行（横の n 個の数の並び）を**行ベクトル**と言います．また，行列の第 i 行第 j 列の位置にある数を，その行列の (i,j) **要素**と呼びます．

m 行 n 列の行列 B の行と列を入れ換えた n 行 m 列の行列を，もとの行列の**転置行列**と呼び，${}^{\tau}B$ で表します．

$$
{}^{\tau}B = \begin{bmatrix} b_{11} & b_{21} & \vdots & b_{m1} \\ b_{12} & b_{22} & \vdots & b_{m2} \\ \vdots & \vdots & \vdots & \vdots \\ \vdots & \vdots & \vdots & \vdots \\ b_{1n} & b_{2n} & \vdots & b_{mn} \end{bmatrix}
$$

5.2.2 行列の演算

行列の和とスカラー倍

体 K（とりあえず $\boldsymbol{R}$ または $\boldsymbol{C}$ とする）の要素から成る二つの (m,n) 型行列

$$
(5.4) \qquad A = \begin{bmatrix} a_{11} & \cdots & a_{1n} \\ \vdots & a_{ij} & \vdots \\ a_{m1} & \cdots & a_{mn} \end{bmatrix}
$$

$$
(5.5) \qquad B = \begin{bmatrix} b_{11} & \cdots & b_{1n} \\ \vdots & b_{ij} & \vdots \\ b_{m1} & \cdots & b_{mn} \end{bmatrix}
$$

および体 K の要素 c に対して，行列の**和**および**スカラー倍**を次のように定義します．

$$
(5.6) \qquad A + B = \begin{bmatrix} a_{11} + b_{11} & \cdots & a_{1n} + b_{1n} \\ \vdots & a_{ij} + b_{ij} & \vdots \\ a_{m1} + b_{m1} & \cdots & a_{mn} + b_{mn} \end{bmatrix}
$$

$$
(5.7) \qquad c \cdot A = \begin{bmatrix} c \cdot a_{11} & \cdots & c \cdot a_{1n} \\ \vdots & c \cdot a_{ij} & \vdots \\ c \cdot a_{m1} & \cdots & c \cdot a_{mn} \end{bmatrix}
$$

上の定義は，それぞれ以下で定義される**線型写像の和**および**スカラー倍**という概念と密接に関係しています．係数体 K 上のベクトル空間 V_n および W_m があるとします．V_n は n 次元で，その基底は $v_1, \cdots, v_n$，一方 W_m は m 次元で，その基底は $w_1, \cdots, w_m$ ととられているものとしましょう．V_n から W_m への線型写像 φ_A，φ_B および K の要素 c に対して，線型写像の和およびスカラー倍を次のように定義します．

$$\varphi_A + \varphi_B : V_n \ni v \longmapsto \varphi_A(v) + \varphi_B(v) \in W_n \tag{5.8}$$

$$c \cdot \varphi_A : V_n \ni v \longmapsto c \cdot \varphi_A(v) \in W_m \tag{5.9}$$

容易に確かめられるように，これらの写像 $\varphi_A + \varphi_B$，$c \cdot \varphi_A$ もまた線型写像になります．さらに，(基底 $v_1, \cdots, v_n$ および $w_1, \cdots, w_m$ の下での) φ_A の行列表現が A，φ_B の行列表現が B であるとすれば，$\varphi_A + \varphi_B$ および $c \cdot \varphi_A$ の行列表現はそれぞれ上で定義された $A + B$ および $c \cdot A$ となります．

練習問題 5.2.1 上の事実を確かめよ．

行列の積

次に**行列の積**を定義しましょう．行列 A と行列 B の積が定義されるのは，A の列の数と B の行の数が等しい場合のみです．一般に (ℓ, m) 型行列 A と (m, n) 型行列 B,

$$A = \begin{bmatrix} a_{11} & \cdots & \cdots & a_{1m} \\ \vdots & & & \vdots \\ \vdots & \cdots & \cdots & \vdots \\ \vdots & & & \vdots \\ a_{\ell 1} & \cdots & \cdots & a_{\ell m} \end{bmatrix}, \quad B = \begin{bmatrix} b_{11} & \cdots & b_{1n} \\ \vdots & \vdots & \vdots \\ \vdots & \vdots & \vdots \\ b_{m1} & \cdots & b_{mn} \end{bmatrix}$$

に対して，行列 A と B の積 $A \cdot B$ は，(ℓ, n) 型行列であり，その第 i 行 j

列目の要素を d_{ij} と書けば,

$$(5.10)\quad A\cdot B = \begin{array}{c} \\ \boldsymbol{i} \\ \\ \\ \\ \end{array}\!\!\overset{\boldsymbol{j}}{\begin{bmatrix} & \vdots & \\ \cdots & d_{ij} & \cdots \\ & \vdots & \\ & \vdots & \\ & \vdots & \end{bmatrix}},\quad d_{ij} = \sum_{k=1}^{m} a_{ik}\cdot b_{kj},$$

と定義されます.すなわち,d_{ij} とは行列 A の第 i 行目と行列 B の第 j 列目(それぞれ m 個の要素が並んでいる)

$$A = \begin{array}{c} \\ \boldsymbol{i} \\ \\ \\ \\ \end{array}\!\!\begin{bmatrix} \vdots & & & \vdots \\ a_{i1} & a_{i2} & \cdots & a_{im} \\ \vdots & & & \vdots \\ \vdots & & & \vdots \\ \vdots & & & \vdots \end{bmatrix},\quad B = \overset{\boldsymbol{j}}{\begin{bmatrix} \cdots & b_{1j} & \cdots \\ & b_{2j} & \\ & \vdots & \\ & & \\ \cdots & b_{mj} & \cdots \end{bmatrix}}$$

を取り出してきて,それらの第 k 番目 $(k = 1, 2, \cdots, m)$ どうしの積 $a_{ik}\cdot b_{kj}$ を $k = 1$ から m まで足し合わせたものということです.

特に上で $\ell = m = n$ の場合は同一次数の正方行列の積を表し,n 次の正方行列どうしの積がやはり n 次の正方行列になることがわかります.このとき n 次の正方行列

$$I = \begin{bmatrix} 1 & 0 & \cdots & 0 \\ 0 & 1 & \ddots & \vdots \\ \vdots & \ddots & \ddots & 0 \\ 0 & \cdots & 0 & 1 \end{bmatrix}$$

すなわち,対角要素が全て 1(K の乗法の単位元)であり,あとは全て 0(K の加法の単位元)であるようなものは,他のいかなる n 次正方行列 A に対しても,$IA = AI = A$ という関係を満たします.(つまり n 次正方行列の世界での積に関する単位元となる.)この I を n 次の**単位行列**と呼びます.

練習問題 5.2.2

(1) 2 次の正方行列について，上の事実 $IA = AI = A$ を確かめなさい．

(2) AB と BA がともに定義される場合（上のような正方行列どうしの場合）でも，AB と BA が必ずしも等しくはならないことを確かめなさい．(2 次の正方行列を用いて，簡単に例がつくれるはずです.)

(3) 一般に行列の乗法の加法に対する分配律 $A(B+C) = AB + AC$ が成立することを示しなさい．

行列の積は，線型写像で言えば写像の合成にあたります．X_n, Y_m, Z_ℓ を体 K 上のベクトル空間とし，それぞれの基底を $x_1, \cdots, x_n$，$y_1, \cdots, y_m$，および $z_1, \cdots, z_\ell$ と固定します．X_n から Y_m への線型写像 ψ_B および Y_m から Z_ℓ への線型写像 ψ_A の（固定された基底に関する）行列表現がそれぞれ B および A であったとします．

$$X_n \xrightarrow{\psi_B} Y_m \xrightarrow{\psi_A} Z_\ell, \tag{5.11}$$

このとき写像 ψ_B と ψ_A の合成は $\psi_A \circ \psi_B$ と書かれ，

$$\psi_A \circ \psi_B : X_n \ni x \longmapsto \psi_A(\psi_B(x)) \in Z_\ell, \tag{5.12}$$

と定義されるのでした（第 1 章 1.3.2 項）．この合成写像 $\psi_A \circ \psi_B$ の行列表現（ℓ 行 n 列）が，行列 A（ℓ 行 m 列）と B（m 行 n 列）の積にほかなりません．

注意 5.2.1 行列の積 AB[4)]が実際に合成写像 $\varphi_A \circ \varphi_B$ の一つの行列表現であることを確かめておきましょう．記号は上のまま（$\varphi_B : X_n \to Y_m$, $\varphi_A : Y_m \to Z_\ell$ として，基底 $\boldsymbol{x}_1, \cdots, \boldsymbol{x}_n$ および $\boldsymbol{y}_1, \cdots, \boldsymbol{y}_m$ および $\boldsymbol{z}_1, \cdots, \boldsymbol{z}_\ell$ を固定したときのそれぞれの行列表現が B および A ということ）としておきます．

$\varphi_A \circ \varphi_B : X_n \to Z_\ell$ の行列表現を調べるには，(5.1)，(5.2) 式でやったように $\boldsymbol{x}_1, \cdots, \boldsymbol{x}_n$ の写り先を調べてやればよいわけです．まず分かっていることは，$\boldsymbol{x}_1, \cdots, \boldsymbol{x}_n$ の φ_B による写り先で，それは (5.2) 式のように行列 B の n 個の m 次元

4) このように前後関係から区切りもはっきりしている場合，行列の積の記号・もまたしばしば省略されます．

列ベクトル ($b_{*1},\cdots,b_{*n}$ と記す) によって，表現されています．さらにそれら写り先が，φ_A によってどこに写るかを考えなくてはなりません．分かっていることは，今度は基底 $\boldsymbol{y}_1,\cdots,\boldsymbol{y}_m$ の φ_A による写り先で，それは行列 A の m 個の ℓ 次元列ベクトル ($a_{*1},\cdots,a_{*m}$ と記す) によって表現されています．従って，例えば $\boldsymbol{x}_j$ の写り先は，$\varphi_A(\varphi_B(\boldsymbol{x}_j))=\varphi_A(b_{1j}\boldsymbol{y}_1+b_{2j}\boldsymbol{y}_2+\cdots+b_{mj}\boldsymbol{y}_m)=b_{1j}a_{*1}+b_{2j}a_{*2}+\cdots+b_{mj}a_{*m}$ という ℓ 次元ベクトル (Z_ℓ の要素) となります．列ベクトルとしてこれを表せば，その第 i 行は $b_{1j}a_{i1}+b_{2j}a_{i2}+\cdots+b_{mj}a_{im}$ すなわち $\sum_{k=1}^m a_{ik}b_{kj}$ となります．これが $\varphi_A\circ\varphi_B$ の表現行列の (i,j) 要素ということになります．たしかにそれは，行列の積 AB の (i,j) 要素と一致しています．

以上のことから，行列の積に関する結合律が，直ちに導かれます．$(AB)C$ および $A(BC)$ という行列の積はそれぞれ $(\varphi_A\circ\varphi_B)\circ\varphi_C$ および $\varphi_A\circ(\varphi_B\circ\varphi_C)$ の行列表現（ただしここで C は φ_C の行列表現とする）にほかならず，またこれらの写像の合成について結合律が成り立つことは自明（確かめよ）だからです．

5.2.3 行列式

本項以降，話の中心は $n\times n$ 正方行列となります．線形写像としてながめると，特に体 K 上の n 次元ベクトル空間からそれ自体への写像（一次変換）という意味を持つ場合です．さて，A を体 K（とりあえず $\boldsymbol{R}$ または $\boldsymbol{C}$ とする）の要素からなる $n\times n$ 行列とします．

$$A=\begin{bmatrix} a_{1,1} & a_{1,2} & \cdots & \cdots & a_{1,n} \\ a_{2,1} & \ddots & \cdots & \cdots & a_{2,n} \\ \vdots & \vdots & a_{i,j} & \cdots & \vdots \\ \vdots & \vdots & \vdots & \ddots & \vdots \\ a_{n,1} & a_{n,2} & \cdots & \cdots & a_{n,n} \end{bmatrix} \tag{5.13}$$

行列 A に対してその**行列式 (Determinant)** と呼ばれる K の要素 $\det A\in K$ は以下の三条件を満たすようなものとして定義されます[5]．

---

5) 各 A に対し，そのような条件を満たす $\det A$ なるものが本当にあるのかどうかは，次項以降で議論されます．

(行列式 I) 行列 A の第 i 列と j 列 $(i \neq j)$ を入れ換えた行列を A' で表すとき，$\det A = -\det A'$ となる．

$$\det \begin{bmatrix} \cdots & a_{1i} & \cdots & a_{1j} & \cdots \\ \cdots & a_{2i} & \cdots & a_{2j} & \cdots \\ & \vdots & & \vdots & \\ & \vdots & & \vdots & \\ \cdots & a_{ni} & \cdots & a_{nj} & \cdots \end{bmatrix} = -\det \begin{bmatrix} \cdots & a_{1j} & \cdots & a_{1i} & \cdots \\ \cdots & a_{2j} & \cdots & a_{2i} & \cdots \\ & \vdots & & \vdots & \\ & \vdots & & \vdots & \\ \cdots & a_{nj} & \cdots & a_{ni} & \cdots \end{bmatrix}$$

(上の列番号：$\boldsymbol{i}$，$\boldsymbol{j}$)

(行列式 II) 行列 A の第 k 列が，$a_{1k} = \beta \cdot b_{1k} + \gamma \cdot c_{1k}, \cdots, a_{nk} = \beta \cdot b_{nk} + \gamma \cdot c_{nk}$ という形で表現されている（$\beta, \gamma \in K$）とき，A の第 k 列を $b_{1k}, \cdots, b_{nk}$ で置き換えた行列を B で，A の第 k 列を $c_{1k}, \cdots, c_{nk}$ で置き換えた行列を C で表すと，$\det A = \beta \cdot \det B + \gamma \cdot \det C$ となる．

$$\det \begin{bmatrix} a_{11} & \cdots & \beta b_{1k} + \gamma c_{1k} & \cdots & a_{1n} \\ a_{21} & \cdots & \beta b_{2k} + \gamma c_{2k} & \cdots & a_{2n} \\ \vdots & \vdots & \vdots & \vdots & \vdots \\ \vdots & \vdots & \vdots & \vdots & \vdots \\ a_{n1} & \cdots & \beta b_{nk} + \gamma c_{nk} & \cdots & a_{nn} \end{bmatrix}$$

$$= \beta \det \begin{bmatrix} a_{11} & \cdots & b_{1k} & \cdots & a_{1n} \\ a_{21} & \cdots & b_{2k} & \cdots & a_{2n} \\ \vdots & \vdots & \vdots & \vdots & \vdots \\ \vdots & \vdots & \vdots & \vdots & \vdots \\ a_{n1} & \cdots & b_{nk} & \cdots & a_{nn} \end{bmatrix} + \gamma \det \begin{bmatrix} a_{11} & \cdots & c_{1k} & \cdots & a_{1n} \\ a_{21} & \cdots & c_{2k} & \cdots & a_{2n} \\ \vdots & \vdots & \vdots & \vdots & \vdots \\ \vdots & \vdots & \vdots & \vdots & \vdots \\ a_{n1} & \cdots & c_{nk} & \cdots & a_{nn} \end{bmatrix}$$

(行列式 III) 単位行列 I に対しては，$\det I = 1$ となる．

以上の三条件を満たすような A に対する $\det A$ の決め方は，実のところ次の項で示すように**唯一つだけ**存在します．この $\det A$ を A の**行列式**と呼び，

しばしば記号 $|A|$ で表します．行列式の存在については後に回して，とりあえずここでは上の (**I**), (**II**), (**III**) から直接導かれる，行列式の性質を挙げておきましょう．

定理 5.2.1 A を体 K の要素からなる n 次正方行列とするとき，次のことが成り立つ．

(1) A の第 i 列と第 j 列 $(i \neq j)$ が等しければ，$|A| = 0$ である．

(2) A の第 i 列を $k \in K$ 倍して第 j 列 $(i \neq j)$ に加えても，行列式の値は変わらない $(i, j = 1, 2, \cdots, n)$．

$$\det \begin{bmatrix} & \overset{i}{} & & \overset{j}{} & \\ \cdots & a_{1i} & \cdots & a_{1j} & \cdots \\ \cdots & a_{2i} & \cdots & a_{2j} & \cdots \\ & \vdots & & \vdots & \\ & \vdots & & \vdots & \\ \cdots & a_{ni} & \cdots & a_{nj} & \cdots \end{bmatrix} = \det \begin{bmatrix} & \overset{i}{} & & \overset{j}{} & \\ \cdots & a_{1i} & \cdots & a_{1j} + ka_{1i} & \cdots \\ \cdots & a_{2i} & \cdots & a_{2j} + ka_{2i} & \cdots \\ & \vdots & & \vdots & \\ & \vdots & & \vdots & \\ \cdots & a_{ni} & \cdots & a_{nj} + ka_{ni} & \cdots \end{bmatrix}$$

証明 (1) この場合，第 i 列と第 j 列を入れ換えてもはじめと同一の行列になるから，行列式の定義 (行列式 **I**) より，$\det A = -\det A$ となる．すなわち，$\det A + \det A = (1+1)\det A = 0$ であるから，体 K において $1+1 \neq 0$ である限り，$\det A = 0$ とならねばならない．

(2) A の第 i 列を k 倍して j 列に加えた行列を $\hat{A}$ で表す．(行列式 **II**) に従うと，$\det \hat{A} = \det A + k \det A'$，ここで A' は第 i 列と j 列が等しい，となる．上の (1) より，$\det A' = 0$ だから，結局 $\det \hat{A} = \det A$ となることがわかる．**証明終**.

5.2.4 行列式の計算

この項では，具体的に行列式をどのように定めればよいかということを明らかにし，前項で公理論的に漠然と与えた行列式というものが実際に存在するということを示します[6]．

---

[6] ここで紹介するものは行列式の展開形と呼ばれるものであり，書物によってはそちらでもって行列式の定義とするものもあります．(というか入門書ではそのほうが圧倒的に多数です．) 本書の手法は文献 [16] を参考にしています．

さて体 K の要素からなる $n \times n$ 行列 A を与えられたとき，その行列式 $\det A \in K$ というものがもしもきちんと定義できるものとすれば，それはどのようなものでなければならないかという必要条件から考えていくことにしましょう．

$$(5.14) \qquad A = \begin{bmatrix} a_{1,1} & a_{1,2} & a_{1,3} & \cdots & a_{1,n} \\ a_{2,1} & a_{2,2} & \cdots & \cdots & a_{2,n} \\ \vdots & \vdots & \ddots & & \vdots \\ \vdots & \vdots & & \ddots & \vdots \\ a_{n,1} & a_{n,2} & \cdots & \cdots & a_{n,n} \end{bmatrix}$$

に対して，その第 j 列 $(j = 1, 2, \cdots, n)$ を

$$\begin{bmatrix} a_{1,j} \\ a_{2,j} \\ \vdots \\ \vdots \\ a_{n,j} \end{bmatrix} = \begin{bmatrix} a_{1,j} + 0 + \cdots\cdots + 0 \\ 0 + a_{2,j} + 0 + \cdots + 0 \\ \vdots \\ \vdots \\ 0 + \cdots\cdots + 0 + a_{n,j} \end{bmatrix}$$

という和であるとみなして，第 $j = 1, 2, \cdots, n$ 列に対して (行列式 **II**) を順次適用してみましょう．まず，第 1 列に適用することによって，

$$\det A = a_{1,1} \cdot \det \begin{bmatrix} 1 & a_{1,2} & \cdots & \cdots & a_{1n} \\ 0 & a_{2,2} & \cdots & \cdots & a_{2n} \\ \vdots & \vdots & \ddots & & \vdots \\ \vdots & \vdots & & \ddots & \vdots \\ 0 & a_{n,2} & \cdots & \cdots & a_{nn} \end{bmatrix} + a_{2,1} \cdot \det \begin{bmatrix} 0 & a_{1,2} & \cdots & \cdots & a_{1n} \\ 1 & a_{2,2} & \cdots & \cdots & a_{2n} \\ 0 & a_{3,2} & \ddots & & a_{3n} \\ \vdots & \vdots & & \ddots & \vdots \\ 0 & a_{n,2} & \cdots & \cdots & a_{nn} \end{bmatrix}$$

$$+ \cdots + a_{n,1} \cdot \det \begin{bmatrix} 0 & a_{1,2} & \cdots & \cdots & a_{1n} \\ \vdots & a_{2,2} & \cdots & \cdots & a_{2n} \\ \vdots & \vdots & \ddots & & \vdots \\ 0 & \vdots & & \ddots & \vdots \\ 1 & a_{n,2} & \cdots & \cdots & a_{nn} \end{bmatrix}$$

となります．さらに進めて，残りの $j = 2, 3, \cdots, n$ に対しても (行列式 **II**) を順次適用すれば，

$$(5.15)\ \det \mathrm{A} = \sum_{\mathrm{i_1,i_2,\cdots,i_n=1}}^{\mathrm{n}} \mathrm{a_{i_1,1}a_{i_2,2}\cdots a_{i_n,n}} \det \begin{bmatrix} \\ e^{i_1} & e^{i_2} & \cdots & \cdots & e^{i_n} \\ \\ \end{bmatrix}$$

ただしここで $\sum_{i_1,i_2,\cdots,i_n}^{n}$ は，$i_1, i_2, \cdots, i_n$ という変数に 1 から n までの値を入れる方法（n 個の値を n 回とって並べる重複順列であり，結局 n^n 種類）分だけの足し算を表します．また e^{i_m} $(m = 1, 2, \cdots, n)$ は i_m 番目が 1 でそれ以外は全て 0 であるような列ベクトルのことを表します．

さて，我々はもし (行列式 **I**)，(行列式 **II**)，(行列式 **III**) というものを満たす A の行列式 $\det A$ というものが存在するとすれば，それが上の (5.15) 式を満たさなければならないことを見たわけですが，さらにこの式の一番後ろの行列式 $\det \begin{bmatrix} e^{i_1} & e^{i_2} & \cdots & e^{i_n} \end{bmatrix}$ の部分を詳しく考えて見ましょう.（一番後ろの行列は，簡単のため $\begin{bmatrix} e^{i_1} e^{i_2} \cdots e^{i_n} \end{bmatrix}$ で表すことにします.）

まず，$i_1, i_2, \cdots, i_n$ は，$1, 2, \cdots n$ という値の，重複を許した n 個の並びですが，もしも $i_1, i_2, \cdots, i_n$ の値に重複があったとすれば，$\begin{bmatrix} e^{i_1} & e^{i_2} & \cdots & e^{i_n} \end{bmatrix}$ には同一の列が存在しますから，定理 (5.2.1) よりその行列式の値は 0 でなければなりません．従って，(5.15) 式における和は，実のところ重複を許さない $i_1, i_2, \cdots, i_n$ の選び方の数（これは n 個の数の順列であり，結局 $n!$ 種類）だけの和で良いことになります（あとはどうせ 0 になるから）．このとき $i_1, i_2, \cdots, i_n$ は，$1, 2, \cdots, n$ の並べかえであり，行列 $\begin{bmatrix} e^{i_1} & e^{i_2} & \cdots & e^{i_n} \end{bmatrix}$ は任意の行あるいは列に関して，唯一つだけ 1 が存在してあとは 0 であるような行列（例えば $\begin{bmatrix} 1 & 0 & 0 \\ 0 & 0 & 1 \\ 0 & 1 & 0 \end{bmatrix}$ のようなもの）になります．従って $\begin{bmatrix} e^{i_1} & e^{i_2} & \cdots & e^{i_n} \end{bmatrix}$ の第 i 列と第 j 列を入れ換えるという操作を有限回繰り返せば，n 次の単位行列 $I = \begin{bmatrix} 1 & 0 & \cdots & 0 \\ 0 & 1 & \ddots & \vdots \\ \vdots & \ddots & \ddots & 0 \\ 0 & \cdots & 0 & 1 \end{bmatrix}$ になります．この変換に

必要な最小の入れ換え回数（これは $i_1, i_2, \cdots, i_n$ に応じて唯一つに定まる）が偶数であるか奇数であるかを

$$\operatorname{sign}\begin{pmatrix} 1 & 2 & \cdots & n \\ i_1 & i_2 & \cdots & i_n \end{pmatrix} = \begin{cases} 1 & (\text{偶数のとき}) \\ -1 & (\text{奇数のとき}) \end{cases}$$

で表しましょう．

注意 5.2.2 結局のところ問題となるのは，$i_1, i_2, \cdots, i_n$ という数字の並びを $1, 2, \cdots, n$ という数字の並びに変えるために，一度に許されるのが“二つの数字の位置を入れ換える（互換）”という操作のみだとすれば，必要とされる最小入れ換え回数にほかなりません．以後一般に

$$\operatorname{sign}\begin{pmatrix} m_1 & m_2 & \cdots & m_n \\ j_1 & j_2 & \cdots & j_n \end{pmatrix} \tag{5.16}$$

は，$m_1, m_2, \cdots, m_n$ という n 個の数字の並びを $j_1, j_2, \cdots, j_n$ という並びに（互換操作のみでもって）変えるために必要な最小入れ換え数が偶数か奇数かを表現するものとします．

すると，$\det I = 1$ (行列式 **III**) ですから，結局

$$\det\left[\, e^{i_1} \quad e^{i_2} \quad \cdots \quad e^{i_n} \,\right] = \operatorname{sign}\begin{pmatrix} 1 & 2 & \cdots & n \\ i_1 & i_2 & \cdots & i_n \end{pmatrix}$$

であることがわかります．ここで，上に述べた重複を許さない $i_1, i_2, \cdots, i_n$ の選び方の全体による $n!$ 個の和を，簡単に $\sum_{i_1, i_2, \cdots, i_n}^{n!}$ で表すことにすると，結局 (5.15) 式は，

$$\sum_{i_1, i_2, \cdots, i_n}^{n!} a_{i_1,1} a_{i_2,2} \cdots a_{i_n,n} \operatorname{sign}\begin{pmatrix} 1 & 2 & \cdots & n \\ i_i & i_2 & \cdots & i_n \end{pmatrix} \tag{5.17}$$

と表すことができます．(5.17) 式は A が与えられれば唯一つに定まる数（K の要素）ですから，もしも行列式というものが存在するならば，それは (5.17) 式で表されるもの以外にはありえないということがわかったわけです．そして，実は逆も成立します．

定理 5.2.2 (行列式の展開形) 体 K の要素からなる $n \times n$ 行列 A に対して (5.17) 式で与えられる数 (K の要素) は，前項の条件 (行列式 **I**)，(行列式 **II**)，(行列式 **III**) を満たす．(5.17) 式のような形で行列式を表すことを，行列式を**展開する**という．

証明 $A = I$ とすると，(5.17) 式で $i_1 = 1, i_2 = 2, \cdots, i_n = n$ の場合以外の全ての項は 0 となるので，(行列式 **III**) が成り立つことは良い．次に A の第 j 列と第 k 列 ($j < k$) を入れ換えた行列を $B = \begin{bmatrix} b_{1,1} & \cdots & b_{1,n} \\ \vdots & \ddots & \vdots \\ b_{n,1} & \cdots & b_{n,n} \end{bmatrix}$ で表すと，

$$\det B = \sum_{i_1, i_2, \cdots, i_n}^{n!} b_{i_1,1} \cdots b_{i_n,n} \operatorname{sign} \begin{pmatrix} 1 & 2 & \cdots & n \\ i_1 & i_2 & \cdots & i_n \end{pmatrix}$$

であるが，これは $a_{1,1}, \cdots, a_{n,n}$ を用いて書くと，

$$\begin{aligned} &\sum_{i_1, i_2, \cdots, i_n}^{n!} \cdots a_{i_j,k} \cdots a_{i_k,j} \cdots \operatorname{sign} \begin{pmatrix} \cdots & j & \cdots & k & \cdots \\ \cdots & i_j & \cdots & i_k & \cdots \end{pmatrix} \\ &= \sum_{i_1, i_2, \cdots, i_n}^{n!} \cdots a_{i_k,j} \cdots a_{i_j,k} \cdots \operatorname{sign} \begin{pmatrix} \cdots & j & \cdots & k & \cdots \\ \cdots & i_j & \cdots & i_k & \cdots \end{pmatrix} \\ &= \sum_{i_1, i_2, \cdots, i_n}^{n!} \cdots a_{i_k,j} \cdots a_{i_j,k} \cdots (-1) \operatorname{sign} \begin{pmatrix} \cdots & j & \cdots & k & \cdots \\ \cdots & i_k & \cdots & i_j & \cdots \end{pmatrix} \end{aligned}$$

となる．最後の式は A の展開における変数 i_k と i_j の呼び方をかえただけのものであり，従って $\det B = -\det A$ となり，(行列式 **I**) が成立する．

最後に (行列式 **II**) の成立を見る．A の第 k 列が $a_{i,k} = \beta b_{i,k} + \gamma c_{i,k}$ という形で表現されているものとする ($i = 1, 2, \cdots, n$)．このとき，

$$\begin{aligned} \det A &= \sum_{i_1, \cdots, i_n}^{n!} a_{i_1,1} \cdots (\beta b_{i_k,k} + \gamma c_{i_k,k}) \cdots a_{i_n,n} \operatorname{sign} \begin{pmatrix} 1 & \cdots & n \\ i_1 & \cdots & i_n \end{pmatrix} \\ &= \beta \sum_{i_1, \cdots, i_n}^{n!} a_{i_1,1} \cdots b_{i_k,k} \cdots a_{i_n,n} \operatorname{sign} \begin{pmatrix} 1 & \cdots & n \\ i_1 & \cdots & i_n \end{pmatrix} \\ &\quad + \gamma \sum_{i_1, \cdots, i_n}^{n!} a_{i_1,1} \cdots c_{i_k,k} \cdots a_{i_n,n} \operatorname{sign} \begin{pmatrix} 1 & \cdots & n \\ i_1 & \cdots & i_n \end{pmatrix} \end{aligned}$$

となる．A の第 k 列を $b_{1k},\cdots,b_{nk}$ で置き換えた行列を B で，A の第 k 列を $c_{1k},\cdots,c_{nk}$ で置き換えた行列を C で表すと，上式の最後の形は $\beta\det B+\gamma\det C$ にほかならず，(行列式 **II**) が成立する．　**証明終**.

よって我々は (行列式 **I**)，(行列式 **II**)，(行列式 **III**) を満たすような $\det A$ が実際に存在し，そしてそれは (5.17) 式によって表されるもの唯一つである，ということを得たわけです．

さて，それでは行列式というものがどのように役に立つものであるかというお話に移らなければなりません．どのくらい役に立つかと言えば，それは本章のここから後の議論の全てがこの行列式という概念と関わってくる，というくらいに重要なのですが，それでは良くわからないでしょう．とりあえず，その最大のヒントとなる定理をあげておきましょう．

定理 5.2.3　(行列の積と行列式)　A および B を体 K 上の $n\times n$ 正方行列とするとき，

$$\det(A\cdot B)=\det A\cdot\det B$$

が成り立つ．

証明　行列 AB の (i,j) 要素は $d_{ij}=\sum_{k=1}^{n}a_{ik}\cdot b_{kj}$ と表せる（(5.10) 式）から，

$$\det(AB)=\det\begin{bmatrix}d_{1,1}&\cdots&d_{1n}\\ \vdots&d_{ij}&\vdots\\ d_{n1}&\cdots&d_{nn}\end{bmatrix}$$
$$=\det\begin{bmatrix}\sum_{k=1}^{n}a_{1k}b_{k1}&\cdots&\sum_{k=1}^{n}a_{1k}b_{kn}\\ \vdots&\sum_{k=1}^{n}a_{ik}b_{kj}&\vdots\\ \sum_{k=1}^{n}a_{nk}b_{k1}&\cdots&\sum_{k=1}^{n}a_{nk}b_{kn}\end{bmatrix}$$

となる．ここで各列は n 個のものの和であるので，(行列式 II) を各列について n 回ずつ用いると，

$$\det(AB)=\sum_{k_1,\cdots,k_n=1}^{n}\det\begin{bmatrix}a_{1,k_1}b_{k_1,1}&\cdots&a_{1,k_n}b_{k_n,n}\\ \vdots&a_{i,k_j}b_{k_j,j}&\vdots\\ a_{n,k_1}b_{k_1,1}&\cdots&a_{n,k_n}b_{k_n,n}\end{bmatrix}$$

$$= \sum_{k_1,\cdots,k_n=1}^{n} b_{k_1,1}b_{k_2,2}\cdots b_{k_n,n} \det \begin{bmatrix} a_{1,k_1} & \cdots & a_{1,k_n} \\ \vdots & a_{i,k_j} & \vdots \\ a_{n,k_1} & \cdots & a_{n,k_n} \end{bmatrix}$$

となる．ここで $\sum_{k_1,\cdots,k_n=1}^{n}$ は $k_1,\cdots,k_n$ に $1,\cdots,n$ という n 種類の値を重複を許して与えた場合の数 (n^n) 個の和を表すが，実は k_1 から k_n までの間で重複する値が存在すれば，上式最後の行列に同一の列が存在することになるので，行列式は 0 となるから，結局 $k_1,\cdots,k_n$ の取り方は重複を許さないもの ($n!$ 種類) に限ってよいことになる．$i_1,\cdots,i_n$ に重複を許さず $1,\cdots,n$ という値を与える場合の数 $(n!)$ 分の和を $\sum_{i_1,\cdots,i_n}^{n!}$ で表すことにすると，結局

$$\det AB = \sum_{k_1,\cdots,k_n}^{n!} b_{k_1,1}b_{k_2,2}\cdots b_{k_n,n} \det \begin{bmatrix} a_{1,k_1} & \cdots & a_{1,k_n} \\ \vdots & a_{i,k_j} & \vdots \\ a_{n,k_1} & \cdots & a_{n,k_n} \end{bmatrix}$$

$$= \sum_{k_1,\cdots,k_n}^{n!} b_{k_1,1}b_{k_2,2}\cdots b_{k_n,n} \operatorname{sign}\begin{pmatrix} 1 & \cdots & n \\ k_1 & \cdots & k_n \end{pmatrix} \det \begin{bmatrix} a_{1,1} & \cdots & a_{1,n} \\ \vdots & a_{i,j} & \vdots \\ a_{n,1} & \cdots & a_{n,n} \end{bmatrix}$$

$$= \det A \cdot \sum_{k_1,\cdots,k_n}^{n!} b_{k_1,1}b_{k_2,2}\cdots b_{k_n,n} \operatorname{sign}\begin{pmatrix} 1 & \cdots & n \\ k_1 & \cdots & k_n \end{pmatrix}$$

となる．最後の式は言うまでもなく $\det A \cdot \det B$ である． **証明終**.

この定理によって，$n \times n$ の正方行列 A, B について，$AB = I$ ならば $\det A \neq 0$, $\det B \neq 0$ であること，従って A **に逆行列** (5.2.5 項) **が存在するならば** $\det A \neq 0$ **であること**がわかります．この逆，すなわち $\det A \neq 0$ **ならば** A **の逆行列が存在する**，ということも成立しますが，その議論は次の項にまわしましょう．

この項の最後は，行列式を具体的に計算する場合に有用な定理を挙げておきます．(5.17) 式は行列式の具体形ですが，実際に与えられた行列 A の行列式を求める場合にはほとんど役に立ちません．$n!$ 個の和を実際に計算できる（する気になる）のはせいぜい $n = 4$ までてしょう．現実的には，定理 (5.2.1) および以下に述べるような行や列の変換を通じて，行列式の計算の次

数を下げる（n 次の行列式の計算を，$n-1$ 次の行列式の計算に帰着させる）ことが重要になります．

定理 5.2.4

$$\det\begin{bmatrix} a_{1,1} & a_{1,2} & \cdots & a_{1n} \\ 0 & a_{2,2} & \cdots & a_{2n} \\ \vdots & \vdots & \ddots & \vdots \\ 0 & a_{n2} & \cdots & a_{nn} \end{bmatrix} = a_{1,1}\cdot\det\begin{bmatrix} a_{2,2} & \cdots & a_{2n} \\ \vdots & \ddots & \vdots \\ a_{n2} & \cdots & a_{nn} \end{bmatrix}$$

証明 行列式の展開形 (5.17) 式において，i_1 が 1 である項以外は，全て 0 になる．このとき，残る $i_2, \cdots, i_n$ の定め方 $(n-1)!$ 通りの和，

$$a_{1,1}\sum_{i_2,\cdots,i_n}^{(n-1)!} a_{i_2,2}\cdots a_{i_n,n}\,\mathrm{sign}\begin{pmatrix} 1 & 2 & \cdots & n \\ 1 & i_2 & \cdots & i_n \end{pmatrix}$$

は，定理の式の右辺にほかならない． **証明終**．

この定理における

$$\det\begin{bmatrix} a_{2,2} & \cdots & a_{2n} \\ \vdots & \ddots & \vdots \\ a_{n2} & \cdots & a_{nn} \end{bmatrix}$$

のように，もとの正方行列からいくつかの行と列を取り去った正方行列の行列式のことを，もとの行列の**小行列式**といいます．

定理 5.2.5 A を $n\times n$ 行列とするとき，

$$\det\ {}^{\tau}A = \det A$$

が成り立つ．

証明 $A=\begin{bmatrix} a_{1,1} & \cdots & a_{1,n} \\ \vdots & \ddots & \vdots \\ a_{n,1} & \cdots & a_{n,n} \end{bmatrix}$ とし，${}^{\tau}A=\begin{bmatrix} b_{1,1} & \cdots & b_{1,n} \\ \vdots & \ddots & \vdots \\ b_{n,1} & \cdots & b_{n,n} \end{bmatrix}$ とおく．全ての i,j について，$a_{ij}=b_{ji}$ である．さて，$\det {}^{\tau}A$ を展開形で書くと，

$$\det {}^{\tau}A=\sum_{i_1,i_2,\cdots,i_n}^{n!} b_{i_1,1}b_{i_2,1}\cdots b_{i_n,n}\operatorname{sign}\begin{pmatrix} 1 & 2 & \cdots & n \\ i_1 & i_2 & \cdots & i_n \end{pmatrix}$$
$$=\sum_{i_1,i_2,\cdots,i_n}^{n!} a_{1,i_1}a_{2,i_2}\cdots a_{n,i_n}\operatorname{sign}\begin{pmatrix} 1 & 2 & \cdots & n \\ i_1 & i_2 & \cdots & i_n \end{pmatrix}$$

このとき，最後の式の $a_{1,i_1}a_{2,i_2}\cdots a_{n,i_n}$ を列について並べなおしたものを $a_{k_1,1}a_{k_2,2}\cdots a_{k_n,n}$ とする．定義から明らかに $\forall \ell, m, (k_m=\ell \iff i_\ell=m)$ となっており，$i_1,i_2,\cdots,i_n$ を一つ定めるごとに，$k_1,k_2,\cdots,k_n$ も1対1に唯一つ必ず定まる．(実は，$i_1,\cdots,i_n$ の定め方を $\{1,2,\cdots,n\}$ からそれ自身への全単射とみなしたとき，$k_1,\cdots,k_n$ の定め方はその逆写像になっている．) この記号を用いれば，上の最後の式より，次のようになる．

（最後の式を除いて $k_1,\cdots,k_n$ は独立変数ではなく，$i_1,\cdots,i_n$ に応じて1対1に唯一つ定まるものである．最後から三つめの等号は，sign の定義 (5.16) 式から明らかである．最後から二つめの等号は，$k_1,\cdots,k_n$ の定義，すなわち $(1,i_1),(2,i_2),\cdots,(n,i_n)$ を第二座標に関する昇べき順に並べ換えたときの第一座標の並び方を $k_1,k_2,\cdots,k_n$ と定義したことによって，$i_1,\cdots,i_n$ を $1,\cdots,n$ に並べ変える作業と，$1,\cdots,n$ を $k_1,\cdots,k_n$ に並べ変える作業は全く同一であるので，成立する．最後の等号は，$i_1,\cdots,i_n$ に対する $k_1,\cdots,k_n$ の決め方が1対1であることから，$k_1,\cdots,k_n$ の取り方としては n 個の数字の並べ方の全ての可能性（$n!$ 通り）あることがわかるので，もはや $i_1,\cdots,i_n$ をとおさずに，$k_1,\cdots,k_n$ を直接選んでも同じであるということから従う.)

$$\det {}^{\tau}A=\sum_{i_1,i_2,\cdots,i_n}^{n!} a_{1,i_1}a_{2,i_2}\cdots a_{n,i_n}\operatorname{sign}\begin{pmatrix} 1 & 2 & \cdots & n \\ i_1 & i_2 & \cdots & i_n \end{pmatrix}$$
$$=\sum_{i_1,i_2,\cdots,i_n}^{n!} a_{k_1,1}a_{k_2,2}\cdots a_{k_n,n}\operatorname{sign}\begin{pmatrix} 1 & 2 & \cdots & n \\ i_1 & i_2 & \cdots & i_n \end{pmatrix}$$
$$=\sum_{i_1,i_2,\cdots,i_n}^{n!} a_{k_1,1}a_{k_2,2}\cdots a_{k_n,n}\operatorname{sign}\begin{pmatrix} i_1 & i_2 & \cdots & i_n \\ 1 & 2 & \cdots & n \end{pmatrix}$$

$$= \sum_{i_1, i_2, \cdots, i_n}^{n!} a_{k_1,1} a_{k_2,2} \cdots a_{k_n,n} \operatorname{sign} \begin{pmatrix} 1 & 2 & \cdots & n \\ k_1 & k_2 & \cdots & k_n \end{pmatrix}$$

$$= \sum_{k_1, k_2, \cdots, k_n}^{n!} a_{k_1,1} a_{k_2,2} \cdots a_{k_n,n} \operatorname{sign} \begin{pmatrix} 1 & 2 & \cdots & n \\ k_1 & k_2 & \cdots & k_n \end{pmatrix}$$

最後の式が $\det A$ に等しいことは言うまでもない. **証明終.**

この定理によって，当然次のことが成立します．証明は明らかなので省略します．

定理 5.2.6 これまで列に関して述べてきた行列式の性質，(行列式 I)，(行列式 II)，定理 (5.2.1) 等は，全て行に関して述べなおしても成立する．

5.2.5 逆行列

引き続き，体 K（とりあえず $\boldsymbol{R}$ または $\boldsymbol{C}$ とする）の要素からなる $n \times n$ 行列について考えます．A を $n \times n$ 行列とし，ある $n \times n$ 行列 B について $AB = BA = I$（I は n 次の単位行列）が成立するとき，B を A の**逆行列**と呼び，A^{-1} で表します．L を体 K 上の n 次元ベクトル空間とし，その基底を一つ定めて A がある線型写像 $\varphi : L \longrightarrow L$ の行列表現になっている場合には，φ の逆写像 φ^{-1} が存在することと，A の逆行列 A^{-1} が存在することは全く同じことです．実際，φ の逆写像が存在するならば，φ が全単射であるという条件から直ちに φ^{-1} も線型写像であることが示されます．よってその φ^{-1} の行列表現を B とすると，

$(\varphi^{-1}$ が存在$) \iff (\varphi \circ \varphi^{-1} = \varphi^{-1} \circ \varphi = id_L) \iff$
$(AB = BA = I) \iff (A$ の逆行列 B が存在$)$

となります．線型写像 $\varphi : L \longrightarrow L$（線型写像の表現行列 A）は，その逆写像（逆行列）を持つとき，**正則**であると言われます．

さて前項でも述べたように，A に逆行列が存在するならば，$\det A \neq 0$ でなければなりませんが，実はその逆も成立します．すなわち $\det A \neq 0$ であれば，逆行列 A^{-1} が存在します．具体的にこれを計算するために，まず行列 A の (i, j) 余因子という概念を定義しましょう．

体 K 上の $n \times n$ 行列

$$A = \begin{bmatrix} a_{1,1} & \cdots & a_{1,n} \\ \vdots & a_{ij} & \vdots \\ a_{n,1} & \cdots & a_{n,n} \end{bmatrix}$$

に対して，A の第 i 行と第 j 列を取り去った行列の行列式（i 行 j 列を取り去った小行列式）を Δ_{ij} で表すとき，

$$A_{ij} = (-1)^{i+j}\Delta_{ij} \tag{5.18}$$

を **A の (i,j) 余因子**といいます．（ここで $(-1)^{i+j}$ という係数にあまり目を奪われないように．これは単に Δ_{ij} を“足す”か“引く”かということを決めるだけの係数です．このように決めるとなぜ都合がよいかということは，次の定理を見ればわかります.）

定理 5.2.7 体 K の要素からなる $n \times n$ 行列

$$A = \begin{bmatrix} a_{1,1} & \cdots & a_{1,n} \\ \vdots & a_{ij} & \vdots \\ a_{n,1} & \cdots & a_{n,n} \end{bmatrix}$$

に対して，任意の列（または行）の番号 k を固定したとき，

$$\det A = \sum_{i=1}^{n} a_{ik} \cdot A_{ik} \quad \text{（列を固定したとき）}$$

$$\det A = \sum_{j=1}^{n} a_{kj} \cdot A_{kj} \quad \text{（行を固定したとき）}$$

が成り立つ．もちろん A_{ij} は A の (i,j) 余因子を表す．

証明 列 k を固定した場合についてのみ証明する．（行の場合もほとんど同様である.）

A の第 k 列の各要素を，次のような（それぞれに 0 を $n-1$ 個つけ足した）n 個の足し算とみなし，

$$\begin{bmatrix} a_{1,k} \\ \vdots \\ a_{i,k} \\ \vdots \\ a_{n,k} \end{bmatrix} = \begin{bmatrix} a_{1,k} + 0 + \cdots + 0 \\ \vdots \\ 0 + \cdots + a_{i,k} + \cdots + 0 \\ \vdots \\ 0 + \cdots + 0 + a_{n,k} \end{bmatrix}$$

(行列式 II) を n 回適用すれば，

$$\det A = \sum_{i=1}^{n} a_{ik} \det \begin{bmatrix} a^1 & \cdots & a^{k-1} & e^i & a^{k+1} & \cdots & a^n \end{bmatrix}$$

を得る．ただしここで a^j は A の第 j 列ベクトルを，e^i は第 i 番目が 1 でそれ以外は 0 であるような列ベクトルを表す．さて，上の最後の行列式は，列に関して $k-1$ 回，行に関して $i-1$ 回，合計 $i+k-2$ 回の位置の入れ換えによって（符号が $i+k-2$ 回いれかわって），

$$(-1)^{i+k-2} \det \begin{bmatrix} 1 & a_{i,1} & \cdots & a_{i,k-1} & a_{i,k+1} & \cdots & a_{i,n} \\ 0 & a_{1,1} & \cdots & a_{1,k-1} & a_{1,k+1} & \cdots & a_{1,n} \\ \vdots & \vdots & \vdots & \vdots & \vdots & \vdots & \vdots \\ 0 & a_{i-1,1} & \cdots & a_{i-1,k-1} & a_{i-1,k+1} & \cdots & a_{i-1,n} \\ 0 & a_{i+1,1} & \cdots & a_{i+1,k-1} & a_{i+1,k+1} & \cdots & a_{i+1,n} \\ \vdots & \vdots & \vdots & \vdots & \vdots & \vdots & \vdots \\ 0 & a_{n,1} & \cdots & a_{n,k-1} & a_{n,k+1} & \cdots & a_{n,n} \end{bmatrix}$$

となる．前項の定理 (5.2.4) を用いれば，これは $(-1)^{i+k}\Delta_{ik}$ すなわち A の (i,k) 余因子 A_{ik} に等しい．よって，$\det A = \sum_{i=1}^{n} a_{ik} \cdot A_{ik}$ である． **証明終**.

さて，行列 A が上の定理で与えられるようなもので，しかも $|A| \neq 0$ であるものとします．このとき行列 B を，

$$B = \begin{bmatrix} \frac{A_{1,1}}{|A|} & \cdots & \frac{A_{1,n}}{|A|} \\ \vdots & \frac{A_{ij}}{|A|} & \vdots \\ \frac{A_{n,1}}{|A|} & \cdots & \frac{A_{n,n}}{|A|} \end{bmatrix} \tag{5.19}$$

と定義し，$A\ {}^{\tau}B$ を計算してみましょう．${}^{\tau}B$ の (i,j) 要素を b_{ij} で表します．$b_{ij}=\frac{A_{ji}}{|A|}$ です．

$$A\ {}^{\tau}B=\begin{bmatrix}\cdots & \cdots & \cdots\\ \vdots & d_{ij} & \vdots\\ \cdots & \cdots & \cdots\end{bmatrix},$$

$$d_{ij}=\sum_{k=1}^{n}a_{ik}b_{kj}=\sum_{k=1}^{n}a_{ik}\frac{A_{jk}}{|A|},$$

となります．最後の式は，$i=j$ のときは直前の定理 (5.2.7) より 1 となります．またそれ以外の場合（$i\neq j$ の場合）は，

$$\frac{1}{|A|}\sum_{k=1}^{n}a_{ik}A_{jk}$$

であり，$\sum_{k=1}^{n}a_{ik}A_{jk}$ の部分は，行列 A の第 j 行を取り去って，そこに第 i 行を入れた行列の行列式に等しくなります（そのような行列を A' とすると，それに直前の定理 (5.2.7) の j 行を固定したケースを適用すれば，そのまま上の式がでてきます）が，もちろんその場合 j 行と i 行が一致しますから，そのような行列式は 0 であり，結局

$$\frac{1}{|A|}\sum_{k=1}^{n}a_{ik}A_{jk}=0 \quad (i\neq j \text{ のとき})$$

となります．すなわち

$$A\cdot\ {}^{\tau}B=I$$

です．全く同様に ${}^{\tau}B\cdot A$ を考えると，${}^{\tau}B\cdot A$ の (i,j) 要素 d_{ij} は $d_{ij}=\sum_{k=1}^{n}b_{ik}a_{kj}=\frac{1}{|A|}\sum_{k=1}^{n}a_{kj}A_{ki}$ となり，やはり直前の定理 (5.2.7) から $d_{ij}=1$（$i=j$ のとき），$d_{ij}=0$（$i\neq j$ のとき）となります．従って次の定理が成立します．

定理 5.2.8 （逆行列） 体 K の要素からなる $n\times n$ 行列 A の行列式が 0 でないとする．(5.19) 式によって B を定義すれば，${}^{\tau}B\cdot A=A\cdot\ {}^{\tau}B=I$ すなわち，${}^{\tau}B$ が A の逆行列になる．

注意 5.2.3 **(Cramer の公式)** 逆行列の話が出たついでに，n 変数連立一次方程式に対する **Cramer の公式**に触れておきましょう．$x_1, x_2, \cdots, x_n$ を変数とする連立一次方程式は，形式的に係数を $n \times n$ 行列 $A = (a_{ij})$ で表した行列演算を用いて

$$
\begin{bmatrix} a_{11} & a_{12} & \cdots & a_{1n} \\ a_{21} & a_{22} & \cdots & a_{2n} \\ \vdots & \cdots & \cdots & \vdots \\ \vdots & & & \vdots \\ a_{n1} & a_{n2} & \cdots & a_{nn} \end{bmatrix} \begin{bmatrix} x_1 \\ x_2 \\ \vdots \\ \vdots \\ x_n \end{bmatrix} = \begin{bmatrix} b_1 \\ b_2 \\ \vdots \\ \vdots \\ b_n \end{bmatrix}, \tag{5.20}
$$

と表すことができます．このとき A の行列式が 0 でない $(|A| \neq 0)$ とすると，定理 (5.2.8) より逆行列 A^{-1} が存在します．A^{-1} を用いて上式を変形すると，

$$
\begin{bmatrix} x_1 \\ x_2 \\ \vdots \\ \vdots \\ x_n \end{bmatrix} = A^{-1} \begin{bmatrix} b_1 \\ b_2 \\ \vdots \\ \vdots \\ b_n \end{bmatrix},
$$

すなわち，右辺を計算すれば連立一次方程式の解がもとまるわけです．まともにそれを計算しても構いませんが，ここでもうちょっと便利な方法を紹介しましょう．A^{-1} は先の (5.19) 式の B の転置行列としてもとめられるのでした．従って，$k = 1, 2, \cdots, n$ について

$$
x_k = \frac{A_{1,k}}{|A|} \cdot b_1 + \cdots + \frac{A_{n,k}}{|A|} \cdot b_n,
$$

であることがわかります．ところで上式の右辺は，定理 (5.2.4) および公理 (行列式 II) によって，**行列 A の第 k 列 $a_{1k}, a_{2k}, \cdots, a_{nk}$ を $b_1, b_2, \cdots, b_n$ で置き換えた行列の行列式を $|A|$ で割ったもの**であることがわかります．すなわち，$k = 1, 2, \cdots, n$ について，

$$
x_k = \frac{|A_k|}{|A|},\ A_k = \overset{\text{第 } k \text{ 列}}{\begin{bmatrix} a_{11} & & b_1 & & a_{1n} \\ a_{21} & \cdots & b_2 & \cdots & a_{2n} \\ \vdots & & \vdots & & \vdots \\ a_{n1} & & b_n & & a_{nn} \end{bmatrix}}, \tag{5.21}
$$

を計算することによって n 変数連立一次方程式 (5.20) の解が得られることになります．(5.21) 式を **Cramer の公式**と言います．

5.2.6　行列の階数

線型写像ならびに行列の階数（rank）という概念は一般に $\ell \times m$ 行列に対して定義されます．体 K（ただし $K = \boldsymbol{R}$ または $\boldsymbol{C}$ とする）上のベクトル空間 M および L ならびに線型写像 $\varphi : M \longrightarrow L$ を考えます．このとき $\varphi[M]$ すなわち φ による写り先全体からなる集合 $\{\varphi(x) | x \in M\} \subset L$ は，線型写像の定義から容易に示されるように L の線型部分空間になりますが，この $\varphi[M]$ の次元のことを**線型写像 φ の階数**と呼び，$\operatorname{rank}\varphi$ で表します．すなわち，

$$\operatorname{rank}\varphi = \dim \varphi[M]$$

です．(dim は線型空間の次元を表す.) 仮に M が m 次元であり L が ℓ 次元であったとしましょう．M および L の基底をそれぞれ適当に定めれば，線型写像 φ の行列表現として $\ell \times m$ 型行列 A が定まります．このとき φ の階数を行列 A の階数と呼び $\operatorname{rank} A$ で表します．すなわち行列の階数とは，**その行列を線型写像とみなしたとき，写り先の全体によってつくられる線型空間の次元**のことです．

さて，実際に線型写像 $\varphi : M \longrightarrow L$ の階数を調べるときに必要となるのは，定義域 M の基底 $e^1, \cdots, e^m$ を固定したとき，それらの φ による写り先 $\varphi(e^1), \cdots, \varphi(e^m) \in L$ が張る空間です．(あとの点の写り先は，線型写像の定義によって全てこれらの線型結合で表されてしまうので.) このとき φ の階数，すなわち $\varphi[M] \subset L$ の次元とは，$\varphi(e^1), \cdots, \varphi(e^m)$ というベクトルの中から一次独立になるように取り出すことのできるベクトルの最大個数にほかなりません．

L の基底を $e'^1, \cdots, e'^\ell$ として，これを行列の言葉で言い直してみましょう．この基底のもとでの φ の表現行列 A とは，その第 j 列を，$\varphi(e^j)$ の基底 $e'^1, \cdots, e'^\ell$ による表現

$$\varphi(e^j) = a_{1,j} e'^1 + \cdots + a_{\ell,j} e'^\ell \tag{5.22}$$

の係数でもってつくられる列ベクトル

$$A_j = \begin{bmatrix} a_{1,j} \\ \vdots \\ a_{\ell,j} \end{bmatrix}, j = 1, 2, \cdots, m$$

としたものでした（(5.1) 式）．従って，基底の写り先であるベクトル $\varphi(e^1), \cdots, \varphi(e^m)$ の中での一次独立性を，行列 A の列ベクトル $A_1, \cdots A_m$ を用いて述べ直すことができます．実際，L の k 個のベクトル

$$(5.23) \quad \begin{aligned} v_1 &= b_1^1 e'^1 + b_1^2 e'^2 + \cdots + b_1^\ell e'^\ell \\ v_2 &= b_2^1 e'^1 + b_2^2 e'^2 + \cdots + b_2^\ell e'^\ell \\ &\vdots \\ v_k &= b_k^1 e'^1 + b_k^2 e'^2 + \cdots + b_k^\ell e'^\ell \end{aligned}$$

が一次独立であるとき，その（一次独立であるという）条件

$$(5.24) \quad a_1 v_1 + a_2 v_2 + \cdots + a_k v_k = 0 \iff a_1 = a_2 = \cdots = a_k = 0$$

の "$\iff$" の左側，$v_1, v_2, \cdots, v_k$ に (5.23) 式の右辺を代入して，$e'^1, \cdots, e'^\ell$ について整理すると，

$$(5.25) \quad \sum_{j=1}^{\ell} \left(\sum_{i=1}^{k} a_i b_i^j \right) e'^j = 0$$

となります．$e'^1, \cdots, e'^\ell$ の一次独立性によって (5.25) 式は

$$\sum_{i=1}^{k} a_i b_i^j = 0, \forall j = 1, \cdots, \ell$$

を意味しますから，これらをまとめて行列で書くと，

$$a_1 v_1 + a_2 v_2 + \cdots + a_k v_k = 0 \iff \begin{bmatrix} b_1^1 & b_2^1 & \cdots & b_k^1 \\ b_1^2 & b_2^2 & \cdots & b_k^2 \\ \vdots & \vdots & \vdots & \vdots \\ \vdots & \vdots & \vdots & \vdots \\ b_1^\ell & b_2^\ell & \cdots & b_k^\ell \end{bmatrix} \begin{bmatrix} a_1 \\ a_2 \\ \vdots \\ a_k \end{bmatrix} = \begin{bmatrix} 0 \\ 0 \\ \vdots \\ \vdots \\ 0 \end{bmatrix}$$

となります．“$\Longleftrightarrow$”の右側の表現を用いて条件式 (5.24) を書き直せば，

$$
(5.26)\quad \begin{bmatrix} b_1^1 & b_2^1 & \cdots & b_k^1 \\ b_1^2 & b_2^2 & \cdots & b_k^2 \\ \vdots & \vdots & \vdots & \vdots \\ \vdots & \vdots & \vdots & \vdots \\ b_1^\ell & b_2^\ell & \cdots & b_k^\ell \end{bmatrix} \begin{bmatrix} a_1 \\ a_2 \\ \vdots \\ a_k \end{bmatrix} = \begin{bmatrix} 0 \\ 0 \\ \vdots \\ \vdots \\ 0 \end{bmatrix} \Longleftrightarrow a_1 = a_2 = \cdots = a_k = 0
$$

となります．言うまでもなく，この条件式 (5.26) は列ベクトル

$$
\begin{bmatrix} b_1^1 \\ \vdots \\ b_1^\ell \end{bmatrix}, \cdots, \begin{bmatrix} b_k^1 \\ \vdots \\ b_k^\ell \end{bmatrix}
$$

の ℓ 次元数ベクトルとしての一次独立性にほかなりません．以上のことをまとめると，次のようになります．

定理 5.2.9 上述の記号のもとで，$\varphi(e^1), \cdots, \varphi(e^\ell)$ から選び出した k 個のベクトル（例えば $\varphi(e^1), \cdots, \varphi(e^k)$）が一次独立であることと，それらに対応する行列 A の k 個の列ベクトル（$A_1, \cdots, A_k$）が数ベクトルとして一次独立であることは同値である．従って，φ の階数とは，φ の表現行列 A の列ベクトル $A_1, \cdots, A_m$ の中から一次独立に選び出せるベクトルの最大個数にほかならない．

特に上に述べた行列が $n \times n$ のとき（すなわち線型写像 φ の定義域ならびに値域 M, L がともに n 次元のとき），次の事実は重要です．

定理 5.2.10 上述の記号のもとで特に $\ell = m = n \in \boldsymbol{N}$ とおく．線型写像 φ の階数が n であることと，φ が全単射であることは同値である．すなわち φ の表現行列 A の n 個の列ベクトルが一次独立であることと，A が逆行列をもつことは同値である．

証明 $\varphi : M \longrightarrow L$ の階数が n，すなわち $\dim \varphi[M] = n$ であるから，このとき必然的に $\varphi(e^1), \cdots, \varphi(e^n)$ というベクトルの組は一次独立になる．(そうでなけれ

ば，これらによって張られる空間が n 次元にはならない.）もしも，$\varphi[M] \neq L$ であれば，$v \in L \setminus \varphi[M]$ を $\varphi(e^1), \cdots, \varphi(e^n)$ につけ加えて一次独立になるようにできるが，それは L が n 次元であることに反する．従って $\varphi[M] = L$ すなわち φ は全射でなければならない．

次に φ が単射であることを見る．M 上の 2 点，$x = c_1 e^1 + \cdots + c_n e^n$ および $y = d_1 e^1 + \cdots + d_n e^n$ について，$\varphi(x) = \varphi(y) \in L$ と仮定すると，線型写像の性質によって，

$$(c_1 - d_1)\varphi(e^1) + \cdots + (c_n - d_n)\varphi(e^n) = 0$$

となる．上に述べたように $\varphi(e^1), \cdots, \varphi(e^n)$ はここでは一次独立だから，

$$(c_1 - d_1) = \cdots = (c_n - d_n) = 0$$

すなわち $x = y$ でなければならない．よって φ は単射である．

定理の後半は，定理の前半ならびに直前の定理 (5.2.9) から直ちに従う．(5.2.5 項の最初の議論を参照せよ.) **証明終.**

5.3 固有値問題とその周辺

この節では体 K（$K = \boldsymbol{R}$ または $\boldsymbol{C}$ とする）上のベクトル空間 L から自分自身への線型写像 $\varphi : L \to L$ が話の中心になります．この場合，線型写像 φ は，L 上の一つの点 $\boldsymbol{x} \in L$ を同じ L 上の点 $\varphi(\boldsymbol{x})$ にうつすわけですから，L 上の "変換" という意味合いを持つことになります．L 上の一点を他の L 上の点に写す線型写像 $\varphi : L \to L$ は，特に L **上の一次変換**とよばれます．

L 上の一次変換 φ の構造は，線型写像という条件

$$\forall \alpha, \beta \in K, \forall x, y \in L, \varphi(\alpha x + \beta y) = \alpha\varphi(x) + \beta\varphi(y)$$

が与えられているだけであり，一般にはそれほど単純ではありません．例えば L を $\boldsymbol{R}^2$ とし，$\varphi : \boldsymbol{R}^2 \longrightarrow \boldsymbol{R}^2$ を

$$\begin{bmatrix} x \\ y \end{bmatrix} \mapsto \begin{bmatrix} 1 & 1/2 \\ 1/2 & 1 \end{bmatrix} \begin{bmatrix} x \\ y \end{bmatrix}$$

のようなもの（標準基底に基づく行列表現が上のようなものであるということ）としてみましょう．この変換は点 $(1,0)$ を $(1,1/2)$ に，$(0,1)$ を $(1/2,1)$

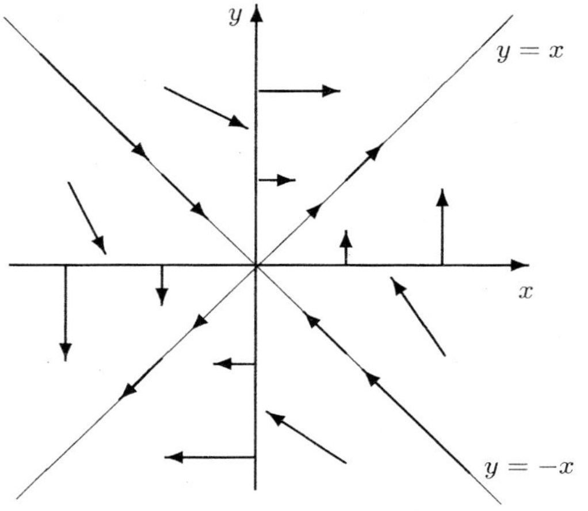

図 5.1 線型写像 φ による移動図

に，$(0,-2)$ を $(-1,-2)$ に移します．一般に $(x,y)\in \boldsymbol{R}^2$ を

$$\begin{bmatrix} x \\ y \end{bmatrix} + \begin{bmatrix} \frac{1}{2}y \\ \frac{1}{2}x \end{bmatrix} \tag{5.27}$$

に移動させるわけですから，この式を眺めるだけでも（方向という意味からも，距離という意味からも,）各点に応じてその移動の多様さが見てとれます．ここで (5.27) 式をもとに，図 5.1 のような移動図を描けば，線型写像 φ の構造がかなりはっきりと見えてきます．図 5.1 において，二つの方向（直線 $y=x$ および $y=-x$ に沿った 2 方向）については，変換 φ による変換は単純なスカラー倍になっていることが分かります．$y=x$ 上および $y=-x$ 上での φ は，$(1,1)$ 方向については常に $3/2$ 倍，$(1,-1)$ 方向については常に $1/2$ 倍にするだけの単純な比例的拡大です．

この例における $3/2$ や $1/2$ のように，線型写像 $\varphi: L \longrightarrow L$ に関して，あるベクトル $v\in L,\ v\neq 0$ と結びついて，

$$\varphi(v)=\lambda v$$

（その方向に関しては単純な比例的拡大）となるようなスカラー $\lambda\in K$ のこ

とを，線型写像 φ の**固有値**と呼びます．またこのときベクトル v を，固有値 λ に対応する**固有ベクトル**と呼びます．

上の例で考えると明らかですが，線型写像の性質 $\varphi(\alpha x) = \alpha\varphi(x)$ より，$v \in L$ がある固有値 λ に対応する $\varphi : L \longrightarrow L$ の固有ベクトルであれば，任意の $\alpha \in K, \alpha \neq 0,$ に対して αv もまた，λ に対応する φ の固有ベクトルになります．従って，ある固有値に対応する固有ベクトルの全体は（それに $0 \in L$ をつけ加えることによって）L の線型部分空間になります．(上の例で述べると，直線 $y = x$ および $y = -x$ で表される部分空間にあたります.) 線型写像 $\varphi : L \longrightarrow L$ のある固有値 λ に対応する固有ベクトルの全体に原点 0 をつけ加えたものを F_λ で表すことにします．F_λ は固有値 λ に対応する φ の**固有空間**と呼ばれます．

上の例では，固有値 3/2 に対応する固有空間 $F_{3/2}$（これは直線 $y = x$ に相当する）および 1/2 に対応する $F_{1/2}$（直線 $y = -x$ に相当）が存在して，$L = F_{3/2} \oplus F_{1/2}$ が成立しています．このように φ の固有空間が直和でもって L を生成してくれるとき，任意の $v \in L$ は $v = v^1 + v^2$, $v^1 \in F_{3/2}, v^2 \in F_{1/2}$, と一意的に分解できます（定理 (3.1.1)）から，我々は

$$\varphi(v) = \frac{3}{2}v^1 + \frac{1}{2}v^2$$

という実に簡単な表現でもって φ の何たるかを記述することができます．一般に，

重要ポイント 5.3.1 線型写像 $\varphi : L \longrightarrow L$ の異なる固有値 $\lambda_1, \lambda_2, \cdots, \lambda_k$ およびそれらに対応する固有空間 $F_{\lambda_1}, F_{\lambda_2}, \cdots, F_{\lambda_k}$ でもって，

$$L = F_{\lambda_1} \oplus F_{\lambda_2} \oplus \cdots \oplus F_{\lambda_k}$$

とすることができるか．

という問題が，線型写像の構造を簡単に記述できるかどうかの鍵になります．上の重要ポイント (5.3.1) という問題を線型写像の**固有値問題**といいます．

本章の残りは，いかなる条件のもとでこの固有値問題が解けるか，ということの解説にあてられます．さらに，少し先走ると，実はある線型写像について上の固有値問題が解けることは，その線型写像の表現行列を対角化できるということにほかならないのです．

5.3.1　固有値と特性方程式

体 K 上のベクトル空間 L および，L 上の一次変換 φ を考えます．さらに K の要素からなる $n \times n$ 行列

$$A = \begin{bmatrix} a_{1,1} & \cdots & a_{1,n} \\ \vdots & a_{i,j} & \vdots \\ a_{n,1} & \cdots & a_{n,n} \end{bmatrix}$$

を考え，L の基底 $e^1, \cdots e^n$ の下で A が φ の行列表現になっているものとしましょう．このとき，φ の固有値および固有ベクトルのことを，しばしば A の固有値あるいは固有ベクトルと呼びます．これらの記号は本節を通じて固定します．

まず，線型写像 φ の固有値をいかにしてもとめるか，という話から始めましょう．目的は，あるベクトル $x \in L, x \neq 0$ について

$$\varphi(x) - \lambda x = 0 \tag{5.28}$$

となるような $\lambda \in K$ をさがすことにあるわけですが，(5.28) 式を表現行列 A を用いて書けば，$x \in L$ が $e^1, \cdots, e^n$ によって $x = x_1 e^1 + \cdots + x_n e^n$ と表されているものとすれば，表現行列の定義によって

$$\begin{bmatrix} a_{1,1} & \cdots & a_{1,n} \\ \vdots & a_{i,j} & \vdots \\ a_{n,1} & \cdots & a_{n,n} \end{bmatrix} \begin{bmatrix} x_1 \\ \vdots \\ x_n \end{bmatrix} - \lambda I \begin{bmatrix} x_1 \\ \vdots \\ x_n \end{bmatrix} = 0$$

となります．(I は n 次の単位行列を表す.) これはさらにまとめて[7]，

$$(A - \lambda I)\boldsymbol{x} = 0 \tag{5.29}$$

7)　行列の積の和に対する分配律．これは先の項で練習問題とした（練習問題 5.2.2）．

と書けます.(ただし,$\boldsymbol{x}$ は $x_1, \cdots, x_n$ によってつくられる列ベクトルを表す.)このとき,0 でない $\boldsymbol{x}$ に対して (5.29) 式が成立するための必要十分条件は,$\det(A - \lambda I) = 0$ ですから[8)]我々は次の定理を得ます.

定理 5.3.1 φ の固有値は,λ に関する方程式

$$\det(A - \lambda I) = \det \begin{bmatrix} a_{1,1} - \lambda & a_{1,2} & \cdots & a_{1,n} \\ a_{2,1} & a_{2,2} - \lambda & \cdots & a_{2,n} \\ \vdots & & \ddots & \vdots \\ a_{n,1} & a_{n,2} & \cdots & a_{n,n} - \lambda \end{bmatrix} = 0$$

の解である.逆に上の方程式の K における解は,全て φ の固有値である.

λ に関する多項式 $\det(A - \lambda I)$ を φ の**特性多項式**,$\det(A - \lambda I) = 0$ を φ の**特性方程式**,その解を**特性根**といいます.

上の定理 (5.3.1) における線型写像 φ の特性多項式 $\det(A - \lambda I)$ は,φ の特定の行列表現 A に依存しているように見えますが,実はそうではありません.実際 A_* を L の基底の取り方を $e_*^1, \cdots, e_*^n$ に変えた場合の φ の行列表現としましょう.このとき,基底 $e_*^1, \cdots, e_*^n$ をそれぞれ基底 $e^1, \cdots, e^n$ に写す線型写像の行列表現を P で表すと,明らかに P は逆行列 P^{-1} を持ちます.(それは $e^1, \cdots, e^n$ をそれぞれ $e_*^1, \cdots, e_*^n$ に写す線型写像の行列表現にほかなりません.)

この P を用いて,A と A_* の関係を考えてみましょう.$x \in L$ の $e^1, \cdots, e^n$ による列ベクトル表現を $\boldsymbol{x}$, $e_*^1, \cdots, e_*^n$ による列ベクトル表現を $\boldsymbol{x}_*$ とすれば,$\varphi(x)$ の $e^1, \cdots, e^n$ による列ベクトル表現が $A\boldsymbol{x}$ であり $\varphi(x)$ の $e_*^1, \cdots, e_*^n$ による列ベクトル表現が $A_*\boldsymbol{x}_*$.さらにこの二つは $PA_*(x)_* = A\boldsymbol{x}$ という

8) 必要性は明らかである.十分性を見る.$\det(A - \lambda I) = 0$ とすると,前節で述べたように $(A - \lambda I)$ は逆行列を持たない.よって $(A - \lambda I)$ から定義される L 上の線型写像は,逆写像をもたないから,1 対 1 でないか,1 対 1 だが全写でないかのいずれかである.1 対 1 でなければ,同一点に写る二つの異なるベクトルが存在するが,その二つのベクトルの差をとれば,それは 0 に写る.一方,1 対 1 だが全写でないケースというのはありえない.1 対 1 ならばその値域は n 次元ベクトル空間だからである.

関係で結ばれており，しかも $P\boldsymbol{x}_* = \boldsymbol{x}$ だから，結局

$$PA_*\boldsymbol{x}_* = AP\boldsymbol{x}_*$$

すなわち，

$$A_* = P^{-1}AP$$

なる関係が存在します．従って，

$$\begin{aligned}\det(A - \lambda I) &= \det(PA_*P^{-1} - \lambda I)\\ &= \det(P(A_* - \lambda I)P^{-1})\\ &= \det P \det(A_* - \lambda I) \det P^{-1}\\ &= \det(A_* - \lambda I)\end{aligned}$$

すなわち，特性多項式は φ の表現行列の取り方に依存しません．

5.3.2 固有値問題と行列の対角化

ここで $\varphi : L \longrightarrow L$ の固有値問題に話を戻してみましょう．L は体 $K = \boldsymbol{R}$ または $\boldsymbol{C}$ 上のベクトル空間です．φ の固有値 $\lambda_1, \cdots, \lambda_m$ とそれぞれの固有空間 $F_{\lambda_1}, \cdots, F_{\lambda_m}$ が与えられており，かつ

$$L = F_{\lambda_1} \oplus \cdots \oplus F_{\lambda_m} \tag{5.30}$$

となっている（すなわち φ に関する固有値問題が解けている）ものとします．このとき L は n 次元ですから，$F_{\lambda_1}, \cdots, F_{\lambda_m}$ のいずれかに属するベクトル（すなわち φ の固有ベクトル）を n 個，$v_1, v_2, \cdots, v_n$ と選んで，これらが一次独立かつ L を張るようにとることができます．さらに，$v_1, v_2, \cdots, v_n$ という固有ベクトルに対応する φ の固有値をそれぞれ $\mu_1, \mu_2, \cdots, \mu_n$ としましょう．($\mu_1, \mu_2, \cdots, \mu_n$ の中には値として重複するものがあるかもわかりません．)

さて L の基底を $e^1, e^2, \cdots, e^n$ とし，この基底のもとで上のベクトル $v_1, \cdots, v_n$ がそれぞれ体 K の要素 b^ℓ_m, $\ell, m = 1, 2, \cdots, n$ を用いて次のように表されているものとします．

$$(5.31)\qquad \begin{aligned} v_1 &= b_1^1 e^1 + b_1^2 e^2 + \cdots + b_1^n e^n \\ v_2 &= b_2^1 e^1 + b_2^2 e^2 + \cdots + b_2^n e^n \\ &\vdots \\ v_n &= b_n^1 e^1 + b_n^2 e^2 + \cdots + b_n^n e^n \end{aligned}$$

さらにこの基底のもとで線型写像 $\varphi : L \longrightarrow L$ の行列表現が

$$A = \begin{bmatrix} a_{1,1} & a_{1,2} & \cdots & a_{1,n} \\ a_{2,1} & a_{2,2} & \cdots & a_{2,n} \\ \vdots & \vdots & \ddots & \vdots \\ a_{n,1} & a_{n,2} & \cdots & a_{n,n} \end{bmatrix}$$

であったとしましょう．ベクトル $v_1, v_2, \cdots, v_n$ の，係数体 K の要素を用いた列表現（すなわち上の (5.31) 式における係数を縦に並べたもの）をそれぞれ

$$(5.32)\qquad V_1 = \begin{bmatrix} b_1^1 \\ b_1^2 \\ \vdots \\ b_1^n \end{bmatrix}, V_2 = \begin{bmatrix} b_2^1 \\ b_2^2 \\ \vdots \\ b_2^n \end{bmatrix}, \cdots, V_n = \begin{bmatrix} b_n^1 \\ b_n^2 \\ \vdots \\ b_n^n \end{bmatrix}$$

とすれば，各ベクトル $v_1, v_2, \cdots, v_n$ が φ の固有ベクトルであるということは，

$$(5.33)\qquad \begin{aligned} AV_1 &= \mu_1 V_1 \\ AV_2 &= \mu_2 V_2 \\ &\vdots \\ AV_n &= \mu_n V_n \end{aligned}$$

と表せます．行列の乗法の計算に基づけば，上の (5.33) 式は次のように簡単な形で表すことができます．

$$AV = V \begin{bmatrix} \mu_1 & 0 & \cdots & 0 \\ 0 & \mu_2 & \ddots & \vdots \\ \vdots & \ddots & \ddots & 0 \\ 0 & \cdots & 0 & \mu_n \end{bmatrix}$$

ただしここで V は，$V = [\,V_1 V_2 \cdots V_n\,]$ すなわち上の $V_1, V_2, \cdots, V_n$ を行ベクトルとするような $n \times n$ の行列をさします．ここで，$v_1, \cdots, v_n$ は一次独立でしたから，当然 $V_1, \cdots, V_n$ も数ベクトルとして一次独立であり[9)]，従って定理 (5.2.10) から，V は逆行列 V^{-1} を持ちます．上の式の両辺に V^{-1} をかけることによって次の式を得ます．

$$V^{-1}AV = \begin{bmatrix} \mu_1 & 0 & \cdots & 0 \\ 0 & \mu_2 & \ddots & \vdots \\ \vdots & \ddots & \ddots & 0 \\ 0 & \cdots & 0 & \mu_n \end{bmatrix} \tag{5.34}$$

すなわち，次の事実が成立するということです．

重要ポイント 5.3.2 線型写像 φ の固有値問題が解けているならば，φ の表現行列 A は，正則な行列 V を用いて $V^{-1}AV$ が対角行列になるようにする（対角化する）ことができる．

今度は逆に，A をある線型写像 $\varphi : L \longrightarrow L$ の表現行列で，ある正則な $n \times n$ 行列 P を用いて

$$P^{-1}AP = \begin{bmatrix} \eta_1 & & 0 \\ & \ddots & \\ 0 & & \eta_n \end{bmatrix}$$

と対角化できたと仮定しましょう．このとき P の列ベクトルを $P_1, \cdots, P_n$ で表すと，

$$\begin{aligned} AP_1 &= \eta_1 P_1 \\ &\vdots \\ AP_n &= \eta_n P_n \end{aligned} \tag{5.35}$$

9) 気になる読者は，今一度定理 (5.2.9) とその前後を参照して下さい．

が成立します．$P_1, \cdots, P_n$ に対応する L のベクトル $v_1, \cdots, v_n$，すなわち P_j, $j = 1, \cdots, n$, の要素を $p_{1j}, \cdots, p_{nj}$ とするとき，

$$\begin{aligned} v_1 &= p_{1,1}e^1 + p_{2,1}e^2 + \cdots + p_{n,1}e^n \\ &\vdots \\ v_n &= p_{1,n}e^1 + p_{2,n}e^2 + \cdots + p_{n,n}e^n \end{aligned}$$

で定義される L のベクトルを考えましょう．任意の $j = 1, 2, \cdots, n$ について，$\varphi(v_j)$ を基底 $e^1, \cdots, e^n$ で表現したときの係数からなる n 次元数ベクトルは，表現行列 A の定義によって $AP_j = \eta_j P_j$ にほかなりませんから，結局 $\varphi(v_j) = \eta_j v_j$ が成立します．すなわち任意の $j = 1, 2, \cdots, n$ について η_j は φ の固有値であり v_j はそれと結びつく固有ベクトルであることがわかります．$P_1, \cdots, P_n$ は一次独立（定理 (5.2.10)）ですから，$v_1, \cdots, v_n$ も一次独立であり，L は n 次元ですから，$v_1, \cdots, v_n$ によって張ることができます．すなわち，

$$L = F_{\eta_1} \oplus \cdots \oplus F_{\eta_n}$$

であり，φ についての固有値問題が解けていることになります．言い直せば次のようになります．

重要ポイント 5.3.3 線型写像 φ の表現行列 A が，ある正則行列 P でもって $P^{-1}AP$ が対角行列になるようにする（対角化する）ことができるならば，φ の固有値問題は解けている．

以上をまとめて，次の定理としておきます．

定理 5.3.2 L を $\boldsymbol{R}$ または $\boldsymbol{C}$ 上の n 次元ベクトル空間とする．線型写像 $\varphi : L \longrightarrow L$ について以下の二条件は同値である．

(1) φ の n 個の固有ベクトル $v_1, \cdots, v_n \in L$ でもって L を張ることができる．(φ についての固有値問題が解けている．)

(2) φ の表現行列 A を，適当な正則行列 V でもって $V^{-1}AV$ が対角行列となるようにする（対角化する）ことができる．

このとき，(2) における対角要素は φ の固有値，V の列ベクトルは固有ベクトルの数ベクトル表現（(5.31)，(5.32) 式参照）になっている．

上の定理の (1) 条件が成立する特殊な場合を，あげておきましょう．前項で述べたように，線型写像 φ の固有値は特性方程式の体 K における根としてもとめることができます（定理 (5.3.1)）．$K = \boldsymbol{R}$ のとき，必ずしも特性方程式（これは λ に関する n 次の代数方程式となる）の根は K の要素として n 個見つけることができるとは限りません．$K = \boldsymbol{C}$ の場合は，一応重根も含めて n 個の固有値を見つけだすことができますが，このとき重根 $\lambda_1 = \lambda_2$ に対応する固有空間 $F_{\lambda_1} = F_{\lambda_2}$ 内に一次独立な二つの固有ベクトルを見つけられるとは限りません．しかしながら，**もしも特性方程式が n 個の互いに異なる根を K 内に持つならば，それらに対応する固有ベクトルでもって L を張る**ことができます．なぜなら，**互いに異なる固有値に対応する固有ベクトルからなるベクトルの組は，必ず一次独立になる**からです．これを次の定理としておきましょう．

定理 5.3.3 線型写像 φ が，互いに異なる k 個の固有値 $\lambda_1, \cdots, \lambda_k$ を持つとき，これらに対応する固有ベクトル $v_1, \cdots, v_k$ は一次独立である．

証明 k についての帰納法で証明する．$k = 1$ のとき，明らかに成り立つ．$k \geq 2$ のとき，$k-1$ で定理が成り立つものと仮定し，そのもとで $v_1, \cdots, v_k$ が一次独立でないと仮定して矛盾を導く．この時 v_1 が他のベクトルの線型結合として

$$(*1) \quad v_1 = \textstyle\sum_{j=2}^{k} a_j v_j$$

と表現されるものとして一般性を失わない．さて (*1) の両辺を φ によって変換すれば，

$$(*2) \quad \lambda_1 v_1 = \textstyle\sum_{j=2}^{k} a_j \lambda_j v_j$$

を得る．(*2) の v_1 に (*1) の右辺を代入して，

$$\lambda_1 \sum_{j=2}^{k} a_j v_j = \sum_{j=2}^{k} a_j \lambda_j v_j$$

となるが，これを整理すれば

(*3)　$\sum_{j=2}^{k} a_j(\lambda_1 - \lambda_j)v_j = 0.$

ところが，目下 $k-1$ 個の固有ベクトルについては帰納法の仮定より定理が成立するので，(*3) 式は $a_j = 0, \forall j = 2, 3, \cdots, k$ を意味する．そこで (*1) にもどれば，$v_1 = 0$ となるが，v_1 は固有ベクトルであるから 0 ではありえない．よって矛盾が示された．従って数学的帰納法により，$k = 1, 2, 3, \cdots$ について定理が成立する．

証明終．

コラム（経済学と非負固有値問題）：本章後半は線形写像の固有値問題に焦点を絞って一般的考察を行いました．経済学的にこの問題をもう少し限定した状況設定で取り扱う場合，特に諸数量の非負性ということが重要な意味を持って（例えば投入と産出，需要と供給，価格など）「非負行列」や「非負固有値」が極めて興味深い議論の対象となって来ます．次の**産業連関分析の基本方程式**から考えてみましょう．

(1)　$\boldsymbol{x} = \boldsymbol{A}\boldsymbol{x} + \boldsymbol{c}$

$\boldsymbol{A}$ は $n \times n$ 行列，$\boldsymbol{x}$ および $\boldsymbol{c}$ は n 次元の数ベクトルです．行列 $\boldsymbol{A}$ は経済の n 部門が互いに関連する様を，n 次元**産出ベクトル**に対してそれに必要な**投入ベクトル**を与える線型変換として表すものです．$\boldsymbol{A}$の (i, j) 要素 a_{ij} は第 j 部門の産出 1 単位に必要な第 i 部門の投入を表す係数で，非負実数と考えられます．基本方程式は，n 部門の産出を表すベクトル $\boldsymbol{x}$（非負）が，部門間の必要投入部分 $\boldsymbol{A}\boldsymbol{x}$ と，**最終需要** $\boldsymbol{c}$（非負）の合計であることを表現しています．基本方程式は次のようにも書けますが，

(2)　$(\boldsymbol{I} - \boldsymbol{A})\boldsymbol{x} = \boldsymbol{c}$

この形で眺めれば，問題は技術 $\boldsymbol{A}$ を所与とし，最終需要 $\boldsymbol{c}$（非負）に対してそれに見合う各部門産出量 $\boldsymbol{x}$ の存在を問う方程式体系とも見ること

ができます．この体系は（$\boldsymbol{A}$ がそもそも現実データから得られているならば）少なくともある現実の $\boldsymbol{c} \gg 0$ の値に対して現実の $\boldsymbol{x} \geq 0$ の値で解けているはずで，これを **Weak Solvability** と言います．面白いことに，このとき $(\boldsymbol{I} - \boldsymbol{A})$（対角要素以外は非正）は **Hawkins-Simon 条件**という主座小行列式なるものに関する極めて特徴的な仮定を満たし，更にその下で体系 (2) は **Strong Solvability** を満たすこと，すなわち任意の $\boldsymbol{c} \geq 0$ に対して $\boldsymbol{x} \geq 0$ の解を持つこと，が言えてしまいます（3条件は同値になります）．この事実は**産業連関分析**の重要な数学的基礎づけとして知られています．

体系 (2) をもう少し一般化した次の体系を考えてみましょう．

(3)　$(\lambda \boldsymbol{I} - \boldsymbol{A})\boldsymbol{x} = \boldsymbol{c}$

ここで実数 λ が新たに加わりますが，$(\lambda \boldsymbol{I} - \boldsymbol{A})$ 部分が対角要素以外非正の行列であることは (2) と同じで，先の3条件の同値性は実際には体系 (3) で証明できます．（また $(\lambda \boldsymbol{I} - \boldsymbol{A})$ **が非負逆行列を持つ**という条件もそれらと同値になります．）Hawkins-Simon 条件というのは，実はこの λ を十分大きな正の実数として取れば必ず成立する条件なのです．そこで $\lambda(\boldsymbol{A})$ をそのような λ の infimum として定義すると，なんと $\lambda(\boldsymbol{A})$ は $\boldsymbol{A}$ の**非負実固有値で最大のもの**になり，しかも**非負固有ベクトルを持つ**ことが言えてしまうのです．一般に，非負行列 $\boldsymbol{A}$ に対して定まるこの $\lambda(\boldsymbol{A})$ は $\boldsymbol{A}$ の特性方程式の **Frobenius 根**と呼ばれ，斉一成長の問題をはじめ，線形システムをベースにした種々の経済学議論において極めて強力な分析道具となります．

第6章 微分

6.1 経済学と微分

経済学では，ある変数の値の増減が他の変数へおよぼす影響を分析することは非常に重要です．たとえば，消費税率が1%上がったときに消費量がどれだけ変化するか，税収がどれだけ変化するか，国民所得にどういう影響があるか，といった分析の重要性は言うまでもないでしょう．税率のような複雑な問題はあとに回すとして，まず最も単純な場合を考えてみましょう．

消費 C は所得 Y の関数として $C = f(Y)$ と書けるとします（図6.1）．さて，Y を少し変えたとき C はどれだけ変化するでしょうか．図において Y が $\bar{Y}$ から 2 単位増加すると C は 3 単位増えます．このときの変化率（Y 1 単位当たりの C の変化）は $\frac{3}{2} = 1.5$ になります．同様に，Y が 1 単位増加したとき C は 0.5 増加し，このときの変化率は 0.5，また Y が 0.5 単位増加したとき C は 0.3 単位増加し，このときの変化率は $\frac{0.3}{0.5} = 0.6$ になります．Y の増加量をさらに小さくしてみましょう．このときの変化率は図の $Y = \bar{Y}$ における接線の傾きに近づいていきます．また，図において Y が $\bar{Y}$ から 2 単位減少すると C は 2 単位減ります．このとき 1 単位当たりの変化は $\frac{-2}{-2} = 1$ になります．同様に，Y が 1 単位減少したとき C は 0.5 減少し，

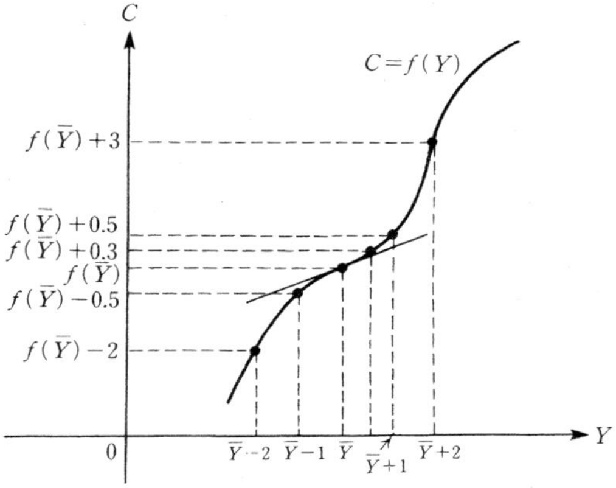

図 6.1

このときの変化率は 0.5 になります．Y の減少量をさらに小さくしたときの変化率は，やはり図の $Y=\bar{Y}$ における接線の傾きに近づいていきます．この傾きを，$\bar{Y}$ において Y の値を少し変化させたときの C の変化率の指標と考えます．この傾きが，関数 f の点 $\bar{Y}$ における**微分係数**といわれるものです．なお，この定義は厳密なものではありませんので，詳しくは次節を参照して下さい．

次に，もう少し複雑な場合を考えましょう．消費 C は所得 Y と利子率 r の関数として $C=g(Y,r)$ と表されるとしましょう[1]．このとき，$\bar{Y}$ において Y の値を少し増加させた場合 C はどれだけ変化するでしょうか．注意しなければならないのは，このときの r の変化です．**ここでは r は同じ値**（たとえば 0.05）**に保つ**として，Y の増加に対する C の変化をみることにしましょう．$r=0.02, 0.05, 0.08$ に対して，C と Y の関係が図 6.2 のようになっているとしましょう．図 6.2 の $Y=\bar{Y}$ における $g(Y,0.05)$ の接線の傾きを，Y の値を変化させたときの C の変化率をみる指標と考えます．この考え方は微分係数の場合と全く同様です．この傾きが，関数 g の変数 Y による点 $(\bar{Y},0.05)$ における**偏微分係数**といわれるものです．もちろんこれも厳密な定

1) この関数は，所得 Y が増加すると消費 C が増え，利子率 r が増えると貯蓄が有利になるため消費を減らすという関係を表していると考えてください．

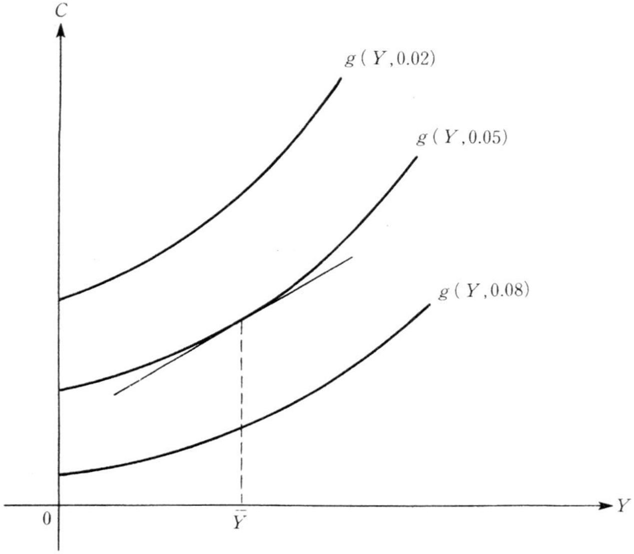

図 6.2

義ではありませんので，詳しくは次節を参照して下さい．

最後に，さらに複雑な場合を考えましょう．二つの財 A, B があるとします．それぞれの価格を p_A, p_B とします．財 A の供給量は $\bar{A}$, 財 B の供給量は $\bar{B}$ でそれぞれ一定とします．(つまり，価格が変わっても供給量は変化しないと仮定します.) 財 A への需要量 D_A は p_A, p_B と所得税率 t に依存するとします[2)]．すなわち，

$$D_A = f(p_A, p_B, t).$$

同様に財 B への需要量は

$$D_B = g(p_A, p_B, t)$$

2) ここで，なぜ D_A に p_B が影響するのか疑問を持つ読者もいるかと思います．これについては，以下のように考えてください．たとえば A がコシヒカリで B がササニシキとすれば，ササニシキの価格 p_B が上がれば人々はササニシキをあまり買わなくなりコシヒカリを買うようになると考えられます．すなわち，p_B が上がれば D_A は上がると考えられます．また A をコーヒー，B を砂糖とすれば，逆に p_B が上がれば D_A は下がります．これらについてはミクロ経済学の代替財・補完財の箇所で学びます．

と表されるとします．

さて，税率が $t=\bar{t}$ で一定とします．このとき二つの財の需要量と供給量は，p_A と p_B が二つの方程式

$$f(p_A, p_B, \bar{t}) = \bar{A}$$

$$g(p_A, p_B, \bar{t}) = \bar{B}$$

の解であるとき一致します．上の方程式を満たすような p_A および p_B の値の組 (p_A^*, p_B^*) を均衡価格ベクトルと言います．図に描けば図 6.3 のようになります．次に，$\bar{t}$ が $\bar{\bar{t}}$ に変化したとき，当然均衡価格ベクトルも変化すると考えられます．しかしこの場合には，簡単には均衡価格ベクトルの変化を計算することはできません．なぜなら，t の変化に対して上の二つの式を満たすように p_A^* と p_B^* が変化するのですが，どう変化するかは（p_A^* と p_B^* が t の関数としてどう表されるかは）簡単にはわからないからです．このようなケースを分析するための手段を与えてくれるのが**陰関数定理**です．この定理

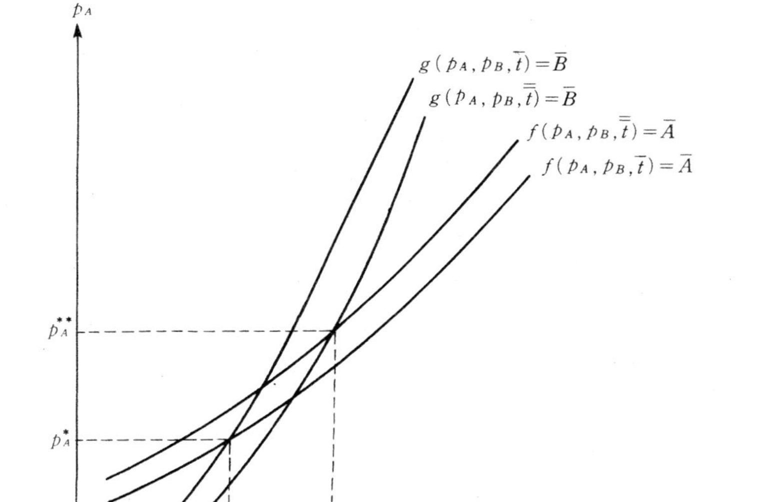

図 6.3

は，**内生変数**（p_A や p_B のように方程式の解として値が決まる変数）に**外生変数**（t のようにあらかじめ値が与えられている変数）が与える影響を分析するために広く使われます．（この分析を**比較静学**と言います．）

本章では，上の例のように何らかの変数の値が変わったとき，他の変数にどう影響するかを分析するための数学を説明します．

6.2 微分（1 次元の場合）

この節では，高校の数学で習った微分の概念を学びます．証明の方法は高校で習ったものよりかなり厳密です．しかし，あまり厳密に学ばなくてもよいと思っている読者は証明を飛ばして定理だけ覚えてください．ただし，必ず例を読んで，練習問題のうち計算問題だけは解いてください．なお，高校の数学で習っていない定理もいくつかでてきます．

6.2.1 微分の定義

関数 $f : \boldsymbol{R} \longrightarrow \boldsymbol{R}$ を考えましょう．$a \in \boldsymbol{R}$ において

$$\lim_{\epsilon \to 0} \frac{f(a+\epsilon) - f(a)}{\epsilon} \tag{6.1}$$

が存在するとき，**関数 f は点 a で微分可能**であると言います．すなわち ϵ がいかなる方向から 0 に近づいても傾きが一定の実数になる場合です．また，この極限（limit）を $\frac{df}{dx}(a)$ あるいは $f'(a)$ と書きます[3]．$f'(a)$ を**関数 f の点 a における微分係数**と言います．図 6.4 のように右から（正の方向から）ϵ が 0 に近づく場合と，左から（負の方向から）ϵ が 0 に近づく場合に傾きが異なる場合には極限（limit）は存在せず，微分可能ではないことになります．全ての点 $a \in \boldsymbol{R}$ で f が微分可能なとき，**f は微分可能**であると言います．この場合，$a \in \boldsymbol{R}$ に対し $f'(a)$ が一つ対応しますから，f'（あるいは $\frac{df}{dx}$）を $\boldsymbol{R}$ から $\boldsymbol{R}$ への関数と考えることができます．この関数を f の**導関数**と言い，a の代わりに x を使って（$f'(\ )$ の $(\ )$ の中には変数が入るという気持ちで）

---

3) 本によっては $\frac{df(a)}{dx}$ あるいは $\left.\frac{df}{dx}\right|_{x=a}$ などと書くこともあります．

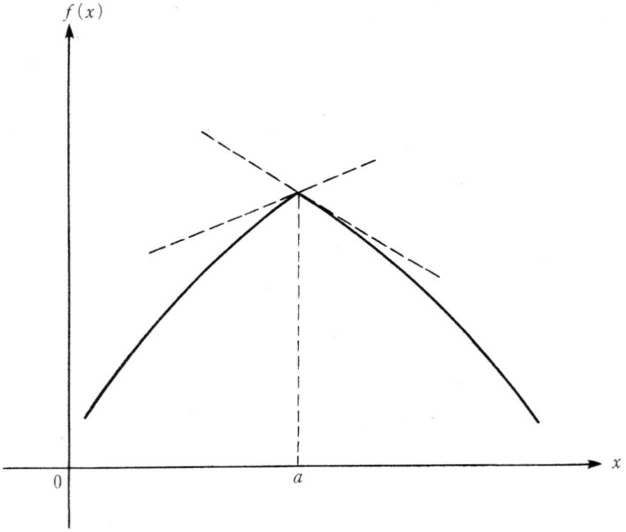

図 6.4

$f'(x)$ で表します[4)].

例をあげましょう.

例 6.2.1 $f(x) = x^n$（ただし，n は正の整数）を点 $x = a$ において微分することを考えてみます.

$$\begin{aligned}
&\lim_{\epsilon\to 0}\frac{(a+\epsilon)^n - a^n}{\epsilon}\\
&= \lim_{\epsilon\to 0}\frac{(a+\epsilon-a)\{(a+\epsilon)^{n-1}+(a+\epsilon)^{n-2}a+\cdots+(a+\epsilon)a^{n-2}+a^{n-1}\}}{\epsilon}\\
&= \lim_{\epsilon\to 0}\{(a+\epsilon)^{n-1}+(a+\epsilon)^{n-2}a+\cdots+(a+\epsilon)a^{n-2}+a^{n-1}\}\\
&= na^{n-1}
\end{aligned}$$

ですから，$f'(a) = na^{n-1}$ となります．あるいはこれを関数と考えれば $f'(x) = nx^{n-1}$ とも書けます.

4) 関数 f の点 a における微分係数を求めることを,「f を点 a で**微分する**」とよく言います．また f の導関数を求めるということを，単純に「f を**微分する**」という言い方で述べることもよくあります.

代表的な関数について，それらの導関数を証明なしであげておきましょう．（証明についてはたとえば文献 [9, 6 章] 参照．）

$f(x) = \sin x$ のとき $f'(x) = \cos x$

$f(x) = \cos x$ のとき $f'(x) = -\sin x$

$f(x) = \tan x$ のとき $f'(x) = \frac{1}{\cos^2 x}$

$f(x) = \boldsymbol{e}^x$ のとき $f'(x) = \boldsymbol{e}^x$ （$\boldsymbol{e}$ は自然対数の底）

$f(x) = a^x$ のとき $f'(x) = a^x \log a$ （a は定数）

$f(x) = \log x \quad (x > 0)$ のとき $f'(x) = \frac{1}{x}$ （ただし，log は自然対数）

微分可能性と連続性には以下の関係があります．

定理 6.2.1 $f : \boldsymbol{R} \longrightarrow \boldsymbol{R}$ が点 $a \in \boldsymbol{R}$ で微分可能なら，f は点 a で連続．

証明 f の a における微分可能性より，

$$\bar{f}(\epsilon) = \frac{f(a+\epsilon) - f(a)}{\epsilon}$$

とおくと，$\lim_{\epsilon \to 0} \bar{f}(\epsilon) = f'(a)$．したがって，定理 (2.5.1) より

$$\lim_{\epsilon \to 0}(f(a+\epsilon) - f(a)) = \lim_{\epsilon \to 0} \epsilon \bar{f}(\epsilon) = 0 f'(a) = 0$$

ゆえに，$\lim_{\epsilon \to 0} f(a+\epsilon) = f(a)$ となるが，これは関数 f の a における連続性にほかならない． **証明終**.

図 6.4 からわかるように連続関数は必ずしも微分可能ではありません．

6.2.2 微分の性質

次に以下の問題を考えてみましょう．A さんの米への需要量 D_A はその価格 p の関数として $f(p)$ と表され，B さんの米への需要量 D_B は $g(p)$ と表されるとします．このとき二人の需要量の合計 $D = D_A + D_B$ は $h(p) = f(p) + g(p)$ となります．このとき $h'(p)$，すなわち二人の需要量の合計の変化率はどうなるでしょうか．直感的には $f'(p) + g\prime(p)$ になるような気がします．実際にそうなるのを示すのが以下の定理 (6.2.1) の (1) です．

次に，鉄の生産量はその価格 q の関数として $g(q)$ と書けるとします．すると，鉄の生産「額」は $h(q) = qg(q)$ と表せます．このとき，q が変化したときの生産額の変化率 $h'(q)$ は $g'(q)$ を使ってどう表されるでしょうか．さらに，二つの関数 $f: \boldsymbol{R} \to \boldsymbol{R}$ と $g: \boldsymbol{R} \to \boldsymbol{R}$ に対し $h(q) = f(q)g(q)$ という関数の導関数は f と g の導関数を使ってどのように表されるでしょうか．これらの問題に答えてくれるのが以下の定理 (6.2.1) の (3) です．

以下の定理では，上の二つの問題とともに，$h(x) = cf(x)$（ここで c は定数）と $h(x) = \frac{f(x)}{g(x)}$（ここで，$g(x)$ は 0 にはならないとする）の導関数についても考えています．

定理 6.2.2 $f: \boldsymbol{R} \longrightarrow \boldsymbol{R}$ と $g: \boldsymbol{R} \longrightarrow \boldsymbol{R}$ が微分可能ならば，

(1) $h(x) = f(x) + g(x)$ の導関数は $h'(x) = f'(x) + g'(x)$,

(2) $h(x) = cf(x)$ の導関数は $h'(x) = cf'(x)$,

(3) $h(x) = f(x)g(x)$ の導関数は $h'(x) = f'(x)g(x) + f(x)g'(x)$,

(4) $h(x) = \frac{f(x)}{g(x)}$（ただし $g(x) \neq 0$ が全ての $x \in \boldsymbol{R}$ について成り立つと仮定）の導関数は

$$h'(x) = \frac{f'(x)g(x) - f(x)g'(x)}{(g(x))^2}$$

証明

(1)

$$\begin{aligned}
&\lim_{\epsilon \to 0} \frac{f(x+\epsilon) + g(x+\epsilon) - f(x) - g(x)}{\epsilon} \\
&= \lim_{\epsilon \to 0} \left\{ \frac{f(x+\epsilon) - f(x)}{\epsilon} + \frac{g(x+\epsilon) - g(x)}{\epsilon} \right\} \\
&= \lim_{\epsilon \to 0} \frac{f(x+\epsilon) - f(x)}{\epsilon} + \lim_{\epsilon \to 0} \frac{g(x+\epsilon) - g(x)}{\epsilon} \\
&= f'(x) + g'(x)
\end{aligned}$$

ゆえに $h'(x)$ は存在して $f'(x) + g'(x)$ に等しい．(2 番目の等式で f と g の微分可能性と定理 (2.5.1) を使っていることに注意.)

(2) 省略（練習問題）．

(3)

$$\begin{aligned}
&\lim_{\epsilon \to 0} \frac{f(x+\epsilon)g(x+\epsilon) - f(x)g(x)}{\epsilon} \\
&\quad = \lim_{\epsilon \to 0} \left\{ \frac{f(x+\epsilon)g(x+\epsilon) - f(x)g(x+\epsilon)}{\epsilon} + \frac{f(x)g(x+\epsilon) - f(x)g(x)}{\epsilon} \right\} \\
&\quad = \lim_{\epsilon \to 0} \frac{f(x+\epsilon) - f(x)}{\epsilon} \lim_{\epsilon \to 0} g(x+\epsilon) + f(x) \lim_{\epsilon \to 0} \frac{g(x+\epsilon) - g(x)}{\epsilon} \\
&\quad = f'(x)g(x) + f(x)g'(x)
\end{aligned}$$

ゆえに $h'(x)$ は存在して $f'(x)g(x) + f(x)g\prime(x)$ に等しい．(2 番目の等式で f と g の微分可能性と定理 (2.5.1) を使っていることに注意.)

(4) 省略（練習問題）． **証明終**.

練習問題 6.2.1 上の定理 (6.2.1) の (2)，(4) を証明しなさい．

例 6.2.2

$$f(x) = x^2, \quad g(x) = \sin x$$

とします．$h(x) = f(x)g(x)$ とすると

$$\begin{aligned}
h'(x) &= f'(x)g(x) + f(x)g'(x) \\
&= 2x \sin x + x^2 \cos x
\end{aligned}$$

次に以下の問題を考えます．所得 Y は労働時間 L の関数として $Y = f(L)$ と書けるとします．また，消費 C は所得 Y の関数として $C = g(Y)$ と書けるとします．すると消費 C は間接的に労働時間 L の関数となります．式で書けば，

$$C = g(Y) = g(f(L)) \text{ あるいは } C = g \circ f(L)$$

ということです．さて，このとき L の変化にともなう C の変化率を求めてみましょう．言い換えれば $\frac{dg \circ f}{dL}$ を求めることを考えます．もし，$\frac{dg \circ f}{dL}$ を $\frac{dg}{dY}$ と $\frac{df}{dL}$ によって書き表すことができるなら，これらによって L の変化にともなう C の変化率を知ることができます．以下の定理によりこれが可能になります．

定理 6.2.3 (鎖法則)[5] $f : \boldsymbol{R} \longrightarrow \boldsymbol{R}$ と $g : \boldsymbol{R} \longrightarrow \boldsymbol{R}$ に対し，$h : \boldsymbol{R} \longrightarrow \boldsymbol{R}$ を $h(x) = g(f(x))$ と定義する．(すなわち $h = g \circ f$.) f が $a \in \boldsymbol{R}$ で微分可能かつ g が $f(a)$ で微分可能なら h は a で微分可能で，$h'(a) = g'(f(a))f'(a)$.

証明 関数 $f^* : \boldsymbol{R} \to \boldsymbol{R}$ と $g^* : \boldsymbol{R} \to \boldsymbol{R}$ を次のように定義する．

$$\text{(i)}\quad f^*(\epsilon) = \begin{cases} \frac{f(a+\epsilon)-f(a)}{\epsilon} & \epsilon \neq 0 \text{ のとき} \\ f'(a) & \epsilon = 0 \text{ のとき} \end{cases}$$

$$\text{(ii)}\quad g^*(\gamma) = \begin{cases} \frac{g(f(a)+\gamma)-g(f(a))}{\gamma} & \gamma \neq 0 \text{ のとき} \\ g'(f(a)) & \gamma = 0 \text{ のとき.} \end{cases}$$

f, g の連続性，点 $a, f(a)$ における f と g の微分可能性，および定理 (6.2.2) より，f^*, g^* も連続関数になる．

ここで，ϵ に対して $\gamma \in \boldsymbol{R}$ を

$$\text{(iii)}\quad \gamma = f(a+\epsilon) - f(a)$$

とおく．このとき，(i)，(ii)，(iii) より ϵ と γ が 0 でないなら次式が成立する．

$$\begin{aligned} \text{(iv)}\quad g(f(a+\epsilon)) - g(f(a)) &= g(f(a)+\gamma) - g(f(a)) \\ &= \gamma g^*(\gamma) \\ &= (f(a+\epsilon) - f(a))g^*(f(a+\epsilon) - f(a)) \\ &= \epsilon f^*(\epsilon) g^*(f(a+\epsilon) - f(a)). \end{aligned}$$

なお，ϵ または γ が 0 のときは，全て 0 になって (iv) は成立する．

一方，f の連続性より $\lim_{\epsilon\to 0}(f(a+\epsilon) - f(a)) = 0$ だから，g^* の連続性より，

$$\text{(v)}\quad \lim_{\epsilon \to 0} g^*(f(a+\epsilon) - f(a)) = g^*(0) = g'(f(a)).$$

したがって (iv)，(v) より，

$$\begin{aligned} \lim_{\epsilon \to 0} \frac{g(f(a+\epsilon)) - g(f(a))}{\epsilon} &= \lim_{\epsilon \to 0} \frac{\epsilon f^*(\epsilon) g^*(f(a+\epsilon) - f(a))}{\epsilon} \\ &= \lim_{\epsilon \to 0} f^*(\epsilon) g^*(f(a+\epsilon) - f(a)) \\ &= f'(a) g'(f(a)). \end{aligned}$$

---

5) この定理の証明は高校の数学の教科書でも与えられていますが，その方法はかなりいいかげんです．ここでは ϵ-δ 論法による厳密な証明を与えます．

上式の最左辺は，そのまま $h'(a)$ の定義にほかならない． **証明終**.

なお，$h(x) = g(f(x))$ を g と f の合成関数と言うのでした．したがって，上の定理は，合成関数の微分法を示したものといえます．

例 6.2.3 $f(x) = x^2$, $g(y) = \sin y$ とすると，$h(x) = g(f(x)) = \sin x^2$ となります．したがって定理 (6.2.3) より

$$h'(a) = g'(f(a))f'(a) = (\cos a^2)2a,$$

となります．

練習問題 6.2.2

(1) $f(x) = x^2$, $g(x) = \log x$ のとき $h(x) = g(f(x))$ と定義する．このとき $h'(x)$ を求めなさい．ただし，h の定義域は $\{x \in \boldsymbol{R} \mid x > 0\}$.

(2) $f(x) = x^3$, $g(x) = e^x$ のとき $h(x) = f(x)g(x)$ と定義する．このとき $h'(x)$ を求めなさい．

(3) $f(x) = x^2$, $g(x) = \log x$ のとき $h(x) = \frac{g(x)}{f(x)}$ と定義する．このとき $h'(x)$ を求めなさい．ただし，h の定義域は $\{x \in \boldsymbol{R} \mid x > 0\}$.

(4) $f(x) = x^2$, $g(x) = \sin x$ のとき $h(x) = g(x) + f(x)$ と定義する．このとき $h'(x)$ を求めなさい．

6.2.3 微分の性質の応用

この項では，微分の性質の応用として関数の最大化・最小化について学びます．これについては高校の数学でもある程度学びましたが，ここではより詳しくかつ厳密に学びます．もちろん厳密に学ぶ必要がない人は証明を飛ばして読んでください．

経済学では，よく何らかの関数の値を最大にする問題を考えます．一般的な問題は次章で詳しく解説することにして，以下では最も単純なケースを考えてみましょう．鉄鉱石を x トン使うと鉄が $x^{\frac{1}{2}}$ トン生産されるとします．また，鉄 1 トンの価格を p，鉄鉱石 1 トンの価格を q とします．鉄鉱石を

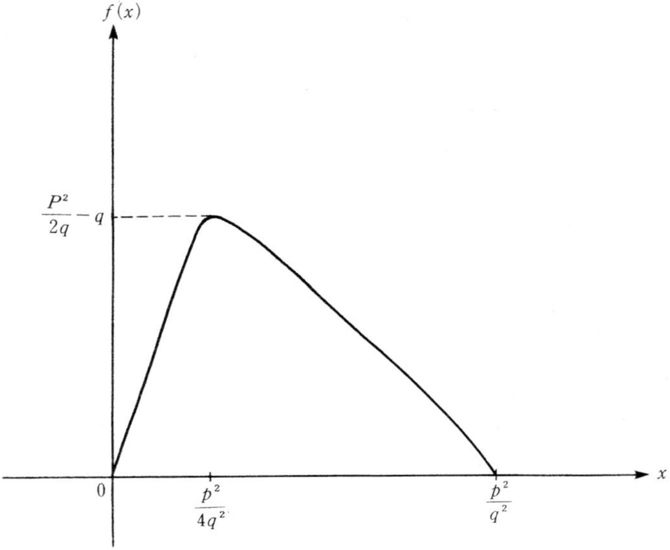

図 6.5

x トン使ったときの利潤 $f(x)$ は，売上高 $px^{\frac{1}{2}}$ から費用 qx を引いた値ですから

$$f(x) = px^{\frac{1}{2}} - qx$$

になります（図 6.5）．図より，利潤は $x = \frac{p^2}{4q^2}$ で最大になっています．このとき，重要なことは $\frac{df}{dx}(\frac{p^2}{4q^2})$ が 0 になっていることです．

さて，これは一般的に成り立つでしょうか．すなわち $f : \boldsymbol{R} \to \boldsymbol{R}$ がある開区間 (a, b) で $x^* \in (a, b)$ において最大値をとるなら（すなわち，任意の $x \in (a, b)$，について $f(x^*) \geq f(x)$ なら）$f'(x^*) = 0$ になるでしょうか．以下の定理はこれが正しいことを主張しています．なおこの定理は，最小値の場合も扱っています．

定理 6.2.4　$f : \boldsymbol{R} \to \boldsymbol{R}$ を微分可能とする．開区間 (a, b) において f が $x^* \in (a, b)$ で，その区間内での最大値をとるならば（すなわち任意の $x \in (a, b)$ に対して，$f(x) \leq f(x^*)$ ならば），$f'(x^*) = 0$．同様に f が

$x^{**} \in (a,\, b)$ で最小値をとるなら（任意の $x \in (a,\, b)$ に対して，$f(x) \geq f(x^{**})$ ならば），$f'(x^{**}) = 0$.

証明 最大値の場合のみ証明する.（最小値の場合は，以下の議論で不等号を適当に変えれば証明可能.）f は $x^* \in (a,\, b)$ で最大値をとるから，$x^* + \epsilon \in (a, b)$ を満たす $\epsilon > 0$ について $f(x^* + \epsilon) - f(x^*) \leq 0$．ゆえに，このような $\epsilon > 0$ について，

$$\text{(i)} \quad \frac{f(x^* + \epsilon) - f(x^*)}{\epsilon} \leq 0.$$

また，$x^* + \epsilon \in (a, b)$ を満たす $\epsilon < 0$ について $f(x^* + \epsilon) - f(x^*) \leq 0$．ゆえに，このような $\epsilon < 0$ について，

$$\text{(ii)} \quad \frac{f(x^* + \epsilon) - f(x^*)}{\epsilon} \geq 0.$$

微分の定義より，$\lim_{\epsilon \to 0} \frac{f(x^* + \epsilon) - f(x^*)}{\epsilon}$ が存在するから（言い換えると，ϵ がどの方向から 0 に収束したとしても，$\frac{f(x^* + \epsilon) - f(x^*)}{\epsilon}$ が同じ値 $f'(x^*)$ に収束するということだから），(i) より $f'(x^*) \leq 0$．また，(ii) より $f'(x^*) \geq 0$．したがって，$f'(x^*) = 0$. **証明終**.

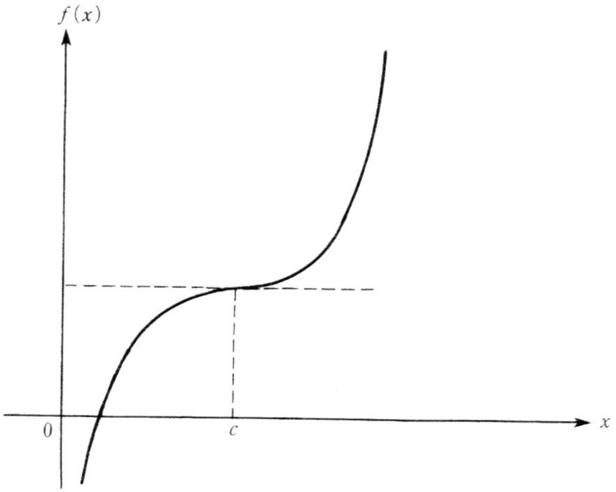

図 6.6

上の定理の逆は必ずしも成立しません．すなわち $f'(x^*)=0$ であっても x^* で f が最大にも最小にもならないことがあることを注意しておきます．(図6.6参照.)

6.2.4 平均値の定理

この項では，経済学で重要な定理である**テイラーの定理**を証明する準備として**ロルの定理**と**平均値の定理**を証明します．経済学ではテイラーの定理はよく使いますが，直接ロルの定理や平均値の定理を使うことはあまりありません．細かいことに興味のない人はこの項を飛ばしてください．

定理 6.2.5 （ロルの定理） $f:\boldsymbol{R}\to\boldsymbol{R}$ を微分可能とする．ある $a,b\in\boldsymbol{R}$ $(a<b)$ について $f(a)=f(b)$ ならば $c\in(a,b)$ が存在して $f'(c)=0$. (図6.7参照.)

証明 $f(a)=f(b)=d$ とおく．全ての $x\in(a,b)$ について $f(x)=d$ なら，任意の $c\in(a,b)$ に対して明らかに $f'(c)=0$．もし f が (a,b) において d より大きい値をとるなら，f の連続性より（定理 (6.2.2)），f はある $c\in(a,b)$ で最大値を

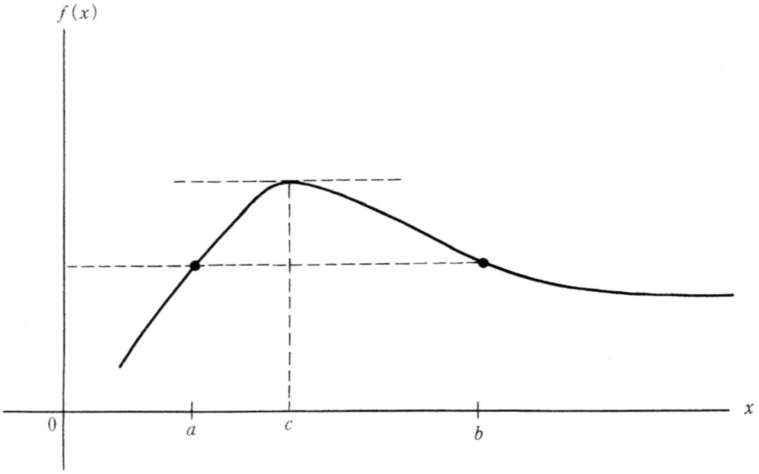

図6.7

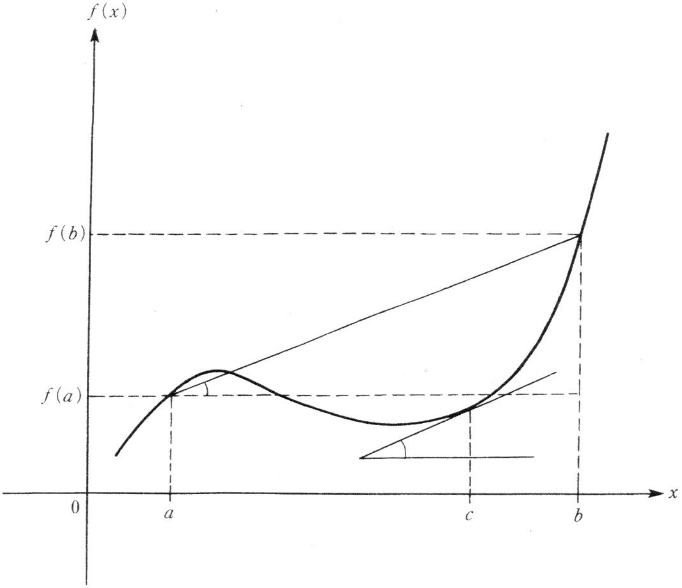

図 6.8

とる[6]. すると，定理 (6.2.4) より $f'(c)=0$. 最後に f が $(a,\ b)$ で d より大きい値をとらず，d より小さい値をとる場合には f の $(a,\ b)$ での最小値について上と同じ議論をすれば $f'(c)=0$ となる $c \in (a,\ b)$ の存在がわかる．　**証明終.**

定理 6.2.6　(平均値の定理)　$f:\boldsymbol{R}\to\boldsymbol{R}$ を微分可能とする．このとき任意の $a, b \in \boldsymbol{R}$　$(a<b)$ に対し，$c \in (a,\ b)$ が存在して，

$$\frac{f(b)-f(a)}{b-a}=f'(c)$$

となる. (図 6.8 参照.)

この定理は，以下の定理で $g(x)=x$ とおくことによって証明されます．

6)　定理 (4.6.5) を区間 $[a,\ b]$ に適用することによる．

定理 6.2.7 (一般化された平均値の定理) $f : \boldsymbol{R} \to \boldsymbol{R}$ および $g : \boldsymbol{R} \to \boldsymbol{R}$ を微分可能とする．このとき任意の $a, b \in \boldsymbol{R}$ $(a < b)$ に対し，$c \in (a,\ b)$ が存在して，

$$f'(c)(g(b) - g(a)) = g'(c)(f(b) - f(a)).$$

証明

$$h(x) = f(x)(g(b) - g(a)) - g(x)(f(b) - f(a))$$

とおく．このとき，

$$h(a) = h(b) = f(a)g(b) - g(a)f(b)$$

となる．h は明らかに定理 (6.2.5) の仮定を全て満たすので，ある $c \in (a,\ b)$ が存在して $h'(c) = 0$．一方，h の定義により

$$h'(x) = f'(x)(g(b) - g(a)) - g'(x)(f(b) - f(a))$$

だから，上の式の x に c を代入して式の値を 0 とおけば定理の結論になる．

証明終．

6.2.5 高階の微分とテイラーの定理

この項では高階の微分とテイラーの定理を学びます．証明を厳密に読む必要はありませんが，定義と定理の内容は覚えてください．

まず，$f : \boldsymbol{R} \to \boldsymbol{R}$ を微分可能とします．前に述べたように全ての $a \in \boldsymbol{R}$ に対して $f'(a)$ が一つ定まるわけですから，f' も $\boldsymbol{R}$ から $\boldsymbol{R}$ への関数と考えることができます．(これを f の導関数というのでした.) さて，この $f' : \boldsymbol{R} \to \boldsymbol{R}$ が $a \in \boldsymbol{R}$ でさらに微分可能であるとき，**f は a で 2 階微分可能である**と言います．このとき f' の a における微分係数を $f''(a)$，あるいは $\frac{d^2f}{dx^2}(a)$ と書き，**f の a における 2 階の微分係数**と言います．また，全ての $a \in \boldsymbol{R}$ で f' が 2 階微分可能であるとき f は 2 階微分可能と言います．各 $a \in \boldsymbol{R}$ に対して $f''(a)$ が一つ決まるわけですから，やはり f'' も $\boldsymbol{R}$ から $\boldsymbol{R}$ への関数とみることができます．(f'' を f の 2 階の導関数と言います.)

さらに 3 階微分可能性，4 階微分可能性，$\cdots$，n 階微分可能性，ならびに n 階の導関数，等を同様に考えることができます．$n = 3, 4, \cdots$ の場合，関数 $f : \boldsymbol{R} \to \boldsymbol{R}$ の n **階の導関数**は通常 $f^{(n)}$ で，また点 a における n **階の微分係数**は $f^{(n)}(a)$ や $\frac{d^n f}{dx^n}(a)$ で表されます．

例をあげましょう．

例 6.2.4 $f(x) = x^4$ とすると $f'(x) = 4x^3$, $f''(x) = 12x^2$, $f^{(3)}(x) = 24x$, $f^{(4)}(x) = 24$, $f^{(5)}(x) = 0$, $f^{(6)}(x) = 0, \cdots$ となります．$f(x) = \sin x$ とすると，$f'(x) = \cos x$, $f''(x) = -\sin x$, $f^{(3)}(x) = -\cos x$, $f^{(4)}(x) = \sin x, \cdots$ となります．

f が a で微分可能で f' が a で連続のとき，f は a で 1 階**連続微分可能**と言います．このことを f は a で C^1 **級**であるとも言います．これは f の a での 2 階微分可能性よりは弱いことが定理 (6.2.2) よりわかります．また，f が全ての $a \in \boldsymbol{R}$ で連続微分可能なとき f は連続微分可能（f は C^1 級）と言います[7]．

同様に，f が a で n 階微分可能かつ $f^{(n)}$ が a で連続のとき，f は a で n 階連続微分可能（あるいは C^n 級）と言います．また，f が全ての $a \in \boldsymbol{R}$ で n 階連続微分可能なとき f は n 階連続微分可能（f は C^n 級）と言います．

さて，これでテイラーの定理を証明する準備ができました．f が $a \in \boldsymbol{R}$ で微分可能とします．このとき点 a を固定して得られる x の 1 次関数

$$g(x) = f(a) + f'(a)(x - a)$$

を考えます．$x - a$ が十分小さければ（x が a に十分近ければ）関数 $f(x)$ が 1 次関数 $g(x)$ によって，ほぼ近似されているということが分かります．(図 6.9 参照.) テイラーの定理は，より一般的に m 階微分可能な関数 f を x の $m - 1$ 次関数で近似し，さらにその近似の誤差を示すものです．

7) 積分の知識を先取りしますが，先の図 6.4 のような関数（それは連続であるが微分可能でない）を積分することによって得られる関数（原始関数）は C^1 級ですが 2 階微分可能ではありません．

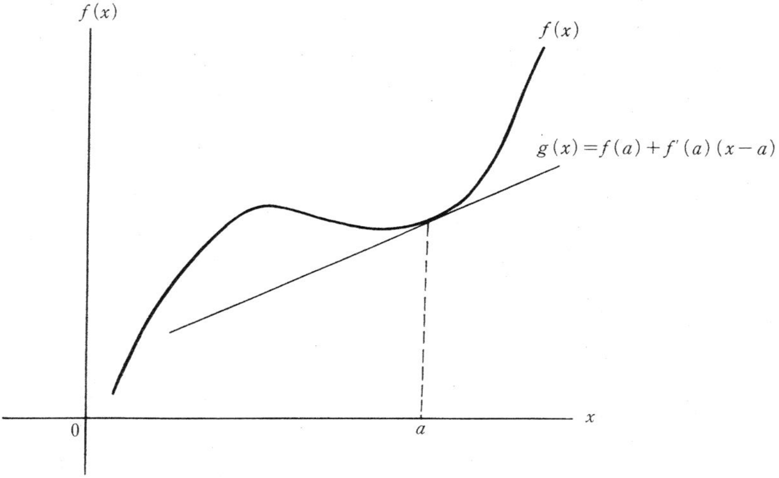

図 6.9

定理 6.2.8　（テイラーの定理）　$f : \boldsymbol{R} \to \boldsymbol{R}$ を m 階微分可能とし，また $a \in \boldsymbol{R}$ とする．このとき任意の $x \in \boldsymbol{R}$ $(x \neq a)$ について x と a の間の点 c が存在して（つまり，$a > x$ なら $c \in (x, a)$，$a < x$ なら $c \in (a, x)$）

$$(6.2)\quad f(x) = f(a) + \sum_{k=1}^{m-1} \frac{f^{(k)}(a)}{k!}(x-a)^k + \frac{f^{(m)}(c)}{m!}(x-a)^m.$$

ここで，$\frac{f^{(m)}(c)}{m!}(x-a)^m$ が近似の誤差になる．なお (6.2) 式を，**テイラーの公式**と言う．また，c は x と a の間の点だから，ある $\theta \in (0,1)$ が存在して $c = a + \theta(x-a)$ と書ける．

証明　$a < x$ の場合のみ証明する.（$x < a$ の場合もほとんど同様に証明可能.）まず $g(x) = (x-a)^m$ と定義する．つぎに

$$\psi(t) = f(t) + \sum_{k=1}^{m-1} \frac{f^{(k)}(t)}{k!}(x-t)^k$$

$$\xi(t) = g(t) + \sum_{k=1}^{m-1} \frac{g^{(k)}(t)}{k!}(x-t)^k$$

と定義する．（ここで，関数 ψ と ξ においては x は定数.）定理 (6.2.7) よりある $c \in (a, x)$ が存在して

$$\psi'(c)(\xi(x)-\xi(a)) = \xi'(c)(\psi(x)-\psi(a)).$$

$\psi(x)=f(x), \xi(x)=g(x)$ より

(i)　$\psi'(c)(g(x)-\xi(a)) = \xi'(c)(f(x)-\psi(a)).$

また，

$$\text{(ii)}\quad \psi'(t) = f'(t) + \sum_{k=1}^{m-1}\left\{\frac{f^{(k+1)}(t)}{k!}(x-t)^k - \frac{f^{(k)}(t)}{(k-1)!}(x-t)^{k-1}\right\}$$
$$= \frac{f^{(m)}(t)}{(m-1)!}(x-t)^{m-1}.$$

（ここで，$0!=1$ に注意.）同様に，

$$\text{(iii)}\quad \xi'(t) = \frac{g^{(m)}(t)}{(m-1)!}(x-t)^{m-1}.$$

(i)，(ii)，(iii) より

$$\text{(iv)}\quad \frac{(x-c)^{m-1}}{(m-1)!}f^{(m)}(c)(g(x)-\xi(a)) = \frac{(x-c)^{m-1}}{(m-1)!}g^{(m)}(c)(f(x)-\psi(a)).$$

g の定義より $g(a)=0$ かつ $g^{(k)}(a)=0, k=1,\cdots,m-1$．したがって，$\xi(a)=0$．また，全ての $t \in \boldsymbol{R}$ について $g^{(m)}(t)=m!$．したがって (iv) の両辺を $\frac{(x-c)^{m-1}}{(m-1)!}$ で割って $g(x)=(x-a)^m$ と $\xi(a)=0$ を代入すれば，

$$f^{(m)}(c)((x-a)^m-0) = (m!)(f(x)-\psi(a))$$

ゆえに

$$f(x) = \psi(a) + \frac{f^{(m)}(c)}{m!}(x-a)^m$$

ψ の定義より，これは定理の主張になる．　**証明終.**

例を一つあげましょう．

例 6.2.5 $f(x) = \boldsymbol{e}^x$ とし，$a = 0$ とします．これに上の定理を適用すれば，$f'(0) = \boldsymbol{e}^0 = 1$, $f''(0) = \boldsymbol{e}^0 = 1, \cdots$, より

$$(6.3)\ \boldsymbol{e}^x = 1 + \frac{x}{1!} + \frac{x^2}{2!} + \cdots + \frac{x^{m-1}}{(m-1)!} + \frac{\boldsymbol{e}^{\theta x}}{m!}x^m, \quad (0 < \theta < 1)$$

となります．

なお，この例のように定理 (6.2.8) で $a = 0$ とおくと，

$$f(x) = f(0) + \sum_{k=1}^{m-1} \frac{f^{(k)}(0)}{k!}x^k + \frac{f^{(m)}(c)}{m!}x^m,$$

となります．ここで c は 0 と x の中間の点ですから，$c = \theta x$, $0 < \theta < 1$ とおくことができます．したがってこの式は

$$f(x) = f(0) + \sum_{k=1}^{m-1} \frac{f^{(k)}(0)}{k!}x^k + \frac{f^{(m)}(\theta x)}{m!}x^m, \tag{6.4}$$

となります．これを特に**マクローリンの公式**と言います．

練習問題 6.2.3

(1) $f(x) = \sin x$, $a = \frac{\pi}{2}$, $m = 3$ にテイラーの公式を適用しなさい．

(2) $f(x) = x^3 + x^2$, $a = 3$, $m = 2$ にテイラーの公式を適用しなさい．

6.2.6 無限小の概念とテイラーの定理

無限小の概念は，本章と次の章の証明でかなり使われます．しかし，証明以外の部分ではでてきませんので，証明に興味のない人は本項を飛ばしてもかまいません．

ここでは，次節（n 次元の場合）での議論も考慮して定義域を n 次元にしておきます[8)]．$\boldsymbol{\epsilon}$ を n 次元のベクトルとします．関数 $g : \boldsymbol{R}^n \to \boldsymbol{R}$ が $\lim_{\boldsymbol{\epsilon}\to 0} g(\boldsymbol{\epsilon}) = 0$ を満たすとき，g を（$(0, ..., 0) \in \boldsymbol{R}^n$ に関して定義される）

8) 前章と同様，数ベクトルを表す変数はできるだけ太文字で表すようにします．

無限小と言います．たとえば，$\boldsymbol{\epsilon} = (\epsilon_1, \epsilon_2, \cdots, \epsilon_n)$ とするとき，

$$\sum_{i=1}^{n} \epsilon_i, \quad \sum_{i=1}^{n} \epsilon_i^2, \quad \sum_{i=1}^{n} \sin \epsilon_i,$$

などは無限小です．

さて，g および f が無限小で f は $\boldsymbol{\epsilon} = (0, \ldots, 0)$ の場合を除いて常に正の値をとるものとします．(たとえば $f(\boldsymbol{\epsilon}) = \|\boldsymbol{\epsilon}\|$ などがその代表例.) このとき $\lim_{\|\boldsymbol{\epsilon}\| \to 0} \frac{g(\boldsymbol{\epsilon})}{f(\boldsymbol{\epsilon})} = 0$ が成立するならば g は f よりも**高次の無限小**であると言い，$g(\boldsymbol{\epsilon}) = o(f(\boldsymbol{\epsilon}))$ と記号で表現します．(ここで o を「ランダウのオー」と呼びます.) ここで $g(\boldsymbol{\epsilon}) = o(f(\boldsymbol{\epsilon}))$ の $=$ は通常の意味のものとは異なります．これは，g は $\lim_{\|\boldsymbol{\epsilon}\| \to 0} \frac{F(\boldsymbol{\epsilon})}{f(\boldsymbol{\epsilon})} = 0$ となる関数 F の集合に含まれるという意味です．以下，$o(\cdot)$ のはいった式における $=$ は通常のものとは異なると考えて下さい．たとえば $h(\boldsymbol{\epsilon}) = o(f(\boldsymbol{\epsilon}))$ かつ $g(\boldsymbol{\epsilon}) = o(f(\boldsymbol{\epsilon}))$ であっても $h \neq g$ でありうることなどに注意して下さい．また，$g(\boldsymbol{\epsilon}) - h(\boldsymbol{\epsilon}) = o(f(\boldsymbol{\epsilon}))$ を $g(\boldsymbol{\epsilon}) = h(\boldsymbol{\epsilon}) + o(f(\boldsymbol{\epsilon}))$ と表します．言い換えれば，$g(\boldsymbol{\epsilon}) = h(\boldsymbol{\epsilon}) + o(f(\boldsymbol{\epsilon}))$ とは，関数 $\eta(\boldsymbol{\epsilon}) = o(f(\boldsymbol{\epsilon}))$ が存在して $g(\boldsymbol{\epsilon}) = h(\boldsymbol{\epsilon}) + \eta(\boldsymbol{\epsilon})$ となることを意味します．

単純化のため $n = 1$ として例をあげましょう．たとえば ϵ^2, ϵ^3 は $\lim_{\epsilon \to 0} \frac{\epsilon^2}{|\epsilon|} = \lim_{\epsilon \to 0} |\epsilon| = 0$, $\lim_{\epsilon \to 0} \frac{\epsilon^3}{|\epsilon|} = 0$ を満たしますから，この二つは $o(\|\epsilon\|)$ （あるいは 1 次元だから $o(|\epsilon|)$）となります．また，$\lim_{\epsilon \to 0} \frac{\epsilon^3}{\epsilon^2} = 0$ ですから $\epsilon^3 = o(|\epsilon^2|) = o(\epsilon^2)$ です．

今 $g(\boldsymbol{\epsilon}) = o(\|\boldsymbol{\epsilon}\|)$ かつ $h(\boldsymbol{\epsilon}) = o(\|\boldsymbol{\epsilon}\|)$ であったとします．このとき

$$g(\boldsymbol{\epsilon}) + h(\boldsymbol{\epsilon}) = o(\|\boldsymbol{\epsilon}\|)$$

(すなわち荒っぽく書くと $o(\|\boldsymbol{\epsilon}\|) + o(\|\boldsymbol{\epsilon}\|) = o(\|\boldsymbol{\epsilon}\|)$) が成立します．なぜなら，

$$\lim_{\|\boldsymbol{\epsilon}\| \to 0} \frac{g(\boldsymbol{\epsilon}) + h(\boldsymbol{\epsilon})}{\|\boldsymbol{\epsilon}\|} = \lim_{\|\boldsymbol{\epsilon}\| \to 0} \frac{g(\boldsymbol{\epsilon})}{\|\boldsymbol{\epsilon}\|} + \lim_{\|\boldsymbol{\epsilon}\| \to 0} \frac{h(\boldsymbol{\epsilon})}{\|\boldsymbol{\epsilon}\|} = 0$$

となるからです．これより，有限個の $f_1, f_2, \cdots, f_n = o(\|\boldsymbol{\epsilon}\|)$ を足し合わせてもやはり $\|\boldsymbol{\epsilon}\|$ より高次の無限小（$o(\|\boldsymbol{\epsilon}\|)$）となることも明らかです．同様

に $g(\boldsymbol{\epsilon}) = o(\|\boldsymbol{\epsilon}\|)$ とすると，$a \in \boldsymbol{R}$ に対し

$$ag(\boldsymbol{\epsilon}) = o(\|\boldsymbol{\epsilon}\|)$$

となります.（すなわち荒っぽく書くと $ao(\|\boldsymbol{\epsilon}\|) = o(\|\boldsymbol{\epsilon}\|)$.）これらによって $g(\boldsymbol{\epsilon}) = o(\|\boldsymbol{\epsilon}\|)$ かつ $h(\boldsymbol{\epsilon}) = o(\|\boldsymbol{\epsilon}\|)$ のとき $g(\boldsymbol{\epsilon}) - h(\boldsymbol{\epsilon}) = o(\|\boldsymbol{\epsilon}\|)$ であることが分かります.（必ずしも 0 ではないことに注意して下さい．たとえば $2\epsilon^2 = o(|\epsilon|)$ かつ $\epsilon^2 = o(|\epsilon|)$ ですが $2\epsilon^2 - \epsilon^2 = \epsilon^2 \neq 0$.）

この「無限小」および「高次の無限小」という概念を用いてもう一つのテイラーの定理を導きましょう.

定理 6.2.9 $f : \boldsymbol{R} \to \boldsymbol{R}$ を m 階連続微分可能（C^m 級）とする．また $a \in \boldsymbol{R}$ とする．このとき任意の $x \in \boldsymbol{R}$ について

$$f(x) = f(a) + \sum_{k=1}^{m} \frac{f^{(k)}(a)}{k!}(x-a)^k + o(|x-a|^m).$$

書き換えれば，関数 $\eta : \boldsymbol{R} \to \boldsymbol{R}$ が存在して

$$f(x) = f(a) + \sum_{k=1}^{m} \frac{f^{(k)}(a)}{k!}(x-a)^k + \eta(x-a)$$

となる．ここで $\eta(x-a) = o(|x-a|^m)$.

証明 定理 (6.2.8) より，x と a の間の実数 c が存在して

$$f(x) = f(a) + \sum_{k=1}^{m-1} \frac{f^{(k)}(a)}{k!}(x-a)^k + \frac{f^{(m)}(c)}{m!}(x-a)^m.$$

したがって,

$$\frac{f^{(m)}(c)}{m!}(x-a)^m - \frac{f^{(m)}(a)}{m!}(x-a)^m = o(|x-a|^m)$$

を示せばよい.

$$g(x-a) = \frac{f^{(m)}(c)}{m!}(x-a)^m - \frac{f^{(m)}(a)}{m!}(x-a)^m,$$

とおくと，f の m 階連続微分可能性と，$x \to a$ なら $c \to a$ であることを用いて，

$$\lim_{x\to a}\left|\frac{g(x-a)}{|(x-a)|^m}\right| = \lim_{x\to a}\left|\frac{f^{(m)}(c)-f^{(m)}(a)}{m!}\right| = 0.$$

すなわち $\lim_{x-a\to 0}\frac{g(x-a)}{|(x-a)|^m}=0$ であり，g は $|x-a|^m$ よりも高次の無限小である．

証明終．

注：この定理は単に f が $m-1$ 階微分可能で $f^{(m)}(a)$ が存在するという仮定の下でも成立します．(たとえば文献 [12] の定理 2.12，文献 [13] の定理 29 等参照．)

6.3 微分（n 次元の場合）

この節では，高校の数学では学ばなかった n 次元の場合の微分を学びます．この概念は経済学では非常に重要ですから，証明は飛ばしても結構ですから定義と定理だけはしっかり学んでください．

まず，n 次元の空間から 1 次元の空間への関数 $f:\boldsymbol{R}^n \to \boldsymbol{R}$ を考えます．定義域が 1 次元の場合と異なり，**偏微分**および（**全**）**微分**という 2 種類の微分概念があります．まず，偏微分と呼ばれる概念を定義しましょう．

6.3.1 偏微分

この概念は n 個の変数のうち $n-1$ 個を定数と考えて，残り一つの変数のみに関して前節で述べた意味での微分を行うというものです．すなわち，関数 $f:\boldsymbol{R}^n \to \boldsymbol{R}$ に対し $\boldsymbol{a}=(a_1,\cdots,a_n)\in\boldsymbol{R}^n$ において，a_k（k は $1,2,\cdots,n$ のどれか一つを表す）のみを変数としたときの微分係数

$$\lim_{\epsilon\to 0}\frac{f(a_1,\cdots,a_{k-1},a_k+\epsilon,a_{k+1}\cdots,a_n)-f(a_1,\cdots,a_n)}{\epsilon}$$

が存在するとき，**f は $\boldsymbol{a}\in\boldsymbol{R}^n$ において k 番目の変数について偏微分可能である**と言います．この極限を $\frac{\partial f}{\partial x_k}(\boldsymbol{a})$ と書き[9]，関数 f の点 $\boldsymbol{a}$ における変数 x_k に関する**偏微分係数**と呼びます．f が全ての $\boldsymbol{a}\in\boldsymbol{R}^n$ において変数 x_k に関し

9) 本によっては $\frac{\partial f(\boldsymbol{a})}{\partial x_k}$ あるいは $\left.\frac{\partial f}{\partial x_k}\right|_{\boldsymbol{x}=\boldsymbol{a}}$ と書くこともあります．

て偏微分可能であるとき，前節の導関数と同じように**偏導関数** $\frac{\partial f}{\partial x_k}: \boldsymbol{R}^n \to \boldsymbol{R}$（すなわち $\boldsymbol{a}$ に $\frac{\partial f}{\partial x_k}(\boldsymbol{a})$ を対応させる関数）を考えることができます．このとき，f から偏導関数 $\frac{\partial f}{\partial x_k}$ をもとめることを，f を x_k について**偏微分する**と言います．全ての k について $\frac{\partial f}{\partial x_k}(\boldsymbol{a})$ が存在するとき f は $\boldsymbol{a}$ で偏微分可能と言います．また，f が全ての $\boldsymbol{a} \in \boldsymbol{R}^n$ で偏微分可能なら，f は偏微分可能と言います．

さらに，f が偏微分可能かつ全ての k について偏導関数 $\frac{\partial f}{\partial x_k}$ が連続のとき f は $\boldsymbol{C}^1$ **級**であると言います．

例を一つ考えましょう．

例 6.3.1　$f: \boldsymbol{R}^2 \to \boldsymbol{R}$ を $f(x_1, x_2) = 3x_1x_2$ とします．

$$\begin{aligned}\frac{\partial f}{\partial x_1}(\boldsymbol{a}) &= \lim_{\epsilon \to 0} \frac{f(a_1+\epsilon, a_2) - f(a_1, a_2)}{\epsilon} \\ &= \lim_{\epsilon \to 0} \frac{3(a_1+\epsilon)a_2 - 3a_1a_2}{\epsilon} \\ &= \lim_{\epsilon \to 0} 3a_2 \\ &= 3a_2\end{aligned}$$

となります．

さて，偏導関数 $\frac{\partial f}{\partial x_k}$ は $\boldsymbol{R}^n$ 上で定義される実数値関数ですから，さらにこの関数を x_ℓ について偏微分することが考えられます．すなわち，$g(\boldsymbol{x}) = \frac{\partial f}{\partial x_k}(\boldsymbol{x})$ とおいて

$$\lim_{\epsilon \to 0} \frac{g(a_1, \cdots, a_{\ell-1}, a_\ell + \epsilon, a_{\ell+1}, \cdots, a_n) - g(a_1, \cdots, a_n)}{\epsilon}$$

が存在するとき，$\frac{\partial g}{\partial x_\ell}(\boldsymbol{a})$ を $\frac{\partial^2 f}{\partial x_\ell \partial x_k}(\boldsymbol{a})$ と書きます[10)]．特に $\ell = k$ のとき $\frac{\partial^2 f}{\partial x_\ell \partial x_\ell}$ を $\frac{\partial^2 f}{\partial x_\ell^2}$ と書きます．

$\frac{\partial^2 f}{\partial x_\ell \partial x_k}(\boldsymbol{a})$ が全ての ℓ と k について存在するとき f は $\boldsymbol{a}$ で **2 階偏微分可能**と言います．さらに，f が $\boldsymbol{a}$ で 2 階偏微分可能かつ全ての ℓ と k につい

10）　本によっては $\frac{\partial^2 f(\boldsymbol{a})}{\partial x_\ell \partial x_k}$ あるいは $\left.\frac{\partial^2 f}{\partial x_\ell \partial x_k}\right|_{\boldsymbol{x}=\boldsymbol{a}}$ と書くこともあります．

て偏導関数 $\frac{\partial^2 f}{\partial x_\ell x_k}$ が $\boldsymbol{a}$ で連続のとき f は $\boldsymbol{a}$ で **2 階連続微分可能**（C^2 **級**）であると言います．また，f が全ての $\boldsymbol{a} \in \boldsymbol{R}^n$ で 2 階偏微分可能なとき f を 2 階偏微分可能と言い，さらに f が全ての $\boldsymbol{a} \in \boldsymbol{R}^n$ について 2 階連続微分可能（C^2 級）のとき f を **2 階連続微分可能** (C^2 **級**) と言います．

例 6.3.2　$f(x_1, x_2) = 3x_1x_2$ の場合 $\frac{\partial f}{\partial x_1}(\boldsymbol{x}) = 3x_2$ でしたから，

$$\frac{\partial^2 f}{\partial x_2 \partial x_1}(\boldsymbol{x}) = 3, \quad \frac{\partial^2 f}{\partial x_1^2}(\boldsymbol{x}) = 0$$

になります．同様にして $\frac{\partial^2 f}{\partial x_1 \partial x_2}(\boldsymbol{x}) = 3$ になります．

この例から $\frac{\partial^2 f}{\partial x_\ell \partial x_k}(\boldsymbol{x}) = \frac{\partial^2 f}{\partial x_k \partial x_\ell}(\boldsymbol{x})$, すなわち偏微分の順序を変えても同じ結果になるのではないかと予想できます．この証明はあと回しにします (定理 (6.3.2))．

練習問題 6.3.1

(1)　$f(x_1, x_2) = \log x_1 x_2$（ただし，$x_1x_2 > 0$）とする．$\frac{\partial^2 f}{\partial x_2 \partial x_1}(\boldsymbol{x})$ と $\frac{\partial^2 f}{\partial x_2^2}(\boldsymbol{x})$ を求めなさい．

(2)　$f(x_1, x_2) = \sin x_1 \cos x_2$ とする．$\frac{\partial^2 f}{\partial x_1^2}(\boldsymbol{x})$ と $\frac{\partial^2 f}{\partial x_1 \partial x_2}(\boldsymbol{x})$ を求めなさい．

6.3.2　（全）微分

まず，定義域が 1 次元の場合，すなわち $f: \boldsymbol{R} \to \boldsymbol{R}$ の場合の微分係数の定義を思い出してみましょう．

(6.5)
$$\lim_{\epsilon \to 0} \frac{f(a+\epsilon) - f(a)}{\epsilon}$$

が存在するとき，f は a において微分可能と定義し $f'(a)$ と書きました．この定義と同値な定義として以下のものが考えられます．

(6.6)
$$\alpha \in \boldsymbol{R} \text{ が存在して } \lim_{\epsilon \to 0} \frac{f(a+\epsilon) - f(a) - \alpha\epsilon}{\epsilon} = 0.$$

もちろん，このとき $\alpha = f'(a)$ となります．$R(a, \epsilon) = f(a+\epsilon) - f(a) - \alpha\epsilon$ と定義すれば，これは

(6.7)
$$\alpha \in \boldsymbol{R} \text{ が存在して } \lim_{\epsilon \to 0} \frac{R(a, \epsilon)}{\epsilon} = 0$$

とも書けます．以下では，直接 (6.5) 式を n 変数の場合に拡張するのではなく，(6.6) 式または (6.7) 式を拡張することを考えます．

さて，微分の n 次元の場合への拡張は以下のようになります．$f : \boldsymbol{R}^n \to \boldsymbol{R}$ に対し，

$$(6.8)\quad \boldsymbol{\alpha} = (\alpha_1, \ldots, \alpha_n) \in \boldsymbol{R}^n \text{が存在して} \lim_{\boldsymbol{\epsilon}\to 0} \frac{f(\boldsymbol{a}+\boldsymbol{\epsilon}) - f(\boldsymbol{a}) - \boldsymbol{\alpha}\cdot\boldsymbol{\epsilon}}{\|\boldsymbol{\epsilon}\|} = 0$$

のとき f は $\boldsymbol{a} \in \boldsymbol{R}^n$ において**微分可能**あるいは**全微分可能**といいます．ここで $\boldsymbol{\epsilon}$ はもちろん n 次元ベクトルです．$R(\boldsymbol{a}, \boldsymbol{\epsilon}) = f(\boldsymbol{a}+\boldsymbol{\epsilon}) - f(\boldsymbol{a}) - \boldsymbol{\alpha}\cdot\boldsymbol{\epsilon}$ と定義すれば，(6.8) 式は

$$(6.9)\qquad \boldsymbol{\alpha} \in \boldsymbol{R}^n \text{が存在して}\quad \lim_{\boldsymbol{\epsilon}\to 0} \frac{R(\boldsymbol{a}, \boldsymbol{\epsilon})}{\|\boldsymbol{\epsilon}\|} = 0$$

とも書けます．

$o(\|\boldsymbol{\epsilon}\|)$ を使えば，(6.9) 式は

$$(6.10)\qquad \boldsymbol{\alpha} \in \boldsymbol{R}^n \text{が存在して}\quad R(\boldsymbol{a}, \boldsymbol{\epsilon}) = o(\|\boldsymbol{\epsilon}\|)$$

となります．あるいは $R(\boldsymbol{a}, \boldsymbol{\epsilon})$ の定義より

$$(6.11)\quad \boldsymbol{\alpha} \in \boldsymbol{R}^n \text{が存在して}\quad f(\boldsymbol{a}+\boldsymbol{\epsilon}) = f(\boldsymbol{a}) + \boldsymbol{\alpha}\cdot\boldsymbol{\epsilon} + o(\|\boldsymbol{\epsilon}\|)$$

とも書けます．

定理 6.3.1 $f : \boldsymbol{R}^n \to \boldsymbol{R}$ が $\boldsymbol{a} \in \boldsymbol{R}^n$ で微分可能ならば，f は $\boldsymbol{a}$ において偏微分可能で

$$\alpha_i = \frac{\partial f}{\partial x_i}(\boldsymbol{a}),\ i = 1, ..., n.$$

ここで α_i は (6.8) 式で定義されたもの．(したがって，(6.8) 式を満たす $\boldsymbol{\alpha}$ は一つに決まる．)

証明 (6.8) 式で $\boldsymbol{\epsilon} = (0, \ldots 0, h_i, 0, \ldots 0)$ とする．(i 番目の要素のみが 0 でないベクトル．) すると $R(\boldsymbol{a}, \boldsymbol{\epsilon})$ の定義より

$$\text{(i)}\quad f(a_1, \ldots, a_{i-1}, a_i + h_i, a_{i+1}, \ldots, a_n) - f(\boldsymbol{a}) = \alpha_i h_i + R(\boldsymbol{a}, \boldsymbol{\epsilon})$$

となる．(6.9) 式と $\|\boldsymbol{\epsilon}\| = |h_i|$ より $\lim_{h_i\to 0} \frac{R(\boldsymbol{a},\boldsymbol{\epsilon})}{|h_i|} = 0$. したがって (i) と (6.10) 式

より

$$\lim_{h_i\to 0}\frac{f(a_1,\ldots,a_{i-1},a_i+h_i,a_{i+1},\ldots,a_n)-f(\boldsymbol{a})}{h_i}=\alpha_i+\lim_{h_i\to 0}\frac{R(\boldsymbol{a},\boldsymbol{\epsilon})}{h_i}$$
$$=\alpha_i$$

が成立する．(ここで $\lim_{h_i\to 0}\frac{R(\boldsymbol{a},\boldsymbol{\epsilon})}{|h_i|}=0$ なら $\lim_{h_i\to 0}\frac{R(\boldsymbol{a},\boldsymbol{\epsilon})}{h_i}=0$ が成立することに注意.) つまり f は $\boldsymbol{a}$ で i 番目の要素に関し偏微分可能で $\alpha_i=\frac{\partial f}{\partial x_i}(\boldsymbol{a})$. ここで i は任意なので定理が成立． **証明終**.

なお，全ての $i=1,\ldots,n$ について $\frac{\partial f}{\partial x_i}$ が微分可能なとき f は **2 階微分可能**と言います．

最後に，偏微分に関連する概念をいくつか定義しておきます．$(\frac{\partial f}{\partial x_1}(\boldsymbol{a}),\ldots,\frac{\partial f}{\partial x_n}(\boldsymbol{a}))$ を $\nabla f(\boldsymbol{a})$ と書きます．ここで ∇ を**ナブラ**と読みます．$\nabla f(\boldsymbol{a})$ のことを f の $\boldsymbol{a}$ における**グラディエント・ベクトル**と呼ぶこともあります．

m 個の関数 $f_1:\boldsymbol{R}^n\to\boldsymbol{R},\ldots,f_m:\boldsymbol{R}^n\to\boldsymbol{R}$ があるとします．$\boldsymbol{x}\in\boldsymbol{R}^n$ に対し $\boldsymbol{f}(\boldsymbol{x})=(f_1(\boldsymbol{x}),\ldots,f_m(\boldsymbol{x}))$ と定義すれば，$\boldsymbol{f}$ は $\boldsymbol{R}^n$ から $\boldsymbol{R}^m$ への関数とみなすことができます．各 f_i が $\boldsymbol{a}\in\boldsymbol{R}^n$ で微分可能であるとき，$\boldsymbol{f}$ は $\boldsymbol{a}$ で微分可能であると言います．同様に，$\boldsymbol{f}$ の偏微分可能性，連続微分可能性なども定義されます．

また，

$$\begin{bmatrix}\frac{\partial f_1}{\partial x_1}(\boldsymbol{a}) & \cdots & \frac{\partial f_1}{\partial x_n}(\boldsymbol{a})\\ \vdots & \ddots & \vdots\\ \frac{\partial f_m}{\partial x_1}(\boldsymbol{a}) & \cdots & \frac{\partial f_m}{\partial x_n}(\boldsymbol{a})\end{bmatrix}$$

を $D\boldsymbol{f}(\boldsymbol{a})$ と書いて $\boldsymbol{f}$ の $\boldsymbol{a}$ における**ヤコビ行列**といいます．また，その行列式を**ヤコビアン**といいます．

$f:\boldsymbol{R}^n\to\boldsymbol{R}$ が 2 階偏微分可能とします．このとき

$$\begin{bmatrix}\frac{\partial^2 f}{\partial x_1^2}(\boldsymbol{a}) & \cdots & \frac{\partial^2 f}{\partial x_n\partial x_1}(\boldsymbol{a})\\ \vdots & \ddots & \vdots\\ \frac{\partial^2 f}{\partial x_1\partial x_n}(\boldsymbol{a}) & \cdots & \frac{\partial^2 f}{\partial x_n^2}(\boldsymbol{a})\end{bmatrix}$$

を f の $\boldsymbol{a}$ における**ヘッセ行列**といい $D^2 f(\boldsymbol{a})$ と書きます．また，n 次元ベクトル $\boldsymbol{\epsilon} = (\epsilon_1, \ldots, \epsilon_n)$ に対し

$$(\epsilon_1, \cdots, \epsilon_n) \begin{bmatrix} \frac{\partial^2 f}{\partial x_1^2}(\boldsymbol{a}) & \cdots & \frac{\partial^2 f}{\partial x_n \partial x_1}(\boldsymbol{a}) \\ \vdots & \ddots & \vdots \\ \frac{\partial^2 f}{\partial x_1 \partial x_n}(\boldsymbol{a}) & \cdots & \frac{\partial^2 f}{\partial x_n^2}(\boldsymbol{a}) \end{bmatrix} \begin{bmatrix} \epsilon_1 \\ \vdots \\ \epsilon_n \end{bmatrix}$$

を ${}^{\tau}\boldsymbol{\epsilon} D^2 f(\boldsymbol{a})\boldsymbol{\epsilon}$ と書くことにします．

6.3.3 偏微分の性質

偏微分の性質を二つ証明します．この二つの定理は重要ですから覚えておく必要があります．しかし，証明はかなり複雑ですから細かいことに興味のない読者は証明を飛ばしてもかまいません．

定理 6.3.2 f が 2 階微分可能なら，全ての $\boldsymbol{a} \in \boldsymbol{R}^n$ について $\frac{\partial^2 f}{\partial x_\ell \partial x_k}(\boldsymbol{a}) = \frac{\partial^2 f}{\partial x_k \partial x_\ell}(\boldsymbol{a})$.

証明 $k = 1, \ell = 2$ としても一般性を失わない．ϵ に対し，

$$\begin{aligned} F(\epsilon) = {} & f(a_1 + \epsilon, a_2 + \epsilon, a_3, \ldots, a_n) - f(a_1 + \epsilon, a_2, \ldots, a_3) \\ & -(f(a_1, a_2 + \epsilon, a_3, \ldots, a_n) - f(a_1, \ldots, a_n)) \end{aligned}$$

とする．$a_2, \ldots, a_n$ を固定して

$$g(a_1) = f(a_1, a_2 + \epsilon, a_3, \ldots, a_n) - f(a_1, \ldots, a_n)$$

を a_1 の関数と考えれば，g は微分可能．これにテイラーの公式（定理 (6.2.8)）の $m = 1$ の場合を適用すれば，$\theta \in (0, 1)$ が存在して

$$\begin{aligned} \text{(i)} \quad F(\epsilon) &= g(a_1 + \epsilon) - g(a_1) \\ &= g'(a_1 + \theta\epsilon)\epsilon \\ &= \left(\frac{\partial f}{\partial x_1}(a_1 + \theta\epsilon, a_2 + \epsilon, a_3, \ldots, a_n) \right. \\ &\qquad \left. - \frac{\partial f}{\partial x_1}(a_1 + \theta\epsilon, a_2, \ldots, a_n) \right) \epsilon. \end{aligned}$$

$\frac{\partial f}{\partial x_1}(\boldsymbol{a})$ の微分可能性，(6.11) 式，定理 (6.3.1) より，

$$\text{(ii)}\quad \frac{\partial f}{\partial x_1}(a_1+\theta\epsilon, a_2+\epsilon, a_3, \ldots, a_n) = \frac{\partial f}{\partial x_1}(\boldsymbol{a}) + \frac{\partial^2 f}{\partial x_1^2}(\boldsymbol{a})\theta\epsilon + \frac{\partial^2 f}{\partial x_2 \partial x_1}(\boldsymbol{a})\epsilon + o\left(\sqrt{\theta^2\epsilon^2+\epsilon^2}\right).$$

同様に，

$$\text{(iii)}\quad \frac{\partial f}{\partial x_1}(a_1+\theta\epsilon, a_2, \ldots, a_n) = \frac{\partial f}{\partial x_1}(\boldsymbol{a}) + \frac{\partial^2 f}{\partial x_1^2}(\boldsymbol{a})\theta\epsilon + o(|\theta\epsilon|).$$

$|\,\epsilon\,| \leq \sqrt{\theta^2\epsilon^2+\epsilon^2} \leq 2\,|\,\epsilon\,|$ と $0 \leq |\theta\epsilon| \leq |\epsilon|$ より

$$\text{(iv)}\quad |\epsilon| \leq \sqrt{\theta^2\epsilon^2+\epsilon^2} + |\theta\epsilon| \leq 3|\epsilon|.$$

したがって，(i)，(ii)，(iii)，(iv) より[11)]，

$$\text{(v)}\quad F(\epsilon) = \frac{\partial^2 f}{\partial x_2 \partial x_1}(\boldsymbol{a})\epsilon^2 + o(\epsilon^2).$$

---

11) (v) は，次の議論より導出される．(ii) は

$$\frac{\partial f}{\partial x_1}(a_1+\theta\epsilon, a_2+\epsilon, a_3, \ldots, a_n) = \frac{\partial f}{\partial x_1}(\boldsymbol{a}) + \frac{\partial^2 f}{\partial x_1^2}(\boldsymbol{a})\theta\epsilon + \frac{\partial^2 f}{\partial x_2 \partial x_1}(\boldsymbol{a})\epsilon + \eta(\theta\epsilon, \epsilon)$$

となる．ここで，$\eta(\theta\epsilon,\epsilon) = o\left(\sqrt{\theta^2\epsilon^2+\epsilon^2}\right)$．また，(iii) より

$$\frac{\partial f}{\partial x_1}(a_1+\theta\epsilon, a_2, \ldots, a_n) = \frac{\partial f}{\partial x_1}(\boldsymbol{a}) + \frac{\partial^2 f}{\partial x_1^2}(\boldsymbol{a})\theta\epsilon + \xi(\theta\epsilon).$$

ここで，$\xi(\theta\epsilon) = o(|\theta\epsilon|)$．したがって，(i) より，

$$F(\epsilon) = \frac{\partial^2 f}{\partial x_2 \partial x_1}(\boldsymbol{a})\epsilon^2 + (\eta(\theta\epsilon,\epsilon) - \xi(\theta\epsilon))\epsilon.$$

ところで，(iv) と η, ξ の定義より，

$$\begin{aligned}\lim_{\epsilon\to 0}\left|\frac{(\eta(\theta\epsilon,\epsilon)-\xi(\theta\epsilon))\epsilon}{\epsilon^2}\right| &\leq \lim_{\epsilon\to 0}\left|\frac{\sqrt{\theta^2\epsilon^2+\epsilon^2}+|\theta\epsilon|}{\epsilon}\right| \times \\ &\qquad \left\{\left|\frac{\eta(\theta\epsilon,\epsilon)}{\sqrt{\theta^2\epsilon^2+\epsilon^2}+|\theta\epsilon|}\right| + \left|\frac{\xi(\theta\epsilon)}{\sqrt{\theta^2\epsilon^2+\epsilon^2}+|\theta\epsilon|}\right|\right\} \\ &\leq \lim_{\epsilon\to 0}\left|\frac{\sqrt{\theta^2\epsilon^2+\epsilon^2}+|\theta\epsilon|}{\epsilon}\right| \left\{\left|\frac{\eta(\theta\epsilon,\epsilon)}{\sqrt{\theta^2\epsilon^2+\epsilon^2}}\right| + \left|\frac{\xi(\theta\epsilon)}{|\theta\epsilon|}\right|\right\} \\ &= 0.\end{aligned}$$

したがって，$(\eta(\theta\epsilon,\epsilon) - \xi(\theta\epsilon))\epsilon = o(\epsilon^2)$．

したがって，

$$\lim_{\epsilon \to 0} \frac{F(\epsilon)}{\epsilon^2} = \frac{\partial^2 f}{\partial x_2 \partial x_1}(\boldsymbol{a}).$$

$a_1, a_3, \ldots, a_n$ を固定して $g(a_2) = f(a_1 + \epsilon, a_2, \ldots, a_n) - f(a_1, \ldots, a_n)$ として同様の議論をすれば

$$\lim_{\epsilon \to 0} \frac{F(\epsilon)}{\epsilon^2} = \frac{\partial^2 f}{\partial x_1 \partial x_2}(\boldsymbol{a}).$$

したがって $\frac{\partial^2 f}{\partial x_2 \partial x_1}(\boldsymbol{a}) = \frac{\partial^2 f}{\partial x_1 \partial x_2}(\boldsymbol{a})$. **証明終**.

定義域が1次元の場合と同様に合成関数の微分を考えましょう．

定理 6.3.3 （鎖法則） $\boldsymbol{f} : \boldsymbol{R}^n \to \boldsymbol{R}^m, g : \boldsymbol{R}^m \to \boldsymbol{R}$ を微分可能とする．このとき $\boldsymbol{x} \in \boldsymbol{R}^n$ に対し $h(\boldsymbol{x}) = g(\boldsymbol{f}(\boldsymbol{x})) = g(f_1(\boldsymbol{x}), \ldots, f_m(\boldsymbol{x}))$ と定義すれば h は微分可能で，任意の $\boldsymbol{a} \in \boldsymbol{R}^n$ について

$$\frac{\partial h}{\partial x_k}(\boldsymbol{a}) = \sum_{i=1}^{m} \frac{\partial g}{\partial y_i}(\boldsymbol{b}) \frac{\partial f_i}{\partial x_k}(\boldsymbol{a}).$$

ここで $\boldsymbol{b} = \boldsymbol{f}(\boldsymbol{a})$. また $\frac{\partial g}{\partial y_i}$ は g を i 番目の要素で偏微分するということ.（ここで，x_i とは異なる定義域にはいっているという意味で y_i を使っている.）

証明 $\boldsymbol{\epsilon} \in \boldsymbol{R}^n$ に対し，$\boldsymbol{f}(\boldsymbol{a} + \boldsymbol{\epsilon}) - \boldsymbol{f}(\boldsymbol{a}) = \boldsymbol{\delta}$ とする．ここで $\boldsymbol{\delta}$ は m 次元ベクトル $(\delta_1, ..., \delta_m)$．したがって，$\boldsymbol{f}(\boldsymbol{a} + \boldsymbol{\epsilon}) = \boldsymbol{f}(\boldsymbol{a}) + \boldsymbol{\delta} = \boldsymbol{b} + \boldsymbol{\delta}$．ゆえに g の微分可能性，定理 (6.3.1) および (6.11) 式より

$$\text{(i)} \quad \begin{aligned} g(\boldsymbol{f}(\boldsymbol{a} + \boldsymbol{\epsilon})) - g(\boldsymbol{f}(\boldsymbol{a})) &= g(\boldsymbol{b} + \boldsymbol{\delta}) - g(\boldsymbol{b}) \\ &= \sum_{i=1}^{m} \frac{\partial g(\boldsymbol{b})}{\partial y_i} \delta_i + \xi(\boldsymbol{\delta}). \end{aligned}$$

ここで，$\xi(\boldsymbol{\delta}) = o(\| \boldsymbol{\delta} \|)$．一方，$\boldsymbol{f}$ の微分可能性，定理 (6.3.1)，(6.11) 式より

$$\text{(ii)} \quad \delta_i = f_i(\boldsymbol{a} + \boldsymbol{\epsilon}) - f_i(\boldsymbol{a}) = \sum_{j=1}^{n} \frac{\partial f_i}{\partial x_j}(\boldsymbol{a}) \epsilon_j + o(\| \boldsymbol{\epsilon} \|),\ i = 1, \ldots, m.$$

ゆえに (ii) より

$$\text{(iii)}\quad \sum_{i=1}^{m}\frac{\partial g}{\partial y_i}(\boldsymbol{b})\delta_i = \nabla g(\boldsymbol{b})\cdot\boldsymbol{\delta}$$
$$= \nabla g(\boldsymbol{b})\cdot(D\boldsymbol{f}(\boldsymbol{a})\boldsymbol{\epsilon}) + o(\|\boldsymbol{\epsilon}\|)$$
$$= \sum_{j=1}^{n}\left(\nabla g(\boldsymbol{b})\cdot(\frac{\partial f_1}{\partial x_j}(\boldsymbol{a}),\ldots,\frac{\partial f_m}{\partial x_j}(\boldsymbol{a}))\right)\epsilon_j + o(\|\boldsymbol{\epsilon}\|).$$

(2 番目の等号で $o(\|\boldsymbol{\epsilon}\|)$ に実数を掛けても $o(\|\boldsymbol{\epsilon}\|)$ になり，また $o(\|\boldsymbol{\epsilon}\|)$ に $o(\|\boldsymbol{\epsilon}\|)$ を足しても $o(\|\boldsymbol{\epsilon}\|)$ になるという性質を使っていることに注意.)

したがって，$M=\sum_{j=1}^{n}\|\nabla f_j(\boldsymbol{a})\|$ とすれば (ii) より[12)]

$$\|\boldsymbol{\delta}\| \le \|D\boldsymbol{f}(\boldsymbol{a})\cdot\boldsymbol{\epsilon}\| + \eta(\boldsymbol{\epsilon})$$
$$\le \|\boldsymbol{\epsilon}\|\left\{M+\frac{\eta(\boldsymbol{\epsilon})}{\|\boldsymbol{\epsilon}\|}\right\}.$$

ここで $\eta(\boldsymbol{\epsilon})=o(\|\boldsymbol{\epsilon}\|)(o(\|\boldsymbol{\epsilon}\|)$ を m 個足しても $o(\|\boldsymbol{\epsilon}\|)$ という性質を使っている). したがって，

$$\lim_{\boldsymbol{\epsilon}\to 0}\frac{\|\boldsymbol{\delta}\|}{\|\boldsymbol{\epsilon}\|} \le \lim_{\boldsymbol{\epsilon}\to 0}\left\{M+\frac{\eta(\boldsymbol{\epsilon})}{\|\boldsymbol{\epsilon}\|}\right\} = M.$$

したがって，$\boldsymbol{\epsilon}\to 0$ なら $\boldsymbol{\delta}\to 0$ だから，

$$\lim_{\boldsymbol{\epsilon}\to 0}\frac{|\xi(\boldsymbol{\delta})|}{\|\boldsymbol{\epsilon}\|} = \lim_{\boldsymbol{\epsilon}\to 0}\frac{|\xi(\boldsymbol{\delta})|}{\|\boldsymbol{\delta}\|}\frac{\|\boldsymbol{\delta}\|}{\|\boldsymbol{\epsilon}\|}$$

---

12) 以下で，次の不等式を使っている. $e_j\in\boldsymbol{R}^n$ を j 番目の要素のみが 1 で，他の要素が 0 のベクトルとすれば

$$\|D\boldsymbol{f}(\boldsymbol{a})\cdot\boldsymbol{\epsilon}\| = \left\|\sum_{j=1}^{n}(\nabla f_j(\boldsymbol{a})\cdot\boldsymbol{\epsilon})e_j\right\|$$
$$\le \sum_{j=1}^{n}|\nabla f_j(\boldsymbol{a})\cdot\boldsymbol{\epsilon}|$$
$$\le \|\boldsymbol{\epsilon}\|\sum_{j=1}^{n}\|\nabla f_j(\boldsymbol{a})\|$$
$$= \|\boldsymbol{\epsilon}\|M$$

が成り立つ.

$$= \lim_{\boldsymbol{\epsilon}\to 0} \frac{|\xi(\boldsymbol{\delta})|}{\|\boldsymbol{\delta}\|} \lim_{\boldsymbol{\epsilon}\to 0} \frac{\|\boldsymbol{\delta}\|}{\|\boldsymbol{\epsilon}\|}$$
$$\leq 0M$$
$$= 0.$$

つまり $\xi(\boldsymbol{\delta}) = o(\|\boldsymbol{\epsilon}\|)$ になる．

これと (i)，(iii) より

$$\text{(iv)} \quad g(\boldsymbol{f}(\boldsymbol{a}+\boldsymbol{\epsilon})) - g(\boldsymbol{f}(\boldsymbol{a})) = \sum_{j=1}^{n} \left(\nabla g(\boldsymbol{b}) \cdot (\frac{\partial f_1}{\partial x_j}(\boldsymbol{a}), \ldots, \frac{\partial f_m}{\partial x_j}(\boldsymbol{a})) \right) \epsilon_j + o(\|\boldsymbol{\epsilon}\|).$$

これより $h = g \circ \boldsymbol{f}$ は $\boldsymbol{a}$ で微分可能．また，定理 (6.3.1)，(6.11) 式，(iv) より

$$\frac{\partial h}{\partial x_k}(\boldsymbol{a}) = \frac{\partial g \circ \boldsymbol{f}}{\partial x_k}(\boldsymbol{a})$$
$$= \nabla g(\boldsymbol{b}) \cdot (\frac{\partial f_1}{\partial x_k}(\boldsymbol{a}), \ldots, \frac{\partial f_m}{\partial x_k}(\boldsymbol{a}))$$
$$= \sum_{i=1}^{m} \frac{\partial g}{\partial y_i}(\boldsymbol{b}) \frac{\partial f_i}{\partial x_k}(\boldsymbol{a}).$$

証明終.

6.3.4 n 次元のテイラーの定理

次に1次元の場合のテイラーの定理（定理 (6.2.8)）を n 次元の場合に拡張しましょう．ただし，単純化のため1階と2階のものを紹介するにとどめます．

定理 6.3.4 （n 次元のテイラーの定理） $f : \boldsymbol{R}^n \to \boldsymbol{R}$ を微分可能とする．また $\boldsymbol{a} \in \boldsymbol{R}^n$ とする．このときの任意の $\boldsymbol{x} \in \boldsymbol{R}^n (\boldsymbol{x} \neq \boldsymbol{a})$ に対し，$\theta \in (0, 1)$ が存在して

$$f(\boldsymbol{x}) = f(\boldsymbol{a}) + \nabla f(\boldsymbol{a} + \theta(\boldsymbol{x} - \boldsymbol{a})) \cdot (\boldsymbol{x} - \boldsymbol{a}).$$

また，$f : \boldsymbol{R}^n \to \boldsymbol{R}$ を2階微分可能とする．このときの任意の $\boldsymbol{x} \in \boldsymbol{R}$ $(\boldsymbol{x} \neq \boldsymbol{a})$ に対し，$\theta \in (0, 1)$ が存在して

$$f(\boldsymbol{x}) = f(\boldsymbol{a}) + \nabla f(\boldsymbol{a}) \cdot (\boldsymbol{x} - \boldsymbol{a}) + \frac{1}{2} {}^{\tau}(\boldsymbol{x} - \boldsymbol{a}) D^2 f(\boldsymbol{a} + \theta(\boldsymbol{x} - \boldsymbol{a}))(\boldsymbol{x} - \boldsymbol{a}).$$

証明 $g(t) = f(\boldsymbol{a} + t(\boldsymbol{x} - \boldsymbol{a}))$, $0 \leq t \leq 1$, とすれば，g は一変数の関数．定理 (6.3.3) より g は微分可能で

$$\text{(i)} \quad g'(t) = \sum_{i=1}^{n} \left(\frac{\partial f}{\partial x_i}(\boldsymbol{a} + t(\boldsymbol{x} - \boldsymbol{a})) \right) (x_i - a_i) = \nabla f(\boldsymbol{a} + t(\boldsymbol{x} - \boldsymbol{a})) \cdot (\boldsymbol{x} - \boldsymbol{a}).$$

定理 (6.2.8) より $\theta \in (0,1)$ が存在して

$$g(t) = g(0) + g'(\theta t)t$$

だから，(i) より

$$g(t) = g(0) + t\nabla f(\boldsymbol{a} + \theta t(\boldsymbol{x} - \boldsymbol{a})) \cdot (\boldsymbol{x} - \boldsymbol{a}).$$

$t = 1$ とすれば g の定義より

$$f(\boldsymbol{x}) = f(\boldsymbol{a}) + \nabla f(\boldsymbol{a} + \theta(\boldsymbol{x} - \boldsymbol{a})) \cdot (\boldsymbol{x} - \boldsymbol{a}).$$

次に f が 2 階微分可能な場合を考える．簡単な計算より

$$\text{(ii)} \quad g''(t) = {}^\tau(\boldsymbol{x} - \boldsymbol{a}) D^2 f(\boldsymbol{a} + t(\boldsymbol{x} - \boldsymbol{a}))(\boldsymbol{x} - \boldsymbol{a})$$

となる．定理 (6.2.8) より $\theta \in (0,1)$ が存在して

$$g(t) = g(0) + g'(0)t + \frac{1}{2} g''(\theta t)t^2.$$

したがって，これと (i)，(ii) より

$$g(t) = g(0) + t\nabla f(\boldsymbol{a}) \cdot (\boldsymbol{x} - \boldsymbol{a}) + \frac{1}{2} t^2 \, {}^\tau(\boldsymbol{x} - \boldsymbol{a}) D^2 f(\boldsymbol{a} + \theta t(\boldsymbol{x} - \boldsymbol{a}))(\boldsymbol{x} - \boldsymbol{a}).$$

$t = 1$ とすれば g の定義より

$$f(\boldsymbol{x}) = f(\boldsymbol{a}) + \nabla f(\boldsymbol{a}) \cdot (\boldsymbol{x} - \boldsymbol{a}) + \frac{1}{2} {}^\tau(\boldsymbol{x} - \boldsymbol{a}) D^2 f(\boldsymbol{a} + \theta(\boldsymbol{x} - \boldsymbol{a}))(\boldsymbol{x} - \boldsymbol{a}).$$

証明終．

この定理は $n = 1$ の場合と同様に $f : \boldsymbol{R}^n \to \boldsymbol{R}$ の最大化（最小化）問題に使われますが，これは次章で説明することにします．次に，無限小を使ったテイラーの定理を紹介します．

定理 6.3.5 $f:\boldsymbol{R}^n \to \boldsymbol{R}$ を $\boldsymbol{a}\in\boldsymbol{R}^n$ において2階微分可能とする．このとき任意の $\boldsymbol{x}\in\boldsymbol{R}^n$ (ただし $\boldsymbol{x}\neq\boldsymbol{a}$) について

$$f(\boldsymbol{x}) = f(\boldsymbol{a}) + \nabla f(\boldsymbol{a})\cdot(\boldsymbol{x}-\boldsymbol{a}) + \frac{1}{2}\,{}^{\tau}(\boldsymbol{x}-\boldsymbol{a})D^2 f(\boldsymbol{a})(\boldsymbol{x}-\boldsymbol{a}) + o(\|\,\boldsymbol{x}-\boldsymbol{a}\,\|^2).$$

書き換えれば，関数 $\eta:\boldsymbol{R}^n\to\boldsymbol{R}$ （ただし，$\eta(\boldsymbol{x}-\boldsymbol{a}) = o(\|\,\boldsymbol{x}-\boldsymbol{a}\,\|^2)$）が存在して

$$f(\boldsymbol{x}) = f(\boldsymbol{a}) + \nabla f(\boldsymbol{a})\cdot(\boldsymbol{x}-\boldsymbol{a}) + \frac{1}{2}\,{}^{\tau}(\boldsymbol{x}-\boldsymbol{a})D^2 f(\boldsymbol{a})(\boldsymbol{x}-\boldsymbol{a}) + \eta(\boldsymbol{x}-\boldsymbol{a}).$$

証明

$$F(t) = f(\boldsymbol{a}+t(\boldsymbol{x}-\boldsymbol{a})) - f(\boldsymbol{a}) - t\nabla f(\boldsymbol{a})\cdot(\boldsymbol{x}-\boldsymbol{a}) - \frac{t^2}{2}\,{}^{\tau}(\boldsymbol{x}-\boldsymbol{a})D^2 f(\boldsymbol{a})(\boldsymbol{x}-\boldsymbol{a})$$

と定義する．定理 (6.3.3) より

(i) $F'(t) = \nabla f(\boldsymbol{a}+t(\boldsymbol{x}-\boldsymbol{a}))\cdot(\boldsymbol{x}-\boldsymbol{a}) - \nabla f(\boldsymbol{a})\cdot(\boldsymbol{x}-\boldsymbol{a}) - t\,{}^{\tau}(\boldsymbol{x}-\boldsymbol{a})D^2 f(\boldsymbol{a})(\boldsymbol{x}-\boldsymbol{a})$.

また $F(0)=F'(0)=0$．定理 (6.2.7) において $f=F, g=t^2, a=0, b=t$ とおくと，ある $\theta\in(0,t)$ が存在して $F'(\theta)t^2 = 2\theta F(t)$．したがって，

(ii) $\dfrac{F(t)}{t^2} = \dfrac{F'(\theta)}{2\theta}$

となる．

また，$\frac{\partial f}{\partial x_i}$ の微分可能性と (6.11) 式より，$\eta_i:\boldsymbol{R}^n\to\boldsymbol{R}$, $i=1,\ldots,n$,（ただし，$\eta_i(\theta(\boldsymbol{x}-\boldsymbol{a})) = o(\|\,\theta(\boldsymbol{x}-\boldsymbol{a})\,\|)$）が存在して

$$\begin{aligned}
&\nabla f(\boldsymbol{a}+\theta(\boldsymbol{x}-\boldsymbol{a}))\cdot(\boldsymbol{x}-\boldsymbol{a}) - \nabla f(\boldsymbol{a})\cdot(\boldsymbol{x}-\boldsymbol{a})\\
&\quad= \sum_{i=1}^{n}\left\{\left(\frac{\partial f}{\partial x_i}(\boldsymbol{a}+\theta(\boldsymbol{x}-\boldsymbol{a}))\right)(x_i-a_i) - \frac{\partial f}{\partial x_i}(\boldsymbol{a})(x_i-a_i)\right\}\\
&\quad= \sum_{i=1}^{n}\left[\left\{\sum_{j=1}^{n}\frac{\partial^2 f}{\partial x_j\partial x_i}(\boldsymbol{a})\theta(x_j-a_j)\right\} + \eta_i(\theta(\boldsymbol{x}-\boldsymbol{a}))\right](x_i-a_i)\\
&\quad= \theta\,{}^{\tau}(\boldsymbol{x}-\boldsymbol{a})D^2 f(\boldsymbol{a})(\boldsymbol{x}-\boldsymbol{a}) + \sum_{i=1}^{n}(x_i-a_i)\eta_i(\theta(\boldsymbol{x}-\boldsymbol{a})).
\end{aligned}$$

ゆえに (ii) より

$$\frac{F(t)}{t^2} = \frac{F'(\theta)}{2\theta} = \frac{1}{2\theta}\sum_{i=1}^{n}(x_i - a_i)\eta_i(\theta(\boldsymbol{x} - \boldsymbol{a})) = o(\| \boldsymbol{x} - \boldsymbol{a} \|^2)$$

が成り立つ[13)]．したがって $t = 1$ とすると $F(1) = o(\| \boldsymbol{x} - \boldsymbol{a} \|^2)$．$F$ の定義より，これは定理の主張にほかならない． **証明終．**

6.4 逆関数定理・陰関数定理・比較静学

この節では，経済学でもっとも重要な定理の一つである**陰関数定理**（および これに関連して**逆関数定理**）を説明し，次にそれを使って比較静学の方法を紹介します．証明は全て補論にまわしました．厳密な証明に興味がある読者だけが補論を読んでください．

6.4.1 逆関数定理

まず，ある財の需要量 (q) がその価格 (p) の関数として図 6.10 のように描けるとしましょう．(経済学では通常，価格を縦軸，需要量を横軸にとりますが，ここでは，独立変数を横軸，従属変数を縦軸にとるという数学や物理学の慣習に従い，価格を横軸，需要量を縦軸にとります.) この関数関係を

$$(*) \quad q = f(p)$$

と書きます．では逆に，需要量 q を与えたとき $(*)$ を満たす p （q がちょうど需要される p）は一つ定まるでしょうか．言い換えれば，$(*)$ を満たすように q から p への対応を考えたときそれは関数になるでしょうか．図 6.10 では q が $[0, \overline{q}]$ に属す限りにおいて $(*)$ を満たす p は一つ定まります．このよ

13) ここで，$\eta_i(\theta(\boldsymbol{x} - \boldsymbol{a})) = o(\| \theta(\boldsymbol{x} - \boldsymbol{a}) \|)$ と $\left|\sum_{i=1}^{n}(x_i - a_i)\right| \leq n\|\boldsymbol{x} - \boldsymbol{a}\|$ より

$$\lim_{\boldsymbol{x}\to\boldsymbol{a}} \left| \frac{\frac{1}{2\theta}\sum_{i=1}^{n}(x_i - a_i)\eta_i(\theta(\boldsymbol{x} - \boldsymbol{a}))}{\|\boldsymbol{x} - \boldsymbol{a}\|^2} \right|$$
$$\leq \lim_{\boldsymbol{x}\to\boldsymbol{a}} \left| \frac{n\max\{\eta_1(\theta(\boldsymbol{x} - \boldsymbol{a})), \ldots, \eta_n(\theta(\boldsymbol{x} - \boldsymbol{a}))\}}{2\|\theta(\boldsymbol{x} - \boldsymbol{a})\|} \right| = 0.$$

したがって，$\frac{1}{2\theta}\sum_{i=1}^{n}(x_i - a_i)\eta_i(\theta(\boldsymbol{x} - \boldsymbol{a})) = o(\| (\boldsymbol{x} - \boldsymbol{a}) \|^2)$．

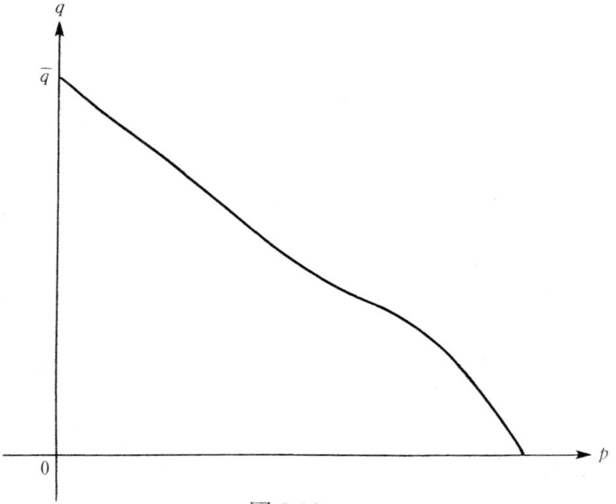

図 6.10

うに，q に対し $q = f(p)$ を満たす p を対応させる関数を**逆関数**と言い f^{-1} と書きます．

さて，常に逆関数は存在するでしょうか．図 6.11 は労働供給量（ℓ）と賃金率（w）のよく知られた関係です．(通常，賃金率を縦軸にとり，労働供給量を横軸にとりますが，この場合には逆になっていることに注意して下さい.) この図によれば賃金率が低いときは賃金率が増えると労働供給量は増加します．しかし，賃金率が一定の値 (w') を超えると人々は十分な所得があるため労働より余暇を好むようになり，逆に労働供給量は減少します．この関係を関数で

$$(**)\quad \ell = f(w)$$

と表すことにします．さて，逆関数は存在するでしょうか．図の ℓ^* に対し $(**)$ を満たす w は w^* と w^{**} の二つあります．つまり，一つの ℓ に対し二つの w が対応し関数にはなりません．

では定義域を限定したらどうでしょうか．すなわち図のように定義域を $(w^* - \epsilon, w^* + \epsilon)$ に限定します．このときには ℓ が $(\underline{\ell}, \bar{\ell})$ にはいっている限り，

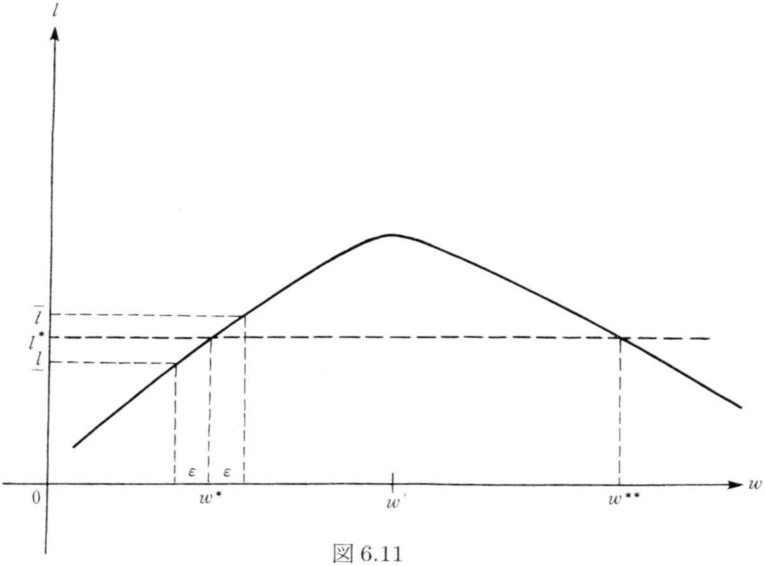

図 6.11

$(**)$ を満たす w が定義域 $(w^*-\epsilon, w^*+\epsilon)$ の中に一つだけ存在します．つまり逆関数が存在することになります．この方法，すなわち定義域を限定する方法を使えば常に逆関数は存在するでしょうか．図の w' において，これは残念ながら成立しません．図の w' においては，どんなに小さく ϵ をとって定義域を $(w'-\epsilon, w'+\epsilon)$ に限定しても，ℓ に対し $(**)$ を満たす w は二つ存在します．このとき図を見ると w' において $f'(w')=0$, すなわち微分係数が w' において 0 になっています．図より，$f'(w)\neq 0$ のとき，定義域を限定すれば逆関数は存在しそうです．実際，以下の定理が成り立ちます．

定理 6.4.1 （逆関数定理：特殊ケース） $f:\boldsymbol{R}\to\boldsymbol{R}$ を C^1 級とする．$x^0\in\boldsymbol{R}$ において $f'(x^0)\neq 0$ とする．このとき

(1) 開区間 $(a,b),(c,d)$ が存在して $x^0\in(a,b), f(x^0)\in(c,d)$, かつ f は (a,b) から (c,d) への全単射になっている．したがって $y\in(c,d)$ に対して $y=f(x)$ を満たす $x\in(a,b)$ を一つ対応させる関数 (逆関

数) $f^{-1}:(c,d)\to(a,b)$ が定義できる.

(2) 逆関数 f^{-1} は (c,d) 上で C^1 級になる.

証明 本章の補論参照.

次に，さらに複雑な場合を考えましょう．二つの財 I と C を考え，それぞれの需要は I の価格 p_I と C の価格 p_C の関数として $f_I(p_I,p_C), f_C(p_I,p_C)$ と書けるとします．このとき財の供給量 $\bar{I}$ と $\bar{C}$ を一つ与えたとき，需要量 = 供給量の式は

$$f_I(p_I,p_C)=\bar{I}$$

$$f_C(p_I,p_C)=\bar{C}$$

となります．これを満たす価格ベクトル (p_I,p_C) は一つ定まるでしょうか．つまり，財の供給量を決めたとき，この量をちょうど需要する価格の組は一つに決まるでしょうか．言い換えれば (f_I,f_C) の逆関数は存在するでしょうか．これは上の定理のケースより一般的ですから，もちろん定義域を限定する必要があります．ではこの場合 $f'(x)\neq 0$ に対応する条件はどうなるでしょうか．以下の定理がこの疑問に答えてくれます．

定理 6.4.2 (逆関数定理：n 次元のケース) n 個の関数 $f_i:\boldsymbol{R}^n\to\boldsymbol{R}$, $i=1,\ldots,n$, を考える．($\boldsymbol{f}=(f_1,\ldots,f_n)$ とする.) これらの関数は $\boldsymbol{x}^0=(x_1^0,\ldots,x_n^0)\in\boldsymbol{R}^n$ で C^1 級と仮定し，さらに $\det\ D\boldsymbol{f}(\boldsymbol{x}^0)\neq 0$ と仮定する．このとき

(1) $\boldsymbol{x}^0$ を含む開集合 $A\subset\boldsymbol{R}^n$ と $\boldsymbol{f}(\boldsymbol{x}^0)$ を含む開集合 $B\subset\boldsymbol{R}^n$ が存在して，$\boldsymbol{f}$ は A から B への全単射になる．したがって $\boldsymbol{y}\in B$ に $\boldsymbol{y}=\boldsymbol{f}(\boldsymbol{x})$ を満たす $\boldsymbol{x}\in A$ を対応させる関数 (逆関数) $\boldsymbol{f}^{-1}:B\to A$ が定義される.

(2) 逆関数 $\boldsymbol{f}^{-1}$ は B 上で C^1 級になる.

証明 本章補論参照.

6.4.2 陰関数定理

まず，以下の例を考えてみましょう．米の需要量は米の（1 kg あたり）価格 p と所得税率 t の関数として $f(p,t)$ と書けるとします．また，米の供給量は $\bar{q}$ で一定とします．需要量 = 供給量の式は

$$f(p,t) - \bar{q} = 0$$

となります．$\bar{q}$ を固定して t を変化させたとき，一つの t に対して一つの p がこの方程式を満たすように決まるか考えてみます．方程式の解 (p,t) が図 6.12 のようになっているとします．この場合は図から予想されるように，$\frac{\partial f}{\partial p}(p^*,t^*) \neq 0$ であれば t^* と p^* の近傍で一つの t に一つの p が対応して

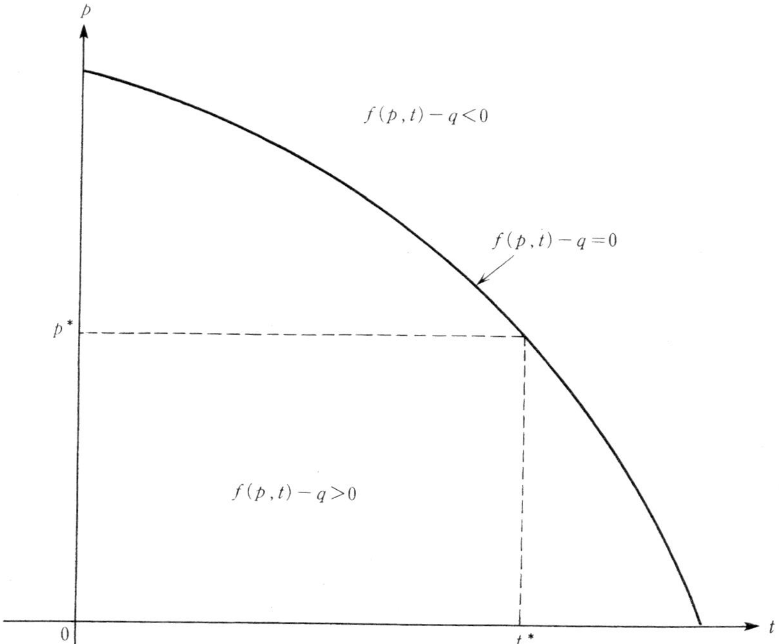

図 6.12

上の方程式の解になっています．一般的には以下の定理が成立します．

定理 6.4.3 （陰関数定理：特殊ケース） $f : \boldsymbol{R}^2 \to \boldsymbol{R}$ を $(x^0, y^0) \in \boldsymbol{R}^2$ において C^1 級かつ $f(x^0, y^0) = 0$ とする．このとき $\frac{\partial f}{\partial x}(x^0, y^0) \neq 0$ なら，

(1) y^0 を含む開区間 (a, b) と C^1 級関数 $\varphi : (a, b) \to \boldsymbol{R}$ が存在して $f(\varphi(y), y) = 0$ が全ての $y \in (a, b)$ について成り立つ．

(2) $\varphi(y^0) = x^0$.

(3) $\frac{d\varphi}{dy}(y^0) = -\frac{\frac{\partial f}{\partial y}(x^0, y^0)}{\frac{\partial f}{\partial x}(x^0, y^0)}$.

証明 本章補論参照．

この定理の $\varphi : (a, b) \to \boldsymbol{R}$ を**陰関数**と言います．つまり，上の定理は陰関数が存在するための条件を述べたものといえます．この定理の (3) を使えば，上の米と所得税率の例で (p^*, t^*) における t の変化に対する p の変化率は

$$-\frac{\frac{\partial f}{\partial t}(p^*, t^*)}{\frac{\partial f}{\partial p}(p^*, t^*)}$$

になります．

上の定理を使って，簡単に逆関数の微分係数を計算できます．

定理 6.4.4 $g : \boldsymbol{R} \to \boldsymbol{R}$ を C^1 級とする．$x^0 \in \boldsymbol{R}$ において $g'(x^0) \neq 0$ とする．このとき

$$\frac{dg^{-1}}{dy}(y^0) = \frac{1}{g'(x^0)}$$

が成り立つ．ただし，ここで $y^0 = g(x^0)$.

証明 $f : \boldsymbol{R}^2 \to \boldsymbol{R}$ を $f(x, y) = g(x) - y$ と定義して定理 (6.4.3) の (3) を適用すれば，

$$\frac{dg^{-1}}{dy}(y^0) = \frac{d\varphi}{dy}(y^0) = -\frac{\frac{\partial f}{\partial y}(x^0, y^0)}{\frac{\partial f}{\partial x}(x^0, y^0)} = \frac{1}{g'(x^0)}$$

証明終.

次に，方程式が二つある問題を考えましょう．二つの財 I と C があるとします．I と C の需要量はそれぞれ

$$f_I(p_I, p_C, t, s)$$

$$f_C(p_I, p_C, t, s)$$

と表されるとします．ここで，p_I，p_C，t，s はそれぞれ財 I の価格，財 C の価格，所得税率，消費税率です． I と C の供給量は一定でそれぞれ $\bar{I}$,$\bar{C}$ とすれば，二つの財の需要量 $=$ 供給量の式は

$$(*) \quad \left\{ \begin{array}{lcl} f_I(p_I, p_C, t, s) - \bar{I} & = & 0 \\ f_C(p_I, p_C, t, s) - \bar{C} & = & 0 \end{array} \right.$$

になります．t と s を与えたとき，それに対応して $(*)$ を満たす p_I, p_C は一つに定まるでしょうか．この場合も定義域と値域を限定し，さらに f の偏微分係数に関してある条件が成立すれば，(t, s) に対して $(*)$ を満たす (p_I, p_C) が一つ定まります．以下は方程式が m 個，変数が n $(m < n)$ 個の場合の一般的な陰関数定理です．

定理 6.4.5 （陰関数定理：一般ケース） m 個の関数 $f_i : \boldsymbol{R}^n \to \boldsymbol{R}$, $i = 1, \ldots, m$, を考える．$\boldsymbol{z}^0 = (x_1^0, ..., x_m^0, y_1^0, ..., y_{n-m}^0)$ において $f_i(\boldsymbol{z}^0) = 0$, $i = 1, \ldots, m$, が成り立ち，$\boldsymbol{z}^0$ で f_i, $i = 1, \ldots, m$, は C^1 級と仮定する．また

$$M = \begin{bmatrix} \frac{\partial f_1}{\partial x_1}(\boldsymbol{z}^0) & \cdots & \frac{\partial f_1}{\partial x_m}(\boldsymbol{z}^0) \\ \vdots & \ddots & \vdots \\ \frac{\partial f_m}{\partial x_1}(\boldsymbol{z}^0) & \cdots & \frac{\partial f_m}{\partial x_m}(\boldsymbol{z}^0) \end{bmatrix}$$

は正則，つまり，$\det\ M \neq 0$ と仮定する．このとき

(1) $\boldsymbol{y}^0 = (y_1^0, \cdots, y_{n-m}^0)$ を含む開集合 $A \subset \boldsymbol{R}^{n-m}$ と C^1 級関数 $\varphi_i : A \to \boldsymbol{R}$, $i = 1, \ldots, m$, が存在して，$f_i(\varphi_1(\boldsymbol{y}), \ldots, \varphi_m(\boldsymbol{y}), y_1, \ldots, y_{n-m}) = 0$, $i = 1, \ldots, m$, が成り立つ．

(2) $x_i^0 = \varphi_i(\boldsymbol{y}^0)$, $i = 1, \cdots, m$.

(3)

$$\begin{bmatrix} \frac{\partial f_1}{\partial x_1}(\boldsymbol{z}^0) & \cdots & \frac{\partial f_1}{\partial x_m}(\boldsymbol{z}^0) \\ \vdots & \ddots & \vdots \\ \frac{\partial f_m}{\partial x_1}(\boldsymbol{z}^0) & \cdots & \frac{\partial f_m}{\partial x_m}(\boldsymbol{z}^0) \end{bmatrix} \begin{bmatrix} \frac{\partial \varphi_1}{\partial y_j}(\boldsymbol{y}^0) \\ \vdots \\ \frac{\partial \varphi_m}{\partial y_j}(\boldsymbol{y}^0) \end{bmatrix} = - \begin{bmatrix} \frac{\partial f_1}{\partial y_j}(\boldsymbol{z}^0) \\ \vdots \\ \frac{\partial f_m}{\partial y_j}(\boldsymbol{z}^0) \end{bmatrix},$$
$$j = 1, ..., n-m.$$

$n=1$ の場合と同様に，この定理の $\varphi_i : A \to \boldsymbol{R}$ を**陰関数**と言います．つまり，上の定理は陰関数が存在するための条件を述べたものと言えます．

経済学では，この定理の $x_1, ..., x_m$ のように方程式の解として決まる変数を**内生変数**，$y_1, ..., y_{n-m}$ のように方程式を解く前に値がすでに決まっている変数を**外生変数**と言います．たとえば，所得税率 t や消費税率 s のように政府が決める変数が外生変数であり，p_I や p_C のように需要量＝供給量の方程式の解として値が決まる変数が内生変数であるわけです．この解釈によれば，上の定理 (6.4.5) の (3) は外生変数の変化に対する内生変数の変化率の関係を表した式と考えることができます．また，これと Cramer の公式 (5.2.5 項) を使って，y_j の変化に対する x_i の変化率 $\frac{\partial \varphi_i}{\partial y_j}$ を以下のように計算できます．

$$\frac{\partial \varphi_i(\boldsymbol{y}^0)}{\partial y_j} = -\frac{\det \begin{bmatrix} \frac{\partial f_1}{\partial x_1}(\boldsymbol{z}^0) & \cdots & \frac{\partial f_1}{\partial x_{i-1}}(\boldsymbol{z}^0) & \frac{\partial f_1}{\partial y_j}(\boldsymbol{z}^0) & \frac{\partial f_1}{\partial x_{i+1}}(\boldsymbol{z}^0) & \cdots & \frac{\partial f_1}{\partial x_m}(\boldsymbol{z}^0) \\ \vdots & \ddots & \vdots & & \vdots & \ddots & \vdots \\ \frac{\partial f_m}{\partial x_1}(\boldsymbol{z}^0) & \cdots & \frac{\partial f_m}{\partial x_{i-1}}(\boldsymbol{z}^0) & \frac{\partial f_m}{\partial y_j}(\boldsymbol{z}^0) & \frac{\partial f_m}{\partial x_{i+1}}(\boldsymbol{z}^0) & \cdots & \frac{\partial f_m}{\partial x_m}(\boldsymbol{z}^0) \end{bmatrix}}{\det M}$$

このように，外生変数 (y_j) の変化に対して内生変数 (x_j) がどう変化するか分析することを**比較静学**と言います．

これを使えば，($*$) において t, s の変化に対する p_I, p_C の変化率を以下のように計算できます．まず，f_I, f_C は C^1 級と仮定します．次に，

$\boldsymbol{z}^0 = (p_I^0, p_C^0, t^0, s^0)$ で $(*)$ が満たされるとし

$$\det\ N = \det \begin{bmatrix} \frac{\partial f_I}{\partial p_I}(\boldsymbol{z}^0) & \frac{\partial f_I}{\partial p_C}(\boldsymbol{z}^0) \\ \frac{\partial f_C}{\partial p_I}(\boldsymbol{z}^0) & \frac{\partial f_C}{\partial p_C}(\boldsymbol{z}^0) \end{bmatrix} \neq 0$$

と仮定します．φ_I, φ_C を陰関数定理：一般ケース（定理 (6.4.5)）における φ_i に対応する関数とすると

$$\frac{\partial \varphi_I}{\partial t}(t^0, s^0) = -\frac{\det \begin{bmatrix} \frac{\partial f_I}{\partial t}(\boldsymbol{z}^0) & \frac{\partial f_I}{\partial p_C}(\boldsymbol{z}^0) \\ \frac{\partial f_C}{\partial t}(\boldsymbol{z}^0) & \frac{\partial f_C}{\partial p_C}(\boldsymbol{z}^0) \end{bmatrix}}{\det\ N}$$

$$\frac{\partial \varphi_C}{\partial t}(t^0, s^0) = -\frac{\det \begin{bmatrix} \frac{\partial f_I}{\partial p_I}(\boldsymbol{z}^0) & \frac{\partial f_I}{\partial t}(\boldsymbol{z}^0) \\ \frac{\partial f_C}{\partial p_I}(\boldsymbol{z}^0) & \frac{\partial f_C}{\partial t}(\boldsymbol{z}^0) \end{bmatrix}}{\det\ N}$$

$$\frac{\partial \varphi_I}{\partial s}(t^0, s^0) = -\frac{\det \begin{bmatrix} \frac{\partial f_I}{\partial s}(\boldsymbol{z}^0) & \frac{\partial f_I}{\partial p_C}(\boldsymbol{z}^0) \\ \frac{\partial f_C}{\partial s}(\boldsymbol{z}^0) & \frac{\partial f_C}{\partial p_C}(\boldsymbol{z}^0) \end{bmatrix}}{\det\ N}$$

$$\frac{\partial \varphi_C}{\partial s}(t^0, s^0) = -\frac{\det \begin{bmatrix} \frac{\partial f_I}{\partial p_I}(\boldsymbol{z}^0) & \frac{\partial f_I}{\partial s}(\boldsymbol{z}^0) \\ \frac{\partial f_C}{\partial p_I}(\boldsymbol{z}^0) & \frac{\partial f_C}{\partial s}(\boldsymbol{z}^0) \end{bmatrix}}{\det\ N}$$

となります．

最後に，税率が財の均衡価格に及ぼす影響を具体的に分析してみましょう．ここでは所得税率 t の I 財の価格に及ぼす影響だけを分析してみます．I 財の価格が上がれば I 財の需要は小さくなると考えられますから，$\frac{\partial f_I}{\partial p_I}(\boldsymbol{z}^0) < 0$ と仮定します．同様に，$\frac{\partial f_C}{\partial p_C}(\boldsymbol{z}^0) < 0$ と仮定します．I 財の価格が上がったとき，人々は I 財への需要を減らして C 財をより多く需要すると考えましょう．つまり，$\frac{\partial f_C}{\partial p_I}(\boldsymbol{z}^0) > 0$．同様に，$\frac{\partial f_I}{\partial p_C}(\boldsymbol{z}^0) > 0$ と仮定します．所得税率 t が上がれば財への需要は減少すると考えられますから，$\frac{\partial f_I}{\partial t}(\boldsymbol{z}^0) < 0$, $\frac{\partial f_I}{\partial t}(\boldsymbol{z}^0) < 0$ と仮定しましょう．

$$\det\ N = \det \begin{bmatrix} \frac{\partial f_I}{\partial p_I}(\boldsymbol{z}^0) & \frac{\partial f_I}{\partial p_C}(\boldsymbol{z}^0) \\ \frac{\partial f_C}{\partial p_I}(\boldsymbol{z}^0) & \frac{\partial f_C}{\partial p_C}(\boldsymbol{z}^0) \end{bmatrix}$$

$$= \frac{\partial f_I}{\partial p_I}(\boldsymbol{z}^0)\frac{\partial f_C}{\partial p_C}(\boldsymbol{z}^0) - \frac{\partial f_I}{\partial p_C}(\boldsymbol{z}^0)\frac{\partial f_C}{\partial p_I}(\boldsymbol{z}^0)$$

ですから，右辺第1項，第2項ともに正になり det N の符号は決まりません．ここでは p_I の f_C に与える影響と p_C の f_I に与える影響は小さいと考えて（$\frac{\partial f_I}{\partial p_C}(\boldsymbol{z}^0)\frac{\partial f_C}{\partial p_I}(\boldsymbol{z}^0)$ は小さいと考えて）det $N > 0$ としておきましょう．すると，

$$\frac{\partial \varphi_I}{\partial t}(t^0, s^0) = -\frac{\det \begin{bmatrix} \frac{\partial f_I}{\partial t}(\boldsymbol{z}^0) & \frac{\partial f_I}{\partial p_C}(\boldsymbol{z}^0) \\ \frac{\partial f_C}{\partial t}(\boldsymbol{z}^0) & \frac{\partial f_C}{\partial p_C}(\boldsymbol{z}^0) \end{bmatrix}}{\det N}$$

$$= -\frac{\frac{\partial f_I}{\partial t}(\boldsymbol{z}^0)\frac{\partial f_C}{\partial p_C}(\boldsymbol{z}^0) - \frac{\partial f_I}{\partial p_C}(\boldsymbol{z}^0)\frac{\partial f_C}{\partial t}(\boldsymbol{z}^0)}{\det N}$$

となり，分母は正，分子も正ですから，$\frac{\partial \varphi_I}{\partial t}(t^0, s^0) < 0$ となります．つまり，t が上がると I の均衡価格は下がるわけです．

練習問題 6.4.1 上の仮定の下で，$\frac{\partial \varphi_C}{\partial t}(t^0, s^0)$ の符号を求めなさい．

6.4.3 比較静学の方法

比較静学は経済学において最も重要な分析手法の一つです．この項では比較静学を**いいかげん**に行う方法を解説します．いいかげんとはいっても前項の陰関数定理により，この方法は結局正しいことになりますから安心して使ってください．

まず，$f_i : \boldsymbol{R}^n \to \boldsymbol{R}$, $i = 1, ..., m, (m < n)$ に対し，形式的に以下のように書いてみましょう．

$$\begin{array}{cccccccc}
\frac{\partial f_1}{\partial x_1}(\boldsymbol{z}^0)dx_1 + & \cdots & + \frac{\partial f_1}{\partial x_m}(\boldsymbol{z}^0)dx_m + & \frac{\partial f_1}{\partial y_1}(\boldsymbol{z}^0)dy_1 + & \cdots & + \frac{\partial f_1}{\partial y_{n-m}}(\boldsymbol{z}^0)dy_{n-m} & = 0 \\
\vdots & \vdots & \vdots & & \vdots & \vdots & \vdots \\
\frac{\partial f_m}{\partial x_1}(\boldsymbol{z}^0)dx_1 + & \cdots & + \frac{\partial f_m}{\partial x_m}(\boldsymbol{z}^0)dx_m + & \frac{\partial f_m}{\partial y_1}(\boldsymbol{z}^0)dy_1 + & \cdots & + \frac{\partial f_m}{\partial y_{n-m}}(\boldsymbol{z}^0)dy_{n-m} & = 0
\end{array}$$

（ここで，$dx_1, ..., dx_m, dy_1, ..., dy_{n-m}$ はとりあえず単なる記号と考えて $f : \boldsymbol{R} \to \boldsymbol{R}$ の導関数 $\frac{df}{dx}$ の dx とは異なると思ってください[14)].）上の式を

14) 無理に解釈すれば dx_i や dy_j は x_i や y_j のわずかな増分と考えられます．したがって，

変形し，行列を使って書けば

$$M\begin{bmatrix} dx_1 \\ \vdots \\ dx_m \end{bmatrix} = -\begin{bmatrix} \frac{\partial f_1}{\partial y_1}(\boldsymbol{z}^0) & \cdots & \frac{\partial f_1}{\partial y_{n-m}}(\boldsymbol{z}^0) \\ \vdots & \ddots & \vdots \\ \frac{\partial f_m}{\partial y_1}(\boldsymbol{z}^0) & \cdots & \frac{\partial f_m}{\partial y_{n-m}}(\boldsymbol{z}^0) \end{bmatrix}\begin{bmatrix} dy_1 \\ \vdots \\ dy_{n-m} \end{bmatrix}$$

となります．(ここで，M は定理 (6.4.5) で定義された行列.)

さて，外生変数 y_j が 1 単位変化したときの内生変数 $x_1, ..., x_m$ の変化率を知りたいとします．この場合，まず j と異なる i について dy_i のところに（形式的に）0 をいれます．すると，上式は（形式的に）

$$M\begin{bmatrix} dx_1 \\ \vdots \\ dx_m \end{bmatrix} = -\begin{bmatrix} \frac{\partial f_1}{\partial y_j}(\boldsymbol{z}^0) \\ \vdots \\ \frac{\partial f_m}{\partial y_j}(\boldsymbol{z}^0) \end{bmatrix} dy_j$$

となります．両辺を dy_j で（形式的に）割れば

$$M\begin{bmatrix} \frac{dx_1}{dy_j} \\ \vdots \\ \frac{dx_m}{dy_j} \end{bmatrix} = -\begin{bmatrix} \frac{\partial f_1}{\partial y_j}(\boldsymbol{z}^0) \\ \vdots \\ \frac{\partial f_m}{\partial y_j}(\boldsymbol{z}^0) \end{bmatrix}$$

となり，陰関数定理：一般ケース（定理 (6.4.5)）(3) の $\frac{\partial \varphi_j}{\partial y_j}$ を $\frac{dx_j}{dy_j}$ で置き換えたものになります．したがって，陰関数定理の条件を $f_1, ..., f_m$ と $\boldsymbol{z}^0$ が満たすなら，上の方法で形式的に $\frac{dx_i}{dy_j}$ を求めれば，これは $\frac{\partial \varphi_i}{\partial y_j}$ に一致するわけです．

この方法で (*) の t, s の変化に対する p_I, p_C の変化を求めてみましょう．

$$f_I(p_I, p_C, t, s) - \bar{I} = 0$$

$\boldsymbol{z} = (x_1, ..., x_m, y_1, ..., y_{n-m})$ が方程式系 $f_1(\boldsymbol{z}) = 0, \ldots, f_m(\boldsymbol{z}) = 0$ の解であるとき，$\boldsymbol{z}' = (x_1 + dx_1, ..., x_m + dx_m, y_1 + dy_1, ..., y_{n-m} + dy_{n-m})$ が方程式系の解であり続けるためには，

$$(*) \quad \boldsymbol{f}(\boldsymbol{z}') - \boldsymbol{f}(\boldsymbol{z}) = 0$$

である必要があります．(*) に定理 (6.3.5) を適用して $o(\|\boldsymbol{\epsilon}\|)$ を小さいとして無視すれば（ここで $\boldsymbol{\epsilon} = (dx_1, \ldots, x_m, dy_1, \ldots, dy_{n-m})$），$\boldsymbol{f}(\boldsymbol{z}) = 0$ より，上の式になります．

$$f_C(p_I, p_C, t, s) - \bar{C} = 0$$

ですから，$z^0 = (p_I^0, p_C^0, t^0, s^0)$ を一つ固定して，

$$\frac{\partial f_I}{\partial p_I}(\boldsymbol{z}^0)dp_I + \frac{\partial f_I}{\partial p_C}(\boldsymbol{z}^0)dp_C + \frac{\partial f_I}{\partial t}(\boldsymbol{z}^0)dt + \frac{\partial f_I}{\partial s}(\boldsymbol{z}^0)ds = 0$$

$$\frac{\partial f_C}{\partial p_I}(\boldsymbol{z}^0)dp_I + \frac{\partial f_C}{\partial p_C}(\boldsymbol{z}^0)dp_C + \frac{\partial f_C}{\partial t}(\boldsymbol{z}^0)dt + \frac{\partial f_C}{\partial s}(\boldsymbol{z}^0)ds = 0$$

と形式的に書けます．まず $ds = 0$ と置くと

$$\begin{bmatrix} \frac{\partial f_I}{\partial p_I}(\boldsymbol{z}^0) & \frac{\partial f_I}{\partial p_C}(\boldsymbol{z}^0) \\ \frac{\partial f_C}{\partial p_I}(\boldsymbol{z}^0) & \frac{\partial f_C}{\partial p_C}(\boldsymbol{z}^0) \end{bmatrix} \begin{bmatrix} dp_I \\ dp_C \end{bmatrix} = - \begin{bmatrix} \frac{\partial f_I}{\partial t}(\boldsymbol{z}^0) \\ \frac{\partial f_C}{\partial t}(\boldsymbol{z}^0) \end{bmatrix} dt$$

となり，両辺を形式的に dt で割れば

$$\begin{bmatrix} \frac{\partial f_I}{\partial p_I}(\boldsymbol{z}^0) & \frac{\partial f_I}{\partial p_C}(\boldsymbol{z}^0) \\ \frac{\partial f_C}{\partial p_I}(\boldsymbol{z}^0) & \frac{\partial f_C}{\partial p_C}(\boldsymbol{z}^0) \end{bmatrix} \begin{bmatrix} \frac{dp_I}{dt} \\ \frac{dp_C}{dt} \end{bmatrix} = - \begin{bmatrix} \frac{\partial f_I}{\partial t}(\boldsymbol{z}^0) \\ \frac{\partial f_C}{\partial t}(\boldsymbol{z}^0) \end{bmatrix}$$

となり，Cramer の公式より $\frac{dp_I}{dt}$ と $\frac{dp_C}{dt}$ を求めることができます．もちろんこれは前に計算した $\frac{\partial \varphi_I}{\partial t}(t^0, s^0)$, $\frac{\partial \varphi_C}{\partial t}(t^0, s^0)$ に一致します．s の変化に対する p_I, p_C の変化率についても全く同様です．

練習問題 6.4.2

(1)

$$f_1(x_1, x_2, y_1, y_2) = x_1x_2 + y_1y_2 + x_1 = 0$$

$$f_2(x_1, x_2, y_1, y_2) = x_1 + x_2 + y_1 + y_2 = 0,$$

$\boldsymbol{z}^0 = (x_1^0, x_2^0, y_1^0, y_2^0) = (0, 0, 0, 0)$ とする．このとき，$\frac{dx_1}{dy_1}$ と $\frac{dx_2}{dy_1}$ を求めなさい．

(2)

$$f_1(x_1, x_2, x_3, y_1) = x_1 - x_2 + x_3 + y_1 - 4 = 0$$

$$f_2(x_1, x_2, x_3, y_1) = x_1x_2 + x_3y_1 - 2 = 0$$

$$f_3(x_1, x_2, x_3, y_1) = x_1 - 2x_2 - y_1 + 2 = 0,$$

$\boldsymbol{z}^0 = (x_1^0, x_2^0, x_3^0, y_1^0) = (1, 1, 1, 1)$ とする．このとき，$\frac{dx_2}{dy_1}$ と $\frac{dx_3}{dy_1}$ を求めなさい．

6.5 補論：逆関数定理と陰関数定理の証明

ここでは，本章の陰関数定理と逆関数定理を証明します[15)]．本章では，特殊ケースと一般ケースを紹介しましたが，ここでは一般ケースのみを証明します．もちろん，これで特殊ケースも証明されたことになります．まず，以下の補題を証明します．

補題 $\boldsymbol{f} : \boldsymbol{R}^n \to \boldsymbol{R}^n$ を C^1 級とし，$\boldsymbol{D}$ を閉方体とする．(つまり，ある $a_i < b_i, i = 1, \ldots, n$, が存在して $\boldsymbol{D} = \{\boldsymbol{x} \in \boldsymbol{R}^n \mid a_i \leq x_i \leq b_i\}$ と書ける．) このとき，実数 α が存在して全ての $\boldsymbol{x} \in \boldsymbol{D}$ と全ての $i = 1, \ldots, n$, $j = 1, \ldots, n$, について $\left|\frac{\partial f_i}{\partial x_j}(\boldsymbol{x})\right| \leq \alpha$ が成り立てば，全ての $\boldsymbol{x}, \boldsymbol{y} \in \boldsymbol{D}$ に対し

$$||\boldsymbol{f}(\boldsymbol{x}) - \boldsymbol{f}(\boldsymbol{y})|| \leq n^2\alpha||\boldsymbol{x} - \boldsymbol{y}||$$

が成り立つ．

証明 明らかに

$$\text{(i)} \quad f_i(\boldsymbol{y}) - f_i(\boldsymbol{x}) = \sum_{j=1}^{n}(f_i(y_1, \ldots, y_j, x_{j+1}, \ldots, x_n) - f_i(y_1, \ldots, y_{j-1}, x_j, \ldots, x_n))$$

が成り立つ．定理 (6.3.4) より，ある $\theta \in (0, 1)$ が存在して

$$\begin{aligned}\text{(ii)} \quad & f_i(y_1, \ldots, y_j, x_{j+1}, \ldots, x_n) - f_i(y_1, \ldots, y_{j-1}, x_j, \ldots, x_n) \\ &= \frac{\partial f_i}{\partial x_j}(y_1, \ldots, y_{j-1}, x_j + \theta(y_j - x_j), x_{j+1}, \ldots, x_n)(y_j - x_j)\end{aligned}$$

が成り立つ．したがって仮定より上式の右辺は $\alpha|y_i - x_j|$ 以下になる．これと (i), (ii) より

$$|f_i(\boldsymbol{y}) - f_i(\boldsymbol{x})| \leq \sum_{j=1}^{n} \alpha|y_j - x_j| \leq n\alpha||\boldsymbol{y} - \boldsymbol{x}||$$

---

15) 本節の証明は文献 [11] による．

が成り立つ. (2 番目の不等式は $|y_j - x_j| \leq ||\boldsymbol{y} - \boldsymbol{x}||$ より成立.) したがって

$$||\boldsymbol{f}(\boldsymbol{y}) - \boldsymbol{f}(\boldsymbol{x})|| \leq \sum_{j=1}^{n} |f_i(\boldsymbol{y}) - f_i(\boldsymbol{x})| \leq n^2\alpha||\boldsymbol{y} - \boldsymbol{x}||$$ **証明終**.

逆関数定理の証明

以下, 定理 (6.4.2) を証明します.

証明 $M = D\boldsymbol{f}(\boldsymbol{x}^0)$ とすると仮定より $\det M \neq 0$ だから逆行列 M^{-1} が存在する. $\boldsymbol{g} : \boldsymbol{R}^n \to \boldsymbol{R}^n$ を $\boldsymbol{g}(\boldsymbol{x}) = M^{-1}\boldsymbol{f}(\boldsymbol{x})$ と定義すると, 定理 (6.3.3) より $D\boldsymbol{g}(\boldsymbol{x}^0) = M^{-1}D\boldsymbol{f}(\boldsymbol{x}^0) = I$ となる. (ここで I は単位行列.)

さて, $\boldsymbol{g}$ に対して定理が成立すると仮定する. つまり, $\boldsymbol{x}^0$ を含む開集合 $A \subset \boldsymbol{R}^n$ と $\boldsymbol{g}(\boldsymbol{x}^0)$ を含む開集合 $\hat{B} \subset \boldsymbol{R}^n$ が存在して, $\boldsymbol{g}$ が A から $\hat{B}$ への全単射で, 逆関数 $\boldsymbol{g}^{-1}$ が C^1 級とする. このとき $B = \{\boldsymbol{z} \in \boldsymbol{R}^n \mid \boldsymbol{z} = M\boldsymbol{y}, \boldsymbol{y} \in \hat{B}\}$ とすれば, $\boldsymbol{f}(\boldsymbol{x}) = M\boldsymbol{g}(\boldsymbol{x})$ と M が正則であることより, $\boldsymbol{f}$ は A から B への全単射だから, 逆関数 $\boldsymbol{f}^{-1}(\boldsymbol{z}) = \boldsymbol{g}^{-1}(M^{-1}\boldsymbol{z})$ が存在して C^1 級になる. したがって, $\boldsymbol{g}$ について定理が成り立つことを証明すればよい. 以下, $\boldsymbol{g}$ について定理が成り立つことを証明する.

もし $\boldsymbol{g}(\boldsymbol{x}^0 + \boldsymbol{h}) = \boldsymbol{g}(\boldsymbol{x}^0)$ が成立するなら

$$\frac{||\boldsymbol{g}(\boldsymbol{x}^0 + \boldsymbol{h}) - \boldsymbol{g}(\boldsymbol{x}^0) - \boldsymbol{h}||}{||\boldsymbol{h}||} = \frac{||\boldsymbol{h}||}{||\boldsymbol{h}||} = 1$$

となるが, $D\boldsymbol{g}(\boldsymbol{x}^0) = I$ と $\boldsymbol{g}$ が C^1 級であることより[16)]

$$\lim_{\boldsymbol{h}\to 0} \frac{||\boldsymbol{g}(\boldsymbol{x}^0 + \boldsymbol{h}) - \boldsymbol{g}(\boldsymbol{x}^0) - \boldsymbol{h}||}{||\boldsymbol{h}||} = \lim_{\boldsymbol{h}\to 0} \frac{||\boldsymbol{g}(\boldsymbol{x}^0 + \boldsymbol{h}) - \boldsymbol{g}(\boldsymbol{x}^0) - D\boldsymbol{g}(\boldsymbol{x}^0)\boldsymbol{h}||}{||\boldsymbol{h}||} = 0$$

となる. したがって, $\boldsymbol{g}$ の連続性より $||\boldsymbol{h}||$ が十分小さければ $\boldsymbol{g}(\boldsymbol{x}^0 + \boldsymbol{h}) = \boldsymbol{g}(\boldsymbol{x}^0)$ とはならない. したがって $\boldsymbol{g}$ が C^1 級であることも考え併せれば, $\boldsymbol{x}^0$ を含む閉方体 $\boldsymbol{D}$ が存在して

1. $\boldsymbol{x} \in \boldsymbol{D}, \boldsymbol{x} \neq \boldsymbol{x}^0$ なら $\boldsymbol{g}(\boldsymbol{x}) \neq \boldsymbol{g}(\boldsymbol{x}^0)$
2. $\boldsymbol{x} \in \boldsymbol{D}$ なら $\det D\boldsymbol{g}(\boldsymbol{x}) \neq 0$

16) $\boldsymbol{g}$ が C^1 級なら $\boldsymbol{g}$ は微分可能になる. (文献 [9] 13 章, 定理 6 参照.)

3. $\boldsymbol{x} \in \boldsymbol{D}$ なら全ての $i = 1, \ldots, n$ と $j = 1, \ldots, n$ について

$$\left| \frac{\partial g_i}{\partial x_j}(\boldsymbol{x}) - \frac{\partial g_i}{\partial x_j}(\boldsymbol{x}^0) \right| < \frac{1}{2n^2}$$

が成り立つ．$D\boldsymbol{g}(\boldsymbol{x}^0) = I$ と 3. より，補題を関数 $\boldsymbol{g}(\boldsymbol{x}) - \boldsymbol{x}$ に適用できる．(ここで $\alpha = \frac{1}{2n^2}$.) したがって $\boldsymbol{x}, \boldsymbol{x}' \in \boldsymbol{D}$ に対し，

$$||\boldsymbol{g}(\boldsymbol{x}) - \boldsymbol{x} - (\boldsymbol{g}(\boldsymbol{x}') - \boldsymbol{x}')|| \leq \frac{1}{2}||\boldsymbol{x} - \boldsymbol{x}'||$$

となる．したがって，

$$\begin{aligned} ||\boldsymbol{x} - \boldsymbol{x}'|| - ||\boldsymbol{g}(\boldsymbol{x}) - \boldsymbol{g}(\boldsymbol{x}')|| &\leq ||\boldsymbol{g}(\boldsymbol{x}) - \boldsymbol{x} - (\boldsymbol{g}(\boldsymbol{x}') - \boldsymbol{x}')|| \\ &\leq \frac{1}{2}||\boldsymbol{x} - \boldsymbol{x}'|| \end{aligned}$$

だから，$\boldsymbol{x}, \boldsymbol{x}' \in \boldsymbol{D}$ に対し

(i) $||\boldsymbol{x} - \boldsymbol{x}'|| \leq 2||\boldsymbol{g}(\boldsymbol{x}) - \boldsymbol{g}(\boldsymbol{x}')||$

が成り立つ．

さて，$\partial\boldsymbol{D}$ はコンパクトで $\boldsymbol{x}^0 \notin \partial\boldsymbol{D}$ だから $\xi : \boldsymbol{R}^n \to \boldsymbol{R}$ を $\xi(\boldsymbol{x}) = ||\boldsymbol{g}(\boldsymbol{x}^0) - \boldsymbol{g}(\boldsymbol{x})||$ と定義すれば ξ は $\partial\boldsymbol{D}$ 上で最小値 d を持ち（定理 (4.6.5)），$d > 0$ となる．したがって $\hat{B} = \{\boldsymbol{y} \mid \ ||\boldsymbol{y} - \boldsymbol{g}(\boldsymbol{x}^0)|| < \frac{d}{2}\}$ とすると，

(ii) $\boldsymbol{y} \in \hat{B}, \boldsymbol{x} \in \partial\boldsymbol{D}$ なら $||\boldsymbol{y} - \boldsymbol{g}(\boldsymbol{x}^0)|| < ||\boldsymbol{y} - \boldsymbol{g}(\boldsymbol{x})||$

となる．

次に，任意の $\boldsymbol{y} \in \hat{B}$ をとり，$\Pi : \boldsymbol{R}^n \to \boldsymbol{R}$ を $\Pi(\boldsymbol{x}) = (\boldsymbol{y} - \boldsymbol{g}(\boldsymbol{x}))^2$ と定義する．$\boldsymbol{D}$ はコンパクトかつ Π は連続だから，定理 (4.6.5) より Π は $\boldsymbol{D}$ 上で最小値をとる．また，(ii) より $\boldsymbol{x} \in \partial\boldsymbol{D}$ なら $\Pi(\boldsymbol{x}^0) < \Pi(\boldsymbol{x})$ となるから，Π は最小値を $\boldsymbol{x}^* \in int\ \boldsymbol{D}$ でとる．したがって定理 (7.3.2)[17] より $\frac{\partial \Pi}{\partial x_j}(\boldsymbol{x}^*) = 0, j = 1, \ldots, m.$ つまり，

$$\sum_{i=1}^{n} 2(y_i - g_i(\boldsymbol{x}^*))\frac{\partial g_i}{\partial x_j}(\boldsymbol{x}^*) = 0, \ j = 1, \ldots, n.$$

書き換えれば，

$$2^{\tau} D\boldsymbol{g}(\boldsymbol{x}^*)(\boldsymbol{y} - \boldsymbol{g}(\boldsymbol{x}^*)) = \boldsymbol{o}^{18)}$$

17) この定理は次章の定理を先取りして使っています．

18) $\boldsymbol{o} = (0, \ldots, 0)$.

となる．2. より $\det D\boldsymbol{g}(\boldsymbol{x}^*) \neq 0$ だから，$\boldsymbol{y} = \boldsymbol{g}(\boldsymbol{x}^*)$ となる．また Π は最小値を $\boldsymbol{x}^{**} \in int\ \boldsymbol{D}$ $(\boldsymbol{x}^* \neq \boldsymbol{x}^{**})$ でもとるとすると (i) より，

$$0 < ||\boldsymbol{x}^{**} - \boldsymbol{x}^*|| \leq 2||\boldsymbol{g}(\boldsymbol{x}^{**}) - \boldsymbol{g}(\boldsymbol{x}^*)|| = 2||\boldsymbol{y} - \boldsymbol{y}|| = 0$$

となり矛盾する．したがって任意の $\boldsymbol{y} \in \hat{B}$ に対し $\boldsymbol{g}(\boldsymbol{x}^*) = \boldsymbol{y}$ となる $\boldsymbol{x}^* \in int\boldsymbol{D}$ はただ一つに決定する．

$A = int\ \boldsymbol{D} \cap g^{-1}[\hat{B}]$ とおくと，A は開集合になる．(定理 (4.5.1) と (4.4.1) より.) したがって，$y \in \hat{B}$ に対し $\boldsymbol{x}^* \in A$ がただ一つに決定するから $\boldsymbol{g} : A \to \hat{B}$ は逆関数 $\boldsymbol{g}^{-1}$ を持つことがわかった．また，$\boldsymbol{y}, \boldsymbol{y}' \in \hat{B}$ に対し (i) より

(iii) $||\boldsymbol{g}^{-1}(\boldsymbol{y}) - \boldsymbol{g}^{-1}(\boldsymbol{y}')|| \leq 2||\boldsymbol{y} - \boldsymbol{y}'||$

より $\boldsymbol{g}^{-1}$ は連続関数になる[19)]．定理 (6.3.5) より，$\boldsymbol{x}, \bar{\boldsymbol{x}} \in A$ に対し

$$\boldsymbol{g}(\boldsymbol{x}) = \boldsymbol{g}(\bar{\boldsymbol{x}}) + D\boldsymbol{g}(\boldsymbol{x})(\boldsymbol{x} - \bar{\boldsymbol{x}}) + \rho(||\boldsymbol{x} - \bar{\boldsymbol{x}}||)$$

ここで $\rho(\boldsymbol{x}-\bar{\boldsymbol{x}}) = (\eta_1(\boldsymbol{x}-\bar{\boldsymbol{x}}), \ldots, \eta_n(\boldsymbol{x}-\bar{\boldsymbol{x}}))$，ただし $\eta_i(\boldsymbol{x}-\bar{\boldsymbol{x}}) = o(||\boldsymbol{x}-\bar{\boldsymbol{x}}||)$, $i = 1, \ldots, n$. 両辺に $(D\boldsymbol{g}(\bar{\boldsymbol{x}}))^{-1}$ を掛けると

$$(D\boldsymbol{g}(\bar{\boldsymbol{x}}))^{-1}(\boldsymbol{g}(\boldsymbol{x}) - \boldsymbol{g}(\bar{\boldsymbol{x}})) = (\boldsymbol{x} - \bar{\boldsymbol{x}}) + (D\boldsymbol{g}(\bar{\boldsymbol{x}}))^{-1}\rho(||\boldsymbol{x} - \bar{\boldsymbol{x}}||)$$

となる．$\boldsymbol{g}^{-1}$, $\boldsymbol{y} = \boldsymbol{g}(\boldsymbol{x})$, $\bar{\boldsymbol{y}} = \boldsymbol{g}(\bar{\boldsymbol{x}})$ を使って書き直せば，

$$\boldsymbol{g}^{-1}(\boldsymbol{y}) = \boldsymbol{g}^{-1}(\bar{\boldsymbol{y}}) + (D\boldsymbol{g}(\bar{\boldsymbol{x}}))^{-1}(\boldsymbol{y} - \bar{\boldsymbol{y}}) - (D\boldsymbol{g}(\bar{\boldsymbol{x}}))^{-1}\rho(||\bar{\boldsymbol{g}}^{-1}(\bar{\boldsymbol{y}}) - \bar{\boldsymbol{g}}^{-1}(\bar{\boldsymbol{y}})||).$$

任意の $\boldsymbol{y} \in \hat{B}$ に対し上は成立するから，

(iv) $$\lim_{\boldsymbol{y} \to \bar{\boldsymbol{y}}} \frac{(D\boldsymbol{g}(\bar{\boldsymbol{x}}))^{-1}\rho(||\boldsymbol{g}^{-1}(\boldsymbol{y}) - \boldsymbol{g}^{-1}(\bar{\boldsymbol{y}})||)}{||\boldsymbol{y} - \bar{\boldsymbol{y}}||} = \boldsymbol{o}$$

を証明すれば，$\boldsymbol{g}^{-1}$ は微分可能で $D\boldsymbol{g}^{-1}(\bar{\boldsymbol{y}}) = (D\boldsymbol{g}(\bar{\boldsymbol{x}}))^{-1}$ となる．

$$\lim_{\boldsymbol{y} \to \bar{\boldsymbol{y}}} \frac{\rho(||\boldsymbol{g}^{-1}(\boldsymbol{y}) - \boldsymbol{g}^{-1}(\bar{\boldsymbol{y}})||)}{||\boldsymbol{y} - \bar{\boldsymbol{y}}||} = \boldsymbol{o}$$

が成り立てば (iv) が成り立つ．ところで (iii) より

$$\begin{aligned}\frac{\rho(||\boldsymbol{g}^{-1}(\boldsymbol{y}) - \boldsymbol{g}^{-1}(\bar{\boldsymbol{y}})||)}{||\boldsymbol{y} - \bar{\boldsymbol{y}}||} &= \frac{||\boldsymbol{g}^{-1}(\boldsymbol{y}) - \boldsymbol{g}^{-1}(\bar{\boldsymbol{y}})||}{||\boldsymbol{y} - \bar{\boldsymbol{y}}||} \frac{\rho(||\boldsymbol{g}^{-1}(\boldsymbol{y}) - \boldsymbol{g}^{-1}(\bar{\boldsymbol{y}})||)}{||\boldsymbol{g}^{-1}(\boldsymbol{y}) - \boldsymbol{g}^{-1}(\bar{\boldsymbol{y}})||} \\ &\leq 2\frac{\rho(||\boldsymbol{g}^{-1}(\boldsymbol{y}) - \boldsymbol{g}^{-1}(\bar{\boldsymbol{y}})||)}{||\boldsymbol{g}^{-1}(\boldsymbol{y}) - \boldsymbol{g}^{-1}(\bar{\boldsymbol{y}})||}\end{aligned}$$

---

19) $\varepsilon > 0$ に対し $\frac{1}{3}\varepsilon$ を取れば (iii) より $||y - y'|| < \frac{1}{3}\varepsilon$ なら $||g^{-1}(y) - g^{-1}(y')|| \leq \frac{2}{3}\varepsilon < \varepsilon$.

が成り立つ．また $\boldsymbol{g}^{-1}$ は連続だから $\boldsymbol{y} \to \bar{\boldsymbol{y}}$ なら $\boldsymbol{g}^{-1}(\boldsymbol{y}) \to \boldsymbol{g}^{-1}(\bar{\boldsymbol{y}})$ となるから ρ の定義より右辺は$\boldsymbol{y} \to \bar{\boldsymbol{y}}$ のとき $\boldsymbol{o}$ に収束する．したがって $\boldsymbol{g}^{-1}$ は微分可能になり $D\boldsymbol{g}^{-1}(\bar{\boldsymbol{y}}) = (D\boldsymbol{g}(\bar{\boldsymbol{x}}))^{-1}$ となる．ところで $(D\boldsymbol{g}(\bar{\boldsymbol{x}}))^{-1}$ の各要素は $\frac{\partial g_i}{\partial x_j}(\bar{\boldsymbol{x}})$ の多項式で表されるから定理 (4.5.2) と $\frac{\partial g_i}{\partial x_j}$ の連続性より $(D\boldsymbol{g})^{-1}$ の各要素は連続になる．したがって $D\boldsymbol{g}^{-1}$ の各要素も連続となるから $\boldsymbol{g}^{-1}$ は C^1 級になる．**証明終**．

陰関数定理の証明

以下，定理 (6.4.5) を証明します．

証明　$\boldsymbol{F} : \boldsymbol{R}^n \to \boldsymbol{R}^n$ を $\boldsymbol{F}(\boldsymbol{x}, \boldsymbol{y}) = (\boldsymbol{f}(\boldsymbol{x}, \boldsymbol{y}), \boldsymbol{y})$ と定義する．(ここで $\boldsymbol{x} \in \boldsymbol{R}^m$, $\boldsymbol{y} \in \boldsymbol{R}^{n-m}$.)

$$\det D\boldsymbol{F}(\boldsymbol{z}^0) = \det \begin{bmatrix} \frac{\partial f_1}{\partial x_1}(\boldsymbol{z}^0) & \cdots & \cdots & \frac{\partial f_1}{\partial x_m}(\boldsymbol{z}^0) & \frac{\partial f_1}{\partial y_1}(\boldsymbol{z}^0) & \cdots & \cdots & \frac{\partial f_1}{\partial y_{n-m}}(\boldsymbol{z}^0) \\ \vdots & \ddots & & \vdots & & \ddots & & \vdots \\ \vdots & & \ddots & \vdots & \vdots & & \ddots & \\ \frac{\partial f_n}{\partial x_1}(\boldsymbol{z}^0) & \cdots & \cdots & \frac{\partial f_n}{\partial x_m}(\boldsymbol{z}^0) & \frac{\partial f_n}{\partial y_1}(\boldsymbol{z}^0) & \cdots & \cdots & \frac{\partial f_n}{\partial y_{n-m}}(\boldsymbol{z}^0) \\ 0 & \cdots & \cdots & 0 & 1 & 0 & \cdots & 0 \\ \vdots & \ddots & & \vdots & 0 & \ddots & & \vdots \\ \vdots & & \ddots & \vdots & \vdots & & \ddots & 0 \\ 0 & \cdots & \cdots & 0 & 0 & \cdots & 0 & 1 \end{bmatrix}$$

$$= \det \begin{bmatrix} \frac{\partial f_1}{\partial x_1}(\boldsymbol{z}^0) & \cdots & \frac{\partial f_1}{\partial x_m}(\boldsymbol{z}^0) \\ \vdots & \ddots & \vdots \\ \frac{\partial f_m}{\partial x_1}(\boldsymbol{z}^0) & \cdots & \frac{\partial f_m}{\partial x_m}(\boldsymbol{z}^0) \end{bmatrix} \neq 0$$

だから[20]逆関数定理を $\boldsymbol{F}$ に適用すれば，$\boldsymbol{z}^0$ を含む開集合 $\boldsymbol{D} \subset \boldsymbol{R}^n$ と $(\boldsymbol{o}, \boldsymbol{y}^0)$ を含む開集合 $E \subset \boldsymbol{R}^n$ が存在して $\boldsymbol{F} : \boldsymbol{D} \to E$ は逆関数$\boldsymbol{F}^{-1}$ を持ち，これは C^1 級になる．$\boldsymbol{F}(\boldsymbol{x}, \boldsymbol{y}) = (\boldsymbol{f}(\boldsymbol{x}, \boldsymbol{y}), \boldsymbol{y})$ より関数 $\xi : \boldsymbol{R}^n \to \boldsymbol{R}^m$ が存在して $\boldsymbol{F}^{-1}(\boldsymbol{x}, \boldsymbol{y}) = (\xi(\boldsymbol{x}, \boldsymbol{y}), \boldsymbol{y})$ と書ける．$\Pi : \boldsymbol{R}^n \to \boldsymbol{R}^m$ を $\Pi(\boldsymbol{x}, \boldsymbol{y}) = \boldsymbol{x}$ と定義すれば，$\xi(\boldsymbol{x}, \boldsymbol{y}) = \Pi(\boldsymbol{F}^{-1}(\boldsymbol{x}, \boldsymbol{y}))$ だから，ξ は C^1 級になる．また $\boldsymbol{f} = \Pi \circ \boldsymbol{F}$ より，

$$(*) \quad \boldsymbol{f}(\xi(\boldsymbol{x}, \boldsymbol{y}), \boldsymbol{y}) = \boldsymbol{f}(\boldsymbol{F}^{-1}(\boldsymbol{x}, \boldsymbol{y})) = \Pi(\boldsymbol{F}(\boldsymbol{F}^{-1}(\boldsymbol{x}, \boldsymbol{y}))) = \Pi(\boldsymbol{x}, \boldsymbol{y}) = \boldsymbol{x}$$

となる．

20)　定理 (5.2.4) と同様に証明可能．

$\boldsymbol{x}^0$ を含む開集合 $A \subset \boldsymbol{R}^m$ と $\boldsymbol{y}^0$ を含む開集合 $B' \subset \boldsymbol{R}^{n-m}$ を $A \times B' \subset \boldsymbol{D}$, $\{\boldsymbol{o}\} \times B' \subset E$ となるようにとる．$\boldsymbol{y} \in B'$ に対し $(\boldsymbol{o}, \boldsymbol{y}) \in E$ より $\boldsymbol{\varphi} : B' \to \boldsymbol{R}^n$ を $\boldsymbol{\varphi}(\boldsymbol{y}) = \xi(\boldsymbol{o}, \boldsymbol{y})$ と定義できる．$\boldsymbol{\varphi}$ は明らかに C^1 級で $\boldsymbol{\varphi}(\boldsymbol{y}^0) = \xi(\boldsymbol{o}, \boldsymbol{y}^0) = \Pi(\boldsymbol{F}^{-1}(\boldsymbol{o}, \boldsymbol{y}^0)) = \Pi(\boldsymbol{x}^0, \boldsymbol{y}^0) = \boldsymbol{x}^0$ が成り立つ．したがって $\boldsymbol{\varphi}$ の連続性より $\boldsymbol{y}^0$ を含む開集合 $B \subset B'$ で $\boldsymbol{\varphi}[B] \subset A$ となるものがとれる．$\boldsymbol{y} \in B$ に対して $(*)$ より $\boldsymbol{f}(\xi(\boldsymbol{o}, \boldsymbol{y}), \boldsymbol{y}) = \boldsymbol{o}$ だから $\boldsymbol{f}(\boldsymbol{\varphi}(\boldsymbol{y}), \boldsymbol{y}) = \boldsymbol{o}$ になる．

$\bar{\boldsymbol{\varphi}} \neq \boldsymbol{\varphi}$ が存在して全ての $\boldsymbol{y} \in B$ について $\boldsymbol{F}(\bar{\boldsymbol{\varphi}}(\boldsymbol{y}), \boldsymbol{y}) = (\boldsymbol{f}(\bar{\boldsymbol{\varphi}}(\boldsymbol{y}), \boldsymbol{y}), \boldsymbol{y}) = (\boldsymbol{o}, \boldsymbol{y}) = \boldsymbol{F}(\boldsymbol{\varphi}(\boldsymbol{y}), \boldsymbol{y})$ としてみる．このとき $\boldsymbol{F}$ は 1 対 1 だから全ての $\boldsymbol{y} \in B$ について $\bar{\boldsymbol{\varphi}}(\boldsymbol{y}) = \boldsymbol{\varphi}(\boldsymbol{y})$ となり矛盾．したがって，このような関数は一つしかない．

最後に，$f_i(\boldsymbol{\varphi}(\boldsymbol{y}), \boldsymbol{y}) = 0,\ i = 1, \ldots, m$, を $\boldsymbol{z}^0 = (\boldsymbol{x}^0, \boldsymbol{y}^0)$ において y_j に関する偏微分係数を計算すると定理 (6.3.3) より

$$\sum_{k=1}^{m} \frac{\partial f_i}{\partial x_k}(\boldsymbol{z}^0) \frac{\partial \varphi_k}{\partial y_j}(\boldsymbol{y}^0) + \frac{\partial f_i}{\partial y_j}(\boldsymbol{z}^0) = 0,\ i = 1, \ldots, m$$

となる．これを行列で書けば，

$$\begin{bmatrix} \frac{\partial f_1}{\partial x_1}(\boldsymbol{z}^0) & \cdots & \frac{\partial f_1}{\partial x_m}(\boldsymbol{z}^0) \\ \vdots & \ddots & \vdots \\ \frac{\partial f_m}{\partial x_1}(\boldsymbol{z}^0) & \cdots & \frac{\partial f_m}{\partial x_m}(\boldsymbol{z}^0) \end{bmatrix} \begin{bmatrix} \frac{\partial \varphi_1}{\partial y_j}(\boldsymbol{y}^0) \\ \vdots \\ \frac{\partial \varphi_m}{\partial y_j}(\boldsymbol{y}^0) \end{bmatrix} = - \begin{bmatrix} \frac{\partial f_1}{\partial y_j}(\boldsymbol{z}^0) \\ \vdots \\ \frac{\partial f_m}{\partial y_j}(\boldsymbol{z}^0) \end{bmatrix}$$

となる．これは定理 (6.4.5) の (3) にほかならない． **証明終．**

第 7 章 最適化理論

7.1 経済学と最適化理論

まず，以下の問題を考えてみましょう．鉄鉱石から鉄を作る企業があるとします．この企業は 1 トンの鉄鉱石から鉄を 0.2 トン作るとし，さらに鉄鉱石 2 トンなら鉄 0.4 トン，鉄鉱石 3 トンなら鉄 0.6 トンを作るとします．つまり，鉄の生産量を q（トン），鉄鉱石の投入量を r（トン）とすれば $q = 0.2r$ が成り立つとします．また，鉄への需要量 q（トン）は

$$q = 300 - \frac{p}{1,000}$$

で表されるとします．ここで p（円）は 1 トンあたりの鉄の価格です．すなわち 1 トンが 0 円なら 300 トン，100,000 円なら 200 トン，300,000 円なら 0 トン売れることになります．q トン鉄を作ったとき，鉄の価格は $q = 300 - \frac{p}{1,000}$ より $p = 300,000 - 1,000q$ となります．このとき鉄の売上高は (鉄の価格)×(鉄の生産量) ですから $(300,000 - 1,000q)q$ となります．一方，鉄鉱石の価格を 1 トンあたり 40,000 円とします．したがって，q トンの鉄を作る費用は 40,000×$\frac{q}{0.2}$ =200,000 q なります．利潤は (鉄の売上高)−(鉄を作る

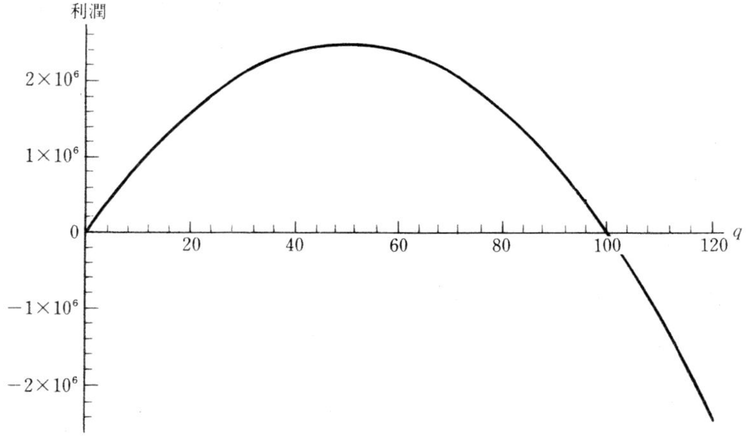

図 7.1

費用) ですから

$$(300,000 - 1,000q)q - 200,000q$$

となります．ここで利潤は q の関数ですから $\pi(q)$ と書けます．(π を利潤関数といいます．) この企業が利潤を最大にするには鉄を何トン作ればよいでしょうか．

この問題は，経済学でよくみられる企業の利潤最大化問題の一例です．利潤と鉄の生産量の関係をグラフに書けば，図 7.1 のようになります．図より $q = 50$ トンのとき利潤は最大値 2,500,000 円をとります．ここで注意したいことは $q = 50$ のとき $\frac{d\pi}{dq}(q) = 0$ になっていることです．($\frac{d\pi}{dq}(q) = 300,000 - 2,000q - 200,000 = -2,000q + 100,000$ より $q = 50$ のとき $\frac{d\pi}{dq}(q) = 0$.) さて，これは必ず成り立つでしょうか．すなわち利潤が最大になる生産量において利潤関数の微分係数は 0 でしょうか．また，逆にある生産量で利潤関数の微分係数が 0 であれば必ず利潤は最大になっているでしょうか．

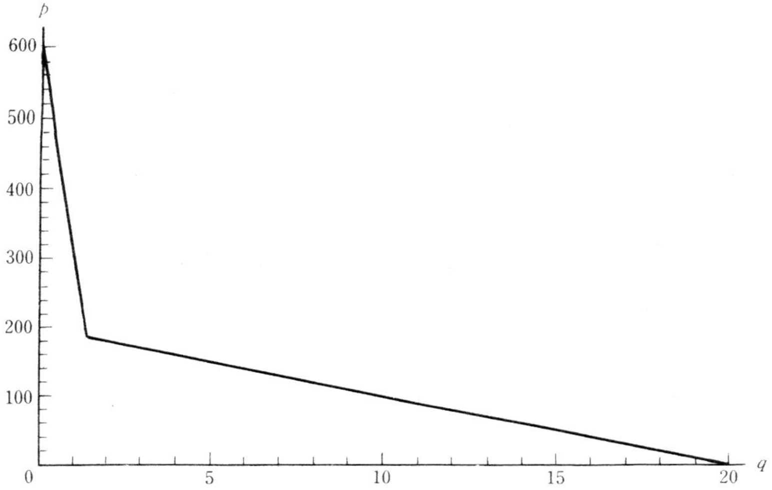

図 7.2

ある財への需要量 q が価格 p の関数として

$$q = \begin{cases} 20 - 0.1p, & 0 \leq p \leq \frac{5400}{29} \\ 2 - \frac{p}{300}, & \frac{5400}{29} \leq p \leq 600 \end{cases}$$

と書けたとしましょう.(図 7.2 参照.) また, q を 1 単位生産するための費用を 10 とします. すると, 利潤関数は

$$\pi(q) = \begin{cases} (600 - 300q)q - 10q, & 0 \leq q \leq \frac{40}{29} \\ (200 - 10q)q - 10q, & \frac{40}{29} \leq q \leq 20 \end{cases}$$

となります [1]. この関数のグラフを書くと図 7.3 のようになります. このグラフには微分係数が 0 になる生産量が二つあります.(c については, 微分可能性が満たされないことを注意しておきます.) b では利潤は最大になりますが, a では利潤は最大ではありません. したがって, 微分係数が 0 だからといって最大とは限りません. しかし a の近く (例えば $a - 0.01 \leq q \leq a + 0.01$)

1) $0 \leq p \leq \frac{5400}{29}$ の場合は, $q = 20 - 0.1p$ より $\frac{40}{29} \leq q \leq 20$. 一方, $p = 200 - 10q$ より利潤は $(200 - 10q)q - 10q$. また, $\frac{5400}{29} \leq p \leq 600$ の場合は, $q = 2 - \frac{p}{300}$ より $0 \leq q \leq \frac{40}{29}$. 一方, $p = 600 - 300q$ より利潤は $(600 - 300q)q - 10q$.

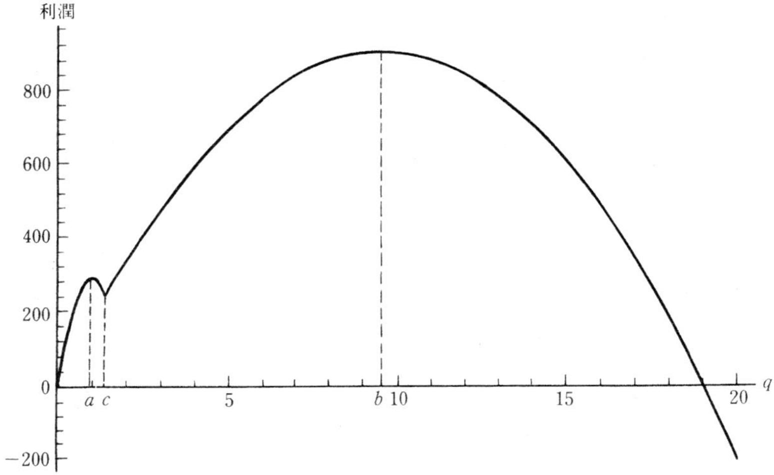

図 7.3

では最大になっています．このようにある点の近くで最大になっている場合には，f はその点で**局大**になるといいます．(厳密な定義は次節で与えます.) したがって，利潤が最大になっている生産量では利潤関数 π の微分係数は 0 になっていますが，逆に π の微分係数が 0 になっている生産量では，必ずしも利潤が最大になっているわけではないようです．

さて，上の需要関数を少し変えて図 7.4 のように $p = \frac{5400}{29}$ のところで微分可能になっているとします．このとき（厳密には導きませんが）利潤関数は図 7.5 のように c で微分可能になっているはずです．このとき $f'(c) = 0$ になっていますが，もちろん c において f は局大ではありません．

したがって，π が微分可能なら以下が言えそうです．

1. 利潤が局大になる生産量で利潤関数の微分係数は 0．
2. しかし，利潤関数の微分係数がある生産量で 0 だからといって，その生産量で利潤が最大や局大になっているとは限らない．

では，いかなる場合に局大になっているでしょうか．(最大については後回しにします.) ここからは利潤関数を離れて，一般的な関数 $f : \boldsymbol{R} \to \boldsymbol{R}$ を考えてみましょう．

$$f(x) = x(x-1)(x-2)(x-2.5)$$

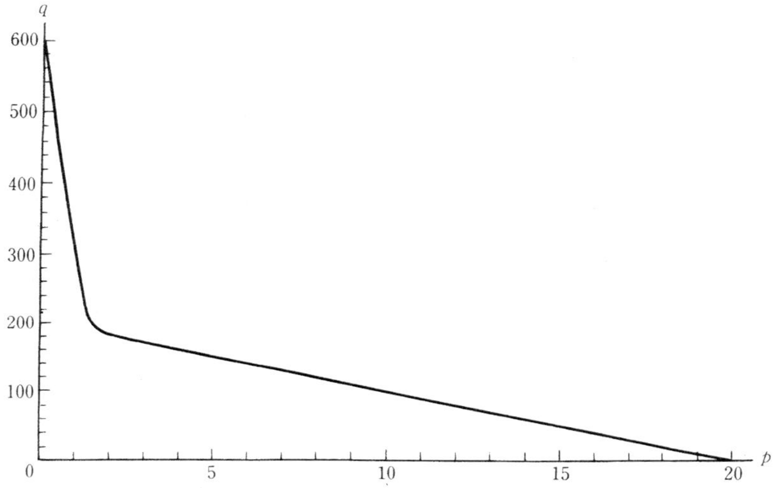

図 7.4

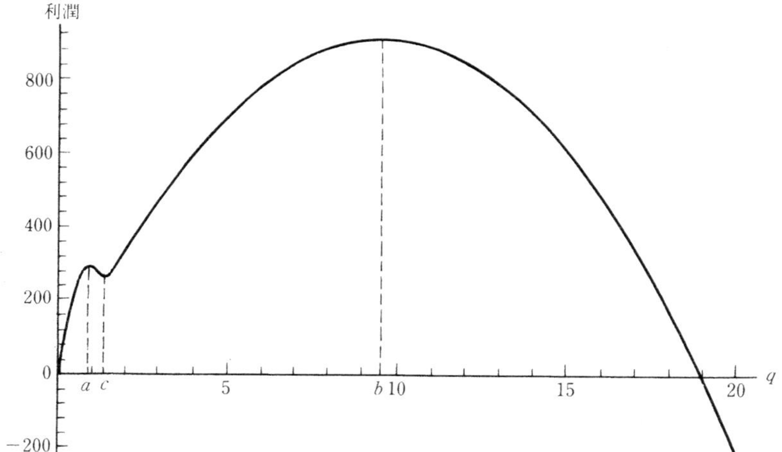

図 7.5

とします．この関数のグラフは図 7.6 のようになります．この関数は $x = b \cong 1.464$ において局大になります．x を b より小さい値から少しずつ増加させてみましょう．すると $f'(x)$ は b より小さい x では正ですが，

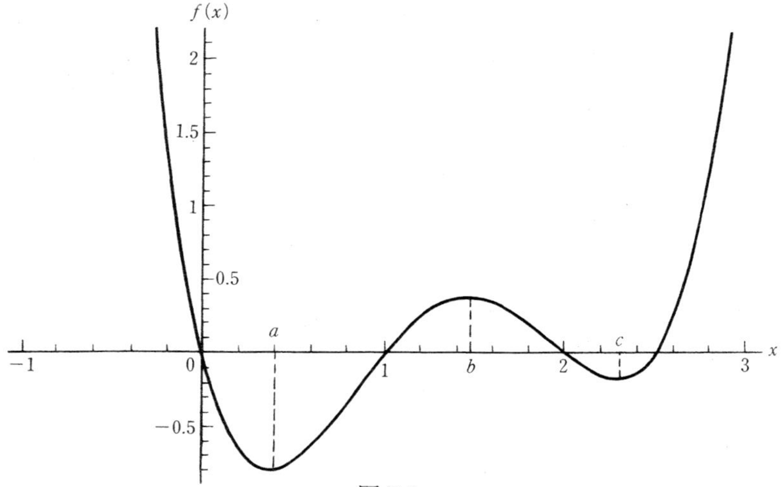

図 7.6

だんだん小さくなっていき，$x = b$ で 0 になり，さらに x が b を越えると $f'(x) < 0$ になります．つまり，$f'(x)$ は x が大きくなるにつれて小さくなるわけですから b の近くでは $f''(x) \leq 0$ ではないかと考えられます．

また，ある関数 $f : \boldsymbol{R} \to \boldsymbol{R}$ が x^* において $f'(x^*) = 0$ と $f''(x^*) < 0$ を満たすと仮定します．x（ただし $x < x^*$）が x^* に十分近ければ $f'(x) > 0$ ですから[2)] x を x^* に近づけるにしたがって f の値は増えていきます．しかし，$f'(x)$ はだんだん小さくなりますから f の値の増加率はだんだん小さくなっていき，x^* のところで増加は止まります．(つまり $f'(x^*) = 0$.) さらに x を x^* 以上に増やすと，f' は負になりますから f の値は減少します．つまり，x^* で f は局大になりそうです．

これらから，以下のことが予想されます．

1. f が x^* において局大になるなら $f'(x^*) = 0$ かつ $f''(x^*) \leq 0$.
2. $f'(x^*) = 0$ かつ $f''(x^*) < 0$ なら f は x^* において局大になる．

---

2)　定理 (6.2.9) より

$$f'(x) = f'(x^*) + f''(x^*)(x - x^*) + o(|x - x^*|)$$

が成立する．$f'(x^*) = 0$ より x（ただし $x < x^*$）が x^* に十分近ければ $f'(x) > 0$.

上の二つの厳密な証明は次節であたえます．

次に最小（局小）について考えてみましょう．前述の $f(x)=x(x-1)(x-2)(x-2.5)$ は $x=a$ と $x=c$ において局小になります．(つまり，$x=a,c$ の近くでは最小.) 局大の場合と同様に $x=a,c$ において f' は0になります．x を a より小さい値から少しずつ増加させてみましょう．すると $f'(x)$ はだんだん大きくなっていき $x=a$ で0になります．つまり $f''(a^*)\geq 0$ になると考えられます．また，ある関数 $f:\boldsymbol{R}\to\boldsymbol{R}$ が x^* において $f'(x^*)=0$ と $f''(x^*)>0$ を満たす場合には（局大の場合と同様の議論により）x^* で局小になりそうです．したがって以下が予想されます．

1'. f が x^* において局小になるなら $f'(x^*)=0$ かつ $f''(x^*)\geq 0$

2'. $f'(x^*)=0$ かつ $f''(x^*)>0$ なら f は x^* において局小になる．

上の1，2（1'，2'）が成立するなら，f がどこで局大（局小）になるか計算することができます．例えば，上の $f(x)=x(x-1)(x-2)(x-2.5)$ の場合

$$f'(x)=4x^3-16.5x^2+19x-5$$

ですから，$f'(x)=0$ となるのは $x\cong 0.373, 1.464, 2.287$ となります．$x\cong 0.373$ と 2.287 で f'' は正ですから，これらの値で f は局小になるはずです．また，$x\cong 1.465$ において f'' は負ですから，f はこの値において局大になるはずです．

なお，どんな場合に（局大のみならず）最大になるかについては 7.2 節で議論します．(最小の場合も同様.)

さて，上の分析は二つの方向に一般化されます．

(a) 変数が n 個の場合．($f:\boldsymbol{R}^n\to\boldsymbol{R}$ の場合.)

(b) 制約式がある場合．

(a) については明らかとは思いますが，例を一つあげておきましょう．$f:\boldsymbol{R}^2\to\boldsymbol{R}$ を

$$f(x_1,x_2)=-(x_1-1)^2-(x_2-1)^2$$

とします．(図 7.7 参照.) この関数は $(x_1,x_2)=(1,1)$ で最大（局大）になりますが，$(1,1)$ でいかなる条件が成立しているでしょうか．

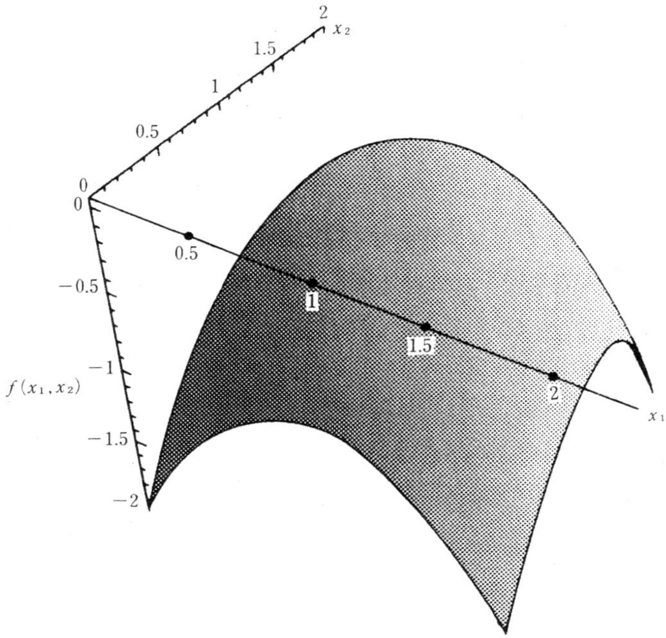

図 7.7

$(\frac{\partial f}{\partial x_1}, \frac{\partial f}{\partial x_2}) = (-2(x_1-1), -2(x_2-1))$ ですから[3]，これは $(x_1, x_2) = (1, 1)$ において $(0, 0)$ になります．一般的には以下が成立します．(証明は 7.3 節で行います.)

$f : \boldsymbol{R}^n \to \boldsymbol{R}$ が $\boldsymbol{x}^* \in \boldsymbol{R}^n$ において局大になるなら，
$(\frac{\partial f}{\partial x_1}(\boldsymbol{x}^*), \ldots, \frac{\partial f}{\partial x_n}(\boldsymbol{x}^*)) = (0, \ldots, 0)$ になる．

いかなる条件が成立すれば局大になるかについては，やや複雑になるので 3 節で述べることにします．

3) 以下では，$\frac{\partial f}{\partial x_i}(\cdot)$ の $(\cdot)$ の部分に何が入るか明らかな場合は $(\cdot)$ を省略することにします．この場合，$\frac{\partial f}{\partial x_1}$ は $\frac{\partial f}{\partial x_1}(x_1, x_2)$ を表します．

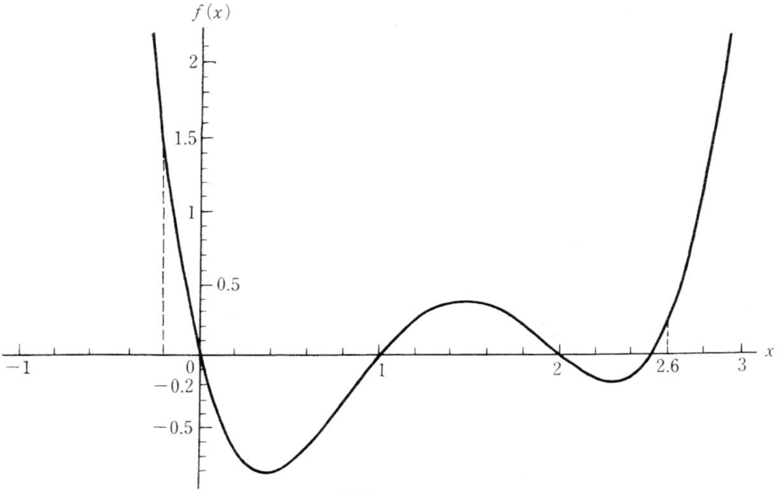

図 7.8

(b) については，例えば以下の問題を考えてみましょう．

> $f(x) = x(x-1)(x-2)(x-2.5)$ を $-0.2 \leq x \leq 2.6$ の範囲で最大にしなさい．(図 7.8 参照.)（ここで $-0.2 \leq x \leq 2.6$ が制約式.）

この問題では f は $x = -0.2$ で最大になりますが，図から明らかなように，-0.2 において f' は 0 になっていません．ではこの場合，$x = -0.2$ においていかなる条件が成立しているでしょうか．これは本章 7.4 節で議論します．

もちろん，n 変数で制約式がある場合も考えられます．例えば

> $f(x_1, x_2) = x_1x_2$ を $x_1 + x_2 = 1$ を満たす (x_1, x_2) のうちで最大にしなさい．(ここで $x_1 + x_2 = 1$ が制約式.)

また，制約式が不等式の場合も考えられます．例えば

> $f(x_1, x_2) = x_1x_2$ を $x_1 + x_2 \leq 1$ を満たす (x_1, x_2) のうちで最大にしなさい．(ここで $x_1 + x_2 \leq 1$ が制約式.)

これらの場合については本章 7.5 節で議論します.

7.2 制約式のない場合の最適化(1次元の場合)

7.2.1 最適化問題とは(1次元の場合)

f を $\boldsymbol{R}$ から $\boldsymbol{R}$ への関数($f:\boldsymbol{R}\to\boldsymbol{R}$)とします. まず, 以下の問題を考えましょう[4].

> $x\in\boldsymbol{R}$ の中で $f(x)$ が最大になるような x^*(つまり, $\forall x\in\boldsymbol{R}$, $f(x^*)\geq f(x)$ となる x^*)を求めなさい.

このとき x^* での f の値, すなわち $f(x^*)$ を

$$\max_{x\in\boldsymbol{R}} f(x)$$

と書き, x^* を**最大化問題の大域的最適解**といい, また f は x^* で**最大**になるといいます. ここで max は maximum(最大)の略です. すなわち, $\boldsymbol{R}$ に属す x の中で $f(x)$ を最大にしたときの f の値という意味です. ここで $\max_{x\in\boldsymbol{R}} f(x)$ が存在するとは限らないことに注意して下さい. (図 7.9 参照.) また, f を最大にするような x の集合(大域的最適解の集合)を

$$\arg\max_{x\in\boldsymbol{R}} f(x)$$

と書きます. (図 7.10 参照.) $x\in\boldsymbol{R}$ を省いて $\max f(x)$ や $\arg\max f(x)$ と書くこともあります.

同様に最小化の場合には, 問題は以下のようになります.

> $x\in\boldsymbol{R}$ の中で $f(x)$ が最小になるような x^* を求めなさい.

---

4) 本節では関数 f の定義域を $\boldsymbol{R}$ にしますが, 定義域を一般的に $\boldsymbol{R}$ の開集合にしても本節の定理は全て成立します.

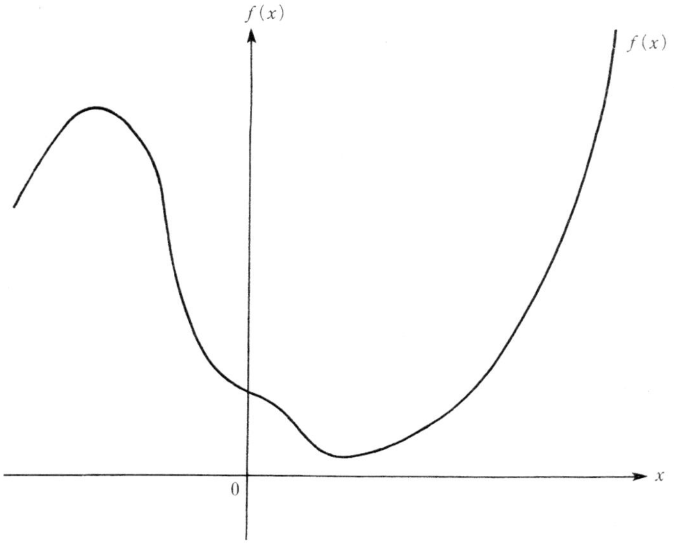

図 7.9

このとき x^* での f の値，すなわち $f(x^*)$ を

$$\min_{x \in \boldsymbol{R}} f(x)$$

と書き，x^* を**最小化問題の大域的最適解**といい，また f は x^* で**最小**になるといいます．ここで min は minimum（最小）の略です．すなわち，$\boldsymbol{R}$ に属す x の中で $f(x)$ を最小にしたときの f の値という意味です．また，f を最小にするような x の集合（大域的最適解の集合）を

$$\arg\min_{x \in \boldsymbol{R}} f(x)$$

と書きます．また，$x \in \boldsymbol{R}$ を省いて $\min f(x)$ や $\arg\min f(x)$ と書くこともあります．

次に，局大を定義しましょう．x^* で f が局大とは，7.1 節で述べたように，x^* の一つの近傍では x^* において f が最大になるということです．厳密に定義すれば，$x^* \in \boldsymbol{R}$ が

$$\exists \epsilon > 0, \forall x \in B_\epsilon(x^*), f(x) \leq f(x^*)$$

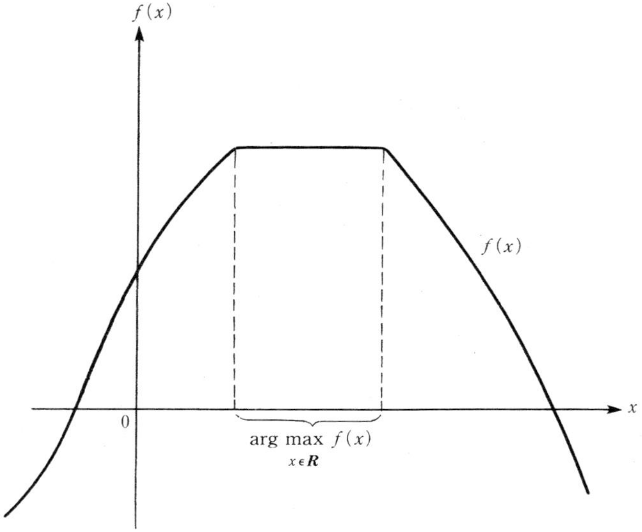

図 7.10

を満たすなら，x^* を**最大化問題の局所最適解**といい，また f は x^* で**局大**になるといいます．

局小の場合も同様に，$x^* \in \boldsymbol{R}$ が

$$\exists \epsilon > 0, \forall x \in B_\epsilon(x^*), f(x) \geq f(x^*)$$

を満たすなら，x^* を**最小化問題の局所最適解**といい，また f は x^* で**局小**になるといいます．

最大化や最小化問題では以下の三つが主な目的となります．(以下，最大，最小，局大，局小問題の解を総称して最適解ということにします.)

1. $x^* \in \boldsymbol{R}$ が最適解ならどんな条件が成立するか．(最適のための必要条件)
2. どんな条件が成立すれば，$x^* \in \boldsymbol{R}$ は最適解か．(最適のための十分条件)
3. いかにして最適解を計算するか．

7.2.2　最適の 1 階条件（1 次元の場合）

まず 1. から始めましょう．前章の定理 (6.2.4) が最適のための必要条件を与えます．この定理を再述してみましょう．

> $f : \boldsymbol{R} \to \boldsymbol{R}$ を微分可能とする．ある開区間 (a, b) において f が $x^* \in (a, b)$ で最大値をとるなら $f'(x^*) = 0$．同様に $x^{**} \in (a, b)$ で最小値をとるなら $f'(x^{**}) = 0$．

定理 (6.2.4) の証明をもう一度よく読めば，この定理は局大，局小の場合にも成立することがわかります．つまり，次の定理が成立します．

定理 7.2.1　$f : \boldsymbol{R} \to \boldsymbol{R}$ を微分可能とする．ある開区間 (a, b) において f が $x^* \in (a, b)$ で局大値をとるなら $f'(x^*) = 0$．同様に $x^{**} \in (a, b)$ で局小値をとるなら $f'(x^{**}) = 0$．

$f'(x^*) = 0$ のことを 1 階の微分に関する条件という意味で**（最適の）1 階条件**と言います．

練習問題 7.2.1　以下の関数において，1 階条件を満たす点を求めなさい．

(1)　$f(x) = -x^3 + 3x^2 + x$
(2)　$f(x) = \sin x$
(3)　$f(x) = e^x - x$
(4)　$f(x) = \log x - x$，ただし $x > 0$ とする．
(5)　$f(x) = x^3$

上の練習問題で x^* で 1 階条件が満たされたとしても，f は必ずしも x^* で最大（あるいは最小）になるとは限りません．たとえば (5) では，1 階条件を満たす点で $f(x)$ は最小でも最大でもありません．しかし，学部生レベルの経済学ではほとんどの場合 1 階条件を満たす点で最適になっています．つまり，最小になる点を求めなさいという問題では 1 階条件を満たす点で最

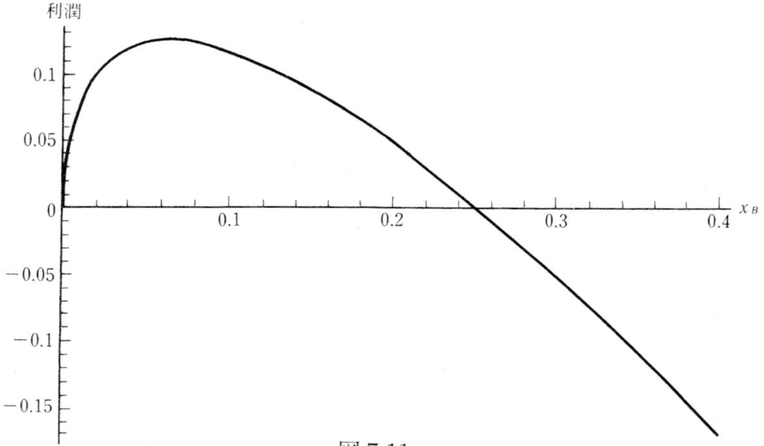

図 7.11

小に，最大になる点を求めなさいという問題では 1 階条件を満たす点で最大になるように問題ができていることがほとんどです．(大学院の場合にはこの限りでありません.) 例えば，以下の例では実際にそうなっています．

例 7.2.1 財 A を財 B から生産する企業を考える．財 B を x_B 使うと財 A を $x_B^{\frac{1}{2}}$ 生産でき，このときの費用を $2x_B$ とする．また，財 A の価格を 1 とする．この企業の利潤関数をグラフに書き，1 階条件を満たす財 B の生産量を求めなさい．また，1 階条件を満たす点で利潤が最大になっていることを確かめなさい．

この例の利潤関数のグラフを書くと図 7.11 のようになります．1 階条件を満たす点で利潤が最大になっていることはグラフから明らかでしょう．

この例のように，1 階条件を満たす点を求めれば解になっていることが多いわけですから，あまり深く最適化を学ばなくてもよい人はどういう場合に最大，最小，局大，局小になっているか確かめる必要はないかも知れません．しかし，より詳しく最適化を学びたい人はこれを確かめる方法を学ぶ必要があります．以下は深く学びたい人だけが読んでください．特に深く学ぶ必要がない人は 7.3 節に進んでください．

7.2.3 最適の 2 階条件（1 次元の場合）

まず，局大や局小の場合の f'' の符号を調べてみましょう．7.1 節の例

$$f(x) = x(x-1)(x-2)(x-2.5)$$

でみたように 2 階の微分に関する最適化のための必要条件（**2 階の必要条件**）は以下のようになります．

定理 7.2.2 $f : \boldsymbol{R} \to \boldsymbol{R}$ を 2 階微分可能とする．x^* が f の最大化問題の局所最適解なら $f''(x^*) \leq 0$．また，x^* が f の最小化問題の局所最適解なら $f''(x^*) \geq 0$.

証明 最大化の場合のみ証明する．$f''(x^*) > 0$ として矛盾を導く．定理 (6.2.9)（テイラーの定理）において $m = 2$ とすれば，$\eta(x - x^*) = o(\|x - x^*\|^2)$ が存在して，

$$f(x) = f(x^*) + f'(x^*)(x - x^*) + \frac{1}{2}f''(x^*)(x - x^*)^2 + \eta(x - x^*).$$

定理 (7.2.1) より $f'(x^*) = 0$ だから

$$\text{(i)} \quad f(x) - f(x^*) = \frac{1}{2}f''(x^*)(x - x^*)^2 + \eta(x - x^*).$$

x^* が局所最適解であることより $\epsilon > 0$ が存在して，全ての $x \in B_\epsilon(x^*)$ について $f(x) - f(x^*) \leq 0$．一方，(i) の右辺を（$x \neq x^*$ の場合に）$(x - x^*)^2$ で割ると

$$\text{(ii)} \quad \frac{1}{2}f''(x^*) + \frac{\eta(x - x^*)}{(x - x^*)^2}.$$

$o(\|x-x^*\|^2)$ の定義と $f''(x^*) > 0$ より $\delta > 0$ が存在して，全ての $x \in B_\delta(x^*) \setminus \{x^*\}$ について (ii) は正．したがって，$(x-x^*)^2 > 0$ より (i) の右辺は正．$\xi = \min(\epsilon, \delta)$[5] とすれば全ての $x \in B_\xi(x^*) \setminus \{x^*\}$ について (i) の左辺は非正だが，右辺は正となり矛盾．**証明終**.

5) $\min(\epsilon, \delta)$ は ϵ と δ のうちで小さいほう．すなわち $\epsilon \leq \delta$ なら $\min(\epsilon, \delta) = \epsilon$，$\epsilon \geq \delta$ なら $\min(\epsilon, \delta) = \delta$.

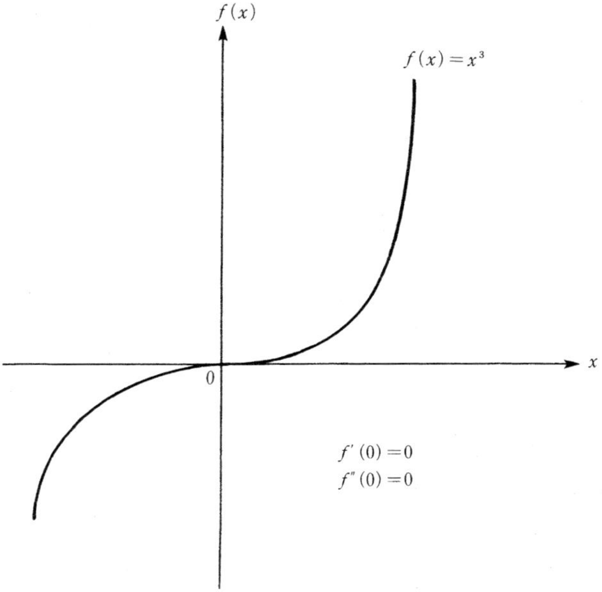

図 7.12

定理 (7.2.1) と定理 (7.2.2) より x^* が最大（最小）化問題の局所最適解なら $f'(x^*) = 0$ かつ $f''(x^*) \leq 0$ ($f''(x^*) \geq 0$) であることがわかりました．では逆に，$f'(x^*) = 0$ かつ $f''(x^*) \leq 0$ なら x^* は局所最適解になるでしょうか．実は，逆は必ずしも正しくありません．(図 7.12 参照.) x^* が局所最適解になるためにはさらに強い条件（**2 階の十分条件**）を加えなければなりません．

定理 7.2.3　$f : \boldsymbol{R} \to \boldsymbol{R}$ を $x^* \in (a, b)$ で 2 階微分可能とする．$f'(x^*) = 0$ かつ $f''(x^*) < 0$ なら x^* は f の最大化問題の局所最適解．また $f'(x^*) = 0$ かつ $f''(x^*) > 0$ なら x^* は f の最小化問題の局所最適解．

証明　最大化問題の場合のみ証明する．定理 (6.2.9) より

$$f(x) = f(x^*) + f'(x^*)(x - x^*) + \frac{1}{2} f''(x^*)(x - x^*)^2$$

$$+o(\|x-x^*\|^2).$$

$f'(x^*)=0$ より

$$f(x)-f(x^*)=\frac{1}{2}f''(x^*)(x-x^*)^2+o(\|x-x^*\|^2).$$

書き換えれば

$$\text{(i)}\quad f(x)-f(x^*)=\frac{1}{2}f''(x^*)(x-x^*)^2+\eta(x-x^*),$$

ここで $\eta(x-x^*)=o(\|x-x^*\|^2)$. $x\neq x^*$ の場合に (i) の右辺を $(x-x^*)^2$ で割ると

$$\text{(ii)}\quad \frac{1}{2}f''(x^*)+\frac{\eta(\|x-x^*\|^2)}{(x-x^*)^2}.$$

$o(\|x-x^*\|^2)$ の定義と $f''(x^*)<0$ より，$\epsilon>0$ が存在して全ての $x\in B_\epsilon(x^*)\setminus\{x^*\}$ について (ii) は負．したがって $(x-x^*)^2>0$ より，このような x については (i) の右辺は負．ゆえに全ての $x\in B_\epsilon(x^*)\setminus\{x^*\}$ について $f(x)-f(x^*)<0$．ゆえに x^* は局所最適解．　**証明終**.

練習問題 7.2.2　練習問題 7.2.1 の関数の 1 階条件を満たす点のうちで，$f''(x)<0$ を満たす点（f が局大になる点）を求めなさい．また，(5) では $f'(0)=0$ かつ $f''(0)\leq 0$ だが，f は 0 で局大になってはいないことを確かめなさい．

さらに，局大でなく最大になる条件についても議論する必要がありますが，これは次節（n 次元の場合）で一般的に行うことにします．

7.3　制約式のない場合の最適化（n 次元の場合）

本節では関数 f の定義域を $\boldsymbol{R}^n$ にしますが，定義域を一般的に $\boldsymbol{R}^n$ の凸開集合にしても本節の定理は全て成立します．より詳しく言えば，最大・最小のための条件の項（7.3.3 項）以外では，さらに定義域を $\boldsymbol{R}^n$ の開集合にしても定理は成立します．(たとえば文献 [8] 参照.)

7.3.1 最適化問題とは（n 次元の場合）

この節では定義域を n 次元ユークリッド空間 $\boldsymbol{R}^n$ とします．すなわち，関数 $f : \boldsymbol{R}^n \to \boldsymbol{R}$ の最大，最小化問題を考えることになります．最大，最小，局大，局小の定義は定義域が $\boldsymbol{R}$ の場合と（次元を除いて）同じですが，一応再述しておきましょう．

> $\boldsymbol{x} \in \boldsymbol{R}^n$ の中で $f(\boldsymbol{x})$ が最大になるような $\boldsymbol{x}^*$（つまり，$\forall \boldsymbol{x} \in \boldsymbol{R}^n$, $f(\boldsymbol{x}^*) \geq f(\boldsymbol{x})$ となる x^*）を求めなさい．

このとき $\boldsymbol{x}^*$ での f の値，すなわち $f(\boldsymbol{x}^*)$ を

$$\max_{\boldsymbol{x} \in \boldsymbol{R}^n} f(\boldsymbol{x})$$

と書き，$\boldsymbol{x}^*$ を**最大化問題の大域的最適解**といいます．また，f を最大にするような $\boldsymbol{x}$ の集合を

$$\arg\max_{\boldsymbol{x} \in \boldsymbol{R}^n} f(\boldsymbol{x})$$

と書きます．また，$\boldsymbol{x} \in \boldsymbol{R}^n$ をとって $\max f(\boldsymbol{x})$ や $\arg\max f(\boldsymbol{x})$ と書くこともあります．

同様に最小化の場合には，問題は以下のようになります．

> $\boldsymbol{x} \in \boldsymbol{R}^n$ の中で $f(\boldsymbol{x})$ が最小になるような $\boldsymbol{x}^* \in \boldsymbol{R}^n$ を求めなさい．

このとき $\boldsymbol{x}^*$ での f の値，すなわち $f(\boldsymbol{x}^*)$ を

$$\min_{\boldsymbol{x} \in \boldsymbol{R}^n} f(\boldsymbol{x})$$

と書き，$\boldsymbol{x}^*$ を**最小化問題の大域的最適解**といいます．また，f を最小にするような $\boldsymbol{x}$ の集合（大域的最適解の集合）を

$$\arg\min_{\boldsymbol{x} \in \boldsymbol{R}^n} f(\boldsymbol{x})$$

と書きます．

次に，局大を定義しましょう．

$\boldsymbol{x}^* \in \boldsymbol{R}^n$ が

$$\exists \epsilon > 0, \forall \boldsymbol{x} \in B_\epsilon(\boldsymbol{x}^*), \qquad f(\boldsymbol{x}) \leq f(\boldsymbol{x}^*)$$

を満たすなら，$\boldsymbol{x}^*$ を**最大化問題の局所最適解**といい，また f は $\boldsymbol{x}^*$ で**局大**になるといいます．

局小の場合も同様に，

$\boldsymbol{x}^* \in \boldsymbol{R}^n$ が

$$\exists \epsilon > 0, \forall \boldsymbol{x} \in B_\epsilon(\boldsymbol{x}^*), \qquad f(\boldsymbol{x}) \geq f(\boldsymbol{x}^*)$$

を満たすなら，$\boldsymbol{x}^*$ を**最小化問題の局所最適解**といい，また f は $\boldsymbol{x}^*$ で**局小**になるといいます．

7.3.2 最適の 1 階条件（n 次元の場合）

$n = 1$ の場合と同様に，最適のとき f' が満たすべき条件を**（最適の）1 階条件**といいます．最適の 1 階条件は **7.2** 節で述べたように，

$$\nabla f(\boldsymbol{x}) = \left(\frac{\partial f}{\partial x_1}(\boldsymbol{x}), \ldots, \frac{\partial f}{\partial x_n}(\boldsymbol{x}) \right) = (0, \ldots, 0)$$

になります．以下，これを図を用いて説明し，さらに厳密に証明します．

まず図で説明してみましょう．

$$f(x_1, x_2) = -x_1^2 - x_2^2$$

のグラフは図 7.13 のようになります．この関数が $(x_1, x_2) = (0, 0)$ で最大になることは明らかでしょう．また，

$$\left(\frac{\partial f}{\partial x_1}(0, 0), \frac{\partial f}{\partial x_2}(0, 0) \right) = (0, 0)$$

となることも明らかです．

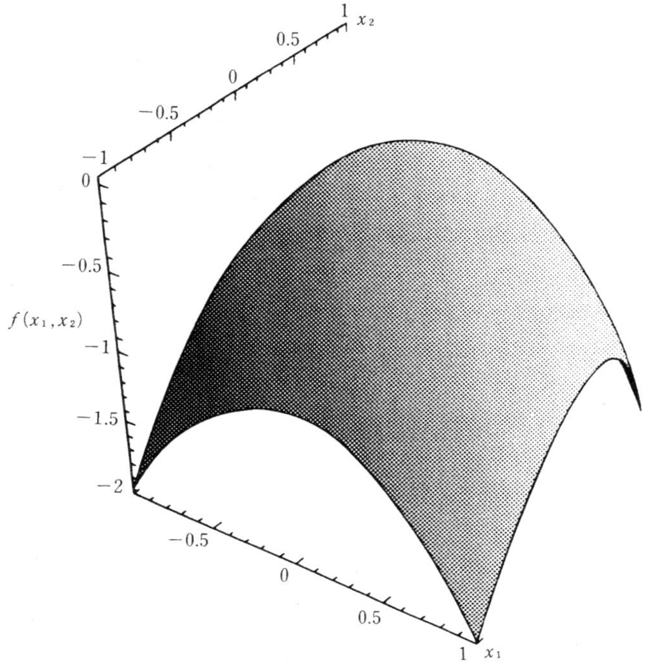

図 7.13

これを直感的に説明してみましょう．$f : \boldsymbol{R}^n \to \boldsymbol{R}$ を考えます．$\frac{\partial f}{\partial x_1}(\boldsymbol{x}) > 0$ としてみましょう．つまり，x_1 を少し増やすと f が増えるわけです．したがって，十分小さい $\epsilon > 0$ に対して $f(x_1 + \epsilon, x_2, \ldots, x_n)$ は $f(\boldsymbol{x})$ より大きくなるはずです．$\frac{\partial f}{\partial x_1}(\boldsymbol{x}) < 0$ の場合も同様に，十分小さい $\epsilon > 0$ に対して $f(x_1 - \epsilon, x_2, \ldots, x_n)$ は $f(\boldsymbol{x})$ より大きくなるはずです．したがって x において f が局大なら $\frac{\partial f}{\partial x_1}(\boldsymbol{x}) = 0$ が成立するはずです．また同様に，$\frac{\partial f}{\partial x_i}(\boldsymbol{x}) = 0$, $i = 2, \ldots, n$, も成立するはずです．

次に，これを厳密に証明してみましょう．まず以下の定理を証明します．

定理 7.3.1　$f : \boldsymbol{R}^n \to \boldsymbol{R}$ を C^1 級とする．ある $\boldsymbol{x}$ において，$\boldsymbol{d} \in \boldsymbol{R}^n$ が存在して $\nabla f(\boldsymbol{x}) \cdot \boldsymbol{d} > 0$ なら，$\delta > 0$ が存在して $f(\boldsymbol{x} + t\boldsymbol{d}) > f(\boldsymbol{x})$ が全て

の $t \in (0, \delta)$ について成り立つ．

証明　定理 (6.2.8) より $\theta \in (0,1)$ が存在して

$$f(\boldsymbol{x}+t\boldsymbol{d}) = f(\boldsymbol{x}) + t\nabla f(\boldsymbol{x}+\theta t\boldsymbol{d}) \cdot \boldsymbol{d}.$$

∇f の $\boldsymbol{x}$ における連続性より $\delta > 0$ が存在して $\nabla f(\boldsymbol{x}+\theta t\boldsymbol{d}) \cdot \boldsymbol{d} > 0$ が全ての $t \in (0, \delta)$ について成立．(θ が t に依存することと $\theta \in (0,1)$ であることに注意.) ゆえに $f(\boldsymbol{x}+t\boldsymbol{d}) > f(\boldsymbol{x})$ が全ての $t \in (0, \delta)$ について成り立つ．　**証明終**.

n 次元の場合の最適の 1 階の必要条件（**1 階条件**）は以下のようになります．

定理 7.3.2　$f : \boldsymbol{R}^n \to \boldsymbol{R}$ を C^1 級とする．$\boldsymbol{x}^* \in \boldsymbol{R}^n$ が最大化（最小化）問題の局所最適解なら $\nabla f(\boldsymbol{x}^*) = (0, \ldots, 0)$.

証明　最大化の場合のみを証明する．$\nabla f(\boldsymbol{x}^*) \neq (0, \ldots, 0)$ とする．$\boldsymbol{d} = \nabla f(\boldsymbol{x}^*)$ と定義すれば明らかに $\nabla f(\boldsymbol{x}^*) \cdot \boldsymbol{d} > 0$. 定理 (7.3.1) より $\delta > 0$ が存在して $f(\boldsymbol{x}^* + t\boldsymbol{d}) > f(\boldsymbol{x}^*)$ が全ての $t \in (0, \delta)$ について成り立つ．これは $\boldsymbol{x}^*$ が局所最適解であることに矛盾する．　**証明終**.

練習問題 7.3.1　以下の関数の 1 階条件を満たす点を求めなさい．

(1)　$f(x_1, x_2) = -x_1^4 + 3x_2 + 1$
(2)　$f(x_1, x_2, x_3) = -x_1^2 - x_2^2 - x_3^2$
(3)　$f(x_1, x_2) = e^{x_1} - 2x_1 - x_2^2$
(4)　$f(x_1, x_2) = -x_1^2 + 2x_1x_2 - x_2^2$

$n = 1$ の場合と同様に，1 階条件を満たす点で f が必ずしも最大（あるいは最小）になるとは限りません．しかし $n > 1$ の場合も，学部生レベルの経済学では，ほとんどの場合 1 階条件を満たす点が最適になるように（試験）問題ができています．つまり，最小になる点を求めたい場合には 1 階条件を満たす点で最小に，最大になる点を求めたい場合には 1 階条件を満たす点で最大になっていることがほとんどです．例えば，以下の例では実際にそうなっています．

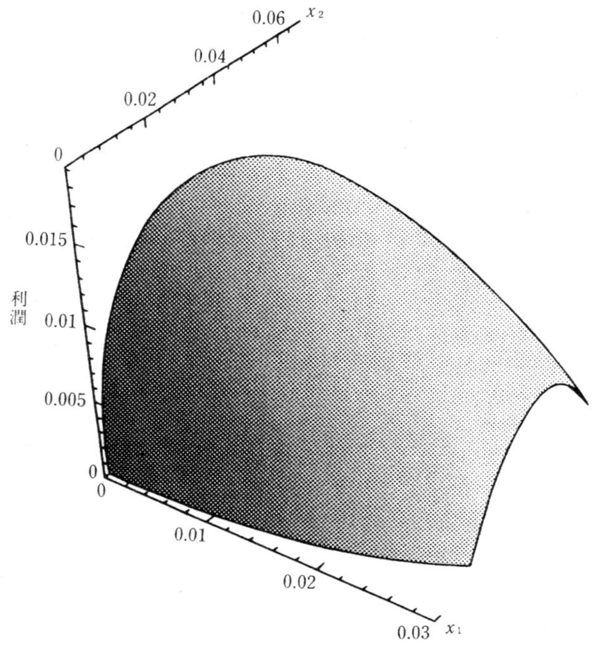

図 7.14

例 7.3.1 財 y を二つの財 x_1, x_2 から生産する企業を考える．生産関数を $y = x_1^{\frac{1}{3}} x_2^{\frac{1}{3}}$ とし，このときの費用を $2x_1 + x_2$ とする．この企業の利潤関数をグラフに書き，1 階条件を満たす $\boldsymbol{x}$ を求めなさい．また，1 階条件を満たす点で利潤が最大になっていることを確かめなさい．

利潤関数のグラフを書くと図 7.14 のようになります．1 階条件を満たす点で利潤が最大になっていることはグラフから明らかでしょう．

この例のように，1 階条件を満たす点を求めれば解になっていることが多いわけですから，あまり深く最適化を学ばなくてもよい人は，どういう場合に最大，最小，局大，局小になっているか確かめる必要はないかも知れません．しかし，より詳しく最適化を学びたい人はこれを確かめる方法を学ぶ必要があります．以下は深く学びたい人だけが読んでください．特に深く学ぶ必要がない人は 7.4 節に進んでください．

次に **2 階の必要条件**を導出しましょう．これは $n=1$ の場合の一般化ですが，かなり複雑になります．

まず，n 行 n 列の行列 A を考えます．A が ${}^{\tau}A = A$ を満たすとき（すなわち，A の i 行 j 列の要素 a_{ij} が j 行 i 列の要素 a_{ji} と一致するとき）A を**対称行列**といいます．対称行列 A について，以下の定義を導入します．

1. 任意の $\boldsymbol{h} \in R^n$（ただし $\boldsymbol{h} \neq 0$）に対し，${}^{\tau}\boldsymbol{h}A\boldsymbol{h} > 0$ のとき A は**正の定符号**であるという．
2. 任意の $\boldsymbol{h} \in R^n$（ただし $\boldsymbol{h} \neq 0$）に対し，${}^{\tau}\boldsymbol{h}A\boldsymbol{h} < 0$ のとき A は**負の定符号**であるという．
3. 任意の $\boldsymbol{h} \in R^n$ に対し，${}^{\tau}\boldsymbol{h}A\boldsymbol{h} \geq 0$ のとき A は**半正の定符号**であるという．
4. 任意の $\boldsymbol{h} \in R^n$ に対し，${}^{\tau}\boldsymbol{h}A\boldsymbol{h} \leq 0$ のとき A は**半負の定符号**であるという．

n 次元の場合の 2 階の必要条件は以下のようになります．(以下の定理で $n=1$ とすれば，この場合の 2 階の必要条件になることを確かめてください．)

定理 7.3.3　$f : \boldsymbol{R}^n \to \boldsymbol{R}$ を 2 階微分可能とする．$\boldsymbol{x}^*$ が f の最大化問題の局所最適解なら，$D^2 f(\boldsymbol{x}^*)$ は半負の定符号．

証明　背理法により証明する．$D^2 f(\boldsymbol{x}^*)$ が半負の定符号ではないと仮定する．すなわち $\hat{\boldsymbol{h}} \in \boldsymbol{R}^n$ が存在して ${}^{\tau}\hat{\boldsymbol{h}} D^2 f(\boldsymbol{x}^*)\hat{\boldsymbol{h}} > 0$ とする．ここで $\| \hat{\boldsymbol{h}} \| = 1$ としても一般性を失わない．($\| \hat{\boldsymbol{h}} \| \neq 1$ なら $\dfrac{\hat{\boldsymbol{h}}}{\|\hat{\boldsymbol{h}}\|}$ を $\hat{\boldsymbol{h}}$ の代わりに使えばノルムは 1 になる.)

定理 (6.3.5) より $\eta : \boldsymbol{R}^n \to \boldsymbol{R}$ が存在して

$$f(\boldsymbol{x}) = f(\boldsymbol{x}^*) + \nabla f(\boldsymbol{x}^*) \cdot (\boldsymbol{x} - \boldsymbol{x}^*) + \frac{1}{2}\,{}^{\tau}(\boldsymbol{x} - \boldsymbol{x}^*) D^2 f(\boldsymbol{x}^*)(\boldsymbol{x} - \boldsymbol{x}^*) + \eta(\boldsymbol{x} - \boldsymbol{x}^*).$$

ここで $\eta(\boldsymbol{x} - \boldsymbol{x}^*) = o(\| \boldsymbol{x} - \boldsymbol{x}^* \|^2)$. 定理 (7.3.2) より $\nabla f(\boldsymbol{x}^*) = (0, \ldots, 0)$ だから

$$\text{(i)}\quad f(\boldsymbol{x}) - f(\boldsymbol{x}^*) = \frac{1}{2}{}^{\tau}(\boldsymbol{x} - \boldsymbol{x}^*)D^2 f(\boldsymbol{x}^*)(\boldsymbol{x} - \boldsymbol{x}^*) + \eta(\boldsymbol{x} - \boldsymbol{x}^*).$$

$\boldsymbol{x}^*$ が最適解であることより，$\epsilon > 0$ が存在して全ての $\boldsymbol{x} \in B_\epsilon(\boldsymbol{x}^*)$ について $f(\boldsymbol{x}) - f(\boldsymbol{x}^*) \leq 0$．つまり，(i) の右辺は非正．

また，$\bar{\alpha} \in \boldsymbol{R}_{++}$ と $\hat{\boldsymbol{x}} \in B_\epsilon(\boldsymbol{x}^*)$ を適当に選べば $\bar{\alpha}\hat{\boldsymbol{h}} = (\hat{\boldsymbol{x}} - \boldsymbol{x}^*)$ となる．したがって $\hat{\boldsymbol{x}}_\alpha = \alpha\hat{\boldsymbol{h}} + \boldsymbol{x}^*$ とすれば，全ての正の α（ただし，$\alpha \leq \bar{\alpha}$ ）について $\hat{\boldsymbol{x}}_\alpha \in B_\epsilon(\boldsymbol{x}^*)$．また

$${}^{\tau}(\hat{\boldsymbol{x}}_\alpha - \boldsymbol{x}^*)D^2 f(\boldsymbol{x}^*)(\hat{\boldsymbol{x}}_\alpha - \boldsymbol{x}^*) = \alpha^2\, {}^{\tau}\hat{\boldsymbol{h}} D^2 f(\boldsymbol{x}^*)\hat{\boldsymbol{h}} > 0$$

となる．したがって，$\|\hat{\boldsymbol{h}}\| = 1$ より

$$\text{(ii)}\quad \frac{1}{2}\frac{{}^{\tau}(\hat{\boldsymbol{x}}_\alpha - \boldsymbol{x}^*)D^2 f(\boldsymbol{x}^*)(\hat{\boldsymbol{x}}_\alpha - \boldsymbol{x}^*)}{\|\,\hat{\boldsymbol{x}}_\alpha - \boldsymbol{x}^*\,\|^2} + \frac{\eta(\boldsymbol{x}_\alpha - \boldsymbol{x}^*)}{\|\,\hat{\boldsymbol{x}}_\alpha - \boldsymbol{x}^*\,\|^2}$$

$$= \frac{1}{2}\,{}^{\tau}\hat{\boldsymbol{h}} D^2 f(\boldsymbol{x}^*)\hat{\boldsymbol{h}} + \frac{\eta(\boldsymbol{x}_\alpha - \boldsymbol{x}^*)}{\|\,\hat{\boldsymbol{x}}_\alpha - \boldsymbol{x}^*\,\|^2}$$

したがって，$\alpha \to 0$ なら $\|\,\hat{\boldsymbol{x}}_\alpha - \boldsymbol{x}^*\,\| \to 0$ だから

$$\lim_{\alpha\to 0}\left\{\frac{1}{2}\frac{{}^{\tau}(\hat{\boldsymbol{x}}_\alpha - \boldsymbol{x}^*)D^2 f(\boldsymbol{x}^*)(\hat{\boldsymbol{x}}_\alpha - \boldsymbol{x}^*)}{\|\,\hat{\boldsymbol{x}}_\alpha - \boldsymbol{x}^*\,\|^2} + \frac{\eta(\boldsymbol{x}_\alpha - \boldsymbol{x}^*)}{\|\,\hat{\boldsymbol{x}}_\alpha - \boldsymbol{x}^*\,\|^2}\right\} = \frac{1}{2}\,{}^{\tau}\hat{\boldsymbol{h}} D^2 f(\boldsymbol{x}^*)\hat{\boldsymbol{h}} > 0$$

ゆえに $\bar{\alpha}$ 以下の $\bar{\bar{\alpha}} > 0$ が存在して $0 < \alpha \leq \bar{\bar{\alpha}}$ なら (ii) は正．したがって，このような $\hat{\boldsymbol{x}}_\alpha$ を (i) の右辺に代入すればこれは正になる．しかし，これは (i) の右辺が非正であることに矛盾．　**証明終**．

1次元の場合と同様に $\nabla f(\boldsymbol{x}^*) = (0, \ldots 0)$ かつ $D^2 f(\boldsymbol{x}^*)$ が半負の定符号であっても $\boldsymbol{x}^*$ で f が局大にならないことを注意しておきます．**局所最適のための十分条件**（最適の十分条件）は以下のようになります．

定理 7.3.4　$f : \boldsymbol{R}^n \to \boldsymbol{R}$ を2階微分可能とする．$\boldsymbol{x}^*$ で $\nabla f(\boldsymbol{x}^*) = (0, \ldots, 0)$ かつ $D^2 f(\boldsymbol{x}^*)$ が負の定符号なら $\boldsymbol{x}^*$ で f は局大になる．

証明　$B = \{\boldsymbol{h} \in \boldsymbol{R}^n \mid \|\,\boldsymbol{h}\,\| = 1\}$ はコンパクト集合で $g(\boldsymbol{h}) = {}^{\tau}\boldsymbol{h} D^2 f(\boldsymbol{x}^*)\boldsymbol{h}$ は $\boldsymbol{h}$ の連続関数であるから，定理 (4.6.5) より g は B 上で最大値を持つ．これを β とする．$D^2 f(\boldsymbol{x}^*)$ は負の定符号だから，$\beta < 0$．$g(\boldsymbol{d})$ が $d_1, \ldots, d_n$ の2次式であることと $g(\frac{\boldsymbol{d}}{\|\boldsymbol{d}\|}) \leq \beta$ より，任意の $\boldsymbol{d} \in \boldsymbol{R}^n$ に対し

(i)　$g(\boldsymbol{d}) \leq \beta \parallel \boldsymbol{d} \parallel^2$

が成り立つ．

定理 (6.3.5) と $\nabla f(\boldsymbol{x}^*) = (0, \ldots, 0)$ より

$$\text{(ii)}\quad f(\boldsymbol{x}) - f(\boldsymbol{x}^*) = \frac{1}{2}\,{}^{\tau}(\boldsymbol{x} - \boldsymbol{x}^*)D^2 f(\boldsymbol{x}^*)(\boldsymbol{x} - \boldsymbol{x}^*) + o(\parallel \boldsymbol{x} - \boldsymbol{x}^* \parallel^2).$$

(i), (ii) より

$$\text{(iii)}\quad f(\boldsymbol{x}) - f(\boldsymbol{x}^*) \leq \frac{1}{2}\beta \parallel \boldsymbol{x} - \boldsymbol{x}^* \parallel^2 + o(\parallel \boldsymbol{x} - \boldsymbol{x}^* \parallel^2).$$

$o(\parallel \boldsymbol{x} - \boldsymbol{x}^* \parallel^2)$ の定義と $\beta < 0$ より $\epsilon > 0$ が存在して $\boldsymbol{x} \in B_\epsilon(\boldsymbol{x}^*) \setminus \{\boldsymbol{x}^*\}$ なら (iii) の右辺は負になる．したがって $f(\boldsymbol{x}) - f(\boldsymbol{x}^*) < 0$．　**証明終**．

例 7.3.2　$f(x_1, x_2) = -x_1^2 + x_1 x_2 - x_2^2$ とすると，

$$\nabla f(x_1, x_2) = (-2x_1 + x_2, x_1 - 2x_2)$$

ですから，$\nabla f(0,0) = (0,0)$ になります．また，

$$D^2 f(x_1, x_2) = \begin{bmatrix} -2 & 1 \\ 1 & -2 \end{bmatrix}$$

ですから，全ての $(0,0)$ でない (h_1, h_2) について

$$(h_1, h_2)D^2 f(0,0)^{\tau}(h_1, h_2) = -2(h_1^2 - h_1 h_2 + h_2^2) = -2(h_1 - \frac{1}{2}h_2)^2 - \frac{1}{2}h_2^2 < 0$$

となり $D^2 f(0,0)$ は負の定符号になっています．実際に，$(0,0)$ で f が局大になることを図 7.15 で確かめてください．

局小の場合の上の二つの定理に対応する定理は以下のようになります．(証明は局大の場合の証明とほとんど同じです.)

定理 7.3.5　（2 階の必要条件）$f : \boldsymbol{R}^n \to \boldsymbol{R}$ を 2 階微分可能とする．$\boldsymbol{x}^*$ で f が局小になるなら，$D^2 f(\boldsymbol{x}^*)$ は半正の定符号．

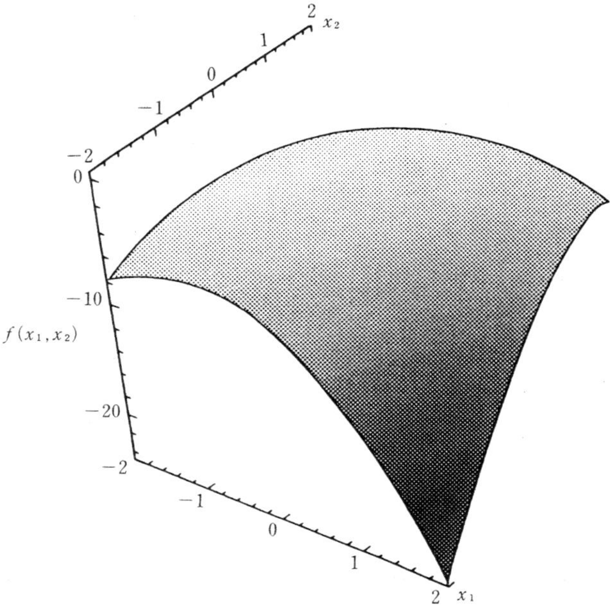

図 7.15

定理 7.3.6 (2 階の十分条件) $f : \boldsymbol{R}^n \to \boldsymbol{R}$ を 2 階微分可能とする. $\nabla f(\boldsymbol{x}^*) = (0, \ldots, 0)$ かつ $D^2 f(\boldsymbol{x}^*)$ が正の定符号なら $\boldsymbol{x}^*$ で f は局小になる.

練習問題 7.3.2 練習問題 7.3.1 の関数の 1 階条件を満たす点のうちで, $D^2 f(\boldsymbol{x})$ が正の定符号になる点を求めなさい. また, $D^2 f(\boldsymbol{x})$ が負の定符号になる点を求めなさい.

7.3.3 最大・最小のための条件

最後に, $\boldsymbol{x}^*$ で f が最大 (最小) になるための条件について議論しましょう.

まず, $f : \boldsymbol{R} \to \boldsymbol{R}$ のグラフが図 7.16 のようになっているとします. このとき, 明らかに $f'(x) = 0$ となっている点 $x = a$ において f は最大になっています. また, 図 7.17 の場合には $f'(x) = 0$ となっている点 $x = b$ にお

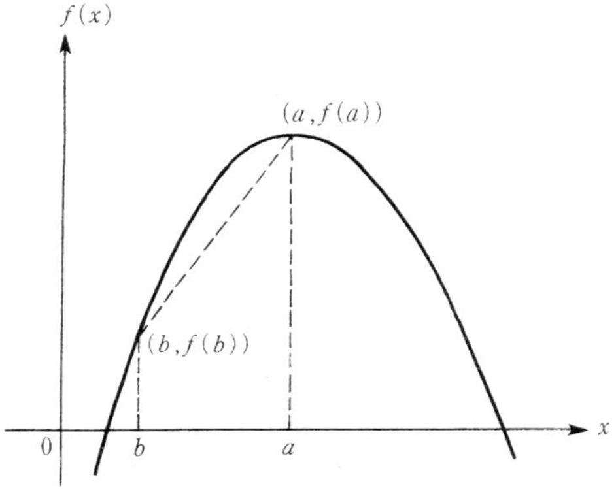

図 7.16

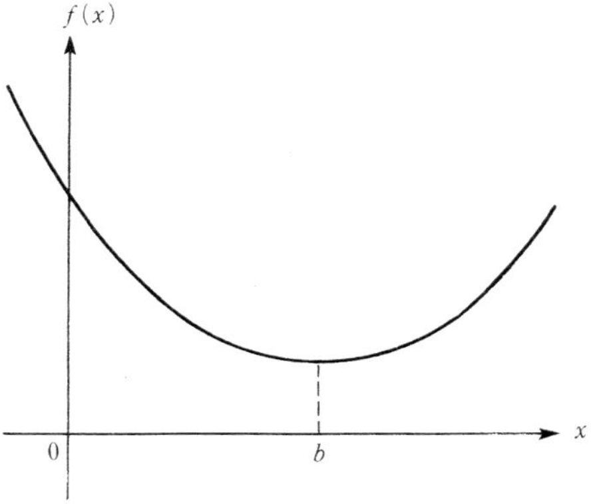

図 7.17

いて f は最小になっています．このように，関数のグラフが山のようになっていれば，$f'(x)=0$ となる点で f は最大になり，関数のグラフが谷のようになっていれば，$f'(x)=0$ となる点で f は最小になりそうです．では，グラフが山や谷のようになっているということを，どのようにして数学的に厳密に定義すればよいでしょうか．ただし山については，図 7.16 のように登っていくとだんだん勾配が小さくなっていくものとし，図 7.18 のようなものは考えないことにします．谷についても同様に図 7.17 のようなもののみを考え

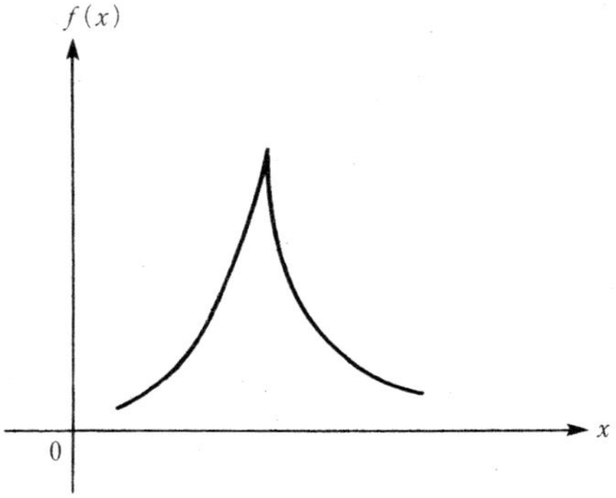

図 7.18

ることにします．

図 7.16 において点 $(a, f(a))$ と点 $(b, f(b))$ を結ぶ線分を考えます．するとこの線分はグラフの下にあります．この図では a と b をどこにとっても線分はグラフの下にあります．関数を $f : \boldsymbol{R} \to \boldsymbol{R}$ とすれば，これは

$$\forall a, b \in \boldsymbol{R},\ \forall t \in [0,1],\ tf(a) + (1-t)f(b) \leq f(ta + (1-t)b)$$

で表されます．上の式の左辺が線分の高さ，右辺がグラフの高さを表します．これを n 次元に拡張すると，$f : \boldsymbol{R}^n \to \boldsymbol{R}$ に対し

$$\forall \boldsymbol{a}, \boldsymbol{b} \in \boldsymbol{R}^n,\ \forall t \in [0,1],\ tf(\boldsymbol{a}) + (1-t)f(\boldsymbol{b}) \leq f(t\boldsymbol{a} + (1-t)\boldsymbol{b})$$

となります．数学では上の条件を満たす関数 $f : \boldsymbol{R}^n \to \boldsymbol{R}$ を**凹関数**といいます．さらにグラフに平らな部分がない凹関数を**狭義凹関数**といいます．厳密に書けば

$$\forall \boldsymbol{a}, \boldsymbol{b} \in \boldsymbol{R}^n\,(\text{ただし，}\boldsymbol{a} \neq \boldsymbol{b}),\ \forall t \in (0,1),\ tf(\boldsymbol{a}) + (1-t)f(\boldsymbol{b}) < f(t\boldsymbol{a} + (1-t)\boldsymbol{b})$$

となります．図 7.19 の関数は凹関数ですが狭義凹関数ではありません．一方，図 7.16 の関数は狭義凹関数です．

谷の場合は不等号が逆になるだけで，$f : \boldsymbol{R}^n \to \boldsymbol{R}$ に対し

$$\forall \boldsymbol{a},\ \boldsymbol{b} \in \boldsymbol{R}^n,\ \forall t \in [0,1],\ tf(\boldsymbol{a}) + (1-t)f(\boldsymbol{b}) \geq f(t\boldsymbol{a} + (1-t)\boldsymbol{b})$$

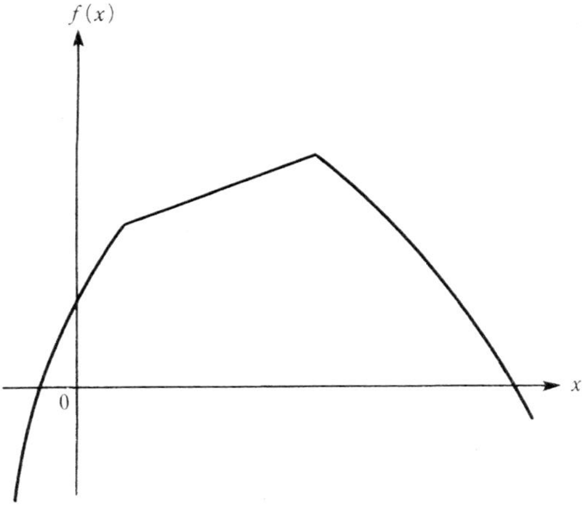

図 7.19

がグラフが谷になっていることの表現になります．数学では上の条件を満たす関数を**凸関数**といいます．凹関数と同様にグラフに平らな部分がない凸関数を**狭義凸関数**といいます．厳密に書けば

$$\forall \boldsymbol{a},\ \boldsymbol{b} \in \boldsymbol{R}^n\,(\text{ただし，}\ \boldsymbol{a} \neq \boldsymbol{b}),\ \forall t \in (0,1),\ tf(\boldsymbol{a}) + (1-t)f(\boldsymbol{b}) > f(t\boldsymbol{a} + (1-t)\boldsymbol{b})$$

となります．

まず，以下の補題を証明します．

補題 7.3.1　$f : \boldsymbol{R}^n \to \boldsymbol{R}$ が微分可能な凹関数なら，任意の $\boldsymbol{a} \in \boldsymbol{R}^n$ について

$$\forall \boldsymbol{x} \in \boldsymbol{R}^n,\ f(\boldsymbol{x}) - f(\boldsymbol{a}) \leq \nabla f(\boldsymbol{a}) \cdot (\boldsymbol{x} - \boldsymbol{a}).$$

f が微分可能な凸関数なら，任意の $\boldsymbol{a} \in \boldsymbol{R}^n$ について

$$\forall \boldsymbol{x} \in \boldsymbol{R}^n,\ f(\boldsymbol{x}) - f(\boldsymbol{a}) \geq \nabla f(\boldsymbol{a}) \cdot (\boldsymbol{x} - \boldsymbol{a}).$$

証明　凹関数の場合のみを証明する．任意の $\boldsymbol{x} \in \boldsymbol{R}^n$ を一つ選ぶ．凹関数の定義より全ての $t \in [0,1]$ に対して

$$tf(\boldsymbol{x}) + (1-t)f(\boldsymbol{a}) \leq f(t\boldsymbol{x} + (1-t)\boldsymbol{a}).$$

したがって，$t \neq 0$ なら

$$
\begin{aligned}
f(\boldsymbol{x}) - f(\boldsymbol{a}) &\leq \frac{f(\boldsymbol{a} + t(\boldsymbol{x} - \boldsymbol{a})) - f(\boldsymbol{a})}{t} \\
&= \frac{t\nabla f(\boldsymbol{a}) \cdot (\boldsymbol{x} - \boldsymbol{a}) + \eta(t(\boldsymbol{x} - \boldsymbol{a}))}{t} \\
&\qquad\qquad (\text{ここで } \eta(t(\boldsymbol{x} - \boldsymbol{a})) = o(\| t(\boldsymbol{x} - \boldsymbol{a}) \|)) \\
&= \nabla f(\boldsymbol{a}) \cdot (\boldsymbol{x} - \boldsymbol{a}) + \frac{\eta(t(\boldsymbol{x} - \boldsymbol{a}))}{t}
\end{aligned}
$$

(2 番目の式で定理 (6.3.5) を使っている.) $\boldsymbol{x}$ と $\boldsymbol{a}$ が固定されていることにより

$$
\lim_{t \to 0} \frac{\eta(t(\boldsymbol{x} - \boldsymbol{a}))}{t} = 0
$$

したがって，

$$
f(\boldsymbol{x}) - f(\boldsymbol{a}) \leq \nabla f(\boldsymbol{a}) \cdot (\boldsymbol{x} - \boldsymbol{a})
$$

証明終.

補題 (7.3.1) より凹関数（凸関数）の場合には，1 階の必要条件 $\nabla f(\boldsymbol{x}^*) = (0, \ldots, 0)$ が成り立てば，$\boldsymbol{x}^*$ で最大（最小）になることを証明できます.

定理 7.3.7 $f : \boldsymbol{R}^n \to \boldsymbol{R}$ が $\boldsymbol{x}^* \in \boldsymbol{R}^n$ で微分可能な凹関数（凸関数）とする．$\nabla f(\boldsymbol{x}^*) = (0, \ldots, 0)$ なら f は $\boldsymbol{x}^*$ において最大値（最小値）をとる.

証明 凹関数の場合のみ証明する．補題 (7.3.1) より全ての $\boldsymbol{x} \in \boldsymbol{R}^n$ に対して

$$
f(\boldsymbol{x}) - f(\boldsymbol{x}^*) \leq \nabla f(\boldsymbol{x}^*) \cdot (\boldsymbol{x} - \boldsymbol{x}^*)
$$

したがって，$\nabla f(\boldsymbol{x}^*) = (0, \ldots, 0)$ より $f(\boldsymbol{x}) - f(\boldsymbol{x}^*) \leq 0$. **証明終**.

例 7.3.3 $f(x_1, x_2) = -x_1^2 - x_2^2$ が凹関数であることを確かめましょう．$t \in [0, 1]$ より，

$$
\begin{aligned}
&f(t\boldsymbol{x} + (1-t)\boldsymbol{y}) - \{tf(\boldsymbol{x}) + (1-t)f(\boldsymbol{y})\} \\
&\quad = -(tx_1 + (1-t)y_1)^2 - (tx_2 + (1-t)y_2)^2 \\
&\qquad\qquad - \{-tx_1^2 - tx_2^2 - (1-t)y_1^2 - (1-t)y_2^2\} \\
&\quad = t(1-t)(x_1 - y_1)^2 + t(1-t)(x_2 - y_2)^2 \geq 0
\end{aligned}
$$

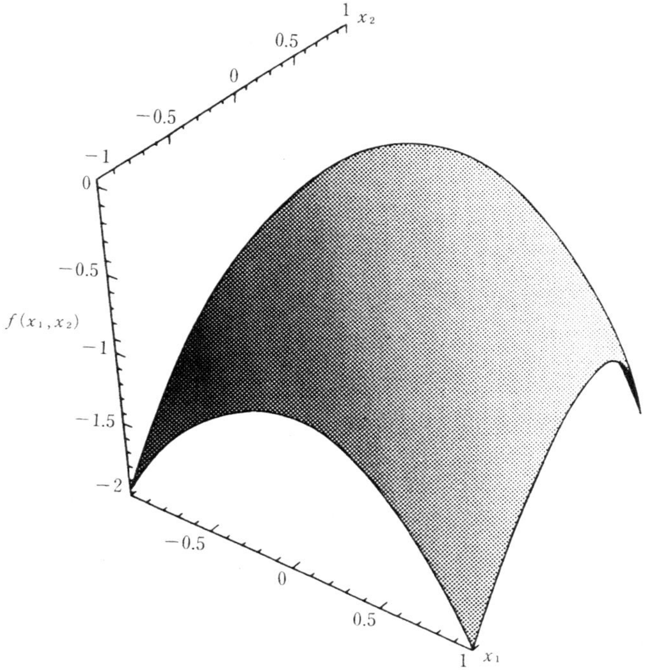

図 7.20

ですから，f は凹関数になります．$\nabla f(0,0)=(0,0)$ より，$(0,0)$ で 1 階条件が成立しています．図 7.20 で実際にこの点で f は最大になっていることを確かめてください．

練習問題 7.3.3　以下の関数のうちから凸関数と凹関数を選びなさい．

(1)　$f(x)=x^2$

(2)　$f(x_1,x_2)=x_1^2+2x_1x_2+x_2^2$

(3)　$f(x)=-x^2$

(4)　$f(x_1,x_2)=x_1^3+x_2^3$.

最後に 2 階微分可能な凹関数（凸関数）と f のヘッセ行列の関係を説明しておきましょう．まず，以下の補題を証明します.（これは補題 7.3.1 の逆命題になります.）

補題 7.3.2　$f : \boldsymbol{R}^n \to \boldsymbol{R}$ が微分可能とする．全ての $\boldsymbol{x}, \boldsymbol{y} \in \boldsymbol{R}^n$ について

$$f(\boldsymbol{x}) - f(\boldsymbol{y}) \leq \nabla f(\boldsymbol{y}) \cdot (\boldsymbol{x} - \boldsymbol{y})$$

が成り立てば f は凹関数．また，全ての $\boldsymbol{x}, \boldsymbol{y} \in \boldsymbol{R}^n$ について

$$f(\boldsymbol{x}) - f(\boldsymbol{y}) \geq \nabla f(\boldsymbol{y}) \cdot (\boldsymbol{x} - \boldsymbol{y})$$

が成り立てば f は凸関数．

証明　凹関数の場合のみ証明する．条件より

$$\text{(i)} \quad f(\boldsymbol{x}) - f((1-t)\boldsymbol{x} + t\boldsymbol{y}) \leq t \nabla f((1-t)\boldsymbol{x} + t\boldsymbol{y}) \cdot (\boldsymbol{x} - \boldsymbol{y}).$$

また同様に，

$$\text{(ii)} \quad f(\boldsymbol{y}) - f((1-t)\boldsymbol{x} + t\boldsymbol{y}) \leq -(1-t) \nabla f((1-t)\boldsymbol{x} + t\boldsymbol{y}) \cdot (\boldsymbol{x} - \boldsymbol{y}).$$

(i)$\times(1-t)+$(ii)$\times t$ は

$$(1-t)f(\boldsymbol{x}) + tf(\boldsymbol{y}) - f((1-t)\boldsymbol{x} + t\boldsymbol{y})) \leq 0$$

となる．　**証明終．**

定理 7.3.8　$f : \boldsymbol{R}^n \to \boldsymbol{R}$ を 2 階微分可能とする．f が凹関数（凸関数）であるための必要十分条件は $D^2 f(\boldsymbol{x})$ が全ての $\boldsymbol{x} \in \boldsymbol{R}^n$ について半負の定符号（半正の定符号）であること．

証明　凹関数の場合のみ証明する．（必要性）f が凹関数ならば，全ての $\boldsymbol{x} \in \boldsymbol{R}^n$ において，全ての $\boldsymbol{h} \in \boldsymbol{R}^n$ について ${}^\tau\boldsymbol{h} D^2 f(\boldsymbol{x}) \boldsymbol{h} \leq 0$ であることを証明する．f が凹関数であることと補題 (7.3.1) より，$t \geq 0$ に対し

$$\text{(i)} \quad f(\boldsymbol{x} + t\boldsymbol{h}) - f(\boldsymbol{x}) - t \nabla f(\boldsymbol{x}) \cdot \boldsymbol{h} \leq 0.$$

また，定理 (6.3.5) より

$$\text{(ii)} \quad f(\boldsymbol{x} + t\boldsymbol{h}) - f(\boldsymbol{x}) - t \nabla f(\boldsymbol{x}) \cdot \boldsymbol{h} = \frac{1}{2} t^2 \, {}^\tau\boldsymbol{h} D^2 f(\boldsymbol{x}) \boldsymbol{h} + \eta(t\boldsymbol{h}).$$

ここで $\eta(t\boldsymbol{h}) = o(\|t\boldsymbol{h}\|^2)$．したがって，(i)，(ii) より

$$\frac{1}{2}t^2\,{}^\tau\boldsymbol{h}D^2f(\boldsymbol{x})\boldsymbol{h} + \eta(t\boldsymbol{h}) \leq 0.$$

ゆえに

$$0 \geq \lim_{t\to 0}\left\{\frac{1}{t^2\|\boldsymbol{h}\|^2}\left(\frac{1}{2}t^2\,{}^\tau\boldsymbol{h}D^2f(\boldsymbol{x})\boldsymbol{h} + \eta(t\boldsymbol{h})\right)\right\} = \frac{1}{2\|\boldsymbol{h}\|^2}\,{}^\tau\boldsymbol{h}D^2f(\boldsymbol{x})\boldsymbol{h}.$$

（十分性）定理 (6.3.4) より，任意の $\boldsymbol{x}, \boldsymbol{y}$ について $\theta \in (0,1)$ が存在して

$$f(\boldsymbol{x}) - f(\boldsymbol{y}) - \nabla f(\boldsymbol{y})\cdot(\boldsymbol{x}-\boldsymbol{y}) = \frac{1}{2}\,{}^\tau(\boldsymbol{x}-\boldsymbol{y})D^2f(\boldsymbol{y}+\theta(\boldsymbol{x}-\boldsymbol{y}))(\boldsymbol{x}-\boldsymbol{y}).$$

上式の右辺は D^2f が半負の定符号であることより非正．したがって，左辺は非正．ゆえに補題 (7.3.2) より f は凹関数になる．　**証明終**．

7.4　等式制約下での最適化

7.4.1　最適化問題とは（等式制約のある場合）

$u : \boldsymbol{R}^2 \to \boldsymbol{R}$ を $u(x_1, x_2) = x_1x_2$ として以下の問題を考えてみましょう．

> $u(x_1, x_2)$ が集合 $A = \{(x_1, x_2) \in \boldsymbol{R}^2 \mid x_1 + 2x_2 = 3\}$ において最大値をとる点を求めなさい．

この問題は，$u(x_1^*, x_2^*) \geq u(x_1, x_2)$ が全ての $(x_1, x_2) \in A$ について成り立つような $(x_1^*, x_2^*) \in A$ を求めることと同じになります．すでに経済原論かミクロ経済学を学んだ読者には，上が効用関数 u の所得制約 $x_1 + 2x_2 = 3$（ここで財 1 の価格が 1，財 2 の価格が 2，所得が 3）のもとでの最大化問題だということがおわかりかと思います．

この問題は以下のようにして簡単に解けます．まず，集合 A に属する x_1 と x_2 の間には $x_1 + 2x_2 = 3$ という関係が成立しているはずですから，任意に与えられた $x_2 \in \boldsymbol{R}$ に対し，$x_1 = 3 - 2x_2$ であるときのみ (x_1, x_2) は集合 A に属します．$u(x_1, x_2) = x_1x_2$ に $x_1 = 3 - 2x_2$ を代入してみましょう．すると u は

$$(3 - 2x_2)x_2$$

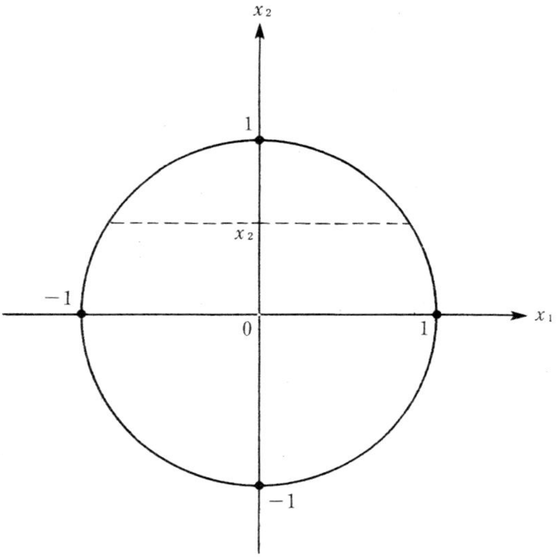

図 7.21

になります．これを最大にする x_2^* を求め，$x_1^* = 3 - 2x_2^*$ とすれば，(x_1^*, x_2^*) が u を最大にすることになります．$(3-2x_2)x_2$ の最大化は前節の制約のない場合の最大化のケースですから，制約のある問題が制約なしの問題に帰着することになります．この式を x_2 で微分して 0 とおけば $-4x_2 + 3 = 0$．これより $x_2^* = \frac{3}{4}$，したがって $x_1^* = \frac{3}{2}$ となり，これが最適の 1 階条件を満たす点になります．

このような方法は常に使えるでしょうか．以下の問題を考えてみましょう．

> $f(x_1, x_2) = x_1 + x_2$ が集合 $A = \{(x_1, x_2) \in \boldsymbol{R}^2 \mid x_1^2 + x_2^2 = 1\}$ において最大値をとる点を求めなさい．

図 7.21 のように $x_2 \in \boldsymbol{R}$ に対して $(x_1, x_2) \in A$ となるような x_1 は通常 2 つあり，x_1 を x_2 の関数として書くことはできません．これは陰関数定理の説明で述べたことと全く同様です．(もちろん，陰関数定理の条件を満たす (x_1, x_2) では，x_2 を含む開集合と x_1 を含む開集合を適当に選べば，それら

の集合上では x_2 に対し $(x_1, x_2) \in A$ となる x_1 が一つ定まります．しかし，これはあくまで x_2 を含む“小さい”集合と x_1 を含む“小さい”集合上のことです.）したがって，この場合には前節の制約なしの最適化の手法を使うことはできません．このような場合の最適化の手法を解説するのが本節の目的です．また，たとえ制約式を一つの変数について解くことができる場合でも，本節の方法（ラグランジュ乗数法）を使った方が最適解を簡単に計算できます．

まず，等式制約のある場合の最適化を一般的に定義しましょう．$f : \boldsymbol{R}^n \to \boldsymbol{R}$ と $g_i : \boldsymbol{R}^n \to \boldsymbol{R}$, $i = 1, \ldots, m$, を考えます．与えられた $(k_1, \ldots, k_m) \in \boldsymbol{R}^m$ に対し，以下の問題を考えましょう．

> $f(\boldsymbol{x})$ が集合 $A = \{\boldsymbol{x} \in \boldsymbol{R}^n \mid g_1(\boldsymbol{x}) = k_1, \ldots, g_m(\boldsymbol{x}) = k_m\}$ において最大値をとる点を求めなさい．

この問題を以下のように書くことにします．

$$
\begin{array}{lllll}
\text{(I)} & \max f(\boldsymbol{x}) & & & \\
& s.t. & g_1(\boldsymbol{x}) & = & k_1 \\
& & \vdots & & \vdots \\
& & g_m(\boldsymbol{x}) & = & k_m
\end{array}
$$

ここで $s.t.$ とは subject to の略で“条件の下で”という意味です．また (I) の最適解の集合を

$$\arg\max\{f(\boldsymbol{x}) \mid g_i(\boldsymbol{x}) = k_i, i = 1, \ldots, m\}$$

最大値を

$$\max\{f(\boldsymbol{x}) \mid g_i(\boldsymbol{x}) = k_i,\ i = 1, \ldots, m\}$$

と書きます．

制約のない場合と同様に，$\epsilon > 0$ が存在して $\boldsymbol{x}^* \in B_\epsilon(\boldsymbol{x}^*) \cap A$ が

$$\forall \boldsymbol{x} \in B_\epsilon(\boldsymbol{x}^*) \cap A, f(\boldsymbol{x}^*) \geq f(\boldsymbol{x})$$

を満たすなら $\boldsymbol{x}^*$ を (I) の局所最適解と呼び，$\boldsymbol{x}^*$ における f の値 $f(\boldsymbol{x}^*)$ を局大値と呼びます．最小と局小についても同様に定義されます．

7.4.2 最適の 1 階条件（等式制約のある場合）

まず，制約条件が一つしかない場合 $(m=1)$ を考えてみましょう．すなわち

$$\text{(II)} \quad \max f(\boldsymbol{x}) \quad s.t. \quad g(\boldsymbol{x}) = k$$

を考えます．f と g は C^1 級と仮定しておきます．$A = \{\boldsymbol{x} \in \boldsymbol{R}^n \mid g(\boldsymbol{x}) = k\}$ と定義し，$\boldsymbol{x} \in A$ を一つとります．定理 (7.3.1) によれば，$\nabla f(\boldsymbol{x})$ と鋭角な方向（$\nabla f(\boldsymbol{x}) \cdot \boldsymbol{d} > 0$ となる $\boldsymbol{d} \in \boldsymbol{R}^n$ の方向）へ $\boldsymbol{x}$ を動かすと f の値は増加します．図 7.22 より $\nabla g(\boldsymbol{x})$ の方向（あるいは $-\nabla g(\boldsymbol{x})$ の方向）が $\nabla f(\boldsymbol{x})$ と一致していないなら，f を増加させかつ集合 A の中に留まる $\boldsymbol{x}$ がありそうです．したがって，もし $\boldsymbol{x}$ が (II) の解になっているなら，$\nabla f(\boldsymbol{x})$ と $\nabla g(\boldsymbol{x})$（または $-\nabla g(\boldsymbol{x})$）の方向は一致しそうです．(逆は必ずしも成り立ちません．つまり，$\nabla f(\boldsymbol{x})$ と $\nabla g(\boldsymbol{x})(-\nabla g(\boldsymbol{x}))$ の方向が一致していても，f を増加させる $\boldsymbol{x}$ が集合 A に含まれる場合があります．図 7.23 がそのよう

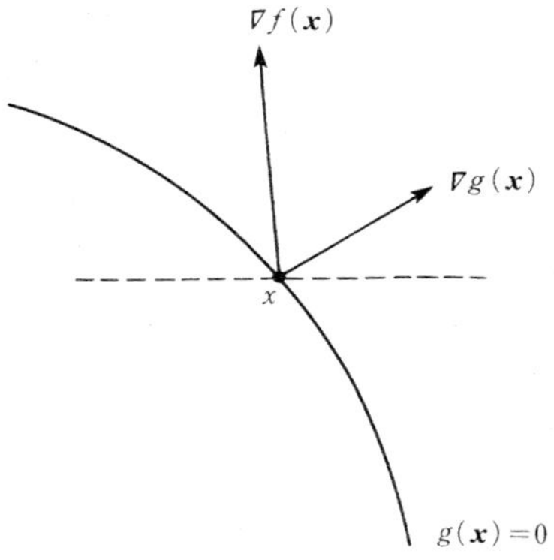

図 7.22

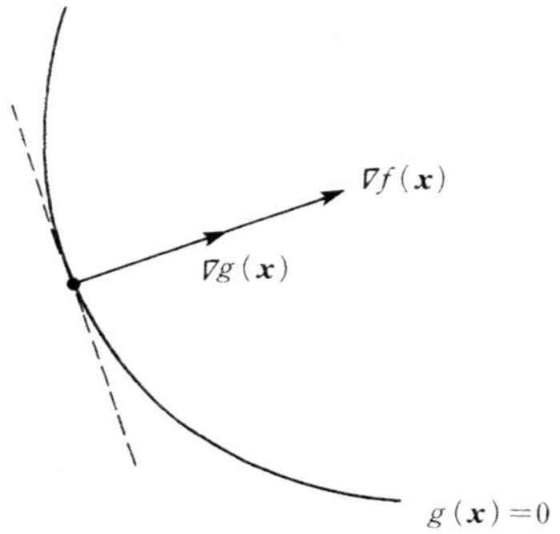

図 7.23

な例です.) 式で書けば実数 λ が存在して

$$\nabla f(\boldsymbol{x}) = \lambda \nabla g(\boldsymbol{x})$$

となりそうです. もちろんこのとき

$$g(\boldsymbol{x}) = k$$

も成立している必要があります.

これを厳密に証明してみましょう.

定理 7.4.1 f と g を C^1 級とする. $\boldsymbol{x}^* \in \boldsymbol{R}^n$ が (II) の局所最適解で $\frac{\partial g}{\partial x_1}(\boldsymbol{x}^*) \neq 0$ が成り立つなら, $\lambda^* \in R$ が存在して $\nabla f(\boldsymbol{x}^*) = \lambda^* \nabla g(\boldsymbol{x}^*)$. また, $g(\boldsymbol{x}^*) = k$ も成立.

証明 $\boldsymbol{x}_{-1} = (x_2, \ldots, x_n)$ と定義する. $\frac{\partial g}{\partial x_1}(\boldsymbol{x}^*) \neq 0$ と定理 (6.4.5) より $\boldsymbol{x}^*_{-1}$ を含む開集合 $\boldsymbol{D} \subset \boldsymbol{R}^n$ とその上で定義された関数 $\varphi : \boldsymbol{D} \to \boldsymbol{R}$ が存在して,

1. $x_1^* = \varphi(\boldsymbol{x}^*_{-1})$ かつ
2. 全ての $\boldsymbol{x}_{-1} \in \boldsymbol{D}$ について $g(\varphi(\boldsymbol{x}_{-1}), \boldsymbol{x}_{-1}) = k$. つまり $\boldsymbol{D}$ 上で $(\varphi(\boldsymbol{x}_{-1}), \boldsymbol{x}_{-1})$ は制約を満たす.

したがって $f(x_1, x_2, \ldots, x_n)$ に $x_1 = \varphi(\boldsymbol{x}_{-1})$ を代入し, $G(\boldsymbol{x}_{-1}) = f(\varphi(\boldsymbol{x}_{-1}), \boldsymbol{x}_{-1})$ と定義すれば $\boldsymbol{x}^*_{-1}$ は開集合 $\boldsymbol{D}$ 上の制約のない最大化問題

$$\max\{G(\boldsymbol{x}_{-1}) \mid \boldsymbol{x}_{-1} \in \boldsymbol{D}\}$$

の局所最適解になっている．定理 (7.3.2) より

$$\frac{\partial G}{\partial x_i}(\boldsymbol{x}^*_{-1})=\frac{\partial f}{\partial x_1}(\varphi(\boldsymbol{x}^*_{-1}),\boldsymbol{x}^*_{-1})\frac{\partial \varphi}{\partial x_i}(\boldsymbol{x}^*_{-1})+\frac{\partial f}{\partial x_i}(\varphi(\boldsymbol{x}^*_{-1}),\boldsymbol{x}^*_{-1})=0, i=2,\ldots,n,$$

が成立している．ここで $\boldsymbol{x}^*=(\varphi(\boldsymbol{x}^*_{-1}),\boldsymbol{x}^*_{-1})$ とおくと，$\frac{\partial\varphi}{\partial x_i}(\boldsymbol{x}^*_{-1})$ は定理 (6.4.5) より $-\frac{\partial g}{\partial x_i}(\boldsymbol{x}^*)/\frac{\partial g}{\partial x_1}(\boldsymbol{x}^*)$ だから，上の式は

$$\frac{\frac{\partial f}{\partial x_1}(\boldsymbol{x}^*)}{\frac{\partial g}{\partial x_1}(\boldsymbol{x}^*)}=\frac{\frac{\partial f}{\partial x_i}(\boldsymbol{x}^*)}{\frac{\partial g}{\partial x_i}(\boldsymbol{x}^*)},\ i=2,\ldots,n,$$

になる．したがって，$\frac{\frac{\partial f}{\partial x_1}(\boldsymbol{x}^*)}{\frac{\partial g}{\partial x_1}(\boldsymbol{x}^*)}=\lambda^*$ とおけば $\frac{\partial f}{\partial x_1}(\boldsymbol{x}^*)=\lambda^*\frac{\partial g}{\partial x_1}(\boldsymbol{x}^*)$ かつ $\frac{\partial f}{\partial x_i}(\boldsymbol{x}^*)=\lambda^*\frac{\partial g}{\partial x_2}(\boldsymbol{x}^*)$, $i=2,\ldots,n$, つまり，$\nabla f(\boldsymbol{x}^*)=\lambda^*\nabla g(\boldsymbol{x}^*)$ となる．なお，$\boldsymbol{x}^*$ は局所最適解だから $g(\boldsymbol{x}^*)=k$ は明らかに成立． **証明終.**

定理 (7.4.1) の $\nabla f(\boldsymbol{x}^*)=\lambda^*\nabla g(\boldsymbol{x}^*)$ と $g(\boldsymbol{x}^*)=k$ を，合わせて最適の1階条件と言います．

この二つの式を以下のように書くこともできます．関数 $L:\boldsymbol{R}^{n+1}\to\boldsymbol{R}$ を

$$L(\boldsymbol{x},\lambda)=f(\boldsymbol{x})+\lambda(k-g(\boldsymbol{x}))$$

と定義し，各変数で偏微分して 0 とおくと

$$\frac{\partial L}{\partial x_j}(\boldsymbol{x},\lambda)=\frac{\partial f}{\partial x_j}(\boldsymbol{x})-\lambda\frac{\partial y}{\partial x_j}(\boldsymbol{x})=0,\quad j=1,\ldots,n,$$
$$\frac{\partial L}{\partial \lambda}(\boldsymbol{x},\lambda)=k-g(\boldsymbol{x})=0$$

となります．したがって，最適の1階条件を満たす $(\boldsymbol{x}^*,\lambda^*)$ は以下の方程式の解になります．

$$\frac{\partial L}{\partial x_j}(\boldsymbol{x},\lambda)=0,\quad j=1,\ldots,n,$$
$$\frac{\partial L}{\partial \lambda}(\boldsymbol{x},\lambda)=0.$$

この関数 L を**ラグランジュ関数**と言い，λ を**ラグランジュ乗数**と言います．

上の方程式において，変数は $(x_1, \ldots, x_n, \lambda)$ ですから $n+1$ 個，方程式の数も $n+1$ 個ですから，これからうまく最適解の候補を計算できるかもしれません．前に述べた

$$\begin{aligned} &\max \ \ x_1 x_2 \\ &s.t. \ \ x_1 + 2x_2 = 3 \end{aligned}$$

の最適解をこの方法で求めてみましょう．

$$L(x_1, x_2, \lambda) = x_1 x_2 + \lambda(3 - x_1 - 2x_2)$$

とおくと

(i)　$\dfrac{\partial L}{\partial x_1} = x_2 - \lambda = 0$

(ii)　$\dfrac{\partial L}{\partial x_2} = x_1 - 2\lambda = 0$

(iii)　$\dfrac{\partial L}{\partial \lambda} = 3 - x_1 - 2x_2 = 0$

が 1 階条件になります．(ii) より $x_1^* = 2\lambda^*$，(i) より $x_2^* = \lambda^*$．これらを (iii) に代入すれば $3 - 2\lambda^* - 2\lambda^* = 0$. したがって $\lambda^* = \frac{3}{4}$. これより $x_1^* = \frac{3}{2}, x_2^* = \frac{3}{4}$ となり，前に計算した結果と一致します．

このように，ラグランジュ関数を使って制約条件のある問題を解く方法を**ラグランジュ乗数法**と言います．

練習問題 7.4.1　ラグランジュ乗数法を使って，以下の問題の最適の 1 階条件を満たす点を求めなさい．

(1)　$\max -x_1^2 - x_2^2 \quad s.t. \ \ x_1 + x_2 = 1$

(2)　$\max x_1 + x_2 \quad s.t. \ \ x_1^2 + x_2^2 = 1$

学部生レベルの経済学では，たいていの場合制約式は一つだけでしかも等式です．したがって，最適化についてあまり深く学習する必要のない人は本章をこれ以上読む必要はありません．直ちに 8 章に進んでください．より深く学びたい人だけが以下を読んでください．

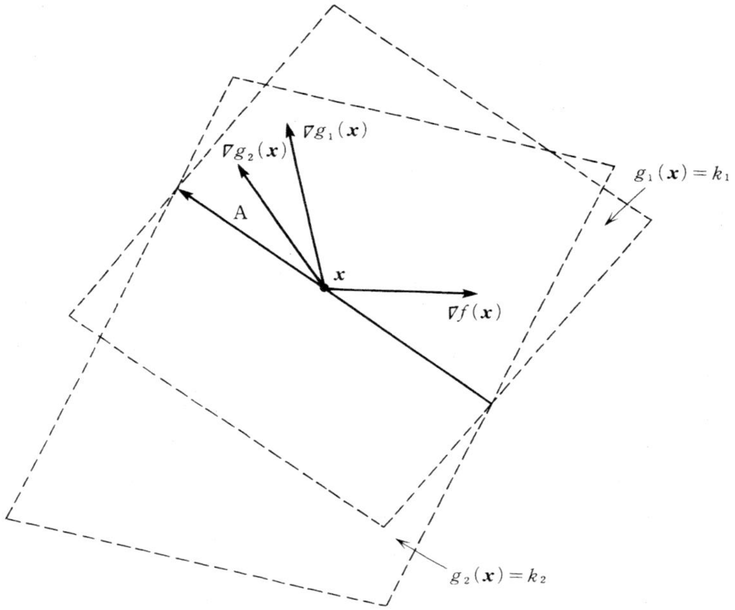

図 7.24

次に，一般的な場合 (I) を考えてみましょう．まず $n=3$，$m=2$ として最適の必要条件の直感的な構造を説明しましょう．問題は

$$\begin{array}{ll}\max & f(x_1,x_2,x_3)\\ s.t. & g_1(x_1,x_2,x_3)=k_1\\ & g_2(x_1,x_2,x_3)=k_2\end{array}$$

になっているわけですが，このとき $g_1(\boldsymbol{x})=k_1, g_2(\boldsymbol{x})=k_2$ の解が図 7.24 のようになっているとしましょう．まず，$A=\{\boldsymbol{x}\in \boldsymbol{R}^3 \mid g_1(\boldsymbol{x})=k_1, g_2(\boldsymbol{x})=k_2\}$ とし，$\boldsymbol{x}\in A$ を一つとります．定理 (7.3.1) より $\nabla f(\boldsymbol{x})$ と鋭角な方向へ $\boldsymbol{x}$ を動かすと f の値は増加します．もし，$\nabla f(\boldsymbol{x})$ を法線とし $\boldsymbol{x}$ を通る平面が A に接していなければ，このような方向（f が増加する方向）は A に含まれていそうです．ところで，A に接する平面を一つとると，その法線

(平面に垂直な方向) は $\lambda_1 \nabla g_1(\boldsymbol{x}) + \lambda_2 \nabla g_2(\boldsymbol{x})$ (ここで λ_1, λ_2 は実数) と表せそうです．したがって，$\nabla f(\boldsymbol{x})$ と $\lambda_1 \nabla g_1(\boldsymbol{x}) + \lambda_2 \nabla g_2(\boldsymbol{x})$ がいかなる λ_1, λ_2 についても一致しないのであれば，f の増加する方向が A に含まれ $\boldsymbol{x}$ は最適解ではないということになりそうです．つまり (対偶を考えれば) $\boldsymbol{x}$ が最適解なら λ_1 と λ_2 が存在して $\nabla f(\boldsymbol{x}) = \lambda_1 \nabla g_1(\boldsymbol{x}) + \lambda_2 \nabla g_2(\boldsymbol{x})$ になりそうです．

これを一般的に証明してみましょう[6)]．

定理 7.4.2　$f : \boldsymbol{R}^n \to \boldsymbol{R}$ と $g_i : \boldsymbol{R}^n \to \boldsymbol{R}$, $i = 1, \ldots, m$, を C^1 級とする．$\boldsymbol{g} = (g_1, \ldots, g_m)$ と定義する．$\boldsymbol{x}^*$ が (I) の局所最適解かつ $D\boldsymbol{g}(\boldsymbol{x}^*)$ の階数が m なら $\boldsymbol{\lambda}^* = (\lambda_1^*, \ldots, \lambda_m^*)$ が一つだけ存在して

$$\text{(i)} \quad \nabla f(\boldsymbol{x}^*) = \sum_{i=1}^{m} \lambda_i^* \nabla g_i(\boldsymbol{x}^*)$$

また，

$$\text{(ii)} \quad \boldsymbol{g}(\boldsymbol{x}^*) = \boldsymbol{k}.$$

ここで，$\boldsymbol{k} = (k_1, \ldots, k_n)$．

(注)：$D\boldsymbol{g}(\boldsymbol{x}^*)$ は $m \times n$ 行列だから，その階数が m ということは，$m \leq n$, すなわち (制約式の数) $\leq$ (変数の数) であることを意味する．

証明　仮定より，$\epsilon > 0$ が存在して $f(\boldsymbol{x}^*) \geq f(\boldsymbol{x})$ が全ての $\boldsymbol{x} \in B_\epsilon(\boldsymbol{x}^*) \cap \{\boldsymbol{x} \in \boldsymbol{R}^n \mid \boldsymbol{g}(\boldsymbol{x}) = \boldsymbol{k}\}$ について成立する．$\boldsymbol{F} : \boldsymbol{R}^n \to \boldsymbol{R}^{m+1}$ を

$$\boldsymbol{F}(\boldsymbol{x}) = \begin{bmatrix} f(\boldsymbol{x}) \\ \boldsymbol{g}(\boldsymbol{x}) \end{bmatrix}$$

と定義する．$D\boldsymbol{F}(\boldsymbol{x}^*)$ の階数が $m+1$ であれば，陰関数定理 (定理 (6.4.5)) より，十分小さい $\delta > 0$ に対し，$\boldsymbol{x}$ に関する方程式

$$\boldsymbol{F}(\boldsymbol{x}) - \begin{bmatrix} f(\boldsymbol{x}^*) + \delta \\ \boldsymbol{g}(\boldsymbol{x}^*) \end{bmatrix} = 0$$

6)　以下では，制約条件が一つの場合 (定理 7.4.1) とは異なる方法で証明します．なお，同じ方法でも証明できることを付け加えておきます．

の解 $\bar{\boldsymbol{x}} \in \boldsymbol{R}^n$ が存在する[7]．$f(\bar{\boldsymbol{x}}) = f(\boldsymbol{x}^*) + \delta$ かつ $\boldsymbol{g}(\bar{\boldsymbol{x}}) = \boldsymbol{g}(\boldsymbol{x}^*) = \boldsymbol{k}$ だから，これは $\boldsymbol{x}^*$ が局所最適解であることに矛盾する．したがって，$D\boldsymbol{F}(\boldsymbol{x}^*)$ の階数は m 以下になる．

$$D\boldsymbol{F}(\boldsymbol{x}^*) = {}^T(\nabla f(\boldsymbol{x}^*), \nabla g_1(\boldsymbol{x}^*), \ldots, \nabla g_m(\boldsymbol{x}^*))$$

と $D\boldsymbol{F}(\boldsymbol{x}^*)$ の階数が m 以下であることより $m+1$ 個の実数 $\xi_0, \xi_1, \ldots, \xi_m$（ただし，$\xi_0, \xi_1, \ldots, \xi_m$ のうち一つは 0 ではない）が存在して

$$\xi_0 \nabla f(\boldsymbol{x}^*) + \sum_{i=1}^{m} \xi_i \nabla g_i(\boldsymbol{x}^*) = 0$$

になる．$\xi_0 = 0$ と仮定すると $\sum_{i=1}^m \xi_i \nabla g_i(\boldsymbol{x}^*) = 0$ となり，$D\boldsymbol{g}(\boldsymbol{x}^*)$ の階数が m であることに矛盾する．したがって $\xi_0 \neq 0$．これより $\lambda_i^* = -\frac{\xi_i}{\xi_0}$，$i = 1, \ldots, m$，とおけば上の式は

$$\nabla f(\boldsymbol{x}^*) = \sum_{i=1}^{m} \lambda_i^* \nabla g_i(\boldsymbol{x}^*)$$

になる．また $D\boldsymbol{g}(\boldsymbol{x}^*)$ の階数は m だから上式を満たす λ^* は一つしかない．

(ii) は明らかに成立． **証明終**．

この定理の (i) と (ii) を合わせて**最適の 1 階条件**と言います．もちろん，ある点で最適の 1 階条件が成立していても，必ずしも最適になっているとは限りません．

前と同様に $L : \boldsymbol{R}^n \times \boldsymbol{R}^m \to \boldsymbol{R}$ を

$$L(\boldsymbol{x}, \boldsymbol{\lambda}) = f(\boldsymbol{x}) + \sum_{i=1}^{m} \lambda_i (k_i - g_i(\boldsymbol{x}))$$

と定義すれば，定理の $(\boldsymbol{x}^*, \boldsymbol{\lambda}^*)$ は以下の方程式の解になります．

(i') $\quad \frac{\partial L}{\partial x_j}(\boldsymbol{x}, \boldsymbol{\lambda}) = \frac{\partial f}{\partial x_j}(\boldsymbol{x}) - \sum_{i=1}^m \lambda_i \frac{\partial g_i}{\partial x_j}(\boldsymbol{x}) = 0, \qquad j = 1, \ldots, n,$

(ii') $\quad \frac{\partial L}{\partial \lambda_i}(\boldsymbol{x}, \boldsymbol{\lambda}) = k_i - g_i(\boldsymbol{x}) = 0, \qquad i = 1, \ldots, m.$

この関数を制約条件が一つのときと同様に**ラグランジュ関数**と言い，$\boldsymbol{\lambda} = (\lambda_1, \ldots, \lambda_m)$ を**ラグランジュ乗数**と言います．

---

7) $\boldsymbol{x}$ と δ を変数として陰関数定理を適用する．

さて，ここで (i'), (ii') において変数は $\boldsymbol{x}$ と $\boldsymbol{\lambda}$ ですから全部で $n+m$ 個あり，式の数は (i') が n 個，(ii') が m 個ですから，変数と式の数は一致しています．したがって (i'), (ii') よりうまく最適解が求まるかもしれません．もちろん最適解なら (i'), (ii') を満たすわけですが，(i'), (ii') を満たす $(\boldsymbol{x}, \boldsymbol{\lambda})$ が全て最適解とは限りません．しかし (i'), (ii') を満たす $(\boldsymbol{x}^*, \boldsymbol{\lambda}^*)$ を全て求めれば，(もし最適解が存在するなら) その中に真の最適解があるはずです．

例 7.4.1

$$\begin{aligned} \max \quad & x_1x_2 + x_1x_3 \\ s.t. \quad & x_1 + x_2 = 3 \\ & x_1 + x_3 = 1 \end{aligned}$$

を考えてみましょう．

$$L(\boldsymbol{x}, \boldsymbol{\lambda}) = x_1x_2 + x_1x_3 + \lambda_1(3 - x_1 - x_2) + \lambda_2(1 - x_1 - x_3)$$

と定義すれば

$$\begin{aligned} \frac{\partial L}{\partial x_1} &= x_2 + x_3 - \lambda_1 - \lambda_2 = 0 \\ \frac{\partial L}{\partial x_2} &= x_1 - \lambda_1 = 0 \\ \frac{\partial L}{\partial x_3} &= x_1 - \lambda_2 = 0 \\ \frac{\partial L}{\partial \lambda_1} &= 3 - x_1 - x_2 = 0 \\ \frac{\partial L}{\partial \lambda_2} &= 1 - x_1 - x_3 = 0 \end{aligned}$$

が最適解では成立しているはずです．五つの式より $x_1^* = 1, x_2^* = 2, x_3^* = 0, \lambda_1^* = 1, \lambda_2^* = 1$ が 1 階条件を満たします．

このように，ラグランジュ関数を使って最適化問題を解く方法を，制約条件が一つのときと同様に**ラグランジュ乗数法**と言います．

練習問題 7.4.2 以下の問題の 1 階条件を満たす点を求めなさい．

(1) $\max \ x_1x_2 + x_2x_3 + x_3x_1$

$s.t. \ x_1 + 2x_2 + 3x_3 = 3$

$x_1 + x_2 = 1$

(2) $\max\ x_1 + x_2 + x_3$

$\quad s.t.\ x_1^2 + x_2^2 + x_3^2 = 1$

$\qquad x_1 + x_3 = 1$

7.4.3 最適の 2 階条件（等式制約のある場合）

定理 (7.4.2) では問題 (I) の解が満たすべき 1 階条件（1 階の必要条件）を与えたわけですが，以下では最適のための **2 階の必要条件と十分条件**について考えてみましょう．

$$\begin{aligned} \max \quad & f(x_1, x_2) \\ s.t. \quad & g(x_1, x_2) = k \end{aligned}$$

において $\boldsymbol{x}^*$ で $\nabla f(\boldsymbol{x}^*) = \lambda^* \nabla g(\boldsymbol{x}^*)$ が達成されているとしましょう（図 7.25）．図において $\boldsymbol{x}^*$ が矢印 a あるいは b の方向に変化するとき（制約条件を満たす方向に変化するとき）f の値が増加しなければ $\boldsymbol{x}^*$ は局所最適解になるように思えます．つまり，2 階条件が制約条件を満たす方向についてのみ成立していれば $\boldsymbol{x}^*$ は局所最適解ではないかと思われます．これは，実際成立します．

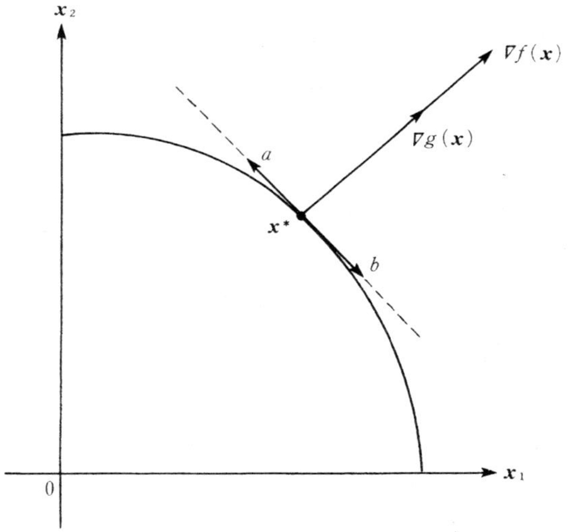

図 7.25

定理 7.4.3 問題 (I) において f と g_i, $i=1,\dots,m$, を C^2 級とする．また，$\boldsymbol{g}=(g_1,\dots,g_m)$ とする．このとき (i)（最適の必要条件）定理 7.4.2 の条件が成立しているなら，局所最適解 $\boldsymbol{x}^*$ と定理 7.4.2 の $\boldsymbol{\lambda}^*$ において $D\boldsymbol{g}(\boldsymbol{x}^*)\boldsymbol{y}=0$ を満たす全ての $\boldsymbol{y}$ について，${}^\tau\boldsymbol{y}D^2_{\boldsymbol{x}}L(\boldsymbol{x}^*,\boldsymbol{\lambda}^*)\boldsymbol{y}\leq 0$ が成り立つ（$D^2_{\boldsymbol{x}}L(\boldsymbol{x}^*,\boldsymbol{\lambda}^*)$ は L の $\boldsymbol{x}$ に関するヘッシアン）．また，(ii)（最適の十分条件）$\boldsymbol{x}^*\in\boldsymbol{R}^n$ において$\boldsymbol{\lambda}^*\in\boldsymbol{R}^m$ が存在して，$\nabla f(\boldsymbol{x}^*)=\sum_{i=1}^m\lambda_i^*\nabla g_i(\boldsymbol{x}^*)$ が成立し，かつ $D\boldsymbol{g}(\boldsymbol{x}^*)\boldsymbol{y}=0$ を満たす全ての $\boldsymbol{y}\neq 0$ について ${}^\tau\boldsymbol{y}D^2_{\boldsymbol{x}}L(\boldsymbol{x}^*,\boldsymbol{\lambda}^*)\boldsymbol{y}<0$ が成立するなら $\boldsymbol{x}^*$ は局所最適解．

証明 文献 [17] 参照． **証明終**．

7.4.4 ラグランジュ乗数の意味（等式制約のある場合）

$$\begin{array}{ll}\max & x_1x_2\\ s.t. & x_1+x_2=k\end{array}$$

を考えてみましょう．最大値は k の変化に対して図 7.26 のように変化します．

より一般的に考えてみましょう．問題

(I) $\max f(\boldsymbol{x})$

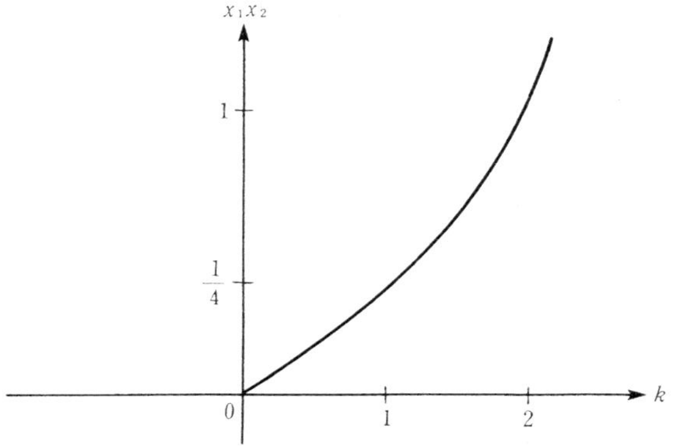

図 7.26

$$\begin{aligned} s.t. \quad g_1(\boldsymbol{x}) &= k_1 \\ &\vdots \qquad \vdots \\ g_m(\boldsymbol{x}) &= k_m \end{aligned}$$

において $\boldsymbol{k} = (k_1, \ldots, k_m)$ とします．すると (I) の最大値は $\boldsymbol{k}$ の変化に応じて変化するはずです．つまり最大値を $\boldsymbol{k} \in \boldsymbol{R}^m$ の関数と考えることができます．この関数を $\Pi : \boldsymbol{R}^m \to \boldsymbol{R}$ と書くことにします．さて，Π は C^1 級でしょうか．実は f と $g_1, \ldots, g_m$ が C^1 級であっても Π は C^1 級とは限りません．ではいかなる場合に C^1 級になるのでしょうか．このための十分条件はかなり複雑ですので，本章の補論で述べることにします．(補論では Π が C^1 級にならない例についても議論しています.) 以下では Π が C^1 級になるための条件が成立しているとして話を進めましょう．

実は，Π の偏微分はラグランジュ乗数を使って

$$\frac{\partial \Pi}{\partial k_i}(\boldsymbol{g}(\boldsymbol{x}^*)) = \lambda_i^*, \quad i = 1, \ldots, m,$$

と表せます．つまり，i 番目の制約式の右辺の k_i の変化に対する最大値 Π の変化率が λ_i^* になるわけです．厳密に書けば以下の定理になります．

定理 7.4.4 定理 (7.4.2) の仮定に加え Π を C^1 級と仮定する．このとき定理 (7.4.2) の $\boldsymbol{\lambda}^*$ に対し

$$\frac{\partial \Pi}{\partial k_i}(\boldsymbol{g}(\boldsymbol{x}^*)) = \lambda_i^*, \quad i = 1, \ldots, m,$$

が成立する[8)]．

証明 まず，問題 (I) における大域的最適解を $\boldsymbol{x}^*$ とおく．次に $\xi : \boldsymbol{R}^n \to \boldsymbol{R}$ を

(i) $\xi(\boldsymbol{z}) = \Pi(\boldsymbol{g}(\boldsymbol{z})) - f(\boldsymbol{z})$

と定義する．次に，$\boldsymbol{z} \in R^n$ に対し $\boldsymbol{g}(\boldsymbol{z}) = \boldsymbol{k_z}$ とおく．すると

$$\Pi(\boldsymbol{g}(\boldsymbol{z})) = \Pi(\boldsymbol{k_z}) = \max\{f(\boldsymbol{x}) \mid \boldsymbol{g}(\boldsymbol{x}) = \boldsymbol{k_z}\}$$

8) この定理と定理 (7.5.3) の証明は文献 [4] を参考にしています．

になっている．また $\boldsymbol{z}$ は $\boldsymbol{g}(\boldsymbol{z}) = \boldsymbol{k}_{\boldsymbol{z}}$ を満たすから，$\Pi(\boldsymbol{g}(\boldsymbol{z})) \geq f(\boldsymbol{z})$ になる．すなわち $\xi(\boldsymbol{z}) \geq 0$ になる．また $\boldsymbol{z} = \boldsymbol{x}^*$ を (i) に代入すると $\boldsymbol{k}_{\boldsymbol{x}^*} = \boldsymbol{k}$ および $\Pi(\boldsymbol{g}(\boldsymbol{x}^*)) = \Pi(\boldsymbol{k}) = f(\boldsymbol{x}^*)$ より $\xi(\boldsymbol{x}^*) = 0$ になる．したがって ξ は $\boldsymbol{x}^*$ で最小値をとる．定理 (7.3.2) と定理 (6.3.3) より，最適の 1 階条件

$$\text{(ii)} \quad \frac{\partial \xi}{\partial x_j}(\boldsymbol{x}^*) = \sum_{i=1}^{m} \frac{\partial \Pi}{\partial k_i}(\boldsymbol{g}(\boldsymbol{x}^*))\frac{\partial g_i}{\partial x_j}(\boldsymbol{x}^*) - \frac{\partial f}{\partial x_j}(\boldsymbol{x}^*) = 0, \quad j = 1, \ldots, n$$

が成立していなければならない．一方，$D\boldsymbol{g}(\boldsymbol{x}^*)$ の階数は m と仮定したから，

$$\text{(iii)} \quad \sum_{i=1}^{m} y_i \frac{\partial g_i}{\partial x_j}(\boldsymbol{x}^*) - \frac{\partial f}{\partial x_j}(\boldsymbol{x}^*) = 0, \ j = 1, \ldots, n,$$

を満たす $(y_1, \ldots, y_m)$ は一つに定まる．したがって，定理 (7.4.1) の

$$\sum_{i=1}^{m} \lambda_i^* \frac{\partial g_i}{\partial x_j}(\boldsymbol{x}^*) - \frac{\partial f}{\partial x_j}(\boldsymbol{x}^*) = 0$$

における $(\lambda_1^*, \ldots, \lambda_m^*)$ と (ii) の $(\frac{\partial \Pi}{\partial k_1}(\boldsymbol{g}(\boldsymbol{x}^*)), \ldots, \frac{\partial \Pi}{\partial k_m}(\boldsymbol{g}(\boldsymbol{x}^*))$ は両方とも (iii) を満たすから，λ_i^* と $\frac{\partial \Pi}{\partial k_i}(\boldsymbol{g}(\boldsymbol{x}^*))$ は一致する．つまり

$$\lambda_i^* = \frac{\partial \Pi}{\partial k_i}(\boldsymbol{g}(\boldsymbol{x}^*)), \quad i = 1, \ldots, m,$$

となる． **証明終**.

例 7.4.2 $\max \ x_1 x_2 \ \ s.t. \ x_1 + x_2 = k$ のラグランジュ関数は

$$L(x_1, x_2, \lambda) = x_1 x_2 + \lambda(k - x_1 - x_2)$$

ですから，これの 1 階条件から λ^* を計算すると $\lambda^* = \frac{k}{2}$ になります．したがって，定理 (7.4.4) より $\frac{\partial \Pi}{\partial k}(\boldsymbol{g}(\boldsymbol{x}^*)) = \frac{k}{2}$ になります．

7.5 不等式制約下での最適化

7.5.1 クーン・タッカーの定理

次に不等式制約のある場合の最適化を考えてみましょう．$u : \boldsymbol{R}^2 \to \boldsymbol{R}$ を $u(x_1, x_2) = x_1 + x_2$ として，以下の効用最大化問題を考えてみましょう．

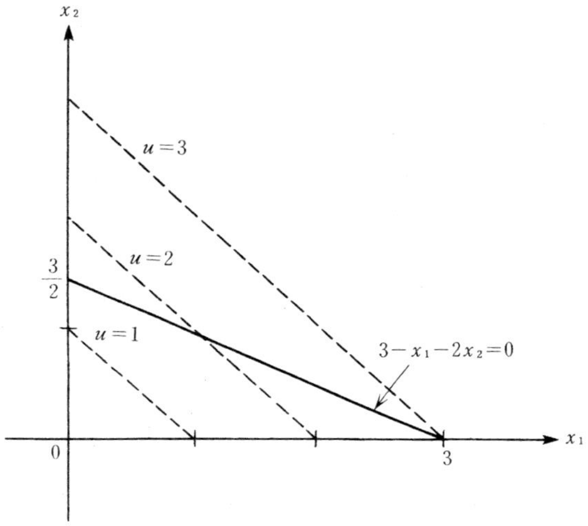

図 7.27

効用関数 $u(x_1, x_2)$ が所得制約を満たす集合 $A = \{(x_1, x_2) \in \boldsymbol{R}^2 \mid 3 - x_1 - 2x_2 \geq 0, x_1 \geq 0, x_2 \geq 0\}$ において最大値をとる点を求めなさい．

図 7.27 より $(x_1, x_2) = (3, 0)$ で u は最大値 3 をとることがわかります．このとき $(3, 0)$ ではいかなる条件が成立しているでしょうか．

まず次の一般的な問題を考えてみましょう．$f : \boldsymbol{R}^n \to \boldsymbol{R}, g_i : \boldsymbol{R}^n \to \boldsymbol{R}$,　$i = 1, \ldots, m$, を C^1 級として，問題

(III) f が集合 $A = \{\boldsymbol{x} \in \boldsymbol{R}^n \mid k_i - g_i(\boldsymbol{x}) \geq 0, \quad i = 1, \ldots, m\}$ において最大値をとる点を求めなさい．

を考えます．(III) の局所最適解[9)]を $\boldsymbol{x}^* \in \boldsymbol{R}^n$ とし $I(\boldsymbol{x}^*) = \{i \mid g_i(\boldsymbol{x}^*) = k_i\}$

9)　局所最適解は，等式制約の場合と同様に

$$\exists\epsilon > 0,\ \forall \boldsymbol{x} \in B_\epsilon(\boldsymbol{x}^*) \cap A,\ f(\boldsymbol{x}^*) \geq f(\boldsymbol{x})$$

を満たす $\boldsymbol{x}^*$ と定義します．

とします．つまり $I(\boldsymbol{x}^*)$ は $\boldsymbol{x}^*$ において $g_i(\boldsymbol{x}^*) = k_i$ となっている制約式の番号の集合です．例えば上の例では $m = 3,\ k_1 = 3, g_1(x_1, x_2) = x_1 + 2x_2,\ k_2 = 0,\ g_2(x_1, x_2) = -x_1,\ k_3 = 0, g_3(x_1, x_2) = -x_2$ ですから，$\boldsymbol{x}^* = (3, 0)$ において $3 - (3 + 2 \cdot 0) = 0,\ 0 - (-3) > 0,\ 0 - (-0) = 0$ となり $I(\boldsymbol{x}^*) = I((3, 0)) = \{1, 3\}$ となります．

ここで次の仮定をします．

仮定 $\nabla g_i(\boldsymbol{x}^*), i \in I(\boldsymbol{x}^*)$, は一次独立．

次に以下の問題を考えてみましょう．

(IV) f が集合 $A^* = \{\boldsymbol{x} \in \boldsymbol{R}^n \mid k_i - g_i(\boldsymbol{x}) = 0, i \in I(\boldsymbol{x}^*)\}$ において最大値をとる点を求めなさい．

$k_i - g_i(\boldsymbol{x}^*) > 0,\ i \notin I(\boldsymbol{x}^*)$, ですから，$g_i$ の連続性より $\boldsymbol{x}^*$ の ϵ-近傍 $B_\epsilon(\boldsymbol{x}^*)$ が存在して $\boldsymbol{x} \in B_\epsilon(\boldsymbol{x}^*)$ なら $k_i - g_i(\boldsymbol{x}) > 0,\ i \notin I(\boldsymbol{x}^*)$, になっているはずです．したがって，$B_\epsilon(\boldsymbol{x}^*) \cap A \supset B_\epsilon(\boldsymbol{x}^*) \cap A^*$ となります．この包含関係，$\boldsymbol{x}^*$ が (III) の局所最適解であること，$\boldsymbol{x}^* \in B_\epsilon(\boldsymbol{x}^*) \cap A$ より，$\boldsymbol{x}^*$ は (IV) の局所最適解であることにもなります．(IV) の制約条件は等式で成立していますから定理 (7.4.2) を適用すれば $\lambda_i^*, i \in I(\boldsymbol{x}^*)$, が存在して

$$\nabla f(\boldsymbol{x}^*) = \sum_{i \in I(\boldsymbol{x}^*)} \lambda_i^* \nabla g_i(\boldsymbol{x}^*)$$

が成立しているはずです．ここで $\lambda_i^* = 0, i \notin I(\boldsymbol{x}^*)$, とおくと

(i) $\displaystyle \nabla f(\boldsymbol{x}^*) = \sum_{i=1}^{m} \lambda_i^* \nabla g_i(\boldsymbol{x}^*)$

になります．一方 $\lambda_i^* = 0$ が全ての $i \notin I(\boldsymbol{x}^*)$ について成立し，$k_i - g_i(\boldsymbol{x}^*) = 0$ が全ての $i \in I(\boldsymbol{x}^*)$ について成立しますから

(ii) $\lambda_i^*(k_i - g_i(\boldsymbol{x}^*)) = 0, \quad i = 1, \ldots, m,$

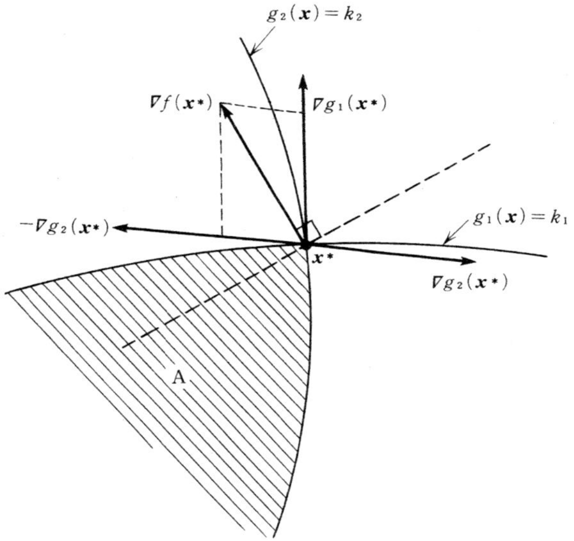

図 7.28

が成立します．また明らかに

$$\text{(iii)}\quad k_i - g_i(\boldsymbol{x}^*) \geq 0, \quad i = 1, \ldots, m,$$

も成立しています．

(IV) の局所最適解において成立する条件は (i), (ii), (iii) だけでしょうか．実は

$$\text{(iv)}\quad \lambda_i^* \geq 0, \quad i = 1, \ldots, m,$$

が成立しています．図 7.28 からわかるように，ある i について $\lambda_i^* < 0$ の場合には $\boldsymbol{x} \in A$ で f の値を $f(\boldsymbol{x}^*)$ より大きくするものがありそうです．また，図 7.29 からわかるように，局所最適解なら全ての i について$\lambda_i^* \geq 0$ が成立していそうです．実際 $\lambda_i^* \geq 0$, $i = 1, \ldots, m$, は成立するのですが，これを証明するには，これまでに本書で学んだ数学より高度な手法が必要になります．詳しく知りたい読者は例えば文献（[8]）を参照して下さい．

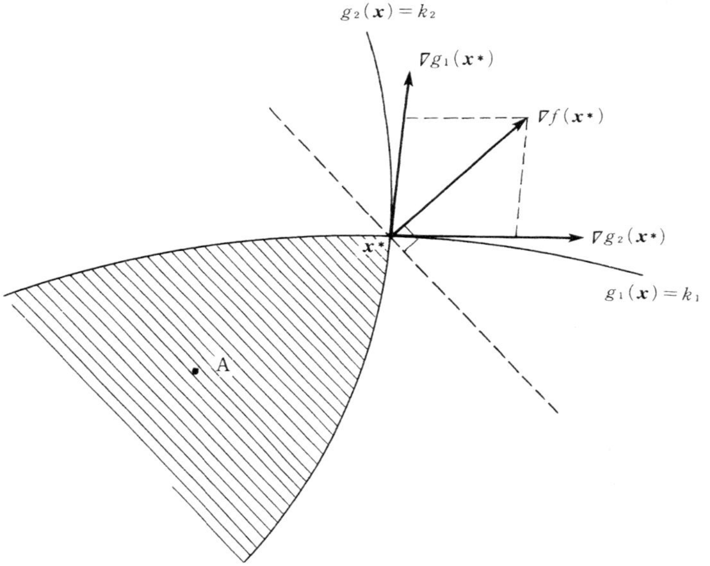

図 7.29

これまでの結果をまとめてみましょう.

定理 7.5.1 $f:\boldsymbol{R}^n\to\boldsymbol{R}$ と $g_i:\boldsymbol{R}^n\to\boldsymbol{R}$, $i=1,\ldots,m$, を C^1 級とする. $\boldsymbol{x}^*\in\boldsymbol{R}^n$ が問題 (III) の局所最適解で $\nabla g_i(\boldsymbol{x}^*), i\in I(\boldsymbol{x}^*)$, が 1 次独立であれば $\boldsymbol{\lambda}^*=(\lambda_1^*,\ldots,\lambda_m^*)\in\boldsymbol{R}^m$ が存在して

$$\nabla f(\boldsymbol{x}^*)=\sum_{i=1}^m \lambda_i^*\nabla g_i(\boldsymbol{x}^*)$$

$$\lambda_i^*(k_i-g_i(\boldsymbol{x}^*))=0,\ i=1,\ldots,m,$$

$$k_i-g_i(\boldsymbol{x}^*)\geq 0,\ i=1,\ldots,m,$$

$$\lambda_i^*\geq 0,\ i=1,\ldots,m,$$

が成立する.

この定理を**クーン・タッカーの定理**といい，定理の四つの式を合わせて**クーン・タッカー条件**といいます[10)]．

前と同様に $L : \boldsymbol{R}^n \times \boldsymbol{R}^m \to R$ を

$$L(\boldsymbol{x}, \boldsymbol{\lambda}) = f(\boldsymbol{x}) + \sum_{i=1}^{m} \lambda_i (k_i - g_i(\boldsymbol{x}))$$

と定義すれば，定理の $(\boldsymbol{x}^*, \boldsymbol{\lambda}^*)$ は以下の解になります．

$$\begin{aligned}
\frac{\partial L}{\partial x_j}(\boldsymbol{x}, \boldsymbol{\lambda}) &= \frac{\partial f}{\partial x_j}(\boldsymbol{x}) - \sum_{i=1}^{m} \lambda_i \frac{\partial g_i}{\partial x_j}(\boldsymbol{x}) = 0, \quad j = 1, \ldots, n \\
\lambda_i \frac{\partial L}{\partial \lambda_i}(\boldsymbol{x}, \boldsymbol{\lambda}) &= \lambda_i (k_i - g_i(\boldsymbol{x})) = 0, \quad i = 1, \ldots, m, \\
\frac{\partial L}{\partial \lambda_i}(\boldsymbol{x}, \boldsymbol{\lambda}) &= k_i - g_i(\boldsymbol{x}) \geq 0, \quad i = 1, \ldots, m, \\
\lambda_i &\geq 0, \ i = 1, \ldots, m.
\end{aligned}$$

この関数を前と同様に**ラグランジュ関数**と言い，$\boldsymbol{\lambda} = (\lambda_1, \ldots, \lambda_m)$ を**ラグランジュ乗数**と言います．

練習問題 7.5.1　以下の問題のクーン・タッカー条件を満たす点を求めなさい．

(1)　$\max \quad x_1 + x_2 \quad s.t. \ 3 - x_1 - 2x_2 \geq 0, x_1 \geq 0, x_2 \geq 0$

(2)　$\max \quad -x_1 - x_2 \quad s.t. \ 1 - x_1^2 + x_2 \geq 0, x_1 \geq 0$

より一般的には以下の定理が成立します．この定理をクーン・タッカーの定理という場合もあります．

定理 7.5.2　$f : \boldsymbol{R}^n \to \boldsymbol{R}$ と $h_i : \boldsymbol{R}^n \to \boldsymbol{R}$, $i = 1, \ldots, m$, を C^1 級とする．$\boldsymbol{x}^* \in \boldsymbol{R}^n$ が問題

10)　以前までは文献 [7]（クーン・タッカー）で初めてこの定理が証明されたと思われていたのですが，最近文献 [5]（カラシュ）が発見され，実はこの論文で最初に定理 (7.5.1) が証明されたことがわかりました．このため，最近ではこの定理をカラシュ・クーン・タッカーの定理と呼び，定理の四つの式をカラシュ・クーン・タッカー条件と呼ぶことが多いようです．

$$\max f(\boldsymbol{x}) \quad s.t.\ h_i(\boldsymbol{x}) \geq 0, \quad i = 1, \ldots, m,$$

の局所最適解で $\nabla h_i(\boldsymbol{x}^*), i \in I(\boldsymbol{x}^*) = \{i \mid h_i(\boldsymbol{x}^*) = 0\}$, が 1 次独立であれば $\boldsymbol{\lambda}^* = (\lambda_1^*, \ldots, \lambda_m^*) \in R^m$ が存在して

$$\nabla f(\boldsymbol{x}^*) = \sum_{i=1}^{m} \lambda_i^* \nabla h_i(\boldsymbol{x}^*)$$

$$\lambda_i^* h_i(\boldsymbol{x}^*) = 0,\ i = 1, \ldots, m,$$

$$h_i(\boldsymbol{x}^*) \geq 0,\ i = 1, \ldots, m,$$

$$\lambda_i^* \geq 0,\ i = 1, \ldots, m,$$

が成立する．

もちろん，上の定理で $h_i(\boldsymbol{x}^*) = k_i - g_i(\boldsymbol{x}^*),\ i = 1, \ldots, m,$ とおけば前の定理に一致します．

7.5.2 ラグランジュ乗数の意味（不等式制約のある場合）

等式制約のある場合と同様に，$\Pi : \boldsymbol{R}^m \to \boldsymbol{R}$ と $\boldsymbol{x}^* : \boldsymbol{R}^m \to \boldsymbol{R}^n$ を

$$\Pi(\boldsymbol{k}) = \max\{f(\boldsymbol{x}) \mid k_i - g_i(\boldsymbol{x}) \geq 0, \quad i = 1, \ldots, m\}$$

$$\boldsymbol{x}^*(\boldsymbol{k}) = \arg\max\{f(\boldsymbol{x}) \mid k_i - g_i(\boldsymbol{x}) \geq 0, \quad i = 1, \ldots, m\}$$

と定義します．前と同様に Π は C^1 級とは限りませんが，ここではそう仮定しておきます．(Π が C^1 級になるための条件については，補論で議論します.) また $\boldsymbol{x}^*(\boldsymbol{k})$ を $\boldsymbol{k}$ について連続と仮定しておきます.（これについても補論で議論します.）このとき，λ_i^* は k_i の変化に対する最適値 Π の変化率になります．つまり，以下の定理が成立します．

定理 7.5.3 定理 (7.5.1) の仮定に加え Π を微分可能，$\boldsymbol{x}^*$ を連続と仮定する．このとき定理 (7.5.1) の $\boldsymbol{\lambda}^*$ に対し

$$\lambda_i^* = \frac{\partial \Pi}{\partial k_i}(\boldsymbol{g}(\boldsymbol{x}^*)), \quad i = 1, \ldots, m,$$

が成立する．

証明 まず $\xi : \boldsymbol{R}^n \to \boldsymbol{R}$ を

$$\xi(\boldsymbol{z}) = \Pi(\boldsymbol{g}(\boldsymbol{z}) + \boldsymbol{k} - \boldsymbol{g}(\boldsymbol{x}^*(\boldsymbol{k}))) - f(\boldsymbol{z})$$

と定義する．$\boldsymbol{k}' \geq \boldsymbol{k}$ なら

$$\{\boldsymbol{x} \in \boldsymbol{R}^n \mid k_i - g_i(\boldsymbol{x}) \geq 0,\ i=1,\ldots,m\} \subset \{\boldsymbol{x} \in \boldsymbol{R}^n \mid k_i' - g_i(\boldsymbol{x}) \geq 0,\ i=1,\ldots,m\}$$

なので $\Pi(\boldsymbol{k}') \geq \Pi(\boldsymbol{k})$ になる．つまり

(i) $\boldsymbol{k}' \geq \boldsymbol{k}$ なら $\Pi(\boldsymbol{k}') \geq \Pi(\boldsymbol{k})$.

また明らかに

(ii) $\Pi(\boldsymbol{g}(\boldsymbol{z})) \geq f(\boldsymbol{z})$

が成立する．

さて $k_i - g_i(\boldsymbol{x}^*(\boldsymbol{k})) \geq 0,\ i = 1, \ldots, m,$ だから

$$g_i(\boldsymbol{z}) + k_i - g_i(\boldsymbol{x}^*(\boldsymbol{z})) \geq g_i(\boldsymbol{z}),\ i = 1, \ldots, m.$$

これと，(i) および ξ の定義より

(iii) $\xi(\boldsymbol{z}) \geq \Pi(\boldsymbol{g}(\boldsymbol{z})) - f(\boldsymbol{z})$

が成立する．これと (ii) より

(iv) $\xi(\boldsymbol{z}) \geq 0$

となる．一方，Π と $\boldsymbol{x}^*(\boldsymbol{k})$ の定義より

(v) $\xi(\boldsymbol{x}^*(\boldsymbol{k})) = \Pi(\boldsymbol{k}) - f(\boldsymbol{x}^*(\boldsymbol{k})) = 0.$

したがって (iv) より ξ は $\boldsymbol{x}^*(\boldsymbol{k})$ で最小値をとる．したがって定理 (7.3.2) より

(vi) $$\frac{\partial \xi}{\partial z_j}(\boldsymbol{x}^*(\boldsymbol{k})) = \sum_{i=1}^{m} \frac{\partial \Pi}{\partial k_i}(\boldsymbol{k}) \frac{\partial g_i}{\partial z_j}(\boldsymbol{x}^*(\boldsymbol{k})) - \frac{\partial f}{\partial z_j}(\boldsymbol{x}^*(\boldsymbol{k})) = 0,$$
$j = 1, \ldots, n$

が成立する．まとめると

$$\text{(vii)}\quad \nabla f(\boldsymbol{x}^*(\boldsymbol{k})) = \sum_{i=1}^{m} \frac{\partial \Pi}{\partial k_i}(\boldsymbol{k}) \nabla g_i(\boldsymbol{x}^*(\boldsymbol{k}))$$

となる．

さてここで $i' \notin I(\boldsymbol{x}^*(\boldsymbol{k}))$ を一つとる．(このような i' が存在しない場合は，直接次の段落の (viii) を導出できる.) 当然 $g_{i'}(\boldsymbol{x}^*(\boldsymbol{k})) < k_{i'}$ が成立している．$\delta > 0$ に対し $k_{i'}(\delta) = k_{i'} + \delta$ とし，$\boldsymbol{k}(\delta) = (k_1, \ldots, k_{i'-1}, k_{i'}(\delta), k_{i'+1}, \ldots, k_m)$ とする．$\boldsymbol{x}^*(\boldsymbol{k})$ は連続と仮定したから，$\bar{\delta} > 0$ が存在して $\delta < \bar{\delta}$ なら $g_i(\boldsymbol{x}^*(\boldsymbol{k}(\delta))) < k_i$ が全ての $i \notin I(\boldsymbol{x}^*(\boldsymbol{k}))$ について成立する．$\boldsymbol{k}(\delta)$ の定義より全ての i について $g_i(\boldsymbol{x}^*(\boldsymbol{k}(\delta))) \leq k_i$ が成り立つ．すなわち $\boldsymbol{x}^*(\boldsymbol{k}(\delta)) \in A = \{\boldsymbol{x} \in R^n \mid g_i(\boldsymbol{x}) \leq k_i,\ i = 1, \ldots, m\}$ となるから

$$\Pi(\boldsymbol{k}) = f(\boldsymbol{x}^*(\boldsymbol{k})) \geq f(\boldsymbol{x}^*(\boldsymbol{k}(\delta))) = \Pi(\boldsymbol{k}(\delta))$$

となる．一方 $A \subset A(\delta) = \{\boldsymbol{x} \in R^n \mid g_i(\boldsymbol{x}) \leq k_i, i \neq i', g_{i'}(\boldsymbol{x}) \leq k_{i'} + \delta\}$ より $\Pi(\boldsymbol{k}) \leq \Pi(\boldsymbol{k}(\delta))$．したがって $\Pi(\boldsymbol{k}) = \Pi(\boldsymbol{k}(\delta))$ となる．したがって，Π が C^1 級であることより単調減少で 0 に収束する実数列 $\{\delta_q\}_{q=1}^{\infty}$ について

$$\frac{\partial \Pi}{\partial k_{i'}}(\boldsymbol{k}) = \lim_{q \to \infty} \frac{\Pi(\boldsymbol{k}(\delta)) - \Pi(\boldsymbol{k})}{\delta_q} = \lim_{q \to \infty} \frac{0}{\delta_q} = 0$$

が成り立つ．(ここで 2 番目の等式で Π の微分可能性を使っている.) 同様に全ての $i \notin I(\boldsymbol{x}^*(\boldsymbol{k}))$ について $\frac{\partial \Pi}{\partial k_i}(\boldsymbol{k}) = 0$ になる．

したがって (vii) は

$$\text{(viii)}\quad \nabla f(\boldsymbol{x}^*(\boldsymbol{k})) = \sum_{i \in I(\boldsymbol{x}^*(\boldsymbol{k}))} \frac{\partial \Pi}{\partial k_i}(\boldsymbol{k}) \nabla g_i(\boldsymbol{x}^*(\boldsymbol{k}))$$

になる．$\nabla g_i(\boldsymbol{x}^*(\boldsymbol{k})), i \in I(\boldsymbol{x}^*(\boldsymbol{k}))$, は一次独立だから，$i \in I(\boldsymbol{x}^*(\boldsymbol{k}))$ については定理 (7.4.2) の λ_i^* と $\frac{\partial \Pi}{\partial k_i}(\boldsymbol{k})$ は一致する．また $i \notin I(\boldsymbol{x}^*(\boldsymbol{k}))$ については $\lambda_i^* = \frac{\partial \Pi}{\partial k_i}(\boldsymbol{k}) = 0$ だから

$$\frac{\partial \Pi}{\partial k_i}(\boldsymbol{k}) = \lambda_i^*,\quad i = 1, \ldots, m,$$

になる． **証明終**.

7.5.3 最適の 2 階条件（n 次元の場合）

最後に問題 (III) の局所最適のための **2 階の必要条件と十分条件**を与えておきましょう．

定理 7.5.4 問題 (III) において f と $g_i, i=1,\ldots,m,$ を C^2 級とする．(i)（最適の必要条件）局所最適解 $\boldsymbol{x}^* \in \boldsymbol{R}^n$ において $\nabla g_i(\boldsymbol{x}^*), i \in I(\boldsymbol{x}^*)$, が 1 次独立とする．このときと定理 7.5.1 の $\boldsymbol{\lambda}^*$ において，$\nabla g_i(\boldsymbol{x}^*) \cdot \boldsymbol{y} = 0, \forall i \in I(\boldsymbol{x}^*)$ を満たす全ての $\boldsymbol{y}$ について ${}^\tau\boldsymbol{y} D_{\boldsymbol{x}}^2 L(\boldsymbol{x}^*, \boldsymbol{\lambda}^*)\boldsymbol{y} \leq 0$ が成り立つ．また (ii)（最適の十分条件）$\boldsymbol{x}^* \in \boldsymbol{R}^n$ において $\boldsymbol{\lambda}^* \in \boldsymbol{R}_+^m$ が存在して定理 7.5.1 の 1 階の条件を満たしかつ全ての $\boldsymbol{y} \in \{z \in \boldsymbol{R}^n \mid \nabla g_i(\boldsymbol{x}^*) \cdot \boldsymbol{y} = 0, \forall i \in I(\boldsymbol{x}^*), \boldsymbol{z} \neq 0\}$ について ${}^\tau\boldsymbol{y} D_{\boldsymbol{x}}^2 L(\boldsymbol{x}^*, \boldsymbol{\lambda}^*)\boldsymbol{y} < 0$ なら，$\boldsymbol{x}^*$ は局所最適解．

証明 文献（[17]）参照． **証明終．**

7.6 包絡線定理

以下の問題を考えてみましょう．まず企業は労働のみを使って製品を作るとします．労働を L 単位使うと製品が $F(L)$ 単位生産されるとします．製品の価格を p，労働の価格 (賃金率) を w とすれば，利潤は (売上)−(賃金) ですから

$$pF(L) - wL$$

となります．企業は p と w を与えられたもの（外生変数）として利潤を最大にするように L を選ぶとします．さて，p や w が変化したとき最大利潤や最適労働投入量は変化するはずです．たとえば，p が上がれば利潤は上がると考えられます．最適労働投入量を p と w の関数と考えて

$$L(p,w) = \arg\max pF(L) - wL$$

と書けば，そのときの最大利潤はやはり p と w の関数で $\Pi(p,w) = pF(L(p,w)) - wL(p,w)$ となります．p, w による Π の変化は $\frac{\partial \Pi}{\partial p}, \frac{\partial \Pi}{\partial w}$ にな

りますが，これは p, w, F を使ってどう表されるでしょうか．この問題に答えてくれるのが**包絡線定理**です．

さらに複雑な問題も考えられます．2 種類の財 x_1, x_2 を消費する家計を考え，その効用関数を $u(x_1, x_2)$ とします．財 1，財 2 の価格をそれぞれ，p_1, p_2，所得を I とします．消費者は p_1, p_2, I を与えられたものとして所得の制約 $p_1x_1 + p_2x_2 = I$ の下で u を最大にするとします．つまり

$$\begin{aligned} \max \quad & u(x_1, x_2) \\ s.t. \quad & p_1x_1 + p_2x_2 = I. \end{aligned}$$

このときの最適消費量は p_1, p_2, I の値に応じて変化しますから，関数として $x_1(p_1, p_2, I), x_2(p_1, p_2, I)$ と書けます．また，このときの（最適の）u の値は $U(p_1, p_2, I) = u(x_1(p_1, p_2, I), x_2(p_1, p_2, I))$ と書けます．さて p_1, p_2 や I が変化したとき効用はどう変化するでしょうか．つまり，$\frac{\partial U}{\partial p_i}, i = 1, 2,$ や $\frac{\partial U}{\partial I}$ は p_1, p_2, I や u を使ってどう表されるでしょうか．この場合についても包絡線定理を使って分析できます．

最後に，制約式が不等号の場合も扱うことを付け加えておきます．

まず制約式のない場合から始めましょう．この場合は一般的に以下のようになります．$f : \boldsymbol{R}^n \times \boldsymbol{R}^l \to \boldsymbol{R}$ に対し $\phi : \boldsymbol{R}^l \to \boldsymbol{R}$ を

$$\phi(\boldsymbol{\alpha}) = \max_{x \in \boldsymbol{R}^n} f(\boldsymbol{x}, \boldsymbol{\alpha})$$

とします[11]．すなわち $\boldsymbol{\alpha}$（労働の例では p や w）を与えられたものとし，$\boldsymbol{x}$（労働の例では L）を変数として $f(\boldsymbol{x}, \boldsymbol{\alpha})$（労働の例では $pF(L) - wL$）を最大化します．このとき，最大値は $\boldsymbol{\alpha}$ の関数として $\phi(\boldsymbol{\alpha})$ と表されるわけです．さて，$\boldsymbol{\alpha}$ が変化したとき ϕ はどう変化するでしょうか．言い換えれば，ϕ が微分可能なとき $\frac{\partial \phi}{\partial \alpha_j}$ は f を使ってどう表されるでしょうか[12]．$\boldsymbol{\alpha}$ を与えたときの最適解を $\boldsymbol{x}^*(\boldsymbol{\alpha})$ とします．つまり

$$\boldsymbol{x}^*(\boldsymbol{\alpha}) = \arg\max_{\boldsymbol{x} \in \boldsymbol{R}^n} f(\boldsymbol{x}, \boldsymbol{\alpha}).$$

11) $\max\limits_{x \in \boldsymbol{R}^n}$ は，α を固定して x のみに関して最大化することを意味します．

12) ϕ の微分可能性につては補論で議論します．

このとき明らかに $\phi(\boldsymbol{\alpha}) = f(\boldsymbol{x}^*(\boldsymbol{\alpha}), \boldsymbol{\alpha})$ となります．定理 (6.3.3) を使えば

$$\frac{\partial \phi}{\partial \alpha_j}(\boldsymbol{\alpha}) = \sum_{i=1}^{n} \frac{\partial f}{\partial x_i}(\boldsymbol{x}^*(\boldsymbol{\alpha}), \boldsymbol{\alpha}) \frac{\partial x_i^*}{\partial \alpha_j}(\boldsymbol{\alpha}) + \frac{\partial f}{\partial \alpha_j}(\boldsymbol{x}^*(\boldsymbol{\alpha}), \boldsymbol{\alpha}), \quad j = 1, \ldots, l,$$

となります．$\boldsymbol{x}^*(\boldsymbol{\alpha})$ の定義と定理 (7.3.2) より

$$\frac{\partial f}{\partial x_i}(\boldsymbol{x}^*(\boldsymbol{\alpha}), \boldsymbol{\alpha}) = 0, \quad i = 1, \ldots, n,$$

が成立しているはずです．したがって

$$(*) \quad \frac{\partial \phi}{\partial \alpha_j}(\boldsymbol{\alpha}) = \frac{\partial f}{\partial \alpha_j}(\boldsymbol{x}^*(\boldsymbol{\alpha}), \boldsymbol{\alpha}), \quad j = 1, \ldots, l,$$

が成立します．つまり以下の定理が成立します．

定理 7.6.1 （包絡線定理 1） f を C^1 級とする．さらに $\phi : \boldsymbol{R}^l \to \boldsymbol{R}$ と $\boldsymbol{x}^* : \boldsymbol{R}^l \to \boldsymbol{R}^n$ が C^1 級なら

$$\frac{\partial \phi}{\partial \alpha_j}(\boldsymbol{\alpha}) = \frac{\partial f}{\partial \alpha_j}(\boldsymbol{x}^*(\boldsymbol{\alpha}), \boldsymbol{\alpha}), \quad j = 1, \ldots, l.$$

この定理を前の例の

$$\Pi(p, w) = pF(L(p, w)) - wL(p, w)$$

に当てはめてみましょう．$\phi = \Pi, \boldsymbol{\alpha} = (p, w), x = L, x(\boldsymbol{\alpha}) = L(p, w)$, $f(x) = pF(L) - wL$ ですから $(*)$ より

$$\frac{\partial \Pi}{\partial p}(p, w) = F(L(p, w)), \quad \frac{\partial \Pi}{\partial w}(p, w) = -L(p, w)$$

という単純な関係が導かれます．つまり，製品価格の変化に対する利潤の変化率は $F(L(p, w))$，賃金率の変化に対する利潤の変化率は $-L(p, w)$ になるわけです．

次に，等式制約のある場合を考えてみましょう．$f : \boldsymbol{R}^n \times \boldsymbol{R}^\ell \to \boldsymbol{R}$ と $g_i : \boldsymbol{R}^n \times \boldsymbol{R}^\ell \to \boldsymbol{R}$, $i = 1, \ldots, m$, に対し $\phi : \boldsymbol{R}^\ell \times \boldsymbol{R}^m \to \boldsymbol{R}$ を

$$\phi(\boldsymbol{\alpha}, \boldsymbol{k}) = \max_{\boldsymbol{x} \in \boldsymbol{R}^n} \{ f(\boldsymbol{x}, \boldsymbol{\alpha}) \mid g_i(\boldsymbol{x}, \boldsymbol{\alpha}) = k_i, \ i = 1, \ldots, m \}$$

$\boldsymbol{x}^* : \boldsymbol{R}^\ell \times \boldsymbol{R}^m \to \boldsymbol{R}^n$ を

$$\boldsymbol{x}^*(\boldsymbol{\alpha}, \boldsymbol{k}) = \arg \max_{\boldsymbol{x} \in \boldsymbol{R}^n} \{ f(\boldsymbol{x}, \boldsymbol{\alpha}) \mid g_i(\boldsymbol{x}, \boldsymbol{\alpha}) = k_i,\ i = 1, \ldots, m \}$$

と定義します．ここで $\boldsymbol{\alpha}$ と $\boldsymbol{k}$ は，上の例の価格や賃金率のような外生変数（パラメーター）と考えます．

定理 7.6.2 （包絡線定理 2） $f,\ g_i,\ i = 1, \ldots, m$, を C^1 級とする．また，$\boldsymbol{\alpha} \in \boldsymbol{R}^\ell$ において $D_{\boldsymbol{x}}\boldsymbol{g}(\boldsymbol{x}^*(\boldsymbol{\alpha}, \boldsymbol{k}), \boldsymbol{\alpha})$ の階数を m と仮定する[13)]．ϕ と $\boldsymbol{x}^*$ が C^1 級なら

$$\frac{\partial \phi}{\partial \alpha_j}(\boldsymbol{\alpha}, \boldsymbol{k}) = \frac{\partial f}{\partial \alpha_j}(\boldsymbol{x}^*(\boldsymbol{\alpha}, \boldsymbol{k}), \boldsymbol{\alpha}) - \sum_{h=1}^{m} \frac{\partial \phi}{\partial k_h}(\boldsymbol{\alpha}, \boldsymbol{k}) \frac{\partial g_h}{\partial \alpha_j}(\boldsymbol{x}^*(\boldsymbol{\alpha}, \boldsymbol{k}), \boldsymbol{\alpha}), \quad j = 1, \ldots, m.$$

（なお，定理 (7.4.4) より上式の $\frac{\partial \phi}{\partial k_h}(\boldsymbol{\alpha}, \boldsymbol{k})$ はパラメーターが $(\boldsymbol{\alpha}, \boldsymbol{k})$ のときのラグランジュ乗数 $\lambda_h(\boldsymbol{\alpha}, \boldsymbol{k})$ に一致する.）

証明 $\phi(\boldsymbol{\alpha}, \boldsymbol{k}) = f(\boldsymbol{x}^*(\boldsymbol{\alpha}, \boldsymbol{k}), \boldsymbol{\alpha})$ だから[14)]，

$$\text{(i)} \quad \frac{\partial \phi}{\partial \alpha_j} = \sum_{i=1}^{n} \frac{\partial f}{\partial x_i} \frac{\partial x_i^*}{\partial \alpha_j} + \frac{\partial f}{\partial \alpha_j}$$

となる．一方，定理 (7.4.2) と定理 (7.4.4) より，

$$\text{(ii)} \quad \frac{\partial f}{\partial x_i} = \sum_{h=1}^{m} \frac{\partial \phi}{\partial k_h} \frac{\partial g_h}{\partial x_i}.$$

(ii) を (i) に代入すれば，

$$\text{(iii)} \quad \frac{\partial \phi}{\partial \alpha_j} = \sum_{i=1}^{n} \sum_{h=1}^{m} \frac{\partial \phi}{\partial k_h} \frac{\partial g_h}{\partial x_i} \frac{\partial x_i^*}{\partial \alpha_j} + \frac{\partial f}{\partial \alpha_j}$$

---

13) $D_{\boldsymbol{x}}\boldsymbol{g}(\boldsymbol{x}^*(\boldsymbol{\alpha}, \boldsymbol{k}), \boldsymbol{\alpha})$ は最初の n 個の変数に関するヤコビ行列．

14) 前にも述べたように，関数 $f(\cdot)$ の $(\cdot)$ の部分に何が入るか明らかな場合は，$(\cdot)$ を省略することがあります．

また，全ての $\boldsymbol{\alpha}$ について $g_h(\boldsymbol{x}^*(\boldsymbol{\alpha},\boldsymbol{k}),\boldsymbol{\alpha}) = k_h, h = 1,\ldots,m$, だから $G_h(\boldsymbol{\alpha},\boldsymbol{k}) = g_h(\boldsymbol{x}^*(\boldsymbol{\alpha},\boldsymbol{k}),\boldsymbol{\alpha})$ とすれば，全ての $\boldsymbol{\alpha}$ について $G_h(\boldsymbol{\alpha},\boldsymbol{k}) = \boldsymbol{k}_h$ だから，

$$0 = \frac{\partial G_h}{\partial \alpha_j} = \sum_{i=1}^{n} \frac{\partial g_h}{\partial x_i}\frac{\partial x_i^*}{\partial \alpha_j} + \frac{\partial g_h}{\partial \alpha_j},\ j = 1,\ldots,m,$$

したがって，

$$\text{(iv)}\quad \sum_{i=1}^{n} \frac{\partial g_h}{\partial x_i}\frac{\partial x_i^*}{\partial \alpha_j} = -\frac{\partial g_h}{\partial \alpha_j},\ j = 1,\ldots,m.$$

(iv) を (iii) に代入すれば，

$$\frac{\partial \phi}{\partial \alpha_j} = \frac{\partial f}{\partial \alpha_j} - \sum_{h=1}^{m} \frac{\partial \phi}{\partial k_h}\frac{\partial g_h}{\partial \alpha_j},\ j = 1,\ldots,m.$$

証明終.

$$L(\boldsymbol{x},\boldsymbol{\lambda},\boldsymbol{\alpha},\boldsymbol{k}) = f(\boldsymbol{x},\boldsymbol{\alpha}) + \sum_{i=1}^{m} \lambda_i(k_i - g_i(\boldsymbol{x},\boldsymbol{\alpha}))$$

と定義すれば，定理 (7.4.4) より

$$\frac{\partial \phi}{\partial k_h} = \lambda_h(\boldsymbol{\alpha},\boldsymbol{k})$$

ですから，この定理は

$$\frac{\partial \phi}{\partial \alpha_j}(\boldsymbol{\alpha},\boldsymbol{k}) = \frac{\partial L}{\partial \alpha_j}(\boldsymbol{x}(\boldsymbol{\alpha},\boldsymbol{k}),\boldsymbol{\lambda}(\boldsymbol{\alpha},\boldsymbol{k}),\boldsymbol{\alpha},\boldsymbol{k}),\ j = 1,\ldots,m,$$

とも表されます．

最後に，不等式制約のある場合を考えてみましょう．$f : \boldsymbol{R}^n \times \boldsymbol{R}^\ell \to \boldsymbol{R}$ と $g_i : \boldsymbol{R}^n \times \boldsymbol{R}^\ell \to \boldsymbol{R}$, $i = 1,\ldots,m$, に対し $\phi : \boldsymbol{R}^\ell \times \boldsymbol{R}^m \to \boldsymbol{R}$ を

$$\phi(\boldsymbol{\alpha},\boldsymbol{k}) = \max_{\boldsymbol{x}\in\boldsymbol{R}^n}\{f(\boldsymbol{x},\boldsymbol{\alpha}) \mid g_i(\boldsymbol{x},\boldsymbol{\alpha}) \le k_i,\ i = 1,\ldots,m\}$$

$\boldsymbol{x}^* : \boldsymbol{R}^\ell \times \boldsymbol{R}^m \to \boldsymbol{R}^n$ を

$$\boldsymbol{x}^*(\boldsymbol{\alpha},\boldsymbol{k}) = \arg\max_{\boldsymbol{x}\in\boldsymbol{R}^n}\{f(\boldsymbol{x},\boldsymbol{\alpha}) \mid g_i(\boldsymbol{x},\boldsymbol{\alpha}) \le k_i,\ i = 1,\ldots,m\}$$

と定義します．

定理 7.6.3 (包絡線定理 3) f, g_i, $i=1,\ldots,m$, を C^1 級とする．さらに $\boldsymbol{\alpha}\in\boldsymbol{R}^\ell$ において $g(x_i^*(\boldsymbol{\alpha},\boldsymbol{k}),\boldsymbol{\alpha}), i\in I(\boldsymbol{x}^*)$, が 1 次独立と仮定する．$\phi$ と $\boldsymbol{x}^*$ が C^1 級なら

$$\frac{\partial\phi}{\partial\alpha_j}(\boldsymbol{\alpha},\boldsymbol{k})=\frac{\partial f}{\partial\alpha_j}(\boldsymbol{x}^*(\boldsymbol{\alpha},\boldsymbol{k}),\boldsymbol{\alpha})-\sum_{h=1}^{m}\frac{\partial\phi}{\partial k_h}(\boldsymbol{\alpha},\boldsymbol{k})\frac{\partial g_h}{\partial\alpha_j}(\boldsymbol{x}^*(\boldsymbol{\alpha},\boldsymbol{k}),\boldsymbol{\alpha}),$$
$$j=1,\ldots,m.$$

(なお，定理 (7.5.3) より上式の $\frac{\partial\phi}{\partial k_h}(\boldsymbol{\alpha},\boldsymbol{k})$ はパラメーターが $(\boldsymbol{\alpha},\boldsymbol{k})$ のときのラグランジュ乗数 $\lambda_h(\boldsymbol{\alpha},\boldsymbol{k})$ に一致する.)

証明 $\phi(\boldsymbol{\alpha},\boldsymbol{k})=f(\boldsymbol{x}^*(\boldsymbol{\alpha},\boldsymbol{k}),\boldsymbol{\alpha})$ だから，

$$\text{(i)}\quad \frac{\partial\phi}{\partial\alpha_j}=\sum_{i=1}^{n}\frac{\partial f}{\partial x_i}\frac{\partial x_i^*}{\partial\alpha_j}+\frac{\partial f}{\partial\alpha_j}$$

となる．一方，定理 (7.5.1) と定理 (7.5.3) より，

$$\frac{\partial f}{\partial x_i}=\sum_{h=1}^{m}\frac{\partial\phi}{\partial k_h}\frac{\partial g_h}{\partial x_i}.$$

ゆえに，(i) より

$$\text{(ii)}\quad \frac{\partial\phi}{\partial\alpha_j}=\sum_{i=1}^{n}\sum_{h=1}^{m}\frac{\partial\phi}{\partial k_h}\frac{\partial g_h}{\partial x_i}\frac{\partial x_i^*}{\partial\alpha_j}+\frac{\partial f}{\partial\alpha_j}.$$

一方，$G_h(\boldsymbol{\alpha},\boldsymbol{k})=g_h(\boldsymbol{x}^*(\boldsymbol{\alpha},\boldsymbol{k}),\boldsymbol{\alpha})$ と定義する．$h\in I(\boldsymbol{x}^*)$ については $g_h(\boldsymbol{x}^*(\boldsymbol{\alpha},\boldsymbol{k}),\boldsymbol{\alpha})=k_h$ だから

$$0\geq\frac{\partial G_h}{\partial\alpha_j}=\sum_{i=1}^{n}\frac{\partial g_h}{\partial x_i}\frac{\partial x_i^*}{\partial\alpha_j}+\frac{\partial g_h}{\partial\alpha_j}$$

となる．もし上の不等式が厳密に成立していれば（つまり，$0>\frac{\partial G_h}{\partial\alpha_j}$ なら)，g_h, $\boldsymbol{x}^*$ は C^1 級だから $\bar\delta>0$ が存在して $\delta\in(0,\bar\delta)$ なら

$$G_h(\boldsymbol{\alpha}_\delta,\boldsymbol{k})=g_h(\boldsymbol{x}^*(\boldsymbol{\alpha}_\delta,\boldsymbol{k}),\boldsymbol{\alpha}_\delta)<k_h.$$

ここで，$\boldsymbol{\alpha}_\delta=(\alpha_1,\ldots,\alpha_{j-1},\alpha_j+\delta,\alpha_{j+1},\ldots,\alpha_\ell)$．したがって，定理 (7.5.1) と定理 (7.5.3) より $\frac{\partial\phi}{\partial k_h}(\boldsymbol{\alpha}_\delta,\boldsymbol{k})=0$．$\phi$ は C^1 級だから $\frac{\partial\phi}{\partial k_h}(\boldsymbol{\alpha},\boldsymbol{k})=\lim_{\delta\to 0}\frac{\partial\phi}{\partial k_h}(\boldsymbol{\alpha}_\delta,\boldsymbol{k})=0$ となる．したがって，$h\in I(\boldsymbol{x}^*)$ については

(iii) $\displaystyle\sum_{i=1}^{n}\frac{\partial g_h}{\partial x_i}\frac{\partial x_i^*}{\partial \alpha_j}+\frac{\partial g_h}{\partial \alpha_j}=0$ または $\displaystyle\frac{\partial \phi}{\partial k_h}=0$

が成立する．$h \notin I(\boldsymbol{x}^*)$ については定理 (7.5.1) と定理 (7.5.3) より，

(iv) $\displaystyle\frac{\partial \phi}{\partial k_h}=0.$

したがって，(iii)，(iv) を (ii) に代入すれば

$$\frac{\partial \phi}{\partial \alpha_j}=\frac{\partial f}{\partial \alpha_j}-\sum_{h=1}^{m}\frac{\partial \phi}{\partial k_h}\frac{\partial g_h}{\partial \alpha_j},\ j=1,\ldots,m.$$

証明終.

$$L(\boldsymbol{x},\boldsymbol{\lambda},\boldsymbol{\alpha},\boldsymbol{k})=f(\boldsymbol{x},\boldsymbol{\alpha})+\sum_{i=1}^{m}\lambda_i(k_i-g_i(\boldsymbol{x},\boldsymbol{\alpha}))$$

と定義すれば，定理 (7.5.3) より

$$\frac{\partial \phi}{\partial k_h}=\lambda_h(\boldsymbol{\alpha},\boldsymbol{k})$$

ですから，この定理は

$$\frac{\partial \phi}{\partial \alpha_j}(\boldsymbol{\alpha},\boldsymbol{k})=\frac{\partial L}{\partial \alpha_j}(\boldsymbol{x}(\boldsymbol{\alpha},\boldsymbol{k}),\boldsymbol{\lambda}(\boldsymbol{\alpha},\boldsymbol{k}),\boldsymbol{\alpha},\boldsymbol{k}),\ j=1,\ldots,m,$$

とも表されます．

7.7 補論：最大値の微分可能性

7.7.1 微分不可能な例

まず，最初に制約条件のない場合を考えましょう．$\Pi:\boldsymbol{R}\to\boldsymbol{R}$ を

$$\Pi(a)=\max_{x\in\boldsymbol{R}^n}-3x^4+4(2+a)x^3-12ax^2$$

と定義します．(ここで明らかに $f(x,a)=-3x^4+4(2+a)x^3-12ax^2$ は微分可能です.) f を x で偏微分して 0 とおくと

$$-12x(x-a)(x-2)=0$$

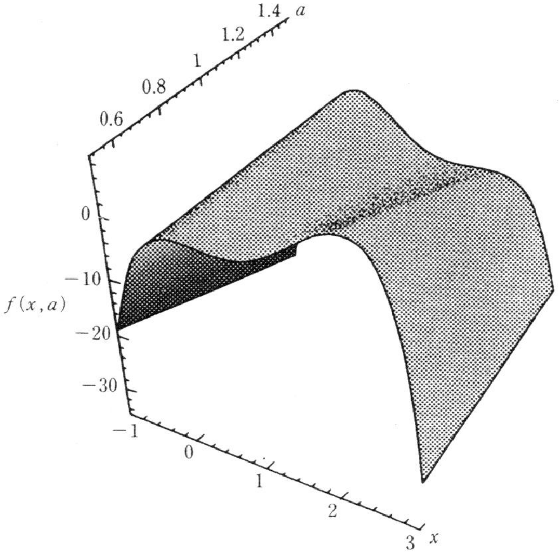

図 7.30

になります．たとえば，$a \in [0.5, 1.5]$ について考えてみると明らかに $x = 0, 2$ の 2 点でのみ局大になります．（図 7.30 参照．）さらに，$\lim_{x\to-\infty} f(x,a) = -\infty, \lim_{x\to\infty} f(x,a) = -\infty$ ですから $x = 0$ か $x = 2$ で最大になるはずです．$x = 0$ を f に代入すると $f(0,a) = 0$ ですから $x = 0$ では a にかかわらず f の値は 0 になります．一方，$x = 2$ を $f(x,a)$ に代入すると

$$f(2,a) = -48 + 32(2+a) - 48a = -16a + 16.$$

したがって，$f(0,a)$ と $f(2,a)$ のグラフは図 7.31 のようになります．

結局，$\Pi(a)$ は $f(0,a)$ と $f(2,a)$ の大きいほうになるわけですから $\Pi(a)$ のグラフは図 7.32 のようになり，$a = 0$ で微分できないことになります．

次に不等式制約の場合を考えましょう．(以下の例は文献 [15] によります．) $\Pi : \boldsymbol{R} \to \boldsymbol{R}$ を

$$\Pi(a) = \max\{2x_1 + x_2 \mid x_1 \geq 0, x_2 \geq 0, x_1 + x_2 \leq 1, 3x_1 + x_2 \leq a\}$$

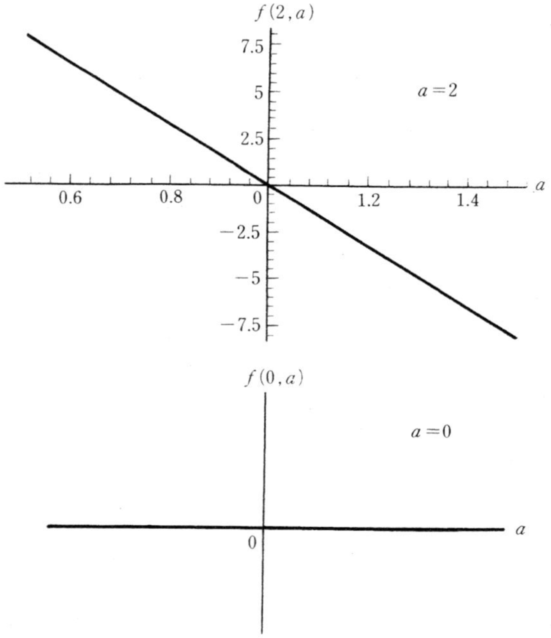

図 7.31

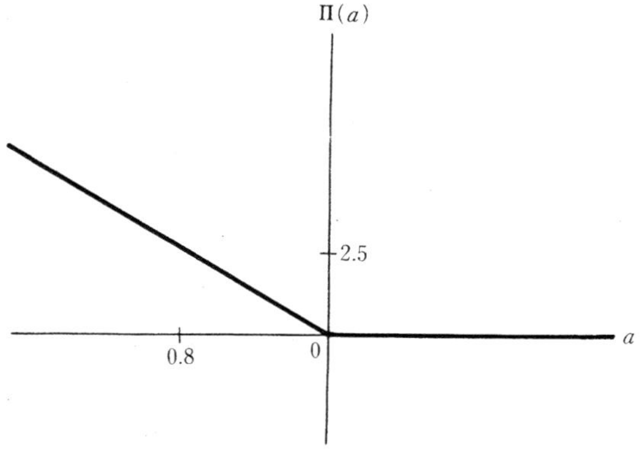

図 7.32

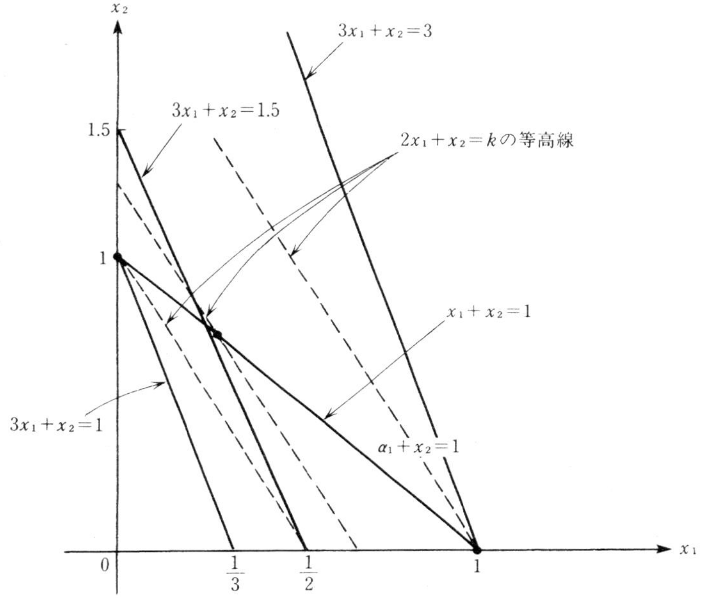

図 7.33

と定義します．この最大化問題の $a=1,1.5,3$ の場合を図示すると図 7.33 のようになります．

これからわかるように，

$$\Pi(a)=\begin{cases} a, & a<1 \\ \frac{a+1}{2}, & 1\leq a\leq 3 \\ 2, & a>3 \end{cases}$$

となり，グラフに描くと図 7.34 のようになります．明らかに Π は $a=1,3$ で微分可能ではありません．

7.7.2 微分可能性[15)]

Π が C^1 級になるための十分条件は以下のようになります．

15) 文献 [18] は，本項より一般的な場合を扱っている．

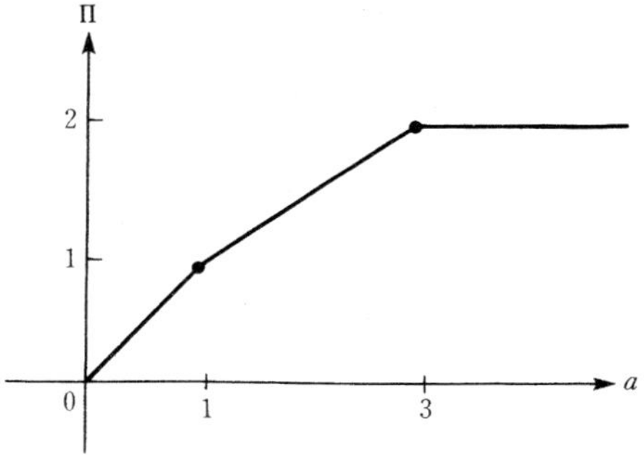

図 7.34

定理 7.7.1　$f : \boldsymbol{R}^n \times \boldsymbol{R}^\ell \to \boldsymbol{R}$ を C^2 級とする．$\Pi : \boldsymbol{R}^\ell \to \boldsymbol{R}$ と $\boldsymbol{x}^* : \boldsymbol{R}^\ell \to \boldsymbol{R}^n$ を

$$\Pi(\boldsymbol{\alpha}) = \max_{x \in \boldsymbol{R}^n} f(\boldsymbol{x}, \boldsymbol{\alpha})$$

$$x^*(\boldsymbol{\alpha}) = \arg\max_{x \in \boldsymbol{R}^n} f(\boldsymbol{x}, \boldsymbol{\alpha})$$

と定義する．以下の条件の下で Π と x^* は $\bar{\boldsymbol{\alpha}}$ において C^1 級になる．

(i)　$\arg\max_{\boldsymbol{x} \in \boldsymbol{R}^n} f(\boldsymbol{x}, \bar{\boldsymbol{\alpha}})$ は 1 点 $\{\bar{\boldsymbol{x}}\}$ になる．(つまり，最大は二つ以上の点で達成されない.)

(ii)　$\varepsilon > 0$ が存在して (a) $\boldsymbol{\alpha} \in B_\varepsilon(\bar{\boldsymbol{\alpha}})$ に対し $\nabla_{\boldsymbol{x}} f(\boldsymbol{x}, \boldsymbol{\alpha}) = (0, \ldots, 0)$[16] となる $\boldsymbol{x}$ は有限個，(b) また，コンパクト集合 $A \subset \boldsymbol{R}^n$ が存在して $\boldsymbol{\alpha} \in B_\varepsilon(\bar{\boldsymbol{\alpha}})$ なら $\{\boldsymbol{x} \in \boldsymbol{R}^n \mid \nabla_{\boldsymbol{x}} f(\boldsymbol{x}, \boldsymbol{\alpha}) = (0, \ldots, 0)\} \subset int\ A$.

(iii)　$\nabla_{\boldsymbol{x}} f(\boldsymbol{x}, \bar{\boldsymbol{\alpha}}) = (0, \ldots, 0)$ となる $\boldsymbol{x}$ を $\bar{\boldsymbol{x}}^1, \ldots, \bar{\boldsymbol{x}}^k$ とすれば，全ての $i = 1, \ldots, k$ について

$$\det \begin{bmatrix} \frac{\partial^2 f}{\partial x_1^2}(\bar{\boldsymbol{x}}^i, \bar{\boldsymbol{\alpha}}) & \cdots & \frac{\partial^2 f}{\partial x_1 x_n}(\bar{\boldsymbol{x}}^i, \bar{\boldsymbol{\alpha}}) \\ \vdots & \ddots & \vdots \\ \frac{\partial^2 f}{\partial x_n x_1}(\bar{\boldsymbol{x}}^i, \bar{\boldsymbol{\alpha}}) & \cdots & \frac{\partial^2 f}{\partial x_n^2}(\bar{\boldsymbol{x}}^i, \bar{\boldsymbol{\alpha}}) \end{bmatrix} \neq 0$$

16)　$\nabla_{\boldsymbol{x}} f(\boldsymbol{x}, \boldsymbol{\alpha}) = \left(\frac{\partial f}{\partial x_1}(\boldsymbol{x}, \boldsymbol{\alpha}), \ldots, \frac{\partial f}{\partial x_n}(\boldsymbol{x}, \boldsymbol{\alpha})\right)$.

証明 $\boldsymbol{F}:\boldsymbol{R}^n\times\boldsymbol{R}^\ell\to\boldsymbol{R}^n$ を $\boldsymbol{F}=\nabla_{\boldsymbol{x}}f$ と定義する．$\bar{\boldsymbol{x}}^1=\bar{\boldsymbol{x}}$ とする．f は C^2 級だから $\boldsymbol{F}$ は C^1 級となる．したがって，(iii) より陰関数定理が使える．$(\bar{\boldsymbol{x}}^1,\bar{\boldsymbol{\alpha}}),\ldots,(\bar{\boldsymbol{x}}^k,\bar{\boldsymbol{\alpha}})$ にそれぞれ陰関数定理を適用すれば，ε 以下の $\delta>0$ に対し C^1 級関数 $\varphi^1:B_\delta(\bar{\boldsymbol{\alpha}})\to\boldsymbol{R}^n,\ldots,\varphi^k:B_\delta(\bar{\boldsymbol{\alpha}})\to\boldsymbol{R}^n$ が存在して $(\varphi^i(\boldsymbol{\alpha}),\boldsymbol{\alpha})$ は $\boldsymbol{F}(\boldsymbol{x},\boldsymbol{\alpha})=0$ の解となり $\varphi^i(\bar{\boldsymbol{\alpha}})=\bar{\boldsymbol{x}}^i$ を満たす．(ii)，(iii) より δ 以下の $\xi>0$ が存在して$\boldsymbol{\alpha}\in B_\xi(\bar{\boldsymbol{\alpha}})$ なら $\boldsymbol{F}(\boldsymbol{x},\boldsymbol{\alpha})=0$ を満たす $\boldsymbol{x}$ は $\varphi^1(\boldsymbol{\alpha}),\ldots,\varphi^k(\boldsymbol{\alpha})$ しかないことを証明できる．(なぜか？)　(i) および $\varphi^1,\ldots,\varphi^k$ と f の連続性よりξ 以下の $\eta>0$ が存在して $\alpha\in B_\eta(\bar{\boldsymbol{\alpha}})$ なら$\varphi^1(\boldsymbol{\alpha})$ で f は最大値を取る．したがって，$\Pi(\boldsymbol{\alpha})=f(\varphi^1(\boldsymbol{\alpha}))$ となり f,φ^1 はそれぞれ C^2 級，C^1 級だから Π は C^1 級．また，$\boldsymbol{x}^*=\varphi^1$ だから $\boldsymbol{x}^*$ は C^1 級． **証明終**．

等式制約のある場合に C^1 級になるための十分条件については次の定理で与えられます．

定理 7.7.2 $f:\boldsymbol{R}^n\times\boldsymbol{R}^\ell\to\boldsymbol{R}$ と $g_i:\boldsymbol{R}^n\times\boldsymbol{R}^\ell\to\boldsymbol{R}$, $i=1,\ldots,m$, を C^2 級とする．$\Pi:\boldsymbol{R}^\ell\times\boldsymbol{R}^m\to\boldsymbol{R}$ と $\boldsymbol{x}^*:\boldsymbol{R}^\ell\times\boldsymbol{R}^m\to\boldsymbol{R}^n$を

$$\Pi(\boldsymbol{\alpha},\boldsymbol{k})=\max\{f(\boldsymbol{x},\boldsymbol{\alpha})\mid g_i(\boldsymbol{x},\boldsymbol{\alpha})=k_i,\ i=1,\ldots,m\}$$

$$x^*(\boldsymbol{\alpha},\boldsymbol{k})=\arg\max\{f(\boldsymbol{x},\boldsymbol{\alpha})\mid g_i(\boldsymbol{x},\boldsymbol{\alpha})=k_i,\ i=1,\ldots,m\}$$

と定義する．以下の条件の下で Π と $\boldsymbol{x}^*$ は $(\bar{\boldsymbol{\alpha}},\bar{\boldsymbol{k}})$ において C^1 級になる．

(i)　全ての $\boldsymbol{x}\in\boldsymbol{R}^n$ について $\nabla_{\boldsymbol{x}}g_i(\boldsymbol{x},\bar{\boldsymbol{\alpha}})$, $i=1,\ldots,m$, は一次独立．

(ii)　$\arg\max\{f(\boldsymbol{x},\bar{\boldsymbol{\alpha}})\mid g_i(\boldsymbol{x},\bar{\boldsymbol{\alpha}})=\bar{k}_i,\ i=1,\ldots,m\}$ は 1 点 $\{\bar{\boldsymbol{x}}\}$ になる．(つまり，最大は二つ以上の点で達成されない．)

(iii)　$\boldsymbol{F}:\boldsymbol{R}^n\times\boldsymbol{R}^m\times\boldsymbol{R}^\ell\times\boldsymbol{R}^m\to\boldsymbol{R}^{n+m}$ を

$$\boldsymbol{F}(\boldsymbol{x},\boldsymbol{\lambda},\boldsymbol{\alpha},\boldsymbol{k})=\begin{bmatrix}\nabla_{\boldsymbol{x}}f(\boldsymbol{x},\boldsymbol{\alpha})+\sum_{i=1}^m\lambda_i(k_i-g_i(\boldsymbol{x},\boldsymbol{\alpha}))\\ \boldsymbol{k}-\boldsymbol{g}(\boldsymbol{x},\boldsymbol{\alpha})\end{bmatrix}$$

と定義する．このとき $\varepsilon>0$ が存在して，(a) $(\boldsymbol{\alpha},\boldsymbol{k})\in B_\varepsilon(\bar{\boldsymbol{\alpha}},\bar{\boldsymbol{k}})$ に対し $\boldsymbol{F}(\boldsymbol{x},\boldsymbol{\lambda},\boldsymbol{\alpha},\boldsymbol{k})=(0,\ldots,0)$ となる $(\boldsymbol{x},\boldsymbol{\lambda})$ は有限個，(b) また，コンパクト集合 $A\subset\boldsymbol{R}^\ell\times\boldsymbol{R}^m$ が存在して $(\boldsymbol{\alpha},\boldsymbol{k})\in B_\varepsilon(\bar{\boldsymbol{\alpha}},\bar{\boldsymbol{k}})$ なら $\{(\boldsymbol{x},\boldsymbol{\lambda})\in\boldsymbol{R}^n\times\boldsymbol{R}^m\mid\boldsymbol{F}(\boldsymbol{x},\boldsymbol{\lambda},\boldsymbol{\alpha},\boldsymbol{k})=(0,\ldots,0)\}\subset int\ A$.

(iv) $\boldsymbol{F}(\boldsymbol{x},\boldsymbol{\lambda},\bar{\boldsymbol{\alpha}},\bar{\boldsymbol{k}})=(0,\ldots,0)$ となる $(\boldsymbol{x},\boldsymbol{\lambda})$ を $(\bar{\boldsymbol{x}}^1,\bar{\boldsymbol{\lambda}}^1),\ldots,(\bar{\boldsymbol{x}}^k,\bar{\boldsymbol{\lambda}}^k)$ とすると，全ての $i=1,\ldots,k$ について $\boldsymbol{F}$ の $(\boldsymbol{x},\boldsymbol{\lambda})$ に関するヤコビアンは $(\bar{\boldsymbol{x}}^1,\bar{\boldsymbol{\lambda}}^1),\ldots,(\bar{\boldsymbol{x}}^k,\bar{\boldsymbol{\lambda}}^k)$ において 0 にならない．

証明 定理 (7.4.2) より $\bar{\boldsymbol{\lambda}}$ が存在して $\boldsymbol{F}(\bar{\boldsymbol{x}},\bar{\boldsymbol{\lambda}},\bar{\boldsymbol{\alpha}},\bar{\boldsymbol{k}})=(0,\ldots,0)$ となる．$(\bar{\boldsymbol{x}},\bar{\boldsymbol{\lambda}})=(\bar{\boldsymbol{x}}^1,\bar{\boldsymbol{\lambda}}^1)$ とする．あとは，$\boldsymbol{F}(\boldsymbol{x},\boldsymbol{\lambda},\boldsymbol{\alpha},\boldsymbol{k})=0$ に対して陰関数定理を使って定理 (7.7.1) の場合と同様に証明できる． **証明終**.

不等式制約のある場合に C^1 級になるための十分条件については次の定理で与えられます．

定理 7.7.3 $f:\boldsymbol{R}^n\times\boldsymbol{R}^\ell\to\boldsymbol{R}$ と $g_i:\boldsymbol{R}^n\times\boldsymbol{R}^\ell\to\boldsymbol{R}$, $i=1,\ldots,m$, を C^2 級とする．$\Pi:\boldsymbol{R}^\ell\times\boldsymbol{R}^m\to\boldsymbol{R}$ と $\boldsymbol{x}^*:\boldsymbol{R}^\ell\times\boldsymbol{R}^m\to\boldsymbol{R}^n$ を

$$\Pi(\boldsymbol{\alpha},\boldsymbol{k})=\max\{f(\boldsymbol{x},\boldsymbol{\alpha})\mid g_i(\boldsymbol{x},\boldsymbol{\alpha})\le k_i,\ i=1,\ldots,m\}$$

$$\boldsymbol{x}^*(\boldsymbol{\alpha},\boldsymbol{k})=\arg\max\{f(\boldsymbol{x},\boldsymbol{\alpha})\mid g_i(\boldsymbol{x},\boldsymbol{\alpha})\le k_i,\ i=1,\ldots,m\}$$

と定義する．以下の条件の下で Π と $\boldsymbol{x}^*$ は $(\bar{\boldsymbol{\alpha}},\bar{\boldsymbol{k}})$ において C^1 級になる．

(i) 全ての $\boldsymbol{x}\in\boldsymbol{R}^n$ について $\nabla_{\boldsymbol{x}}g_i(\boldsymbol{x},\bar{\boldsymbol{\alpha}}),i\in I(\boldsymbol{x},\bar{\boldsymbol{\alpha}})=\{i\mid g_i(\boldsymbol{x},\bar{\boldsymbol{\alpha}})=\bar{k}_i\}$, は一次独立．

(ii) $\arg\max\{f(\boldsymbol{x},\bar{\boldsymbol{\alpha}})\mid g_i(\boldsymbol{x},\bar{\boldsymbol{\alpha}})\le\bar{k}_i,\ i=1,\ldots,m\}$ は 1 点 $\{\bar{\boldsymbol{x}}\}$ になる．(つまり，最大は二つ以上の点で達成されない.)

(iii) $\boldsymbol{F}:\boldsymbol{R}^n\times\boldsymbol{R}^m\times\boldsymbol{R}^\ell\times\boldsymbol{R}^m\to\boldsymbol{R}^{n+m}$ を

$$\boldsymbol{F}(\boldsymbol{x},\boldsymbol{\lambda},\boldsymbol{\alpha},\boldsymbol{k})=\begin{bmatrix}\nabla_{\boldsymbol{x}}f(\boldsymbol{x},\boldsymbol{\alpha})+\sum_{i=1}^m\lambda_i(k_i-g_i(\boldsymbol{x},\boldsymbol{\alpha}))\\ \lambda_1(k_1-g_1(\boldsymbol{x},\boldsymbol{\alpha}))\\ \vdots\\ \lambda_m(k_m-g_m(\boldsymbol{x},\boldsymbol{\alpha}))\end{bmatrix}$$

と定義する．このとき $\varepsilon>0$ が存在して，(a) $(\boldsymbol{\alpha},\boldsymbol{k})\in B_\varepsilon(\bar{\boldsymbol{\alpha}},\bar{\boldsymbol{k}})$ に対し $\boldsymbol{F}(\boldsymbol{x},\boldsymbol{\lambda},\boldsymbol{\alpha},\boldsymbol{k})=(0\ldots,0)$ となる $(\boldsymbol{x},\boldsymbol{\lambda})$ は有限個，(b) また，コンパクト集合 $A\subset\boldsymbol{R}^n\times\boldsymbol{R}^m$ が存在して $(\boldsymbol{\alpha},\boldsymbol{k})\in B_\varepsilon(\bar{\boldsymbol{\alpha}},\bar{\boldsymbol{k}})$ なら $\{(\boldsymbol{x},\boldsymbol{\lambda})\in\boldsymbol{R}^n\times\boldsymbol{R}^m\mid\boldsymbol{F}(\boldsymbol{x},\boldsymbol{\lambda},\boldsymbol{\alpha},\boldsymbol{k})=(0\ldots,0)\}\subset int\ A$.

(iv)　$\boldsymbol{F}(\boldsymbol{x},\boldsymbol{\lambda},\bar{\boldsymbol{\alpha}},\bar{\boldsymbol{k}}) = (0\ldots,0)$ となる $(\boldsymbol{x},\boldsymbol{\lambda})$ を $(\bar{\boldsymbol{x}}^1,\bar{\boldsymbol{\lambda}}^1),\ldots,(\bar{\boldsymbol{x}}^k,\bar{\boldsymbol{\lambda}}^k)$ とすれば，全ての $i=1,\ldots,k$ について$\boldsymbol{F}$ の $(\boldsymbol{x},\boldsymbol{\lambda})$ に関するヤコビアンは $(\bar{\boldsymbol{x}}^1,\bar{\boldsymbol{\lambda}}^1),\ldots,(\bar{\boldsymbol{x}}^k,\bar{\boldsymbol{\lambda}}^k)$ において 0 にならない．

証明　定理 (7.5.1) より $\bar{\boldsymbol{\lambda}}$ が存在して $\boldsymbol{F}(\bar{\boldsymbol{x}},\bar{\boldsymbol{\lambda}},\bar{\boldsymbol{\alpha}},\bar{\boldsymbol{k}}) = 0$ となる．また $(\bar{\boldsymbol{x}},\bar{\boldsymbol{\lambda}}) = (\bar{\boldsymbol{x}}^1,\bar{\boldsymbol{\lambda}}^1)$ とする．あとは，$\boldsymbol{F}(\boldsymbol{x},\boldsymbol{\lambda},\boldsymbol{\alpha},\boldsymbol{k}) = 0$ に対して陰関数定理を使って定理 (7.7.1) の場合と同様に証明できる．　**証明終．**

第8章 積分と微分方程式

8.1 経済学と積分・微分方程式

経済学における変数は時間とともに変化します[1]．たとえば，株価や為替レートは刻々と変化し，国民所得は毎年変わり，失業率は増減を繰り返すといった具合です．本章では，時間を考慮にいれた経済モデルを分析するための数学—**積分と微分方程式**—を紹介します．読者のみなさんは積分を高校の数学で学習していることと思いますが，本章では ϵ-δ 論法を使ってより厳密に解説します．高校の数学で学んだこともかなり出てきますが，復習だと思って読んでください．もちろん，厳密な議論に興味のない読者は証明を飛ばして読んでもかまいません．

まず，以下の例を考えましょう．この例は，高校で習った積分の簡単な応用問題です．

例 8.1.1 西暦 t 年における国民所得を $Y(t)$（兆円）とします．たとえば，

1) この章では，変数は時間と考えて記号 t を使います．t を使う理由は，英語で時間を time ということからきています．

もし西暦 1980 年の国民所得が 300 兆円なら

$$Y(1980) = 300$$

と書くわけです．ここで，Y は t の関数 ($Y : \boldsymbol{R} \to \boldsymbol{R}$) と考えることができます．さて，ここで t が変化したときの Y の変化率は常に 30（兆円）としましょう．$Y(t)$ は具体的にはどんな値を取るのでしょうか．つまり，西暦 t 年における国民所得は何兆円になるでしょうか．

$\frac{dY}{dt}$ は

(i) $\dfrac{dY}{dt}(t) = 30$

を満たすはずです．t 年における国民所得を知るには，この式を満たすような関数 $Y : \boldsymbol{R} \to \boldsymbol{R}$ を求めてやればよいはずです．

$$Y(t) = 30t$$

としてみましょう．これは明らかに (i) を満たしています．次に

$$Y(t) = 30t + 2$$

を考えてみましょう．これも明らかに (i) を満たしています．一般には，任意の定数 α について

(ii) $Y(t) = 30t + \alpha$

は (i) を満たします．

さて，西暦 1950 年において Y は 50 兆円であったとします．(現実にそうであったわけではありません.) つまり，

$$Y(1950) = 50$$

ですから，これを (ii) に代入すれば

$$50 = 30 \cdot 1950 + \alpha$$

より $\alpha = -58,450$ となります．つまり，ある t_0 における $Y(t_0)$（ここでは $t_0 = 1950$）の値を与えれば α が決まり，関数 Y も一つに決まるわけです．

例 8.1.2　さて，さらに複雑な場合を考えてみましょう．西暦 t 年における人口を $H(t)$ と書くことにします．また，西暦 $\bar{t}$ 年における，t の変化に対する H の変化率を $\dfrac{1}{\bar{t}}$ とします．つまり，人口の増え方は時間の逆数に比例して減っていくと仮定するわけです．数式で書けば，西暦 t 年における人口は t の関数 $H : \boldsymbol{R} \to \boldsymbol{R}$ で，

$$\frac{dH}{dt}(t) = \frac{1}{t}$$

を満たすわけです．任意の定数 α に対し，

(iii)　$H(t) = \log t + \alpha$

が上式を満たすことは $\frac{d}{dt}(\log t) = \frac{1}{t}$ より明らかです．

さて，西暦 1 年において H は 80,000（人）であったとします.（現実にそうであったわけではありません.）つまり，

$$H(1) = 80,000$$

ですから，これを (iii) に代入すれば

$$80,000 = \log 1 + \alpha$$

より $A = 80,000$ となります．

一般に，与えられた関数 $f : \boldsymbol{R} \to \boldsymbol{R}$ に対し

(iv)　$\dfrac{dF}{dt}(t) = f(t)$

を満たす関数 $F : \boldsymbol{R} \to \boldsymbol{R}$ を f の**原始関数**と言います．原始関数と積分の関係はある程度高校の数学で習ったことと思います．荒っぽく言えば，(iv) の右辺を積分してやれば原始関数を求めることができるわけです．この章の目的の一つは原始関数およびそれに関連する**定積分**，**不定積分**の概念を高校数学より厳密に解説し，経済学に応用することにあります[2)]．

次に，以下の二つの例を考えましょう．

2)　高校の数学では原始関数と不定積分を区別しませんが，厳密には異なる概念です．詳しくは 8.2 節を見てください．

例 8.1.3　西暦 t 年における国民所得を $Y(t)$（兆円）とします．すなわち Y は t の関数 $Y:\boldsymbol{R}\to\boldsymbol{R}$ になっているわけです．t の変化に対する，国民所得 Y の変化率は 3%と仮定します．関数 Y は具体的にはどのような形をしているのでしょうか．西暦$\bar{t}$ 年において，t の変化に対する Y の変化率は $0.03Y(\bar{t})$（兆円）ですから，全ての t について

$$\frac{dY}{dt}(t)=0.03Y(t)$$

が成立するはずです．したがって，この式を満たすような関数 Y を求めてやれば国民所得 $Y(t)$ が各 t においていかなる値をとるかがわかるはずです．この式と例 (8.1.1) や例 (8.1.2) との違いは，求めるべき関数 Y が右辺にも出てくることです．したがって，右辺を積分する方法では Y が求められないことは明らかです．さて，$Y(t)=2\boldsymbol{e}^{0.03t}$ としてみましょう．(ここで $\boldsymbol{e}$ は自然対数の底.)

$$\frac{dY}{dt}(t)=0.03\cdot 2\boldsymbol{e}^{0.03t}=0.03Y(t)$$

ですから，これが上の条件を満たすことがわかります．(6.2.1 項の自然対数の微分の部分参照.) 実は，任意の定数 α に対し，$Y(t)=\alpha\boldsymbol{e}^{0.03t}$ が条件を満たします．なぜなら，

$$\frac{dY}{dt}(t)=0.03\cdot\alpha\boldsymbol{e}^{0.03t}=0.03Y(t)$$

が成立するからです．

例 8.1.4　米の需要 D が米の価格 p の関数として

$$D(p)=-ap+b$$

と表され，米の供給（生産量）S が

$$S(p)=cp+d$$

と表されるとします．(ここで $a,\ b,\ c,\ d$ は正の実数かつ $b>d$.) 均衡価格 p^*（$D(p)=S(p)$ のときの価格）は簡単に計算され

$$p^*=\frac{b-d}{a+c}$$

になります．さて現在，価格 p が均衡価格 p^* と異なるとしましょう．現在の時間を $t=0$ として，価格を徐々に調整することを考えます．つまり，需要の方が供給より大きければ（$D(p)>S(p)$）価格を上げ，逆に需要の方が供給より小さければ（$D(p)<S(p)$）価格を下げるとします．価格 p を時間の関数と考れば，

$$\frac{dp}{dt}(t)=D(p(t))-S(p(t))=-(a+c)p(t)+b-d$$

となります．この場合にも求めるべき関数 p が右辺に出てきます．

任意の定数 α に対し，$p(t)=\alpha \boldsymbol{e}^{-(a+c)t}+p^*$ としてみましょう．

$$\frac{dp}{dt}(t)=-(a+c)\alpha \boldsymbol{e}^{-(a+c)t}=-(a+c)p(t)+b-d$$

ですから，これが上の条件を満たすことがわかります．

一般的には，与えられた関数 $f:\boldsymbol{R}\times\boldsymbol{R}\to\boldsymbol{R}$ に対し関数 $x:\boldsymbol{R}\to\boldsymbol{R}$ が[3)]

$$\text{(v)}\quad \frac{dx}{dt}(t)=f(x(t),t)$$

を満たすなら，x は**微分方程式** (v) の**一般解**であると言います．この方程式が普通のものと異なる点は，求めるものが（未知）数ではなく**（未知）関数**であり，さらに方程式が導関数を含むことにあります．(微分方程式と呼ぶ理由は，方程式が未知（関）数の導関数を含んでいるからです.）特に (v) のように右辺が x だけでなく t にも依存する微分方程式を**非自律系の微分方程式**と言います．また

$$\frac{dx}{dt}(t)=f(x(t))$$

のように右辺が x のみに依存する微分方程式を**自律系の微分方程式**と言います．8.3 節では，さらに一般的な場合（方程式，未知関数が複数ある場合）も扱います．

3) この章では x や $\boldsymbol{x}$ を関数の記号として使います．

8.2 積 分

8.2.1 積分の定義

読者のみなさんは高校で以下のような問題を習ったはずです.

> 関数 $f : \boldsymbol{R} \to \boldsymbol{R}$ は $f(t) \geq 0$ を満たすとする. このとき, t 軸, $t = a$, $t = b$ と, この関数のグラフが囲む部分の面積を求めなさい. (図 8.1 参照.)

f が必ずしも $f(t) \geq 0$ を満たさない場合については以下のように一般化しましょう. つまり, 図 8.2 のような場合は

$$(t\ \text{軸の上にくる部分の面積}) - (t\ \text{軸の下にくる部分の面積})$$

を求めることにします. これは以下のようにして計算できます.

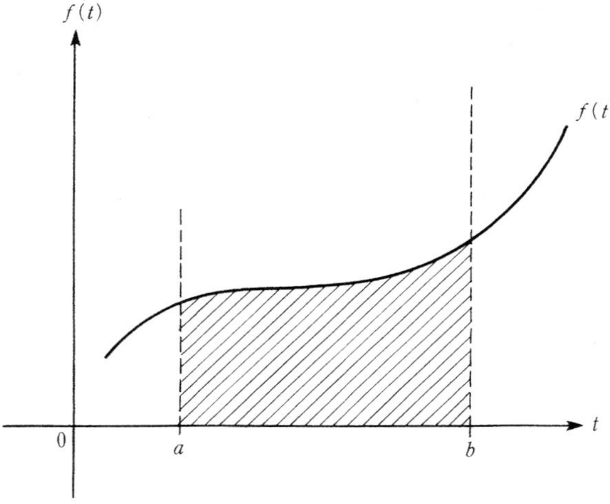

図 8.1

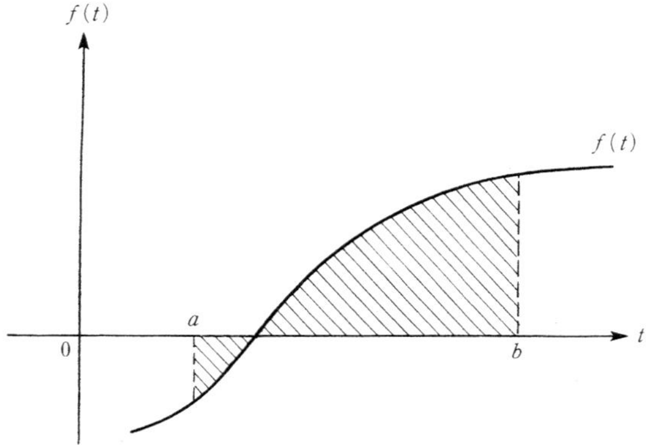

図 8.2

関数 $f : \boldsymbol{R} \to \boldsymbol{R}$ と区間 $[a, b]$ を考えます．(a, b) に属する点を任意に有限個取り，これを $a < t_1 < t_2 < \cdots < t_n < b$ とします．区間 $[a, b]$ を小区間 $[a, t_1]$, $[t_1, t_2], ..., [t_n, b]$ に分けることを $[a, b]$ の（一つの）分割と言い，これを

$$\triangle = \{a, t_1, t_2, ..., t_n, b\}$$

で表します．なお，$t_0 = a$, $t_{n+1} = b$ としておきます．また，小区間の長さで最大のものを，この分割 $\triangle$ の幅といい $|\triangle|$ と書きます．すなわち，$t_1 - a, t_2 - t_1, ..., b - t_n$ のうちで最も大きい値が $|\triangle|$ になります．

さて，次に小区間 $[a, t_1]$, $[t_1, t_2], ..., [t_n, b]$ から任意に一つずつ点を選びます．それを，$\alpha_1, ..., \alpha_{n+1}$ として

$$\sum_{i=1}^{n+1} f(\alpha_i)(t_i - t_{i-1})$$

を考えます. (図 8.3 参照.) （これを「一つの」**リーマン和**といいます．ここで「一つの」という意味は，この和は $\triangle$ と α_i の取り方に依存し,「一つの」$\triangle$ と $\alpha_i, i = 1, \cdots, n+1,$ の組をとった場合の和ということです.）このとき分割の幅がどんどん小さくなっていけば，この値は，(t 軸の上にくる部分の面積) − (t 軸の下にくる部分の面積) に収束するような気がします．実際 f が連続関数であれば，これは収束します．

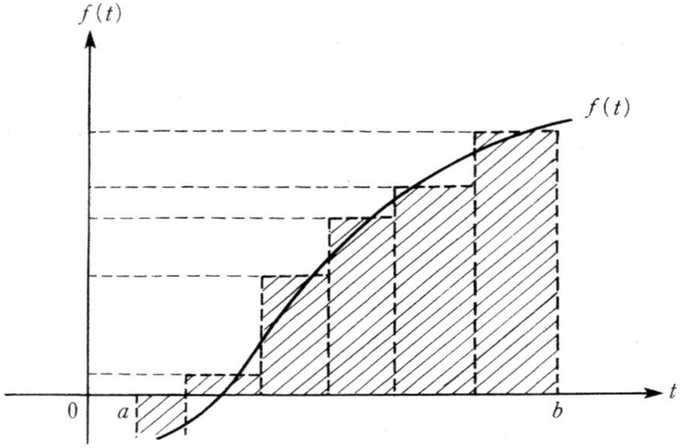

図 8.3

定理 8.2.1 $f : \boldsymbol{R} \to \boldsymbol{R}$ を連続関数とする．ある実数 S が存在して，全ての $\epsilon > 0$ に対し $\delta > 0$ が存在して，$|\triangle| < \delta$ を満たす任意の $[a, b]$ の分割 $\triangle$ について，どのように $\alpha_1, ..., \alpha_{n+1}$ を選んでも

$$\left| \sum_{i=1}^{n+1} f(\alpha_i)(t_i - t_{i-1}) - S \right| < \epsilon$$

になる．

証明 本章 8.4 節参照． **証明終**．

上の定理の S を連続関数 f の区間 $[a, b]$ における**定積分**と呼び

$$S = \int_a^b f(t)dt$$

と書きます．なお，$b < a$ の場合には

$$\int_a^b f(t)dt = -\int_b^a f(t)dt$$

と定義しておきます．なお，f が連続でない場合には定理 (8.2.1) の実数 S が存在するとは限りません[4)]．

4) f が連続でない場合でも積分はかなり一般的に定義できます．しかし，これは本書の範囲を越えます．例えば文献 [13] を参照して下さい．

次に区間の右端を変数 t と考えて（左端 $\bar{a}$ は一つ選んで固定する），関数 $F : \boldsymbol{R} \to \boldsymbol{R}$ を以下のように定義します．

$$F(t) = \int_{\bar{a}}^{t} f(t)dt.$$

これを f の**不定積分**と言います．

定積分の性質をいくつか証明しておきましょう．

定理 8.2.2 $f : \boldsymbol{R} \to \boldsymbol{R}$ が連続関数なら以下が成り立つ．

(1) $\int_a^b f(t)dt = \int_a^c f(t)dt + \int_c^b f(t)dt$ ここで $c \in (a,b)$．

(2) ある実数 M, N について $N \leq f(t) \leq M$ が全ての $t \in [a,b]$ について成り立つなら，

$$N(b-a) \leq \int_a^b f(t)dt \leq M(b-a).$$

証明 (1) $[a,c]$ の分割と $[c,b]$ の分割で幅が $\frac{1}{n}$ 未満になるものを任意に一つとり，それぞれ $\triangle_n, \triangle_n'$ とする．すなわち $|\triangle_n| < \frac{1}{n}$, $|\triangle_n'| < \frac{1}{n}$．$\triangle_n''$ を $\triangle_n$ と $\triangle_n'$ の合併 ($\triangle_n'' = \triangle_n \cup \triangle_n'$) とすれば明らかに $|\triangle_n''| < \frac{1}{n}$．$\triangle_n$ の一つのリーマン和を π_n, $\triangle_n'$ の一つのリーマン和を π_n' とすれば，$\pi_n'' = \pi_n + \pi_n'$ は $\triangle_n''$ の一つのリーマン和になる．したがって三角不等式（3.2.3 項の距離の性質 (3)）と定理 (8.2.1) より

$$\begin{aligned}
&\lim_{n\to\infty} \left| \pi_n'' - \int_a^c f(t)dt - \int_c^b f(t)dt \right| \\
&\leq \lim_{n\to\infty} \left\{ \left| \pi_n - \int_a^c f(t)dt \right| + \left| \pi_n' - \int_c^b f(t)dt \right| \right\} \\
&= \lim_{n\to\infty} \left| \pi_n - \int_a^c f(t)dt \right| + \lim_{n\to\infty} \left| \pi_n' - \int_c^b f(t)dt \right| \\
&= 0.
\end{aligned}$$

したがって，

$$\lim_{n\to\infty} \pi_n'' = \int_a^c f(t)dt + \int_c^b f(t)dt.$$

また，定理 (8.2.1) より

$$\lim_{n\to\infty} \pi''_n = \int_a^b f(t)dt.$$

したがって，

$$\int_a^b f(t)dt = \int_a^c f(t)dt + \int_c^b f(t)dt.$$

(2) 定理 (8.2.1) より，任意の $\epsilon > 0$ に対し $\delta > 0$ を十分小さくとれば，$|\triangle| < \delta$ を満たす $[a,b]$ の任意の分割 $\triangle = \{a, t_1, ..., t_n, b\}$ について（いかなる $\alpha_i \in [t_i, t_{i-1}]$ についても）

$$\left|\sum_{i=1}^{n+1} f(\alpha_i)(t_i - t_{i-1}) - \int_a^b f(t)dt\right| < \epsilon$$

が成り立つ．したがって

$$\sum_{i=1}^{n+1} f(\alpha_i)(t_i - t_{i-1}) - \epsilon < \int_a^b f(t)dt < \sum_{i=1}^{n+1} f(\alpha_i)(t_i - t_{i-1}) + \epsilon.$$

$N \le f(\alpha_i) \le M$ より

$$N(b-a) - \epsilon < \int_a^b f(t)dt < M(b-a) + \epsilon.$$

が任意の $\epsilon > 0$ について成り立つ．したがって，$\epsilon \to 0$ にすると

$$N(b-a) \le \int_a^b f(t)dt \le M(b-a)\ ^{5)}.$$

証明終．

実は，f の不定積分 $\int_{\bar{t}}^b f(y)dy$ は f の原始関数にもなっています．逆に f の原始関数は $\int_{\bar{a}}^t f(y)dy + A$（ここで A は定数）の形に必ずなっていることも証明できます．

定理 8.2.3 $f : \boldsymbol{R} \to \boldsymbol{R}$ を連続関数とする．f の不定積分 $\int_{\bar{a}}^t f(y)dy$ は f の原始関数になっている．また，f の原始関数は $\int_{\bar{a}}^t f(y)dy + A$（ここで A

5) $\epsilon \to 0$ にすると $<$ が $\le$ に変わることに注意.(なぜか？)

は定数）の形に必ずなっている．また，f のいかなる原始関数 F についても（A の取り方にかかわりなく）

$$F(t_2) - F(t_1) = \int_{t_1}^{t_2} f(t)dt.$$

証明 まず $E(t) = \int_{\bar{a}}^{t} f(y)dy$ が f の原始関数であることを示す．任意の t_0 と $\xi > 0$ に対し，定理 (8.2.2) の (1) より

$$\text{(i)} \quad E(t_0+\xi) - E(t_0) = \int_{\bar{a}}^{t_0+\xi} f(y)dy - \int_{\bar{a}}^{t_0} f(y)dy = \int_{t_0}^{t_0+\xi} f(y)dy$$

が成り立つ．

f の連続性より任意の $\epsilon > 0$ に対し $\delta > 0$ が存在して $\mid y - y' \mid < \delta$ なら $\mid f(y) - f(y') \mid < \epsilon$. したがって $\xi < \delta$ なら $\mid f(y) - f(t_0) \mid < \epsilon$ が任意の $y \in (t_0, t_0 + \xi)$ について成り立つ．つまり

$$f(t_0) - \epsilon < f(y) < f(t_0) + \epsilon.$$

これと (i) および定理 (8.2.2) の (2) より

$$(f(t_0)-\epsilon)\xi \leq \int_{t_0}^{t_0+\xi} f(y)dy = E(t_0+\xi) - E(t_0) = \int_{t_0}^{t_0+\xi} f(y)dy \leq (f(t_0)+\epsilon)\xi.$$

したがって

$$\left| \frac{E(t_0+\xi) - E(t_0)}{\xi} - f(t_0) \right| \leq \epsilon.$$

$\xi < 0$ の場合も同様に上式が証明される．したがって任意の $\epsilon > 0$ に対し $\delta > 0$ が存在して $\mid (t_0 + \xi) - t_0 \mid = \mid \xi \mid < \delta$ なら上式が成立する．つまり

$$\lim_{\xi \to 0} \frac{E(t_0+\xi) - E(t_0)}{\xi} = f(t_0).$$

上式の右辺は E の t_0 における微分の定義にほかならない．したがって，$E'(t_0) = f(t_0)$.

次に，f の任意の原始関数をとり G とする．つまり $G'(t) = f(t)$. したがって $G'(t) = E'(t)$. したがって定数 A が存在して $G(t) = E(t) + A$[6].

---

6) $H(t) = G(t) - E(t)$ と定義する．平均値の定理（定理 (6.2.6)）より $\bar{a} \in \boldsymbol{R}$ に対し $\eta \in (t, \bar{a})$ が存在して $H(t) = H(\bar{a}) + H'(\eta)(t - \bar{a}) = G(\bar{a}) - E(\bar{a}) + (G'(\eta) - E'(\eta))(t - \bar{a}) = G(\bar{a}) - E(\bar{a})$. $A = G(\bar{a}) - E(\bar{a})$ とおけば $G(t) = E(t) + A$.

最後に，f の任意の原始関数 F について，定理 (8.2.2) より

$$F(t_2) - F(t_1) = \int_{\bar{a}}^{t_2} f(t)dt + A - (\int_{\bar{a}}^{t_1} f(t)dt + A) = \int_{t_1}^{t_2} f(t)dt$$

が成り立つ． **証明終.**

次に，例 (8.1.1) で西暦 t_1 年から t_2 年の間にどれだけ国民所得が増えるか考えてみましょう．これは上の定理より，任意の原始関数 $Y : \boldsymbol{R} \to \boldsymbol{R}$ について

$$Y(t_2) - Y(t_1) = \int_{t_1}^{t_2} f(t)dt$$

ですから，原始関数の取り方によらず $\int_{t_1}^{t_2} f(t)dt$ となります．原始関数の一つが $30t - A$ でしたから，上式の右辺は

$$30t_2 + A - (30t_1 + A) = 30(t_2 - t_1)$$

になります．したがって，$\int_{t_1}^{t_2} f(y)dy = 30(t_2 - t_1)$．すなわち，いかなる原始関数についても $Y(t_2) - Y(t_1) = 30(t_2 - t_1)$ となり，西暦 t_1 年から t_2 年の間に原始関数の取り方にかかわらず，国民所得は $30(t_2 - t_1)$ だけ増えることになります．

次に，例 (8.1.2) において西暦 t_1 年から t_2 年の間にどれだけ人口が増えるか考えてみましょう．これは，例 (8.1.1) の場合と同様にして

$$H(t_2) - H(t_1) = \log t_2 - \log t_1$$

となります．

原始関数の例をいくつかあげておきましょう．以下は明らかでしょう．

t^n $(n \neq -1)$ の原始関数は $\frac{t^{n+1}}{n+1} + A$，A は定数．

$\sin t$ の原始関数は $-\cos t + A$，A は定数．

$\cos t$ の原始関数は $\sin t + A$，A は定数．

$\boldsymbol{e}^t$ の原始関数は $\boldsymbol{e}^t + A$，A は定数．

$\frac{1}{t}$ $(t > 0)$ の原始関数は $\log t + A$，A は定数．

練習問題 8.2.1 以下の関数の原始関数を求めなさい.

(1) $f(t) = 3t^4 + 4t^2$

(2) $f(t) = 3\cos t$

(3) $f(t) = e^{2t}$

(4) $f(t) = 3\sin t + 3t^4$

8.2.2 積分の性質

次に定積分の性質をいくつか証明しておきましょう.

定理 8.2.4 $f : \boldsymbol{R} \to \boldsymbol{R}$ と $g : \boldsymbol{R} \to \boldsymbol{R}$ が連続関数なら以下が成り立つ.

(1) $\int_a^b (f(t) + g(t))dt = \int_a^b f(t)dt + \int_a^b g(t)dt.$

(2) $\alpha \int_a^b f(t)dt = \int_a^b \alpha f(t)dt$, ここで$\alpha$は定数.

証明 (1) $F(t)$ と $G(t)$ をそれぞれ $f(t)$ と $g(t)$ の不定積分とすれば, 定理 (8.2.3) と定理 (6.2.1) より $\frac{d(F+G)}{dt}(t) = F'(t) + G'(t) = f(t) + g(t)$. つまり, $F + G$ は $f + g$ の原始関数. したがって定理 (8.2.3) より

$$\begin{aligned}\int_a^b (f(t) + g(t))dt &= F(b) + G(b) - (F(a) + G(a)) \\ &= F(b) - F(a) + G(b) - G(a) \\ &= \int_a^b f(t)dt + \int_a^b g(t)dt.\end{aligned}$$

(2) $F(t)$ を $f(t)$ の不定積分とすれば, (1) と同様にして $\alpha F'(t) = \alpha f(t)$ より$\alpha F(t)$ は$\alpha f(t)$ の一つの原始関数. したがって定理 (8.2.3) より

$$\begin{aligned}\alpha \int_a^b f(t)dt &= \alpha(F(b) - F(a)) \\ &= \alpha F(b) - \alpha F(a) \\ &= \int_a^b \alpha f(t)dt.\end{aligned}$$

証明終.

定理 8.2.5 $f : \boldsymbol{R} \to \boldsymbol{R}$と $g : \boldsymbol{R} \to \boldsymbol{R}$が C^1 級なら,

$$\int_a^b f'(t)g(t)dt = f(a)g(a) - f(b)g(b) - \int_a^b f(t)g'(t)dt$$

が成り立つ.

証明 定理 (6.2.1) より

$$\frac{d}{dt}(f(t)g(t)) = f'(t)g(t) + f(t)g'(t).$$

したがって $f(t)g(t)$ は $f'(t)g(t) + f(t)g'(t)$ の一つの原始関数. 定理 (8.2.3) と定理 (8.2.4) より

$$\begin{aligned} f(b)g(b) - f(a)g(a) &= \int_a^b (f'(t)g(t) + f(t)g'(t))dt \\ &= \int_a^b f'(t)g(t)dt + \int_a^b f(t)g'(t)dt. \end{aligned}$$

証明終.

定理 8.2.6 $f : \boldsymbol{R} \to \boldsymbol{R}$ を連続関数とする. また, $g : \boldsymbol{R} \to \boldsymbol{R}$ を C^1 級とする. g の連続性より, 区間 $[a, b]$ に対し, ある区間 $[c, d]$ が存在して, $y \in [c, d]$ なら $g(y) \in [a, b]$ となる. このとき任意の $y_1, y_2 \in [c, d]$ について

$$\int_{g(y_1)}^{g(y_2)} f(t)dt = \int_{y_1}^{y_2} f(g(y))g'(y)dy$$

が成り立つ.

証明 f の一つの原始関数を F とする. 定理 (6.2.3) より $\frac{dF\circ g}{dy}(y) = f(g(y))g'(y)$. したがって $F(g(y))$ は $f(g(y))g'(y)$ の一つの原始関数. したがって定理 (8.2.3) より

$$\begin{aligned} \int_{y_1}^{y_2} f(g(y))g'(y)dy &= F(g(y_2)) - F(g(y_1)) \\ &= \int_{g(y_1)}^{g(y_2)} f(t)dt. \end{aligned}$$

証明終.

8.3 微分方程式

8.3.1 非線型微分方程式

この節では，微分方程式の一般論を学びます．証明は本書の範囲を超えますので，与えてありません．

与えられた関数 $f:\boldsymbol{R}\to\boldsymbol{R}$ に対し関数 $x:\boldsymbol{R}\to\boldsymbol{R}$ が

$$(*)\quad \frac{dx}{dt}(t)=f(x(t))$$

を満たすなら，x を微分方程式 $(*)$ の一般解と言うことは8.1節で述べました．これは未知関数が複数個ある場合に一般化できます．つまり，与えられた n 個の関数 $f_1:\boldsymbol{R}^n\to\boldsymbol{R},\ldots,f_n:\boldsymbol{R}^n\to\boldsymbol{R}$ に対し n 個の関数 $\boldsymbol{x}=(x_1,\ldots,x_n)$（ここで，$x_1:\boldsymbol{R}\to\boldsymbol{R},\ldots,x_n:\boldsymbol{R}\to\boldsymbol{R}$）が

$$(**)\quad \begin{cases} \frac{dx_1}{dt}(t) & = & f_1(\boldsymbol{x}(t)) \\ \vdots & & \vdots \\ \frac{dx_n}{dt}(t) & = & f_n(\boldsymbol{x}(t)) \end{cases}$$

を満たすなら関数 $x_1,\ldots,x_n$ は**（自律系連立）微分方程式** $(**)$ **の一般解**と言います．一般解は，かなり弱い条件の下で存在します．さらに例 (8.1.3), (8.1.4) のように，$\boldsymbol{x}$ がある t_0 において取る値 $\boldsymbol{x}(t_0)$ を指定してやると，微分方程式の解が一つに決まります．(これを一意に決まるといいます.) この一意に決まる微分方程式の解を**特殊解**と言います．(普通 $t_0=0$ をとり，$\boldsymbol{x}(t_0)=\boldsymbol{x}(0)$ のことを**微分方程式の初期値**と言います.) つまり，以下の定理が成立します．

定理 8.3.1 $f_1,\cdots,f_n$ をある開集合 $\boldsymbol{D}\subset\boldsymbol{R}^n$ で定義された C^1 級関数とする．このとき $(\bar{x}_1,\cdots,\bar{x}_n)\in\boldsymbol{D}$ に対し，$\alpha>0$ が存在して $(-\alpha,\alpha)$ で定義された関数 $x_1:(-\alpha,\alpha)\to\boldsymbol{R},\cdots,x_n:(-\alpha,\alpha)\to\boldsymbol{R}$ が存在して $(**)$ と $\boldsymbol{x}(0)=(\bar{x}_1,\cdots,\bar{x}_n)$ を満たす．また，この解は一意に決まる．つまり二つの解 $\boldsymbol{x}(t)=(x_1(t),\cdots,x_n(t))$ と $\boldsymbol{y}(t)=(y_1(t),\cdots,y_n(t))$ がある $t_0\in(-\alpha,\alpha)$ で一致するなら（$\boldsymbol{x}(t_0)=\boldsymbol{y}(t_0)$ なら），全ての $t\in(-\alpha,\alpha)$ で $\boldsymbol{x}(t)=\boldsymbol{y}(t)$.

証明　文献 [10] の 1 章，定理 2 参照．　**証明終**．

8.3.2　線型微分方程式

特に $\boldsymbol{f} = (f_1, ..., f_n)$ が，

$$
\begin{aligned}
f_1(\boldsymbol{x}) &= a_{11}x_1 + \cdots + a_{1n}x_n + d_1 \\
\vdots & \qquad\qquad \vdots \\
f_n(\boldsymbol{x}) &= a_{n1}x_1 + \cdots + a_{nn}x_n + d_n
\end{aligned}
$$

の形をしているときこれを**連立線型微分方程式**と言います．(ここで $a_{ij} \in \boldsymbol{R}$ と $d_i \in \boldsymbol{R}$ は定数.) さらに $d_i = 0,\ i = 1, ..., n,$ が成り立つとき連立線型微分方程式は**同次**であると言い，これが成り立たないとき**非同次**であると言います．

線型の場合には解は全ての $t \in \boldsymbol{R}$ で定義され，解の存在と一意性に関し以下の定理が成り立ちます．

定理 8.3.2　A を $n \times n$ 行列，$\boldsymbol{d}$ を n ベクトルとする．このとき微分方程式

$$
\frac{d\boldsymbol{x}}{dt}(t) = A\boldsymbol{x}(t) + \boldsymbol{d}
$$

において初期値が $\boldsymbol{x}(0) = (\bar{x}_1, \cdots, \bar{x}_n)$ となる解 $\boldsymbol{x} = (x_1, \cdots, x_n) : \boldsymbol{R} \to \boldsymbol{R}^n$ が存在して一意に決まる．

証明　文献 [10] の 1 章，定理 3 参照．　**証明終**．

連立同次線型微分方程式：$\boldsymbol{n = 2}$ の場合

以下，この節では $n = 2$ の場合の連立同次線型微分方程式を扱います．かなり特殊な場合と思われるかもしれませんが，学部レベルの経済学では $n = 2$ の場合がほとんどと言っても過言ではありません．

例 (8.1.3) では微分方程式

$$
\frac{dY}{dt}(t) = 0.03Y(t)
$$

を考え，解の一つが $\alpha\boldsymbol{e}^{0.03t}$ であることを示しました.（ここで，$\alpha \in \boldsymbol{R}$ は任意の定数.）これとまったく同様に，定数 $a \in \boldsymbol{R}$ に対し微分方程式

$$\frac{dx}{dt}(t) = ax(t)$$

の解は $\alpha\boldsymbol{e}^{at}$ になります.（ここで $\alpha \in \boldsymbol{R}$ は任意の定数.）これを使って，まずもっとも簡単なケース

$$\frac{dx_1}{dt}(t) = ax_1(t)$$
$$\frac{dx_2}{dt}(t) = bx_2(t)$$

を考えましょう．ここで $a \in \boldsymbol{R}$ と $b \in \boldsymbol{R}$ は定数とします．この場合には x_1 に関する微分方程式と x_2 に関する微分方程式を別々に解けば，任意の定数 $\alpha \in \boldsymbol{R}$ と $\beta \in \boldsymbol{R}$ に対し，

$$x_1(t) = \alpha\boldsymbol{e}^{at}$$
$$x_2(t) = \beta\boldsymbol{e}^{bt}$$

が解であることが簡単にわかります.

さらに一般的な連立同次線型微分方程式

$$\frac{dx_1}{dt}(t) = a_{11}x_1(t) + a_{12}x_2(t)$$
$$\frac{dx_2}{dt}(t) = a_{21}x_1(t) + a_{22}x_2(t)$$

を考えてみましょう.

$$A = \begin{bmatrix} a_{11} & a_{12} \\ a_{21} & a_{22} \end{bmatrix}$$

とすれば，上の微分方程式は

$$\begin{bmatrix} \frac{dx_1}{dt}(t) \\ \frac{dx_2}{dt}(t) \end{bmatrix} = A \begin{bmatrix} x_1(t) \\ x_2(t) \end{bmatrix}$$

と表されます.

A の固有値により以下の三つの場合に分けて，この微分方程式の解を求めてみましょう.

1. 固有値が異なる実根 λ_1, λ_2 である場合.
2. 固有値が重根 λ である場合.
3. 固有値が複素数 $\alpha + \beta \boldsymbol{i}, \alpha - \beta \boldsymbol{i}$ である場合.

なお，本節の三つの定理の証明は**微分方程式の解法**も含んでいます．微分方程式の解法に興味のある読者は，定理だけでなく証明も読んでください．興味のない読者は定理だけを読んで次節に進んでください．

定理 8.3.3 A が異なる実固有値 λ_1, λ_2 を持つ場合

$$\frac{d\boldsymbol{x}}{dt}(t) = A\boldsymbol{x}(t), \quad \boldsymbol{x}(0) = (\bar{x}_1, \bar{x}_2)$$

は一意的な解を持つ[7]．(つまり解を持ち，それは一意に決まる.)

証明 5.3.2項より A が異なる実固有値を持つなら，正則行列 Q が存在して

$$QAQ^{-1} = \begin{bmatrix} \lambda_1 & 0 \\ 0 & \lambda_2 \end{bmatrix}$$

---

7) 詳しくは，以下が成立します．

定理 A が異なる実固有値 λ_1, λ_2 を持つ場合

$$\frac{d\boldsymbol{x}}{dt}(t) = A\boldsymbol{x}(t), \quad \boldsymbol{x}(0) = (\bar{x}_1, \bar{x}_2)$$

の一意的な解は

$$\boldsymbol{x}(t) = c_1 \boldsymbol{e}^{\lambda_1 t} h_1 + c_2 \boldsymbol{e}^{\lambda_2 t} h_2$$

となる．ただしここで $\boldsymbol{h}_1, \boldsymbol{h}_2$ はλ_1, λ_2 に対応する固有ベクトル，c_1, c_2 は $(\bar{x}_1, \bar{x}_2) = c_1 \boldsymbol{h}_1 + c_2 \boldsymbol{h}_2$ を満たす実数.

証明 $\boldsymbol{x}(t) = c_1 \boldsymbol{e}^{\lambda_1 t} \boldsymbol{h}_1 + c_2 \boldsymbol{e}^{\lambda_2 t} \boldsymbol{h}_2$ が解であることを確かめよう．$A\boldsymbol{h}_1 = \lambda_1 \boldsymbol{h}_1, A\boldsymbol{h}_2 = \lambda_2 \boldsymbol{h}_2$ より

$$\begin{aligned} \frac{d\boldsymbol{x}}{dt}(t) &= c_1 \boldsymbol{e}^{\lambda_1 t} \lambda_1 \boldsymbol{h}_1 + c_2 \boldsymbol{e}^{\lambda_2 t} \lambda_2 \boldsymbol{h}_2 \\ &= c_1 \boldsymbol{e}^{\lambda_1 t} A\boldsymbol{h}_1 + c_2 \boldsymbol{e}^{\lambda_2 t} A\boldsymbol{h}_2 \\ &= A(c_1 \boldsymbol{e}^{\lambda_1 at} \boldsymbol{h}_1 + c_2 \boldsymbol{e}^{\lambda_2 t} \boldsymbol{h}_2) \\ &= A\boldsymbol{x}(t) \end{aligned}$$

が成立する．一方，定理 (5.3.3) より $\boldsymbol{h}_1, \boldsymbol{h}_2$ は一次独立だから $\boldsymbol{x}(0) = c_1 \boldsymbol{h}_1 + c_2 \boldsymbol{h}_2$となる c_1, c_2 が一つに決まる．したがって $\boldsymbol{x}(0) = c_1 \boldsymbol{e}^{\lambda_1 \cdot 0} \boldsymbol{h}_1 + c_2 \boldsymbol{e}^{\lambda_2 \cdot 0} \boldsymbol{h}_2 = c_1 \boldsymbol{h}_1 + c_2 \boldsymbol{h}_2 = (\bar{x}_1, \bar{x}_2)$.

証明終.

となる．$\boldsymbol{y}(t) = Q\boldsymbol{x}(t)$ と定義する．$\boldsymbol{x}(t) = Q^{-1}\boldsymbol{y}(t)$ より

$$\frac{d\boldsymbol{y}}{dt}(t) = Q\frac{d\boldsymbol{x}}{dt}(t) = QAQ^{-1}\boldsymbol{y}(t).$$

したがって新しい微分方程式

$$\frac{dy_1}{dt}(t) = \lambda_1 y_1(t)$$

$$\frac{dy_2}{dt}(t) = \lambda_2 y_2(t)$$

ができる．$\boldsymbol{y}(0) = Q\boldsymbol{x}(0)$ とすれば明らかに

$$y_1(t) = y_1(0)\boldsymbol{e}^{\lambda_1 t}$$

$$y_2(t) = y_2(0)\boldsymbol{e}^{\lambda_2 t}$$

が上の微分方程式の一意的な解になる．したがって，$\boldsymbol{y}(t) = Q\boldsymbol{x}(t)$ より

$$\begin{bmatrix} x_1(t) \\ x_2(t) \end{bmatrix} = Q^{-1}\begin{bmatrix} y_1(0)\boldsymbol{e}^{\lambda_1 t} \\ y_2(0)\boldsymbol{e}^{\lambda_2 t} \end{bmatrix}$$

が解になる．この解が一意的であることについては定理 (8.3.2) 参照． **証明終**.

例 8.3.1

微分方程式

$$\begin{bmatrix} \frac{dx_1}{dt}(t) \\ \frac{dx_2}{dt}(t) \end{bmatrix} = \begin{bmatrix} 0 & 3 \\ -\frac{2}{3} & 3 \end{bmatrix}\begin{bmatrix} x_1(t) \\ x_2(t) \end{bmatrix}$$

において，初期値が $\boldsymbol{x}(0) = (1, 1)$ となる解を求めてみましょう．

$$A = \begin{bmatrix} 0 & 3 \\ -\frac{2}{3} & 3 \end{bmatrix}$$

の固有値は $\det(A - \lambda I) = -\lambda(3 - \lambda) - 3 \cdot \left(-\frac{2}{3}\right) = 0$ より，$\lambda = 1,\ 2$．また，5.3.2 項の方法により

$$Q = \begin{bmatrix} \frac{2}{3} & -1 \\ -\frac{1}{3} & 1 \end{bmatrix}$$

となる．つまり，

$$QAQ^{-1} = \begin{bmatrix} 1 & 0 \\ 0 & 2 \end{bmatrix}.$$

したがって，

$$y_1(t) = y_1(0)\boldsymbol{e}^t$$

$$y_2(t) = y_2(0)\boldsymbol{e}^{2t}.$$

また，$\boldsymbol{y}(0) = Q\boldsymbol{x}(0) = (-\frac{1}{3}, \frac{2}{3})$．したがって，

$$\begin{bmatrix} x_1(t) \\ x_2(t) \end{bmatrix} = Q^{-1} \begin{bmatrix} -\frac{1}{3}\boldsymbol{e}^t \\ \frac{2}{3}\boldsymbol{e}^{2t} \end{bmatrix}$$

が解になる．

練習問題 8.3.1　以下の微分方程式の解を求めなさい．

(1)

$$\begin{bmatrix} \frac{dx_1}{dt}(t) \\ \frac{dx_2}{dt}(t) \end{bmatrix} = \begin{bmatrix} 1 & 2 \\ 3 & 2 \end{bmatrix} \begin{bmatrix} x_1(t) \\ x_2(t) \end{bmatrix}$$

$$\boldsymbol{x}(0) = (1, 2).$$

(2)

$$\begin{bmatrix} \frac{dx_1}{dt}(t) \\ \frac{dx_2}{dt}(t) \end{bmatrix} = \begin{bmatrix} -2 & 3 \\ 0 & 1 \end{bmatrix} \begin{bmatrix} x_1(t) \\ x_2(t) \end{bmatrix}$$

$$\boldsymbol{x}(0) = (-1, 0).$$

定理 8.3.4　A の固有値が重根 λ である場合，

$$\frac{d\boldsymbol{x}}{dt}(t) = A\boldsymbol{x}(t),\ \boldsymbol{x}(0) = (\bar{x}_1, \bar{x}_2)$$

は一意的な解を持つ．

証明　正則行列 Q と実数 α が存在して

$$QAQ^{-1} = \begin{bmatrix} \lambda & \alpha \\ 0 & \lambda \end{bmatrix}$$

となる[8)]．$\boldsymbol{y}(t) = Q\boldsymbol{x}(t)$ と定義する．$\boldsymbol{x}(t) = Q^{-1}\boldsymbol{y}(t)$ より

$$\frac{d\boldsymbol{y}}{dt}(t) = Q\frac{d\boldsymbol{x}}{dt}(t) = QA\boldsymbol{x}(t) = QAQ^{-1}\boldsymbol{y}(t).$$

これを書き直せば

$$(*) \quad \begin{cases} \frac{dy_1}{dt}(t) &= \lambda y_1(t) + \alpha y_2(t) \\ \frac{dy_2}{dt}(t) &= \lambda y_2(t). \end{cases}$$

また，$\boldsymbol{y}(0) = Q\boldsymbol{x}(0)$ となる．次に

$$\begin{aligned} y_1(t) &= (y_2(0)\alpha t + y_1(0))\boldsymbol{e}^{\lambda t} \\ y_2(t) &= y_2(0)\boldsymbol{e}^{\lambda t} \end{aligned}$$

とすれば，簡単にこれが $(*)$ の解であることがわかる．したがって $\boldsymbol{x}(t) = Q^{-1}\boldsymbol{y}(t)$ が問題の解になる．一意性については定理 (8.3.2) 参照．　**証明終**．

例 8.3.2

微分方程式

$$\begin{bmatrix} \frac{dx_1}{dt}(t) \\ \frac{dx_2}{dt}(t) \end{bmatrix} = \begin{bmatrix} -3 & 8 \\ -2 & 5 \end{bmatrix} \begin{bmatrix} x_1(t) \\ x_2(t) \end{bmatrix}$$

の初期値が $\boldsymbol{x}(0) = (1, 1)$ となる解を求めてみましょう．

$$A = \begin{bmatrix} -3 & 8 \\ -2 & 5 \end{bmatrix}$$

8) $B = A - \lambda I$ とおくと，λ は A の固有値だから $\det B = 0$ となる．したがって正則行列 Q が存在して

$$Q^{-1}BQ = \begin{bmatrix} 0 & \alpha \\ 0 & \beta \end{bmatrix}$$

となる．(なぜか？) Bの定義より

$$Q^{-1}(A - \lambda I)Q = Q^{-1}AQ - \lambda I.$$

したがって

$$Q^{-1}AQ = \begin{bmatrix} 0 & \alpha \\ 0 & \beta \end{bmatrix} + \lambda I = \begin{bmatrix} \lambda & \alpha \\ 0 & \beta + \lambda \end{bmatrix}$$

簡単な計算より $Q^{-1}AQ$ の固有値は $\lambda, \beta + \lambda$．A と $Q^{-1}AQ$ の固有値は一致するから $\beta + \lambda = \lambda$．

の固有値は $\det(A-\lambda I)=(5-\lambda)(-3-\lambda)-8\cdot(-2)=(\lambda-1)^2=0$ より，$\lambda=1$（重根）．また，

$$Q=\begin{bmatrix} 1 & -1 \\ -1 & 2 \end{bmatrix}$$

となる．つまり，

$$QAQ^{-1}=\begin{bmatrix} 1 & 2 \\ 0 & 1 \end{bmatrix}.$$

したがって，

$$y_1(t)=(y_2(0)\cdot 2t+y_1(0))\boldsymbol{e}^t$$
$$y_2(t)=y_2(0)\boldsymbol{e}^t.$$

また，$\boldsymbol{y}(0)=Q\boldsymbol{x}(0)=(0,1)$．したがって，

$$\begin{bmatrix} x_1(t) \\ x_2(t) \end{bmatrix}=Q^{-1}\begin{bmatrix} 2t\boldsymbol{e}^t \\ \boldsymbol{e}^t \end{bmatrix}$$

が解になる．

練習問題 8.3.2　以下の微分方程式の解を求めなさい．

$$\begin{bmatrix} \frac{dx_1}{dt}(t) \\ \frac{dx_2}{dt}(t) \end{bmatrix}=\begin{bmatrix} -2 & 1 \\ -1 & 0 \end{bmatrix}\begin{bmatrix} x_1(t) \\ x_2(t) \end{bmatrix}$$

$$\boldsymbol{x}(0)=(0,2).$$

定理 8.3.5　A が複素固有値 $a+\boldsymbol{i}b,\ a-\boldsymbol{i}b,\ b\neq 0$, を持つ場合

$$\frac{d\boldsymbol{x}}{dt}(t)=A\boldsymbol{x}(t),\ \boldsymbol{x}(0)=(\bar{x}_1,\bar{x}_2)$$

は一意的な解を持つ．

定理を証明するため，まず以下の補題を証明しましょう．

補題 A が複素固有値 $a+\boldsymbol{i}b, a-\boldsymbol{i}b, b \neq 0$, を持つなら正則行列 Q が存在して

$$QAQ^{-1} = \begin{bmatrix} a & -b \\ b & a \end{bmatrix}$$

となる．

証明 二つの固有のベクトル $\boldsymbol{\varphi}, \bar{\boldsymbol{\varphi}}$ を実数のベクトル $\boldsymbol{u}, \boldsymbol{v}$ を使って $\boldsymbol{\varphi} = \boldsymbol{u}+\boldsymbol{i}\boldsymbol{v}, \bar{\boldsymbol{\varphi}} = \boldsymbol{u}-\boldsymbol{i}\boldsymbol{v}$ と表す．(5.3.2項参照.) $\boldsymbol{u}$ と $\boldsymbol{v}$ は一次独立だから[9)]，正則行列 Q が存在して

$$Q\boldsymbol{u} = \begin{bmatrix} 0 \\ 1 \end{bmatrix} \quad Q\boldsymbol{v} = \begin{bmatrix} 1 \\ 0 \end{bmatrix}$$

となる．(5.3.2項参照.) したがって，$\boldsymbol{u} = \frac{1}{2}(\boldsymbol{\varphi}+\bar{\boldsymbol{\varphi}})$, $\boldsymbol{v} = \frac{\boldsymbol{i}}{2}(\bar{\boldsymbol{\varphi}}-\boldsymbol{\varphi})$ より

$$\begin{aligned} AQ^{-1}\begin{bmatrix} 0 \\ 1 \end{bmatrix} &= A\boldsymbol{u} = \frac{1}{2}A(\boldsymbol{\varphi}+\bar{\boldsymbol{\varphi}}) = \frac{1}{2}\{(a+\boldsymbol{i}b)\boldsymbol{\varphi}+(a-\boldsymbol{i}b)\bar{\boldsymbol{\varphi}}\}. \\ &= \frac{1}{2}a(\boldsymbol{\varphi}+\bar{\boldsymbol{\varphi}}) - \frac{\boldsymbol{i}}{2}b(\bar{\boldsymbol{\varphi}}-\boldsymbol{\varphi}) = a\boldsymbol{u}-b\boldsymbol{v}. \end{aligned}$$

同様に，

$$AQ^{-1}\begin{bmatrix} 1 \\ 0 \end{bmatrix} = a\boldsymbol{v}+b\boldsymbol{u}.$$

したがって，

$$QAQ^{-1}\begin{bmatrix} 0 \\ 1 \end{bmatrix} = aQ\boldsymbol{u}-bQ\boldsymbol{v} = a\begin{bmatrix} 0 \\ 1 \end{bmatrix} - b\begin{bmatrix} 1 \\ 0 \end{bmatrix} = \begin{bmatrix} -b \\ a \end{bmatrix}$$

---

9) ある実数 c, d に対し，$c\boldsymbol{u}+d\boldsymbol{v}=0$ とする．

$$\begin{aligned} c\boldsymbol{u}+d\boldsymbol{v} &= \frac{1}{2}c(\boldsymbol{\varphi}+\bar{\boldsymbol{\varphi}}) + \frac{\boldsymbol{i}}{2}d(\bar{\boldsymbol{\varphi}}-\boldsymbol{\varphi}) \\ &= (\frac{1}{2}c-\frac{\boldsymbol{i}}{2}d)\boldsymbol{\varphi} + (\frac{1}{2}c+\frac{\boldsymbol{i}}{2}d)\bar{\boldsymbol{\varphi}} \\ &= 0 \end{aligned}$$

が成り立つ．$\boldsymbol{\varphi}$ と $\bar{\boldsymbol{\varphi}}$ が一次独立だから（定理 (5.3.3) 参照），$\frac{1}{2}c-\frac{\boldsymbol{i}}{2}d=0$ かつ $\frac{1}{2}c+\frac{\boldsymbol{i}}{2}d=0$．これより $c=d=0$．

$$QAQ^{-1}\begin{bmatrix} 1 \\ 0 \end{bmatrix} = aQ\boldsymbol{v} + bQ\boldsymbol{u} = a\begin{bmatrix} 1 \\ 0 \end{bmatrix} + b\begin{bmatrix} 0 \\ 1 \end{bmatrix} = \begin{bmatrix} a \\ b \end{bmatrix}$$

ゆえに，

$$QAQ^{-1} = \begin{bmatrix} a & -b \\ b & a \end{bmatrix}.$$

証明終.

次に定理 (8.3.5) を証明します．

証明　$\boldsymbol{y}(t) = Q\boldsymbol{x}(t)$ と定義すれば，定理 (8.3.3) と同様に新しい微分方程式

$$(*)\quad \frac{d\boldsymbol{y}}{dt}(t) = \begin{bmatrix} a & -b \\ b & a \end{bmatrix}\boldsymbol{y}(t),\quad \boldsymbol{y}(0) = Q\boldsymbol{x}(0)$$

ができる．

$$y_1(t) = y_1(0)\boldsymbol{e}^{at}\cos bt - y_2(0)\boldsymbol{e}^{at}\sin bt$$

$$y_2(t) = y_1(0)\boldsymbol{e}^{at}\sin bt + y_2(0)\boldsymbol{e}^{at}\cos bt$$

が (∗) を満たすことは容易にわかる．$\boldsymbol{y}(t) = Q\boldsymbol{x}(t)$ より

$$\begin{bmatrix} x_1(t) \\ x_2(t) \end{bmatrix} = Q^{-1}\begin{bmatrix} y_1(0)\boldsymbol{e}^{at}\cos bt - y_2(0)\boldsymbol{e}^{at}\sin bt \\ y_1(0)\boldsymbol{e}^{at}\sin bt + y_2(0)\boldsymbol{e}^{at}\cos bt \end{bmatrix}$$

が解になる．一意性については定理 (8.3.2) 参照．　**証明終**.

例 8.3.3

微分方程式

$$\begin{bmatrix} \frac{dx_1}{dt}(t) \\ \frac{dx_2}{dt}(t) \end{bmatrix} = \begin{bmatrix} -1 & 5 \\ -1 & 3 \end{bmatrix}\begin{bmatrix} x_1(t) \\ x_2(t) \end{bmatrix}$$

の初期値が $\boldsymbol{x}(0) = (1, 1)$ となる解を求めてみましょう．

$$A = \begin{bmatrix} -1 & 5 \\ -1 & 3 \end{bmatrix}$$

の固有値は $\det(A-\lambda I) = (-1-\lambda)(3-\lambda)-5\cdot(-1) = 0$ より，$\lambda = 1+\boldsymbol{i},\ 1-\boldsymbol{i}$. 5.3.2 項の方法により

$$Q = \begin{bmatrix} 1 & -2 \\ 0 & 1 \end{bmatrix}$$

となる．つまり，

$$QAQ^{-1} = \begin{bmatrix} 1 & 1 \\ -1 & 1 \end{bmatrix}.$$

また，$\boldsymbol{y}(0) = Q\boldsymbol{x}(0) = (-1, 1)$．したがって，

$$\begin{bmatrix} x_1(t) \\ x_2(t) \end{bmatrix} = Q^{-1} \begin{bmatrix} -\boldsymbol{e}^t \cos(-t) - \boldsymbol{e}^t \sin(-t) \\ -\boldsymbol{e}^t \sin(-t) + \boldsymbol{e}^t \cos(-t) \end{bmatrix}.$$

練習問題 8.3.3　以下の微分方程式の解を求めなさい．

$$\begin{bmatrix} \frac{dx_1}{dt}(t) \\ \frac{dx_2}{dt}(t) \end{bmatrix} = \begin{bmatrix} -3 & 4 \\ -2 & 1 \end{bmatrix} \begin{bmatrix} x_1(t) \\ x_2(t) \end{bmatrix}$$
$$\boldsymbol{x}(0) = (2, 1).$$

非同次連立線型微分方程式

非同次連立線型微分方程式は，多くの場合同次連立微分方程式に書き直すことにより簡単に解けることを示しましょう．非同次連立線型微分方程式

$$\text{(i)} \qquad \frac{d\boldsymbol{x}}{dt}(t) = A\boldsymbol{x}(t) + \boldsymbol{b}$$

を考えます.(ただしここで A は $n\times n$ 行列で $\det A \neq 0$ を満たすもの．$\boldsymbol{b}$ は n ベクトル.) まず，$\boldsymbol{x}^* = -A^{-1}\boldsymbol{b}$とおき$\boldsymbol{y}(t) = \boldsymbol{x}(t)-\boldsymbol{x}^*$と定義します．$\boldsymbol{x}(t) = \boldsymbol{y}(t) + \boldsymbol{x}^*$と $\frac{d\boldsymbol{x}}{dt}(t) = \frac{d\boldsymbol{y}}{dt}(t)$ を (i) の両辺に代入すれば

$$\text{(ii)} \qquad \frac{d\boldsymbol{y}}{dt}(t) = A\boldsymbol{y}(t)$$

になります．これは同次ですから，解法はすでに与えられています．この解 $\boldsymbol{y}(t)$ を使えば $\boldsymbol{x}(t) = \boldsymbol{y}(t) + \boldsymbol{x}^*$ となり，(i) が解けたことになります.(厳密

には $\boldsymbol{x}(t) = \boldsymbol{y}(t) + \boldsymbol{x}^*$ を (i) に代入して両辺が一致することを確かめて下さい.) すなわち, (i) の解は (ii) の解を $\boldsymbol{x}^*$ だけ平行移動したものであることがわかります.

8.3.3 微分方程式の安定性と解の形状

次に, 時間 t が経過するにしたがって解 $\boldsymbol{x}(t)$ がどのように変化するか考えてみましょう. 例えば, 例 (8.1.4) では, 米の需要が供給を上回る場合には価格を上げ, 逆の場合には下げるという価格調整方法を考えました. これが $t \to \infty$ のときに均衡価格 p^* に収束していくか調べることは重要です. もし, 収束しないのであれば, このような調整をする意味がなくなってしまいます. 例 (8.1.4) で求めた解は

$$p(t) = \alpha \boldsymbol{e}^{-(a+c)t} + p^*$$

でした. ここで $-(a+c) < 0$ ですから $\lim_{t\to\infty} \alpha \boldsymbol{e}^{-(a+c)t} = 0$ となり, 結局 $\lim_{t\to\infty} p(t) = p^*$ ですから, $p(t)$ は p^* に収束することになります. 図に描けば図 8.4 のようになります. なお, $p(0) = \alpha + p^*$ ですから, α の値により解の $t = 0$ のときの $p(0)$ の値が異なることに注意して下さい.

例 (8.1.3) では国民所得が 3%の率で増加する場合には t 年度における国民所得 $Y(t)$ は

$$Y(t) = \alpha \boldsymbol{e}^{0.03t}$$

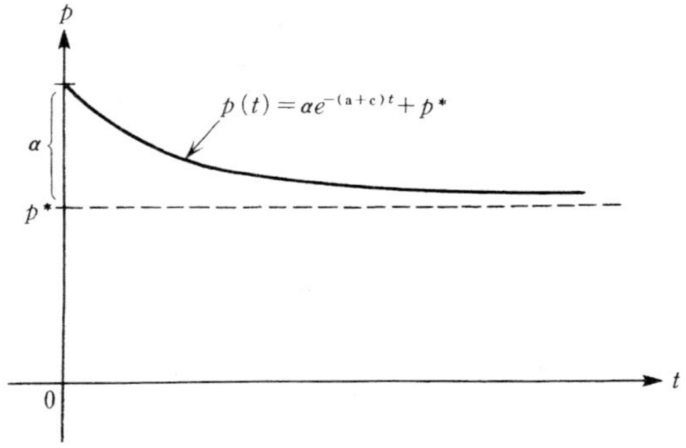

図 8.4

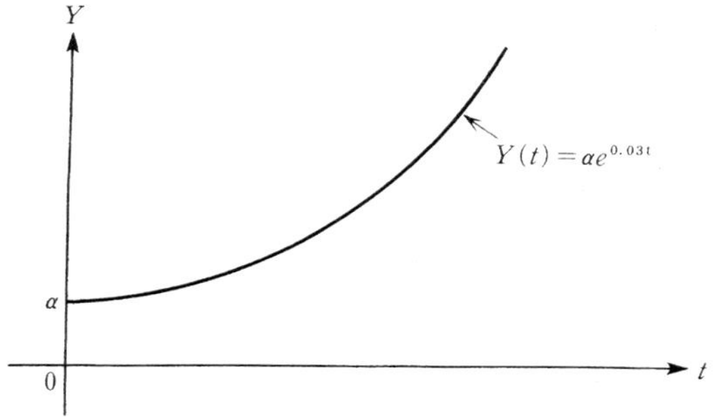

図 8.5

と書けることを示しました．この場合には図 8.5 のように（$\alpha > 0$ ならば）

$$\lim_{t\to\infty} Y(t) = \lim_{t\to\infty} \alpha \boldsymbol{e}^{0.03t} = +\infty$$

となります．

つまり，$n = 1$ の場合の線型微分方程式は $\boldsymbol{e}$ の指数が負なら $t \to \infty$ のとき解はある値に収束し，正なら α の符号により $+\infty$ または $-\infty$ に発散することがわかります．α の値は $t = 0$ のときの Y の値，すなわち $Y(0)$ を与えれば $Y(0) = \alpha e^{-a\cdot 0} = \alpha$ より決定します．したがって $t = 0$ のときの Y の値を与えれば $t \to \infty$ のとき Y の値が $+\infty$ になるか $-\infty$ になるかわかるわけです．

2 次元の場合も同様に考えてみましょう．微分方程式

$$(*) \qquad \frac{d\boldsymbol{x}}{dt}(t) = A\boldsymbol{x}(t) + \boldsymbol{d}$$

を考えます．定理 (8.3.2) より，初期値 $\bar{\boldsymbol{x}}$ に対しこの微分方程式の解は存在して一意に決まります．したがって，$(t, \bar{\boldsymbol{x}}) \in (-\infty, \infty) \times R^2$ に対し，初期値が $\boldsymbol{x}(0) = \bar{\boldsymbol{x}}$ のとき微分方程式 $(*)$ の解が t においてとる値を対応させる関数 $\phi\colon (-\infty, \infty) \times R^2 \to R^2$ を考えることができます.（つまり，$\phi(t, \bar{x})$ は初期値が $\bar{x}$ のときの $(*)$ の解が t でとる値.）ここで定理 (8.3.2) より $\phi(t, \bar{\boldsymbol{x}})$ は全ての $t \in (-\infty, \infty)$ において定義されていることに注意して下さい．

さて，$\det A \neq 0$ と仮定し，ある $\bar{t}$ において微分方程式の解 $\boldsymbol{x}(\bar{t})$ が

$\boldsymbol{x}^* = -A^{-1}\boldsymbol{d}$ となったとします．このとき

$$\frac{d\boldsymbol{x}}{dt}(\bar{t}) = A\boldsymbol{x}(\bar{t}) + \boldsymbol{d} = A\boldsymbol{x}^* + \boldsymbol{d} = 0$$

ですから $\boldsymbol{x}$ は変化しないことになります．また初期値が $\bar{\boldsymbol{x}} = \boldsymbol{x}^*$ なら微分方程式の解は $\forall t \in (-\infty, \infty)$, $\boldsymbol{x}(t) = \boldsymbol{x}^*$ となり，t が増加（減少）しても $\boldsymbol{x}$ は変化しません．このように $A\boldsymbol{x} + \boldsymbol{d} = 0$ の解 $\boldsymbol{x}^*$ を微分方程式 $(*)$ の**平衡点**といいます．同様に非線型の自律系微分方程式

$$\frac{d\boldsymbol{x}}{dt}(t) = f(\boldsymbol{x})$$

の場合も $f(\boldsymbol{x}) = 0$ の解 $\boldsymbol{x}^* \in \boldsymbol{R}^n$ を平衡点といいます．

1 次元の同次線型微分方程式

$$\frac{dx}{dt}(t) = ax(t)$$

の平衡点はもちろん $x^* = 0$ になります．前の分析より $a < 0$ なら，$x(t)$ は平衡点 0 に収束します．同様の分析が 2 次元の場合にも可能になります．定理 (8.3.3)，(8.3.4)，(8.3.5) より以下はほぼ明らかです．

定理 8.3.6 $\det A \neq 0$ と仮定し，$\boldsymbol{x}^* \in \boldsymbol{R}^2$を $A\boldsymbol{x} + \boldsymbol{d} = 0$ の解とする．このとき A の固有値の実部が二つとも負なら，全ての $\bar{\boldsymbol{x}} \in \boldsymbol{R}^2$ について $\lim_{t\to\infty} \phi(t, \bar{\boldsymbol{x}}) = \boldsymbol{x}^*$ が成り立つ．つまり，いかなる初期値に対しても $t \to \infty$ なら微分方程式の解は $\boldsymbol{x}^*$ に収束する．

証明 二つの固有値が負の異なる実数 λ_1, λ_2 なら，定理 (8.3.3) と，$\lim_{t\to\infty} \boldsymbol{e}^{\lambda_1 t} = 0$, $\lim_{t\to\infty} \boldsymbol{e}^{\lambda_2 t} = 0$ より明らかに成り立つ．固有値が重根 λ の場合には，定理 (8.3.4) と，$\lambda < 0$ なら $\lim_{t\to\infty} \boldsymbol{e}^{\lambda t} = 0, \lim_{t\to\infty} t\boldsymbol{e}^{\lambda t} = 0$ であることより，定理は成り立つ．固有値が複素数 $a + \boldsymbol{i}b, a - \boldsymbol{i}b$ の場合には定理 (8.3.5) および

$$-2 <| \cos bt + \sin bt |< 2$$

が全ての bt について成立することと，$\lim_{t\to\infty} \boldsymbol{e}^{at} = 0$ が成立することにより，明らか．

証明終．

初期値 $\boldsymbol{x}(0)$ をどこにとっても，微分方程式の解が必ず平衡点に収束するとき微分方程式は（大域的）に**安定**と言います．つまり，上の定理は A の固有値が（二つとも）負なら微分方程式は大域的に安定になることを主張しているわけです．

次に微分方程式の解の形状を図を用いてより詳しく分析しましょう．非同次の場合は簡単に同次型に変換できますので，以下では 2 次元の同次型の微分方程式

$$\frac{d\boldsymbol{x}}{dt}(t) = A\boldsymbol{x}(t)$$

のみを分析しましょう．このとき明らかに $(0,0)$ が平衡点になっています．

まず A の固有値が異なる実数 λ_1, λ_2 である場合を考えてみましょう．定理 (8.3.3) の証明より，解は

$$\boldsymbol{x}(t) = Q^{-1}\begin{pmatrix} y_1(0)\boldsymbol{e}^{\lambda_1 t} \\ y_2(0)\boldsymbol{e}^{\lambda_2 t} \end{pmatrix}$$

と書けます．

$$Q^{-1} = \begin{bmatrix} q_1 & q_2 \\ q_3 & q_4 \end{bmatrix}$$

とすれば

$$x_1(t) = q_1 y_1(0)\boldsymbol{e}^{\lambda_1 t} + q_2 y_2(0)\boldsymbol{e}^{\lambda_2 t}$$

$$x_2(t) = q_3 y_1(0)\boldsymbol{e}^{\lambda_1 t} + q_4 y_2(0)\boldsymbol{e}^{\lambda_2 t}$$

となります．

まず，λ_1とλ_2 が負である場合を考えてみましょう．$\lambda_1 < \lambda_2$ としても一般性を失いません．(つまり $\lambda_1 > \lambda_2$ の場合もまったく同じように分析できます.) まず，$y_2(0) = 0$ の場合を考えましょう．この場合

$$x_1(t) = q_1 y_1(0)\boldsymbol{e}^{\lambda_1 t}$$

$$x_2(t) = q_3 y_1(0)\boldsymbol{e}^{\lambda_1 t}$$

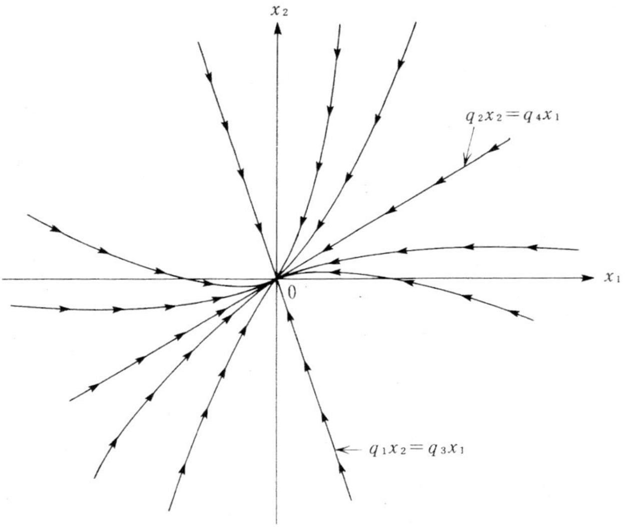

図 8.6

ですから $q_1x_2(t) = q_3x_1(t)$ になります．つまり，$y_2(0) = 0$ なら解は直線 $q_1x_2 - q_3x_1 = 0$ 上にあります．もちろん定理 (8.3.6) より解は $(0, 0)$ に収束するわけですから，$t \to \infty$ のとき $\boldsymbol{x}(t)$ は $(0, 0)$ にこの直線上で収束するわけです．同様に $y_1(0) = 0$ の場合，解 $\boldsymbol{x}(t)$ は $q_2x_2 - q_4x_1 = 0$ 上を ($t \to \infty$ のとき) $(0, 0)$ に収束することになります．図示すると図 8.6 のようになります．ここで矢印は $\frac{d\boldsymbol{x}}{dt}$ すなわち t が増加したときに $\boldsymbol{x}(t)$ が進む方向を示しています．

次に $y_1(0) \neq 0$, $y_2(0) \neq 0$ の場合を考えましょう．このとき，

$$
\begin{aligned}
\frac{x_1(t)}{x_2(t)} &= \frac{q_1y_1(0)\boldsymbol{e}^{\lambda_1 t} + q_2y_2(0)\boldsymbol{e}^{\lambda_2 t}}{q_3y_1(0)\boldsymbol{e}^{\lambda_1 t} + q_4y_2(0)\boldsymbol{e}^{\lambda_2 t}} \\
&= \frac{(q_1y_1(0)/y_2(0))\boldsymbol{e}^{(\lambda_1-\lambda_2)t} + q_2}{(q_3y_1(0)/y_2(0))\boldsymbol{e}^{(\lambda_1-\lambda_2)t} + q_4}
\end{aligned}
$$

となります．ここで $\lambda_1 - \lambda_2 < 0$ ですから，$\frac{x_1(t)}{x_2(t)}$ は $t \to \infty$ のとき $\frac{q_2}{q_4}$ に収束していきます．つまり $\boldsymbol{x}(t)$ は直線 $q_2x_2 - q_4x_1 = 0$ に漸近しながら $(0, 0)$

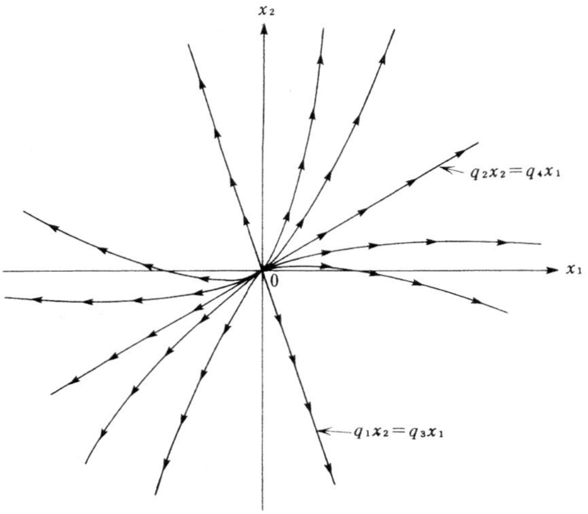

図 8.7

に収束するわけです[10)]．図示すると図 8.6 のようになります．

このように，いかなる初期値についても $\boldsymbol{x}(t)$ が $(0,0)$ に収束するとき，$(0,0)$ を**沈点**といいます．

二つの固有値が正の場合は $\boldsymbol{x}(t)$ の進む方向を除いて，上とほとんど同様です．つまり，$\lambda_1>\lambda_2>0$ とすれば，$\boldsymbol{x}(t)$ は $y_2(0)=0$ なら $q_1x_2-q_3x_1=0$ 上を $(0,0)$ から離れる方向に進み，$y_1(0)=0$ なら $q_2x_2-q_4x_1=0$ 上を $(0,0)$ から離れる方向に進みます．$y_1(0)\neq 0, y_2(0)\neq 0$ なら$\boldsymbol{x}(t)$ は $t\to-\infty$ のとき $q_2x_2-q_4x_1=0$ に漸近しながら，$(0,0)$ に収束することになります．つまり，$t\to\infty$ なら $\boldsymbol{x}(t)$ は $q_2x_2-q_4x_1=0$ から離れていくことになります．(図 8.7 参照.) このようにいかなる初期値についても $\boldsymbol{x}(t)$ が $(0,0)$ から離れていくとき，$(0,0)$ を**源点**といいます．

次に一つの固有値が負で，もう一つの固有値が正の場合を考えましょう．$\lambda_1<0, \lambda_2>0$ としても一般性を失いません．前とまったく同様に $y_2(0)=0$ なら解 $\boldsymbol{x}(t)$ は $q_1x_2=q_3x_1$ 上を $(0,0)$ に収束し，$y_1(0)=0$ なら解 $\boldsymbol{x}(t)$

10) $\lim_{t\to\infty}\frac{x_1(t)}{x_2(t)}=\frac{b}{a}$ のとき $\boldsymbol{x}(t)=(x_1(t),x_2(t))$ は直線 $ax_1-bx_2=0$ に漸近するといいます．

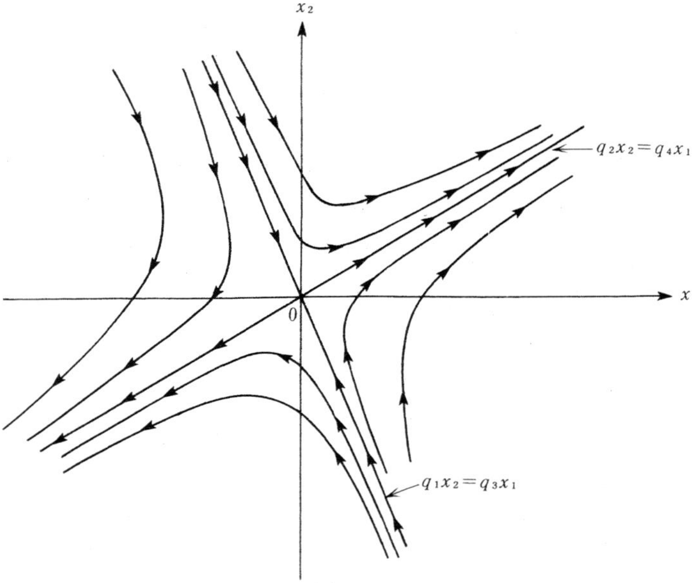

図 8.8

は $q_2x_2 = q_4x_1$ 上を $(0,0)$ から遠ざかっていきます．$y_1(0) \neq 0, y_2(0) \neq 0$ の場合には $\lambda_1 - \lambda_2 < 0$ ですから

$$\frac{x_1(t)}{x_2(t)} = \frac{(q_1y_1(0)/y_2(0))\boldsymbol{e}^{(\lambda_1-\lambda_2)t} + q_2}{(q_3y_1(0)/y_2(0))\boldsymbol{e}^{(\lambda_1-\lambda_2)t} + q_4}$$

より，$t \to \infty$ のとき $\frac{x_1(t)}{x_2(t)}$ は直線 $q_4x_1 - q_2x_2 = 0$ に漸近していきます．また，

$$\frac{x_1(t)}{x_2(t)} = \frac{q_1 + (q_2y_2(0)/y_1(0))\boldsymbol{e}^{(\lambda_2-\lambda_1)t}}{q_3 + (q_4y_2(0)/y_1(0))\boldsymbol{e}^{(\lambda_2-\lambda_1)t}}$$

と $\lambda_2 - \lambda_1 > 0$ より，$t \to -\infty$ のとき，$\frac{x_1(t)}{x_2(t)}$ は直線 $q_3x_1 - q_1x_2 = 0$ に漸近していきます．図示すれば図 8.8 のようになります．この場合のように一つの直線上に初期値があった場合のみ $(0,0)$ に $\boldsymbol{x}(t)$ が収束するとき，$(0,0)$ を**鞍点**といいます．

λ_1, λ_2 のうち 0 になるものがある場合については練習問題とします．

最後に固有値が複素数 $a+\boldsymbol{i}b, a-\boldsymbol{i}b (a \neq 0)$ である場合を考えましょう．定理 (8.3.5) より解は

$$\boldsymbol{x}(t) = Q^{-1}\begin{pmatrix} y_1(0)\boldsymbol{e}^{at}\cos bt - y_2(0)\boldsymbol{e}^{at}\sin bt \\ y_1(0)\boldsymbol{e}^{at}\sin bt + y_2(0)\boldsymbol{e}^{at}\cos bt \end{pmatrix}$$

となります．定理 (8.3.6) より $a<0$ なら $\boldsymbol{x}(t)$ は $t\to\infty$ のとき $(0,0)$ に収束し，$a>0$ なら $\boldsymbol{x}(t)$ は $t\to\infty$ のとき $(0,0)$ から離れていきます．

まず，極座標 (r,θ) を使って[11)]

$$x_1(t) = r(t)\cos\theta(t)$$

$$x_2(t) = r(t)\sin\theta(t)$$

と書きましょう．つまり各 t について $(x_1(t), x_2(t))$ を極座標で表すわけです．$\theta = \tan^{-1}(\frac{x_2}{x_1})$ より

$$\frac{d\theta}{dt}(t) = \frac{x_1(t)\frac{dx_2}{dt}(t) - x_2(t)\frac{dx_1}{dt}(t)}{(x_1(t))^2 + (x_2(t))^2}$$

となります[12)]．$(x_1(t))^2 + (x_2(t))^2 = r(t)$ ですから，上式の分母は正と仮定しておきます[13)]．上式と

$$\frac{d\boldsymbol{x}}{dt}(t) = A\boldsymbol{x}(t)$$

より

$$\text{(i)}\quad \frac{d\theta}{dt}(t) = \frac{a_{21}(x_1(t))^2 + (a_{22}-a_{11})x_1(t)x_2(t) - a_{12}(x_2(t))^2}{(x_1(t))^2 + (x_2(t))^2}.$$

固有値は複素数ですから，$(a_{11}-\lambda)(a_{22}-\lambda) - a_{12}a_{21} = 0$ の判別式は負，つまり

---

11) $x \in \boldsymbol{R}^2$ に対し，適当に $r \in \boldsymbol{R}_+$ と $\theta \in [0, 2\pi]$ をとれば，$x_1 = r\cos\theta, x_2 = r\sin\theta$ と表すことができます．これを極座標と言います．

12) $f(x) = \tan^{-1} x$，$x = g(y) = \tan y$ とすると，定理 (6.4.4) より

$$f'(x) = \frac{1}{g'(y)} = \cos^2 y = \frac{1}{1+x^2}.$$

これと合成関数の微分法（定理 (6.2.3)）より上式を導出できます．

13) $r(t) = 0$ なら，全ての t について $\boldsymbol{x}(t) = (0,0)$ で分析の必要はありません．

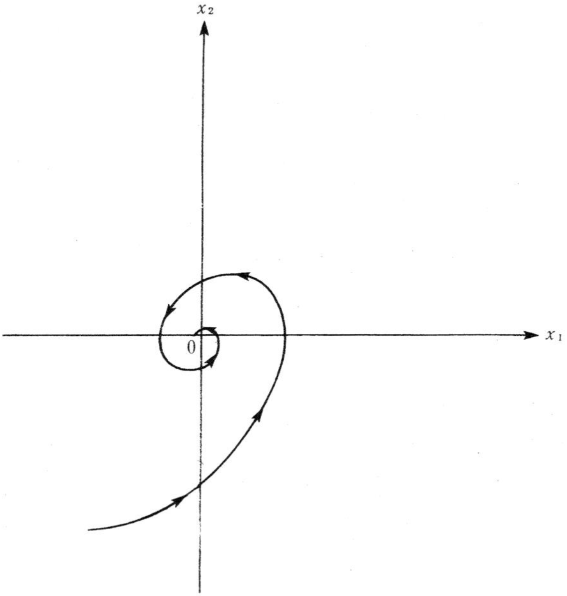

図 8.9

$$\text{(ii)}\quad (a_{11}+a_{22})^2-4(a_{11}a_{22}-a_{12}a_{21})=(a_{22}-a_{11})^2+4a_{12}a_{21}<0$$

となります．(i) において $a_{21}>0$ とします[14)]．このとき，(ii) より (i) の分子は，$\boldsymbol{x}(t)\neq(0,0)$ なら

$$a_{21}\left(x_1(t)+\frac{a_{22}-a_{11}}{2a_{21}}x_2(t)\right)^2-\left(\frac{(a_{22}-a_{11})^2+4a_{21}a_{12}}{4a_{21}}\right)(x_2(t))^2>0$$

となります．したがって $\frac{d\theta}{dt}(t)>0$ となります．したがって，この場合 θ は t の増加にともなって増加します．つまり $\boldsymbol{x}(t)=(r(t)\cos\theta(t),r(t)\sin\theta(t))$ は，t の増加にしたがって反時計回りに動くわけです．固有値の実部 a は負ですから $\boldsymbol{x}(t)$ は $t\to\infty$ のとき $(0,0)$ に収束していき，$\boldsymbol{x}(t)$ と $(0,0)$ の距離は t の増加とともに減っていきます．つまり $\boldsymbol{x}(t)$ を図示すると図 8.9 の

14)　$a_{21}=0$ なら (ii) は非負になり矛盾が起きます．したがって $a_{21}>0$ または $a_{21}<0$．

ようになります．$a_{21} < 0$ の場合には $\boldsymbol{x}(t)$ は時計回りに $(0,0)$ に収束していきます．

$a > 0$ の場合もほとんど同様です．つまり $a_{21} > 0$ なら反時計回りに $(0,0)$ から遠ざかっていき，$a_{21} < 0$ なら時計回りに $(0,0)$ から遠ざかっていきます．

固有値が虚数 $\boldsymbol{i}b, -\boldsymbol{i}b$ の場合は練習問題とします．

練習問題 8.3.4　練習問題 (8.3.1)，(8.3.2)，(8.3.3) の微分方程式の解の形状を図示しなさい．

8.4　積分の存在証明[15)]

この節では定理 8.2.1 を証明します．

証明　$I_i = [t_{i-1}, t_i]$ とし

$$M_i = \sup\{f(t) \mid t \in I_i\}$$

$$m_i = \inf\{f(t) \mid t \in I_i\}$$

とする．

$$S_\triangle = \sum_{i=1}^{n+1} M_i(t_i - t_{i-1})$$

$$s_\triangle = \sum_{i=1}^{n+1} m_i(t_i - t_{i-1})$$

とおけば，いかなる $\alpha_i \in [t_{i-1}, t_i]$ の選択についても

$$s_\triangle \leq \sum_{i=1}^{n+1} f(\alpha_i)(t_i - t_{i-1}) \leq S_\triangle$$

となる．　**証明終**．

まず，以下の補題を証明する．

15)　以下の証明は文献 [6] による．

補題 1. $\triangle \subset \triangle'$ [16]なら $s_\triangle \leq s_{\triangle'}, S_{\triangle'} \leq S_\triangle$.

2. 任意の分割 $\triangle, \triangle'$ について $s_\triangle \leq S_{\triangle'}$.

証明 1. $\triangle = \{a, t_1, \cdots, t_n, b\}$ とし，$[t_{k-1}, t_k]$ の中に分点 t' が入ったとする．この分割を $\triangle^1$ とする．このとき $s_\triangle \leq s_{\triangle^1}, S_{\triangle^1} \leq S_\triangle$ を示せば十分である[17]．$M' = \sup\{f(t) \mid t \in [t_{k-1}, t']\}, M'' = \sup\{f(t) \mid t \in [t', t_k]\}$ とすると $M_k \geq M', M_k \geq M''$ だから

$$
\begin{aligned}
S_\triangle &= \sum_{i=1}^{n+1} M_i(t_i - t_{i-1}) \\
&\geq \sum_{i=1}^{k-1} M_i(t_i - t_{i-1}) + M'(t' - t_{k-1}) + M''(t_k - t') + \sum_{i=k+1}^{n+1} M_i(t_i - t_{i-1}) \\
&= S_{\triangle^1}
\end{aligned}
$$

$s_\triangle \leq s_{\triangle^1}$ も同様に証明される．

2. 明らかに任意の $\triangle$ に対し $s_\triangle \leq S_\triangle$．$\triangle'' = \triangle \cup \triangle'$ とすると，$\triangle \subset \triangle'', \triangle' \subset \triangle''$ だから 1. より

$$
s_\triangle \leq s_{\triangle''} \leq S_{\triangle''} \leq S_{\triangle'}
$$

証明終.

補題の 2. より $s_\triangle$ は上に有界．ゆえに $\sup_\triangle s_\triangle$ が存在する[18]．同様に $\inf_\triangle S_\triangle$ が存在する．補題の 2. より

(i) $\displaystyle \sup_\triangle s_\triangle \leq \inf_\triangle S_\triangle$.

定理 (4.6.6) より，f はコンパクト集合 $[a, b]$ 上で一様連続．つまり任意の $\epsilon > 0$ に対し $\delta > 0$ が存在して，$t, t' \in [a, b]$ について

(ii) $\displaystyle \mid t - t' \mid < \delta$ なら $\displaystyle \mid f(t) - f(t') \mid < \frac{\epsilon}{b - a}$

16) $\triangle \subset \triangle'$ は分割 $\triangle$ の分点は必ず $\triangle'$ の分点になっていることを意味する．つまり $\triangle'$ のほうが $\triangle$ より分割が細かい．

17) $\triangle'$は $\triangle$ に分点を有限個加えたものだから，この議論を有限個繰り返せばよい．

18) ここで $\sup_\triangle s_\triangle$ は全ての分割 $\triangle$ に関する $s_\triangle$ の上限．

となる．したがって $|\triangle_\delta| < \delta$ となるように $\triangle_\delta = \{a, t_1, \cdots, t_n, b\}$ をとると，

$$M_i - m_i < \frac{\epsilon}{b-a}$$

が (ii) より成立．したがって

$$\text{(iii)} \qquad \begin{aligned} S_{\triangle_\delta} - s_{\triangle_\delta} &= \sum_{i=1}^{n+1}(M_i - m_i)(t_i - t_{i-1}) \\ &< \sum_{i=1}^{n+1}\frac{\epsilon}{b-a}(t_i - t_{i-1}) \\ &= \frac{\epsilon}{b-a}(b-a) \\ &= \epsilon. \end{aligned}$$

$\epsilon > 0$ は任意だから (i) と (iii) より $\sup_\triangle s_\triangle = \inf_\triangle S_\triangle$．この値を S とおく．任意の $\alpha_i \in [t_{i-1}, t_i]$ の選択について

$$s_{\triangle_\delta} \leq \sum_{i=1}^{n+1} f(\alpha_i)(t_i - t_{i-1}) \leq S_{\triangle_\delta}.$$

したがって，

$$s_{\triangle_\delta} - \sup_\triangle s_\triangle \leq \sum_{i=1}^{n+1} f(\alpha_i)(t_i - t_{i-1}) - S \leq S_{\triangle_\delta} - \inf_\triangle S_\triangle.$$

これと $s_{\triangle_\delta} - \sup_\triangle s_\triangle \leq 0$, $S_{\triangle_\delta} - \inf_\triangle S_\triangle \geq 0$, (iii) より

$$\left|\sum_{i=1}^{n+1} f(\alpha_i)(t_i - t_{i-1}) - S\right| \leq S_{\triangle_\delta} - s_{\triangle_\delta} < \epsilon.$$

定理を満足する S が一意的であることは明らか． **証明終．**

練習問題の解答あるいはヒント

1.2.1 A が真 B が真，A が真 B が偽，A が偽 B が真，A が偽 B が真，という 4 通りについてそれぞれ，$A \Longrightarrow B$ と $(\neg A) \vee B$ の真偽を確かめる．(以下略)

1.2.2 (1) 全ての x について，x が実数であるならば x^2 は 0 以上である．
(2) $\exists x$，x は実数，$x^2 < 0$．

1.2.3 真．$\forall$ と $\exists$ を入れ換えても真．

1.3.1 1. (1.5) 式を証明する．"$x \in$ 左辺" $\Longleftrightarrow$ "ある $a \in \bigcup_{i \in I} A_i$ について $x = f(a)$" $\Longleftrightarrow$ "ある $j \in I$ が存在して，ある $a \in A_j$ について $x = f(a)$" $\Longleftrightarrow$ "ある $j \in I$ が存在して，$x \in f[A_j]$" $\Longleftrightarrow$ "$x \in$ 右辺."
2. 省略．
3. 省略．
4. 省略．
5. (1.9) 式を証明する．"$x \in$ 右辺"$\Longrightarrow$"$x \in A$"$\Longrightarrow$ "$x \in X$ かつ $f(x) \in f[A]$"$\Longrightarrow$"$x \in f^{-1}[f[A]] = \{a | a \in X, f(a) \in f[A]\}$."
6. 省略．

2.1.1 (1) $\boldsymbol{e_1}$ および $\boldsymbol{e_2}$ をともに $*$ の単位元であるとすれば，$\boldsymbol{e_1} = \boldsymbol{e_1} * \boldsymbol{e_2} = \boldsymbol{e_2}$．
(2) $\boldsymbol{z_1}$ および $\boldsymbol{z_2}$ がともに x の逆元であったとすれば，$\boldsymbol{z_1} = \boldsymbol{z_1} * \boldsymbol{e} = \boldsymbol{z_1} * (x * \boldsymbol{z_2}) = (\boldsymbol{z_1} * x) * \boldsymbol{z_2} = \boldsymbol{z_2}$.

2.1.2 任意の $a, b \in \boldsymbol{R}$ について，まず全順序性から明らかに $a \leq b$ または $b \leq a$ の少なくともいずれか一方は成立する．このとき，

$a \le b \wedge \neg(b \le a)$，または $a \le b \wedge b \le a$，または $\neg(a \le b) \wedge b \le a$ という互いに同時には成立しえない3ケースしかありえない．真ん中のケースは反対称律より $a = b$ であり，最初のケースは反射律によって $a \ne b$ だから $a < b$．同様に最後のケースが $b < a$ となる．

2.1.3 (1) $a < b \longrightarrow a + c \le b + c$ は (R.3) からすぐ得られる．一方ここで $a + c \ge b + c$ とすれば，(R.3) を適用して $a \ge b$ となり矛盾するので，$a + c < b + c$ でなければならない．

(2) $a \le b$ に (R.3) を適用して $0 \le b - a$．これと $0 \le c$ に (R.4) を適用して $0 \le (b - a)c$．右辺を展開し，再び (R.3) を適用して $ac \le bc$．

(3) $a \ne 0$ なので (R.1) より a の乗法の逆元 a^{-1} が存在する．a^{-1} または $-a^{-1}$ の負でない方と，$a \cdot b \ge 0$ および $-a \cdot b \ge 0$ の間で (R.4) を用いる．

(4) $0 < b - a$ と $0 < c$ より，$0 \le (b - a)c$．ここでかりに $0 = (b - a)c$ とすれば，直前 (3) の結論に矛盾する．よって $0 < (b - a)c$．

(5) 省略．

(6) 省略．

(7) 仮に $a^{-1} \le 0$ とすると，$0 \le -a^{-1}$ および $0 \le a$ に (R.4) を適用して $0 \le -1$ を得るが，これは**例 2.1.1** の結論に矛盾する．

(8) 明らかに $(ab)^{-1} = b^{-1}a^{-1}$ である．これと乗法の可換性等を用いて，$(ab)^{-1}(b - a) = (b^{-1}a^{-1})b + (b^{-1}a^{-1})(-a) = a^{-1} + (-1)b^{-1} = a^{-1} - b^{-1}$ を得る．先の (4) から $0 < ab$ であり，(7) から $0 < (ab)^{-1}$．また $0 < b - a$ であるから再び (4) から $(ab)^{-1}(b - a) > 0$．よって上で得た式の最右辺 $a^{-1} - b^{-1}$ は > 0．

2.1.4 省略．

2.1.5 練習問題 2.1.3 の結果 (4) 等を用いなさい．

2.2.1 (1) $\epsilon > 0$ を任意にとる．もとの数列の収束条件から，ある自然数 k

が存在して，k より大きい任意の i について $d(x_i, x^*) \le \epsilon$ が成り立つ．さらに部分列の定義によって，ある自然数 m が存在して m より大きい任意の n について $k < i_n$ とすることができる．したがって，最初の $\epsilon > 0$ に対してある m が存在して，m より大きい任意の n について $d(x_{i_n}, x^*) \le \epsilon$ とすることができる．これは部分列の x^* への収束の定義そのものである．
(2) もとの数列の収束先を x' とする．$x' \neq x^*$ とすれば，“距離” d の性質 (2) より $d(x', x^*) > 0$ である．そこで $\epsilon > 0$ をこの $d(x', x^*)$ よりも小さくとっておけば，部分列が x^* には収束し得ないことを示せば良い．(以下省略.)

2.4.1 一般に $\frac{1}{n+1} + \frac{1}{n+2} + \cdots + \frac{1}{2n}$ という n 項からなる和がどのようになるかに注目せよ．(以下省略.)

2.4.2 $a + ar + ar^2 + \cdots + ar^n$ までの和は，良く知られているように $\frac{a(1-r^{n+1})}{1-r}$ である．従って，複素数の場合でも $|r| < 1$ ならば $r^n \longrightarrow 0$ であることを示せば良い．これは実際計算してみればすぐ分かる．(以下省略.)

2.4.3 奇数番目のみからなる級数が収束しない事が分かっている．そこで例えば，1 を最初に越えるまで奇数番目のみを取り，その後に偶数番目を一つ取る．さらに奇数番目の続きを取っていき，新しくとった部分のその和がまた 1 を越えたら偶数番目を一つ取る．という作業を繰り返すことで得られる級数を考えよ．(以下省略.)

2.4.4 $(1 + \frac{1}{n})^n$ を展開すると $\sum_{k=0}^{n} {}_nC_k (\frac{1}{n})^k$ であり，また ${}_nC_k (\frac{1}{n})^k = \frac{n!}{k!(n-k)!}(\frac{1}{n})^k = \frac{1}{k!}(\frac{n!}{(n-k)!}(\frac{1}{n})^k)$ であるから，分かりやすい形で書くと $n \ge 4$ として $(1+\frac{1}{n})^n = \frac{1}{0!} + \frac{1}{1!}(\frac{n}{n}) + \frac{1}{2!}(\frac{n\cdot(n-1)}{n\cdot n}) + \frac{1}{3!}(\frac{n\cdot(n-1)\cdot(n-2)}{n\cdot n\cdot n\cdot}) + \cdots + \frac{1}{n!}(\frac{n\cdot(n-1)\cdot(n-2)\cdots 1}{n\cdot n\cdot n\cdots n})$ となる．これを U_n と書く．$n \to \infty$ のときこれが $e = \frac{1}{0!} + \frac{1}{1!} + \frac{1}{2!} + \cdots$ という値に収束することを示せばよい．$\epsilon > 0$ を任意にとると，まず十分大きな番号 n_1 が存在して

$\sum_{n\geq n_1}^{\infty} \frac{1}{n!} \leq \frac{\epsilon}{3}$ とできる．n_1 に対してさらに十分大きな $n_2 > n_1$ を，$\forall n \geq n_2, \forall k, 2 \leq k \leq n_1$, $\frac{1}{k!} - \frac{1}{k!}\frac{n\cdots(n-k+1)}{n\cdots n} < \frac{\epsilon}{3n_1}$ なるようにとれば，(ここで $\cdots$ は k 個の積)，$\forall n \geq n_2$, $|e - U_n| < \epsilon$ が言える．

2.5.1 (1) ix の共役複素数は $-ix$ なので，$\exp(ix)$ の共役はその級数の形状から明らかに $\exp(-ix)$．よって $|\exp(ix)|^2 = \exp(ix)\exp(-ix) = \exp(ix - ix) = \exp(0) = 1$ より直ちに従う．

(2) $\exp(i(x+y)) = \exp(ix)\exp(iy) = (\cos(x) + i\sin(x))(\cos(y) + i\sin(y))$を展開し，実部と虚部を $\cos(x+y) + i\sin(x+y)$ と比較せよ．

(3) 第3項目まで具体的に計算すれば，負であることが分かる．

(4) 上設問 (2) の加法定理と (1) を繰り返し用いれば良い．

(5) $s = 0, 1$ の場合は (4)，(3)，(1) の結果を適用．後は $\exp(i2\pi s) = 1$ なら $\exp(i2\pi(s+1)) = \exp(i2\pi s)\exp(i2\pi) = 1$ による．

(6) それら m 個が互いに異なることを示せば良い．結論を否定すると $s, t \in \{1, \ldots, m\}, s > t$，として $\exp(\frac{i2\pi s}{m}) = \exp(\frac{i2\pi t}{m})$．すると $\exp(\frac{i2\pi(s-t)}{m}) = 1$．従って $\cos(\frac{2\pi(s-t)}{m}) = 1$，$\sin(\frac{2\pi(s-t)}{m}) = 0$，$0 < \frac{2\pi(s-t)}{m} < 2\pi$ となる．$\frac{2\pi(s-t)}{m}$ を $2\pi'$ とおけば $\frac{\pi'}{2} < \frac{\pi}{2}$ で，$\cos(2\pi') = 1$ かつ $\sin(2\pi') = 0$．ここで加法定理を用いると $0 = \sin(\pi' + \pi') = 2\sin(\pi')\cos(\pi')$ より，$\cos(\pi')$ か $\sin(\pi')$ のいずれかは 0．しかし $\cos(\pi')$ が 0 だと $1 = \cos(2\pi') = \cos^2(\pi') - \sin^2(\pi')$ が成立し得ないので，$\sin(\pi') = 0$ である．故に (1) より $\cos(\pi')$ は 1 か -1．更に加法定理で $\cos(\pi') = \cos^2(\frac{\pi'}{2}) - \sin^2(\frac{\pi'}{2})$ であるが，$\cos(\frac{\pi'}{2})$ は $\frac{\pi}{2}$ の定義（それより小さい正の数では cos が正）から正であり，$\sin^2$ も 0 以上 1 以下なので，右辺は -1 になり得ない．故に $\cos(\pi') = 1$ であり，$\sin(\frac{\pi'}{2})$ は 0 である他ない．ところがこれは $0 = \sin(\frac{\pi'}{2}) = 2\sin(\frac{\pi'}{2^2})\cos(\frac{\pi'}{2^2})$ と，$\cos(x)$ が $0 \leq x < \frac{\pi}{2}$ で正なることから，更に $\sin(\frac{\pi'}{2^2}) = 0$ を導く．前文議論を $\frac{\pi'}{2^k} \leq 1$ なる k まで続けて，$\sin(\frac{\pi'}{2^k}) = 0$．一方，$\sin(x)$ の具体形 $x - \frac{x^3}{3!} + \frac{x^5}{5!} - \frac{x^7}{7!} + \cdots$ は $0 < x \leq 1$ で明らかに正（代入して2項目までの和を見よ）なので，矛盾．

(7) e^{ix} と e^{-ix} が共役であることから明らか.

(8) $\sin(x)$ が $0 < x \leq 1$ で正であるのを (6) の解説最後で確認した. また $1 < x < \frac{\pi}{2}$ で 0 でないのも ($\sin(\frac{\pi'}{2})$ を通じて) 確認した. よって $\sin(x)$ が $0 \leq x \leq \frac{\pi}{2}$ で非負なることは (結論否定して) 中間値の定理より確認できる. 範囲 $0 \leq x \leq \frac{\pi}{2}$ で $\cos(x)$ が非負なのは $\frac{\pi}{2}$ の定義だから, e^{ix} は $0 \leq x \leq \frac{\pi}{2}$ を U_1 の中に写す. ($e^{i0}=1=(1,0)$ および $e^{i\frac{\pi}{2}}=i=(0,1)$ は既に済んでいる.) $x>y$ で $e^{ix}=e^{iy}$ とすると $e^{i(x-y)}=1$ であるが, $0 < x-y < \frac{\pi}{2}$ では $0 \neq \sin(x-y)$ なのでこれはありえない. 故に e^{ix} は単射. e^{ix} が全射であることは, $(a,b) \in U_1$, $a>0$, $b>0$, の a に対する $\cos(0)=1$, $\cos(\frac{\pi}{2})=0$ の中間値の定理より従う.

3.1.1 (1) $0 \cdot x = 0 \cdot x + 0 = 0 \cdot x + (0 \cdot x - 0 \cdot x) = (0 \cdot x + 0 \cdot x) - 0 \cdot x = (0+0) \cdot x - 0 \cdot x = 0 \cdot x - 0 \cdot x = 0$.

(2) $(-1) \cdot x = (-1) \cdot x + (x - x) = ((-1) \cdot x + x) - x = ((-1) \cdot x + 1 \cdot x) - x = (-1+1) \cdot x - x = 0 \cdot x - x = 0 - x = 0 + (-x) = -x$.

3.2.1 $\{x,y\}$ の $\boldsymbol{R}^n$ における任意の上界 $z = (z_1, z_2, \cdots, z_n)$ は, $\boldsymbol{R}^n$ の標準的順序の定義から $x_1 \leq z_1, x_2 \leq z_2, \cdots, x_n \leq z_n$ かつ $y_1 \leq z_1, y_2 \leq z_2, \cdots, y_n \leq z_n$ を満たす. $\boldsymbol{R}$ における sup の定義からこのとき $\sup(x_1,y_1) \leq z_1, \sup(x_2,y_2) \leq z_2, \cdots, \sup(x_n,y_n) \leq z_n$ となる. 再び $\boldsymbol{R}^n$ の標準的順序の定義より, $(\sup(x_1,y_1), \sup(x_2,y_2), \cdots, \sup(x_n,y_n)) \leq z$ であるから, $(\sup(x_1,y_1), \sup(x_2,y_2), \cdots, \sup(x_n,y_n))$ は $\{x,y\}$ の最小上界である. inf については, 議論がほぼ同様であるので省略する.

3.2.2 L 上の順序は $\leq$ で表す. (1) $\sup A, \sup B$, が存在するとき, (3.7) 式を証明する. まず, 任意の $a \in A, b \in B$ について, $a \leq \sup A$ かつ $b \leq \sup B$ であるから, (VO.1) を 2 回用いて

$a + b \leq \sup A + b \leq \sup A + \sup B$ となる．従って $\sup A + \sup B$ は $A + B$ の上界である．一方，u を $A + B$ の上界とするとき，すなわち $\forall a \in A, \forall b \in B, a + b \leq u \in L$ とするとき，(VO.1) により $a \leq u + (-b), \forall a \in A, b \in B$. 従って $\sup A$ の定義によって，$\sup A \leq u + (-b), \forall b \in B$. 従って (VO.1) を用いて $\sup A + b \leq u, \forall b \in B$. もう一度 (VO.1) を用いると，$b \leq u - \sup A, \forall b \in B$. すなわち $u - \sup A$ は B の上界．従って $\sup B$ の定義から $\sup B \leq u - \sup A$. もう一度 (VO.1) を用いると $\sup A + \sup B \leq u$. よって $\sup A + \sup B$ が $A + B$ の最小上界であることが証明された．

(2) (3.8) 式について．(VO.1) より，$a \leq b \iff a + (-b) \leq b + (-b) \iff (-a) + a + (-b) \leq (-a) + b + (-b) \iff -b \leq -a$ であることを用いると，"a_* が A の最小上界" $\Longrightarrow$ "$-a_*$ が $-A$ の最大下界" が直ちに言える．

(3) inf について (3.7) 式と同様の式の成立については，上の (1) とほとんど同じであるので省略．

3.2.3 (1) 変分ノルムの場合 n. ユークリッドノルムの場合 $\sqrt{n}$. sup ノルムの場合 1．(2) 図示は略．

5.2.1 省略．

5.2.2 省略．

6.2.1 省略．

6.2.2 1. $\frac{2}{x}$.

2. $3x^2e^x + x^3e^x$.

3. $\frac{1-2\log x}{x^3}$.

4. $2x + \cos x$.

6.2.3 1. $\sin x = 1 - \frac{1}{2}(x - \frac{\pi}{2})^2 - \frac{\cos c}{6}(x - \frac{\pi}{2})^3$.

2. $x^3 + x^2 = 36 + 33(x-3) + \frac{1}{2}(6c+2)(x-3)^2$.

6.3.1 1. 0, $-x_2^{-2}$.

2. $-\sin x_1 \cos x_2$, $-\cos x_1 \sin x_2$.

6.4.1 負.

7.2.1 1. $1 \pm \frac{2}{3}\sqrt{3}$.

2. $\frac{\pi}{2} + n\pi$，ここで n は整数.

3. 0.

4. 1.

5. 0.

7.2.2 問題 1 の $x = 1 + \frac{2}{3}\sqrt{3}$，問題 2 の $x = \frac{\pi}{2} + 2n\pi$，ここで n は整数，問題 4 の $x = 1$.

7.3.1 1. なし.

2. $(0, 0, 0)$.

3. $(\log 2, 0)$.

4. (a, a)，a は実数.

7.3.2 問題 3 の $(\log 2, 0)$ において $D^2 f$ は正の定符号．問題 2 の $(0, 0, 0)$ において $D^2 f$ は負の定符号.

7.3.3 1. 凸.

2. 凸.

3. 凹.

4. どちらでもない.

7.4.1 1. $(\frac{1}{2}, \frac{1}{2})$.

2. $(\frac{\sqrt{2}}{2}, \frac{\sqrt{2}}{2}), \quad (-\frac{\sqrt{2}}{2}, -\frac{\sqrt{2}}{2})$.

7.4.2 1. $(\frac{2}{3}, \frac{1}{3}, \frac{5}{9})$.

2. $(\frac{1}{2}, \pm\frac{\sqrt{2}}{2}, \frac{1}{2})$.

7.5.1 1. $(3, 0)$.

2. $(0, -1)$

8.2.1 1. $\frac{3}{5}t^5 + \frac{4}{3}t^3 + \alpha$.

2. $3\sin t + \alpha$.

3. $\frac{1}{2}e^{2t} + \alpha$.

4. $-3\cos t + \frac{3}{5}t^5 + \alpha$.

8.3.1 1. $x_1(t) = \frac{6}{5}e^{4t} - \frac{1}{5}e^{-t},\ x_2(t) = \frac{9}{5}e^{4t} + \frac{1}{5}e^{-t}$.

2. $x_1(t) = -e^{-2t}, \quad x_2(t) = 0$.

8.3.2 $x_1(t) = 2te^{-t}, \quad x_2(t) = (2 + 2t)e^{-t}$.

8.3.3 $x_1(t) = 2e^{-t}\cos 2t, \quad x_2(t) = -e^{-t}\sin 2t + e^{-t}\cos 2t$.

8.3.4 省略.

参考文献

[1] N. Bourbaki: *Eléments de Mathématique.* Hermann: Paris. 1939.

[2] P.J. Cohen: *Set Theory and the Continuum Hypothesis.* W.A.Benjamin: New York. 1966. (日本語訳,『コーヘン連続体仮説』東京図書).

[3] G. Debreu: *Theory of Value.* Yale University Press: New Haven, CT. 1959.

[4] T. Hatta: Structure of the correspondence principle at an extremum point, *Review of Economic Studies.* 1980.

[5] W. Karush: Minima of functions of several variables with inequalities as side constraints, *M.Sc. Dissertation*, Department of Mathematics, University of Chicago. 1939.

[6] 笠原晧司,『微分積分学』サイエンス社, 1974 年.

[7] H.W. Kuhn and A.W. Tucker: Nonlinear programming, in: N.C. Metropolis ed., *Proceedings of the Second Berkeley Symposiumon Mathematical Statistics and Probability*, University of California Press. 1950.

[8] マンガサリアン,『非線形計画法』培風館, 1972 年.

[9] 三村征雄,『微分積分学 I』岩波書店, 1970 年.

[10] ポントリャーギン,『常微分方程式』(木村俊房・千葉克祐訳) 共立出版, 1963 年.

[11] M. Spivak: *Calculas on Manifolds.* Benjamin. 1965.

[12] 杉浦光夫,『解析入門 I』東京大学出版会, 1980 年.

[13] 高木貞治,『解析概論』(改訂第三版) 岩波書店, 1961 年.

[14] G. Takeuti: *Proof Theory*, Second edition. North-Holland: Amsterdam: New York. 1987.

[15] H. Uzawa: A note on the menger-wieser theory of imputation, *Zeitshrift für Nationalökonomie.* 1958.

[16] 秋月康夫,『代数学と幾何学』裳華房, 1951 年.

[17] 今野浩・山下浩,『非線形計画法』日科技連, 1978 年.

[18] O. Fujiwara: A note on differentiability of global optimum values, Mathematics of Operations Research, 1985.

索　引

あ　行

R^∞　112
$\boldsymbol{R}^n$　103
　—の距離　135
　—の標準基底　115
安定　351
鞍点　354

e^{ix}　99
位相
　—的概念　131
　—を導入する　131
位相（topology）　142
位相空間（topological space）　143
一次従属　108
一次独立　108
1の m 乗根　99, 100
一様連続（uniformly continuous）　159
陰関数　240
陰関数定理　240, 241

Weak Solvability　200

ℓ^∞　112
演繹定理（Criterion of deduction）　24

凹関数　280
　狭義—　280

か　行

開核（interior）　148
開集合（open set）　142
下界（lower bound）　59
階数（rank）　186
可算集合（countable set）　42
加法群　105
加法定理（三角関数）　99
加法定理（指数関数）　92
カラシュ・クーン・タッカーの条件　304
カラシュ・クーン・タッカーの定理　304
関数　30, 34
　—の極限　94
　—の値域　35
　—の定義域　35
関数空間　110

逆関数　38, 236
逆関数定理　238
逆行列　181
級数（series）　85
境界(boundary)　148
供給関数
　個別市場の—　127
行ベクトル　166
共役複素数　82
行列　165
　—の階数（rank）　186
　—のスカラー倍　166
　—の積　167
　—の和　166
行列式（determinant）　170
極限　69
局小　264, 271
局所最適解
　最小化問題の—　264, 271
　最大化問題の—　264, 271
局大　264
虚数単位　79
距離　133

実数体上の—　68
複素数体上の—　82
距離空間　134
均衡価格
個別市場の—　127
近傍　136
クーン・タッカーの条件　304
クーン・タッカーの定理　304
グラディエント・ベクトル　227
Cramer の公式　185

係数体　105
原始関数　325
源点　353
限量子　19

コーシー列（Cauchy sequence）　74
合成関数　37
—の微分法　211
公理　9
公理論的立場　9
cos　99, 100
固有空間（eigenspace）　191
固有値（eigenvalue）　191
固有値問題　191
固有ベクトル（eigenvector）　191

さ　行

最小　263
最小元（least element）　60
最小上界（least upper bound）　59
最大　262
最大下界（greatest lower bound）　60
最大元（greatest element）　60
最大値の微分可能性　314
最大値最小値の定理　158
最適化
等式制約下での—　285
不等式制約下での—　299
最適化問題
n 次元の—　270
最適の1階条件　265, 273
最適の十分条件　276
最適の2階条件　267
sin　99, 100
鎖法則　210
n 次元の—　230
産業連関分析　199
三段論法（Syllogism）　24

C^1 級　217, 224
C^2 級　225
C^n 級　217
指数関数（exponential function）　92
—の底　93
自然数　30
実数体（real field）　76
実数列（real sequence）　66
集合　25, 26, 32
—の和（和集合）　30
集合論の公理系　29
収束
実数列の—　68
順序（ordering）　57
順序対（ordered pair）　29
順序ベクトル空間（ordered vector space）　116
上界（upper bound）　59
小行列式　179
需要関数
個別市場の—　127

数学的叙述　14
数学的対象物　14
数学理論の形式化　12
数ベクトル　102
n 次元の—　103
—の成分　103
スカラー　105

Strong Solvability　200

正規直交基底（orthonormal base）　125
正項級数　86
正則（線型写像が）　181
正方行列　165
絶対収束　86
絶対値（absolute value）　67
漸近　352
線型空間　⇒ベクトル空間
線型結合　108
線型写像　163
　一の階数　186
　一のスカラー倍　167
　一の和　167
線型微分方程式　338
線型部分空間（linear subspace）　106
全射（surjection）　38
全順序（total ordering）　57
選択関数　31
全単射（bijection）　38
全微分可能　226

像（image ）　35

た　行

体（field）　57
大域的最適解
　最小化問題の一　263, 270
　最大化問題の一　262, 270
対称行列　275
対数関数（logarithmic function）　93
　一の底　93
単位行列　168
単射（injection）　37
単調数列　71

稠密性　77
直積（Cartesian product）　36
直交　125
直交基底（orthogonal base）　125
沈点　353

定数（individual constant）　15
定積分　325, 330
定符号
　正の一　275
　半正の一　275
　半負の一　275
　負の一　275
テイラーの公式　218
テイラーの定理　218，222
　n 次元の一　232
転置行列　166
点列　136

導関数　205
　n 階の一　217
等号　24
　一理論（Equalitarian Theory）　24
同次微分方程式　338
特性根（characteristic root）　193
特性多項式（characteristic polynomial）
　193
特性方程式（characteristic　equation）
　193
凸関数　281
　狭義一　281
凸集合（convex set）　118
凸錐（convex cone）　120

な　行

内積（inner product）　124, 125
内積空間（inner product space）　124
内点（interior point）　148
ナブラ　227

2階

一の十分条件　268, 296, 308
一の必要条件　267, 275, 296, 308

net　137

濃度（集合の）　42
ノルム（norm）　121
ノルム空間（normed space）　122

は　行

排中律　24
ハイネ・ボレルの被覆定理　154
背理法　22

非同次微分方程式　338
非負固有値問題　199
微分可能　205, 226
微分係数　205
n 階の一　217
微分方程式　327
一の一般解　327, 337
一の解法　340
一の初期値　337
一の特殊解　337
一の平衡点　350
非自律系の一　327
標準的順序（canonical ordering）　116

複素数の絶対値　80
複素数列　83
不定積分　325, 331
部分集合　29
部分列　72
フロベニウス（Frobenius）根　200

平均値の定理　215
一般化された一　216
閉集合（closed set）　145
閉包（closure）　148
べき集合（power set）　31
ベクトル　105
ベクトル空間　105
一の基底　112
一の次元　110
一の生成　112
ベクトル和　104
ヘッシアン　228
ヘッセ行列　228
変数（individual variable）　15
偏導関数　224
偏微分可能　223
2 解の一　224

Howkins-Simon 条件　200
包絡線定理　308, 310, 311, 313
補集合　48

ま　行

マクローリンの公式　220

未知関数　327

無限次元　110
無限小　221
高次の一　221
矛盾　22

命題　15
命題結合子　16
メタ言語　11, 13
メタ定理　24

や　行

ヤコビアン　227
ヤコビ行列　227

ユークリッド距離　135

有界（bounded）　59
有界開区間（bounded　open　interval）
　75
有界閉区間（bounded closed interval）
　75
有限　40
　―の立場　11
有限交叉性（finite intersection property）
　156
有限集合　40
有向点列　137
有利数体（rational field）　77

余因子（cofactor）　182

ら　行

ラグランジュ関数　290, 294, 304
ラグランジュ乗数　290, 294, 304
　―の意味　297, 305
ラグランジュ乗数法　291, 295
ラッセルの逆理（パラドックス）　27
リーマン和　329
理論　12
　―の形式化　7, 12

類（Class）　32

列ベクトル　165
連続関数（***R*** から ***R***）　95
連続微分可能　217
　2 階―　225
　n 階―　217
連立微分方程式　338

著者略歴

神谷和也（かみや　かずや）

1957年　静岡県浜松市生まれ．

1981年　京都大学経済学部卒業．

1983年　大阪大学大学院経済学研究科博士前期課程修了．

1986年　Yale 大学大学院修了（Ph.D）．

同　年　Catholique 大学（ベルギー）Center for Operations Research and Econometrics 研究員．

1987年　大阪大学経済学部助教授．

1992年　大阪大学社会経済研究所助教授．

現　在　東京大学大学院経済学研究科教授．

浦井　憲（うらい　けん）

1962年　大阪市生まれ．

1985年　大阪大学経済学部卒業．

1987年　大阪大学大学院経済学研究科博士前期課程修了．

1988年　大阪大学大学院経済学研究科博士後期課程中退．

同　年　大阪大学社会経済研究所助手．

1991年　京都産業大学経済学部講師．

現　在　大阪大学大学院経済学研究科教授．

経済学のための数学入門

1996 年 1 月 16 日　初　版
2010 年 6 月 11 日　第 8 刷

[検印廃止]

著　者　神谷和也
　　　　浦井　憲

発行所　財団法人　東京大学出版会

代表者　長谷川寿一

113-8654 東京都文京区本郷 7-3-1 東大構内
電話 03-3811-8814・振替 00160-6-59964

印刷所　三美印刷株式会社
製本所　誠製本株式会社

ISBN978-4-13-042101-0　Printed in Japan

本書はデジタル印刷機を採用しており、品質の経年変化についての充分なデータはありません。そのため高湿下で強い圧力を加えた場合など、色材の癒着・剥落・磨耗等の品質変化の可能性もあります。

経済学のための数学入門

2022年3月30日　　発行　②

著　者　神谷和也・浦井 憲

発行所　一般財団法人　東京大学出版会

代 表 者　吉見俊哉

〒153-0041

東京都目黒区駒場4-5-29

TEL03-6407-1069　FAX03-6407-1991

URL　http://www.utp.or.jp/

印刷・製本　大日本印刷株式会社

URL　http://www.dnp.co.jp/

ISBN978-4-13-009135-0

Printed in Japan